새로 쓰는 현대시 교육론

창비교육총서 2 『새로 쓰는 현대시 교육론』 엮은이

박수연 최현식 오연경 민재원

창비교육총서—2
새로 쓰는 현대시 교육론

초판 1쇄 발행 • 2015년 8월 25일

지은이 • 김규중 민재원 박수연 오연경 이삼남 이종은 정영효 주상태 최현식 표영조
엮은이 • 박수연 최현식 오연경 민재원
펴낸이 • 강일우
편집 • 이은혜 박문수
디자인 • 씨디자인
펴낸곳 • (주)창비교육
등록 • 2014년 6월 20일 제2014-000183호
주소 • 10881 경기도 파주시 회동길 184 / 03994 서울시 마포구 양화로 175, 1103호
전화 • 031-955-3333, 3390 / 02-322-8624
팩스 • 031-955-3399(영업) 031-955-8228(편집)
홈페이지 • www.changbiedu.com
전자우편 • textbook@changbi.com

ISBN 979-11-86367-12-4 94370

창비교육총서——2

새로 쓰는 현대시 교육론

박수연 최현식 오연경 민재원 엮음

창비교육

머리말

현대시 교육, 변화와 도약을 향해 새로 쓰다

1

현대시가 근 백 년의 문학사 속에서 지속과 변모의 몸짓을 그려 온 것처럼 현대시 교육 또한 제도와 이상 사이에서 부단한 변화의 움직임을 만들어 왔다. '시를 왜 가르치는가', '시를 어떻게 가르칠 것인가'라는 질문은 '시란 무엇인가'라는 질문과 밀접하게 연결되어 있다. 그러나 두 영역의 질문은 교육학과 시학이라는 각각의 고유한 맥락과 조건 속에서 나온 것이기도 하다. 현대시 교육은 이처럼 고유의 논리를 지닌 두 체제 사이에서 균형 잡힌 교차점을 찾아 가야 한다는 어려운 과제를 부여받는다. 2000년대 이후 한국 현대시의 새로운 양상은 전통적인 시학 개념의 확장과 갱신을 요구해 왔고, 새로운 사회 변화 및 다양한 문화 현상은 시 교육에 대한 요구를 더욱 첨예하게 벼려 왔다. 그러나 보편적 이상과 제도적 실현 사이에 놓여 있는 교육의 장은 변화에 대한 저항과 지향을 함께 품는다. 『새로 쓰는 현대시 교육론』은 시 교육의 전통과 역사 속에서 이러한 변화의 흐름을 수렴하려는 노력의 결실이다.

이 책은 시 교육의 교육학적 요인들과 시론의 시학 개념들, 그리고 사회 변화 속에 놓인 시 교육의 맥락과 교실에서의 시 교육 실천 사례들을 각각의 꼭 짓점으로 잡아, 그 사이의 긴장과 균형으로 형성되는 현대시 교육의 장을 펼쳐 보이고자 한다. 이 책의 성과가 있다면 그것은 기존의 시 교육론과 시론에 힘입은 바 크겠지만, 그 힘으로 현대시 교육의 연구에 몇 걸음 더 내디딜 수 있었다고 믿는다.

첫째, 이 책은 현대시 교육의 잠재성과 가능성이라는 차원에서 좀 더 생산적이고 변화 가능한 방향을 추구한다. 무엇보다도 생산성을 요구받는 현대시 교육 담론에서 생성의 기운보다는 기존 교육 현실에 대한 비판적인 논의가 주도적이었음이 사실이다. 그러한 비판과 회의 속에서 제도적 난관과 현실적 제약이 실제 이상으로 확대된 측면도 있다. 이 책은 비판의 수사학을 넘어서 미래의 요구를 예상하고 현실화할 수 있는 구체적인 기획과 방법을 그리는 데 초점을 두었다.

둘째, 이 책은 오랫동안 평행선을 달려온 시학과 교육학이라는 두 트랙의 접점을 마련한다. 시 교육의 목표와 방법은 기본적으로 시학을 수렴하지만, 이는 선택과 배제, 해석과 가공이라는 특수한 절차를 필요로 한다. 그러나 현대시 교육에서 다루어지는 시학 개념은 하나의 규범처럼 고정된 채, 현대 시학에서 일어나고 있는 변화를 유동성 있게 반영하지 못하고 있다. 이 책은 현대시 교육이 수용해야 하고 수용할 수 있는 시학 개념들의 내용과 범위를 고민하고 제안하였다.

셋째, 이 책은 문학 교육 이론과 시학 이론에 정밀한 근거를 두고 있지만, 구체적인 작품과 적용 사례를 통해 생동감 있는 서술을 지향한다. 현대시 교육은 무엇보다도 한국 현대시사를 전제하고 이루어지는 것이라 할 때, 문학사의 시기마다 꽃을 피워 온 현대시 작품이야말로 시 교육의 소중하고도 풍부한 자산이라 할 것이다. 이 책은 현대시 교육의 이론적 실천과 현장의 실천을 논하는 자리에서 바로 이 작품들의 개성과 성과에 밀착하고자 하였다.

2

이 책은 4부로 구성되어 있다. 현재 시 교육에서 가장 뜨거운 쟁점들은 무엇이고 그것을 어떻게 풀어 나가야 하는지, 변모하는 내포를 지닌 시학 개념들을 교육의 장에서 어떻게 구조화할 것인지, 사회 변화 속에서 현대시 교육이 적극적으로 대화해 나가야 할 것들은 무엇인지, 그리고 중고등학교 교실에서 시 읽기와 쓰기 및 평가의 구체적 실천은 어떻게 이루어지고 있는지 등을 중심으로 각 부를 구성하였다.

1부에서는 현대시 교육의 목표, 방법, 평가, 교재, 내용이라는 기본적인 틀 속에서 현재 시 교육의 쟁점과 현황을 다루었다. 시 교육의 문제점들에 대한 원론적 '비판'보다는 지금-여기를 딛고 도약할 수 있는 방향과 접근 방법을 '제안'하는 데 초점을 맞추었다. 현대시 교육의 목표를 좀 더 역동적으로 만들 수 있는 방안은 무엇인가, 현대시 교육에서 역량 중심의 교수·학습은 어떻게 가능한가, 시 교육의 평가 틀을 변화시키기 위해서는 어떻게 접근해야 하는가, 교과서를 통해 구현되는 현대시 교육의 한계와 특수성은 무엇인가, 시학 개념의 교육적 필요성과 가능성은 무엇인가 등의 중요한 쟁점들을 논한다.

2부에서는 현대시 교육이 다룰 수밖에 없고 다루어야만 하는 시학 개념들을 이론적으로 구조화하였다. 시 교육이 학습자의 주체적인 수용과 생산 활동을 중심에 둔다고 해서 시학 개념과 그것의 지식 체계가 곧바로 무용해지는 것은 아니다. 시 교육과 학습자가 교육의 장에서 공유하고 소통해 나가기 위한 보편적 언어로서의 시학 개념은 필수 불가결한 것이다. 그러나 시학 개념이 고정불변의 것이 아니라 끊임없이 진동하는 내포를 지닌 것이라 할 때, 지금-여기에 도달해 있는 시학 개념의 보편적 의미를 새롭게 검증하는 작업이 필요하다. 2부에서는 시의 정의, 어조와 화자, 이미지와 리듬, 비유와 상징, 알레고리, 반어와 역설, 풍자와 패러디 등의 시학 개념들을 이론적으로 구조화한다.

3부에서는 변화하는 현대 사회 속에서 시의 존재 조건과 현대시 교육의 맥락이 어떻게 달라지고 있는지, 어떤 시대적 요구와 과제 앞에 놓여 있는지를 살펴보았다. 사회 변화와 현대시 교육을 논할 때, 둘 사이에 놓인 '와'는 단순한 나열이 아니라 교차하고 충돌하고 스며들고 긴장하면서 서로의 몸을 바꾸는 역동적인 진행 자체를 의미할 것이다. 3부의 글들은 다매체 시대, 탈서정의 시학, 구체적인 여기의 현실, 청소년의 삶 옆에 시와 시 교육을 나란히 놓되, 결코 나란하게 정련되지 않는 그들 사이의 생동하는 함수 관계를 탐색한다.

4부에서는 현대시 교육이 실질적으로 이루어지는 현장을 통해 시 교육의 구체적인 방법과 실천 양상을 살펴보았다. 중고등학교의 역량 있는 국어 선생님들이 집필한 4부의 글은 교실에서의 고민과 모색이 이론을 앞서가는 실천, 실천으로서의 이론이라는 것을 보여 주기에 부족함이 없다. 중학교, 고등학교 단위의 시 읽기 수업과 시 쓰기 수업의 현장, 시집 읽기 프로젝트라는 현대시 교육의 또 다른 가능성, 그리고 시 교육을 지원하는 평가 역량에 대한 모색으로 4부를 구성하였다.

그러나 이 책의 구성과 순서는 독자에 의해 재구성됨으로써 실질적인 활용의 덕목을 얻을 수 있을 것이다. 현대시 교육의 쟁점들에 대한 근본적인 고민을 해결하고자 할 때, 시 교육에 적용할 시학 개념들에 대한 정리가 필요할 때, 사회 및 문화의 요구에 따른 시 교육의 변화 양상을 살펴보고 싶을 때, 시 교육 현장에서의 실천과 노력을 엿보고 싶을 때, 독자의 필요와 맥락에 따라 이 책을 펼치는 페이지는 얼마든지 달라질 수 있다. 『새로 쓰는 현대시 교육론』이 하나의 고정된 구조물이 아니라 독자들마다 다양한 색깔과 무늬로 구성해 낼 수 있는, 유동적으로 살아 움직이는 책이 되기를 바란다.

3

이 책을 구상하고 첫 기획 회의를 시작한 이래 어느덧 일 년 반의 시간이 흘렀다. 1, 2, 3부의 글은 네 사람의 엮은이가 회의를 통해 서술 방향을 잡고 내용을 논의하고 수차례의 검토 과정을 거쳐 완성한 글이라는 점에서 공동 집필에 가까운 작업의 결과라고 말할 수 있다. 그럼에도 이 자리에서 각 원고의 책임 필자를 밝히는 것은 공동 작업의 갈피에 깃들어 있는 개성과 차이를 각자의 몫으로 돌려주기 위함이다. 박수연은 1부 5장, 2부 2장, 3부 1, 3장을, 최현식은 2부 1, 4, 5장, 3부 2장을, 오연경은 1부 4장, 2부 3장, 3부 4장을, 민재원은 1부 1, 2, 3장을 맡아 집필하였다. 4부의 글은 앞에서도 밝혔듯이 중고등학교 국어 교육 현장의 산증인들이 교실에서의 생생한 경험을 살려 놓은 글이다. 김규중, 주상태, 표영조, 정영효, 이종은, 이삼남 선생님이 집필을 맡아, 기획 의도에 맞춰 원고를 쓰고 다듬는 수고를 아끼지 않았다. 여기 담긴 현장의 실천 사례는 어디서도 만나기 힘든 귀하고 각별한 것이다. 오랜 경험과 고민에서 나온 시 교육의 사례들이 실질적인 수업 모델이자 실천적인 전범으로서 전국의 시 교실에서 응용되고 확장되기를 바란다. 이 책에 교실의 살아 있는 숨결과 열정을 불어넣어 준 4부의 필자 선생님들에게 깊은 감사를 드린다.

『새로 쓰는 현대시 교육론』은 사실상 미완의 책이라고 할 수 있다. '새로 쓰는'이라는 수식어를 감히 앞세우는 것은 지금까지 축적된 현대시 교육의 연구와 실천이 한 단계 도약을 위한 충분한 토대가 되어 주리라는 믿음 때문이다. 새로 쓴다는 것은 우리의 지난 시간에 속해 있는 사람들이 이미 써 놓은 것의 힘으로 나아가는 행위이며, 또한 저 미지의 시간에 오게 될 사람들에게 다시 새롭게 도래할 쓰기를 열어 두는 행위이기도 하다. 그런 의미에서 이 미완의 새로 쓰는 작업은 이 책과 함께 시 교육을 고민하고 연구하고 실천해 나갈 독자들에 의해 진정으로 새롭게 '쓰임'으로써 완성될 것이다.

2015년 8월

엮은이

차례

1부 현대시 교육의 쟁점과 지향

4부 현대시 교육의 방법과 실천

일러두기

1. 인용한 글과 시 작품의 표기는 현행 표기법을 기준으로 하였다.
2. 일부 띄어쓰기와 '벤야민, 에이젠슈테인, 퍼소나' 등은 통용되는 표기로 적었다.

1부

현대시 교육의 쟁점과 지향

'청출어람(青出於藍)'과 현대시 교육의 목표

1——교육의 목적성과 현상성

시 교육은 넓은 의미에서의 '교육'의 일환이다. 그러나 이러한 접근이 시 교육이 교육의 일반적인 논리만을 따라야 한다는 것으로 이어지는 것은 아니다. 시 교육은 교육의 일환이긴 하지만 시 혹은 시를 향유하는 문화의 내적 논리에 따라 교육의 일반적인 논리를 때로는 적극 수용하면서, 때로는 새로운 방향으로 보완하면서 구체적인 실천에 대한 기획을 마련해야 하기 때문이다. 따라서 시 교육의 목표에 대한 탐색은 일반론으로서의 교육에 대한 시각과 국어과의 특수성이 어떻게 교합될 수 있는지에 대한 고민을 바탕으로 해야 할 것이다.

브루너(J. S. Bruner)는 지식의 구조를 중시하면서도 이후에는 교육이 개인의 자아실현과 사회화 사이에서의 이율배반적인 성격을 가지고 있음에 주목하였다(브루너, 2005). 브루너가 보여 준 관점의 변화는 교육의 목적성과 현상성을 동시에 고려해야 함을 우리에게 일러 준다. 그러나 제도로서의 학교 교육은 국가 수준에서 목적하는 미래상을 구현하는 중추적인 기능을 담당하고 있기에 현상성보다는 목적성에 더욱 주의를 기울이게 된다. 이를 조금 더 자세히 논의하기 위해 교육의 덕목 가운데 하나로 언급되는 '청출어람이청어람(青出於藍而

靑於藍)'이라는 관점을 의도적으로 비틀어 바라보고자 한다. '청출어람이청어람'은 '쪽[藍]에서 나온 푸른색[靑]이 쪽보다 더 푸르다[靑於藍]'라는 뜻을 담고 있는데, 교육을 통해 제자가 스승을 뛰어넘게 되는 교육의 이상을 나타내는 것으로 볼 수 있다.

먼저 목적성의 관점에서 본다면, 교육자가 얻을 수 있는 보람은 '청출어람이청어람' 그 자체일 것이다. 자신이 가르친 제자가 자신보다 더 뛰어나게 되는 것보다 교육자에게 더 큰 보람은 없을 것이다. 이는 시 교육에서도 마찬가지이다. '이해'와 '표현'이 국어과에서 다루는 주요한 기능이라고 한다면, 시를 가르치는 국어 교사로서는 자신보다 미미하였던, 시에 대한 학습자의 이해/표현력이 자신을 능가하게 되는 그때가 보람의 순간일 것이다. 교사는 자신이 설정한 목표가 있으며, 학습자로 하여금 이에 도달하거나 이를 능가하도록 하는 것이 교육의 목적성이라고 할 수 있다. 정지용의 「향수」를 읽고 고향에 대한 정서를 더욱 깊게 이해하거나 더 뛰어난 정서 표현에 이를 수 있도록 하는 것을 예로 들 수 있다.

그러나 학습자가 자신을 능가하게 되는 그 순간에 대한 전제가 '쪽빛'과 '푸른빛'이라는 유사한 색상의 스펙트럼 위에만 놓여 있을 경우, 이러한 보람을 추구하는 것은 일종의 도그마에 빠질 수 있다. 물론 '청출어람'의 기본적인 의미가 이러한 도그마를 뜻하는 것은 아니겠지만, 언어적 표현이 가질 수밖에 없는 한계로 인해 자칫 오해를 불러일으킬 수 있다는 점을 감안한다면 이러한 도그마의 형성은 경계해야 할 부분이다. 실제로 학교 교육에서 학습자들을 쪽에서 비롯되는 푸른빛으로만 규정할 수 있는 것은 아니기 때문이다. 이는 쪽빛과 푸른빛 모두에 대한 방법론적 회의를 필요로 한다. 학습자들을 쪽빛 혹은 푸른빛과 관련된 스펙트럼에 놓인 색으로 규정할 수 있는 근거도 없거니와 그들이 영향을 받는 원천이 반드시 쪽빛에만 있는 것도 아니기 때문이다.

인간이 세상을 경험할 때 그에 대한 반응은 기존에 자신이 가지고 있던 경험이나 배경지식으로부터 자유로울 수 없다. 그러나 그것이 반드시 쪽빛으로만 수렴된다고 보아서는 안 될 것이다. 정지용의 「향수」가 일종의 쪽빛이라고 할 때 이 작품을 읽은 학습자가 도시에서만 살아왔다면 이미 정지용이 쌓아 온 그것과는 전혀 다른 스펙트럼 위에 자신의 경험을 쌓아 왔다고 할 수 있다. 교육은 고향에 대한 애틋한 정서, 혹은 고향이 그토록 애틋할 수밖에 없었던 당시 시대적인 상황을 이해함으로써 민족적인 경험을 공유하고자 하는 목적을 가지고 있겠지만, 이미 학습자의 현재 상황은 이러한 목적이 발생한 맥락에서 멀리 떨어져 있다고 볼 수 있기 때문이다. 교육의 목적성은 연역적으로 명료화될 수 있겠지만, 이와 같은 현실은 더욱 복잡한 맥락 위에서 진행되는 교육의 불투명한 상황을 전제로 두게 된다. 이 지점이 바로 교육의 현상성을 보여 주는 부분이다.

그렇다면 이 두 성격을 종합하면 교육의 모습은 어떻게 다시 정리할 수 있을까. 더욱 적절한 표현을 탐색하는 작업이 필요하겠지만, 우선은 '적유여람이선어람(赤遊如藍而鮮於濫)'[1]이라는 표현을 제안할 수 있을 것이다. 교육이 목적성을 상실한다는 것은 불가능한 일이며 교육의 본질에도 위배되는 일이다. 그러나 교육은 사람의 일이다. 특히 시 교육은 국어 교과의 일반적인 특성의 자장 아래 있으면서 언어를 통한 사고력과 연계되어 사고력의 바탕이 되는 개개인의 경험 차이를 토대로 한다. 따라서 표면적인 목적만을 추구하게 되면 이러한 차이를 간과한 채, 강제적으로 맥락을 공유하게 하거나 사고 그 자체를 정지시키는 부작용을 낳을 수 있다. 교육의 결과로서 학습자가 띠게 되는 색상은 푸른빛이 아니라 붉은빛일 수도 있다. 그 결과가 딱히 붉은빛이 아니라고 하더라도 모든 학습자가 푸른빛을 띠지는 않을 것으로 예상하는 것이 무리는 아닐 것이다. 그렇다면 이와 같은 학습자의 색상은 쪽에서 나오지도[出於] 않을 뿐만 아니라 쪽보다 푸르다[靑於藍]는 비교 자체가 성립하지 않는다. 즉, '청어람(靑於藍)'이라는 목적을 학습자가 자신의 것으로 하는 것은 처음부터 불가능하기 때문이다.

1 '붉은빛이 쪽빛과 더불어 노니, 쪽빛보다 더 선명하다'라는 뜻을 담고자 하였다. 여기서 '赤'의 자리에는 다른 어떤 빛깔이 들어와도 무방할 것이다. 이는 학습자가 다양한 빛깔을 가지고 있기에 교사와는 서로 다른 스펙트럼을 보이게 될 수밖에 없는 교실의 상황을 반영하고자 한 것이다.

따라서 시 교육의 목표를 모색하기 위해서는 고민의 지점을 조금 더 밀고 나가 볼 필요가 있다. '적유여람이선어람'의 관점을 적용하여 결론부터 말하자면, 시 교육의 목적 가운데 하나로 '선어람(鮮於藍)'을 제안할 수 있을 것이다. 이러한 설정은 모국어로서의 국어에 대한 교육이 학교 교육에서 처음 시작되는 것은 아니라는 점을 적극적으로 고려한 결과이자, 어떤 빛깔을 지니게 되든지 간에 그 빛깔이 가져야 할 본질적인 속성에 주목한 결과라고 할 수 있다. 시 교육에 관여하는 기성세대의 입장에서 볼 때 교사 혹은 교육 내용이 쪽빛인 것은 고정된 상수로 볼 수 있겠지만, 그로부터 영향을 받는 학습자가 기존에 가지고 있던 빛깔은 변수로 작용한다. 따라서 문제는 그 학습자가 어떻게든 푸른 빛을 띠게 하는 것이 아니라 자신이 가지고 있는 빛깔을 선명하게 가꾸어 나가거나 다른 빛깔을 접함으로써 훨씬 새롭고 고운 빛깔로 나아가게 하는 데에 있다. 여기에서는 임의적으로 '붉은빛'이라는 색을 선택하였지만, 사실 학습자가 어떤 색의 스펙트럼에 놓여 있는지는 이미 이전에 가지고 있던 언어 활동의 경험과 분리되지 않기에 다른 어떤 빛을 상정하더라도 논의의 흐름은 크게 변하지 않을 것이다.

2——시 교육 목표로서 '선어람': 지식에서 역량으로

기존에 국어과의 교육 내용 개발은 국어 현상에 대한 분석의 바탕 위에서 일정 정도 형성되어 왔다. 잘 듣고 말하려면, 잘 읽고 쓰려면, 문법과 문학을 이해하고 이를 활용하여 잘 표현하려면 어떻게 해야 하는지를 고민하기 위해 우선적으로 접근하였던 것은 전범(典範)에 대한 분석이었다. 그것이 텍스트이건 실제 훌륭한 기능(技能)을 보여주는 언어 사용자의 사례이건 그것들을 분석하여 추출한 요소들이 교육 내용으로 자리를 잡아 왔던 것이다. 그 결과 국어 교육에서는 명제적 지식 못지않게 방법적 혹은 절차적 지식이 중요하게 다루어져 왔고, 이러한 부분은 국가 수준의 교육과정에서 성취 기준으로 자리를 잡기 시작하였다.

시 교육에서 이러한 연구의 성과를 예로 들면 다음과 같다. 담론이라는 관점에서 현대시 교육을 바라보고 비판적 대화의 중요성을 언급한 논의는 현대시 교육이 나아갈 방향성을 제시한다는 점에서 의의를 가지는데, 여기에서의 연구 방법은 전범이 되는 기존 작품에 대한 분석에 기반을 두고 있다(윤여탁, 1998). 프로 시와 민족주의 시 지도에서 당대적 상황에 대한 이해가 중요함을 강조한 논의도 당대 작품에 대한 분석이 주된 연구 방법으로 자리를 잡고 있다(박윤우, 2011). 시 교육 역시 국어 교육의 일부로서 인간의 언어 활동을 바탕으로 하는 만큼 이러한 접근은 타당하다. 전범은 교육이 설정하는 목적을 분명하게 해 주며, 이에 도달하기 위한 절차는 필연적으로 전범에 대한 분석으로부터 도출되어야 할 것이기 때문이다.

그렇다면 이와 같은 접근이 현재 가지고 있는 한계는 무엇인가. 그것은 교육 내용이 절차적인 안내를 해 주고는 있지만 학습자의 맥락을 적극적으로 고려하지 못한 데에서 찾을 수 있다.[2] 읽기와 관련된 사례로 2009 개정 『국어과 교육과정』에서 제시하고 있는 "지식과 경험, 글의 정보, 읽기 맥락을 토대로 내용을 예측하며 글을 읽는다."(중학교 1-3학년군)를 보면 이에 대한 설명 가운데 "글의 내용을 예측하려면 독자 자신의 배경지식과 경험, 글에 나타난 정보, 읽기의 맥락 등을 사용해야 한다."라는 대목이 있다. 글을 읽는 과정에 배경지식과 경험이 중요한 역할을 한다는 것은 독자 전범 혹은 텍스트 전범에 대한 분석을 통해 도출된 것이며 읽기에 작용하는 핵심적인 요소를 제시한 적절한 사례로 볼 수 있다. 문제는 이러한 요소가 충분히 '교육 내용'화되었는지에 있다.

구체적으로 문제를 발견할 수 있는 대목은 '배경지식'을 '사용'해야 한다는 표현이다. 인간이 세계를 인식하는 것이 투명하지 못한 것은 기존의 배경지식

2 2007 개정 『국어과 교육과정』에서는 '맥락'이라는 용어가 내용 요소로 포함되어 있다. 그러나 이것은 학습자의 맥락에 대한 고려로 이어지기보다는 교육 내용으로서의 맥락, 즉 텍스트 및 담화를 형성하고 있는 맥락이 다시 지식화되는 방향으로 나아가게 되어 본질적인 부분을 온전히 담은 것으로 보기는 어렵다(염은열, 2011).

이 작용하고 있기 때문이라는 점을 고려한다면 배경지식에 주목한 것은 매우 적절하지만 그것을 '사용'해야 한다고 표현하는 것은 교육 내용을 발전적으로 전개시켜 나가는 데 한계로 작용할 수 있다. 학습자들은 이미 자신의 배경지식을 '사용'하고 있다고도 볼 수 있기 때문이다. 오히려 배경지식의 사용은 의도적으로 기획된 일련의 시 교육 활동 이전에 이미 갖추어져 있는 학습자의 기능이라고도 할 수 있을 것이다. 아무런 배경지식이 없다면 어떻게 세계를 인식하고 그에 의미를 부여할 수 있겠는가. 레몬을 먹어 본 사람에게 레몬을 보고 신맛을 떠올리게 하는 것이 교육 내용으로 자리 잡을 수는 없다. 중요한 것은 읽기 과정에서 자신이 부딪히게 된 어려움이 무엇이며, 이를 해결하기 위해 새로 얻어야 할 배경지식은 무엇인지 탐색하는 과정, 혹은 자신이 활용하고 있는 배경지식이 적절한지 그리고 효과가 있는지 판단하는 일이다.

물론 이와 같은 발전 방향은 기존에 이루어진 전범 분석 위에 바탕을 두고 있다. 그러나 여기에서 지적하고 싶은 것은 전범에 대한 분석 결과를 그대로 교육 내용화하려는 데에서 그치고 있는 부분이다. 분석 결과가 교육 내용으로 자리를 잡는 것은 자칫 절차적 지식이 명제적 지식으로 환원되는 데에 머무르는 결과로 이어질 수도 있기 때문이다. '배경지식'이라는 개념이 교육적으로 유의미하다는 것은 학습자가 자신에게 부족한 배경지식을 깨닫고 이를 확장·심화하려는 노력을 기울이는 태도를 형성하는 데에 있을 것이다. 세상에 이미 넘치고 있는 지식 가운데 자신의 배경지식이 될 수 있는 것은 이러한 태도를 바탕으로 하여 자신에게 유의미한 것으로 받아들여진 지식일 것이기 때문이다.

문학 교육에서도 비슷한 문제점을 발견할 수 있다. 2009 개정 『국어과 교육과정』에서 초등학교 5-6학년군 문학 영역의 성취 기준 가운데 "작품에 나타난 비유적 표현의 특징과 효과를 이해한다."라는 성취 기준을 예로 들 수 있다. "비유적 표현"은 시를 이해하는 데 좋은 분석 틀이 될 수 있다. 문학 이론에서 중요하게 다루는 이 개념이 문학 교육의 내용을 이루는 것은 필연적인 수순이라고 할 수 있다. 그러나 문제는 그 특징과 효과를 이해하는 것이 어떤 의미가 있는지 불분명하다는 데에 있다. 교육과정에서 해당 성취 기준에 대한 해설 가운데에는 "비유적 표현에 깔려 있는 독특한 발상이나 표현의 효과를 파악하는 데 초점을 맞춤으로써 문학 작품에 대한 깊이 있는 이해에 도달하도록" 할 것과 "비유적 표현을 활용하여 언어생활을 다채롭게 하도록" 할 것이 제시되어 있지만, 이러한 내용이 학습자 수준에 비추어 "독특한 발상이나 표현"이 객관적으로 존재한다는 가정이나 다채로움을 기교적인 측면에서만 다루려는 전제를 굳히는 방향으로 나아가는 것은 경계할 필요가 있다. 독특하거나 다채롭다는 평가가 학습자로부터 나온 결과가 아니라면, 이는 해당 표현이 "문학 작품에 대한 깊이 있는 이해에 도달"하는 통로로 작용하기보다 '독특하거나 다채로운 표현의 사례'로 자리매김하여 받아들여야 할 지식의 형태로 남을 수 있기 때문이다.

5세 수준 아동의 언어 활동을 지켜보면 비유적 표현을 활용하는 경우를 종종 발견하게 된다. 예를 들어, 지하철을 타고 가면서 창밖 터널의 불빛을 바라볼 때 이 불빛은 아동의 눈에 움직이는 것으로 보이게 된다. 이때 아동이 "별똥별 같아요."라고 말한다면 이를 '독특한 표현'이라고 평가할 수 있을까? 또 이 말을 옆에서 들은 어른이 '멋진 표현'이라고 칭찬한다면 아동은 그것이 왜 멋진 것인지를 이해할 수 있을까? 칭찬에 힘입어 그러한 행동이 강화된다고 하더라도 아동은 자신이 가지고 있는, 모국어의 언어적 구조 안에서 세계를 인식한 결과를 형상화하였을 뿐, 언어 표현의 다채로움을 경험하기에는 아직 비교 대상이 충분하지 않다.

이렇게 볼 때 비유적 표현은 그 원리나 효과를 학습함으로써 터득할 수 있는 언어적 기능(技能, skill)이라기보다 아동이 자신의 경험에 기대어 세계를 받아들이는 과정에서 대상을 구조화하는 기능(機能, function)으로 바라볼 필요가 있다. 물론 여기에서 기능(function)을 잘 다루기 위한 기능(skill)을 부정하는 것은 아니다. 주의해야 할 것은 기능(function)이 기능(skill)적으로 다루어야 할 '재료'인 것처럼 인식될 수 있다는 문제이다. 언어는 언어 주체가 기능(skill)을 부릴 수 있는 만큼만 기능(function)한다.[3] 즉, 독특하거나 다채로운 비유적 표현을 상정하는 것이 아니라 학습자가 자신의 입장에서 운용할 수 있는 기능(skill)의 범위 안에서 새로운 구조화의 기능(function)을 경험하고 이로부터 독특하거나 다채로움을 스스로 얻을 수 있을 때 앞에서 예로 제시한 성취 기준이 의미를 얻을 수 있는 것이다.

이와 같은 접근은 시 교육 내용 연구의 새로운 방향을 탐색하는 부분이기도 하다. 지금까지 시 교육 연구들이 이룩한 성과를 바탕으로 하여 조금은 다른 관점에서 미래의 교육 내용 개발 방향을 설정할 필요가 있는 것이다. 이를 위해서는 '조립은 분해의 역순'이라는 관점과 거리를 둘 필요가 있다. 육군 훈련소에서는 총기의 분해와 조립을 훈련병들에게 가르친다. 먼저 총기의 분해 과정을 가르치는데, 여기에는 총기의 구조적인 특성에 대한 분석 결과가 작용하게 된다. 흥미로운 것은 조립에 대한 교육인데, 이는 '조립은 분해의 역순'이라는 것으로만 대체된다. 총기의 분해와 조립을 교육하는 데 이보다 효율적인 과정은 없을 것이다. 분해를 하는 동안 숙달된 총기의 구조는 그대로 조립의 기능으로 전이될 수 있기 때문이다.

그러나 저마다 다른 '맥락'을 가지고 있는 학습자들과 이해/표현이라는 사고의 틀을 바탕으로 하는 시 교육의 특성을 고려한다면 분해 과정을 조립 과정으로 전이시키는 것은 한계를 가질 수밖에 없다. 기존의 연구들이 대상으로 삼은 전범들은 이미 그것이 생산된 맥락에서 자유로울 수 없는데, 이로부터 도출된 분해의 결과가 학습자들이 사용할 수 있는 조립의 절차가 되기에는 그 맥락을 학습자들이 공유하고 있다고 볼 수 없기 때문이다. 배경지식을 다시 예로 든다면, 하나의 텍스트를 이해하는 데 특정한 배경지식이 사용되었음을 분석하였을 때 중요한 것은 왜 그 배경지식이 사용되었는지 혹은 더 참고해야 할 다른 배경지식은 없는지를 끊임없이 탐구하는 활동이 중요하다는 것을 내면화하는 일이다.

결국 문제는 지식의 습득이 아니라 자신이 구성한 지식을 어떠한 방식으로

3 이와 같은 관점은 화가의 붓놀림에 대한 메를로퐁티(M. Merleau-Ponty)의 분석을 바탕으로 한 것이다. 메를로퐁티는 '제스처'라는 개념을 통해 화가의 붓놀림이 세계와 관계를 맺는 한 방식으로 작용한다고 보았다(메를로퐁티, 2005).

활용하면서 조정해 나가는가에 있다. 성취 기준에 핵심 역량이라는 개념을 도입하려는 최근의 흐름은 이러한 고민의 연장선 위에 있다고 볼 수 있다(윤현진 외, 2007; 이광우 외, 2008; 이근호 외, 2012). 우리나라 교육이 앞으로 추구하고자 하는 핵심 역량의 구성 사례는 다음과 같다.

미래 사회 한국인의 핵심 역량
(이광우 외, 2008: 300~301면의 재구성)

핵심 역량 영역	하위 요소
창의력	창의적 사고 기능, 창의적 사고 성향
문제 해결 능력	문제 인식, 해결 방안의 탐색, 해결 방안의 실행과 평가, 논리적 사고력, 비판적 사고력
의사소통 능력	말하기, 듣기, 쓰기, 읽기
정보 처리 능력	정보 수집, 정보 분석, 정보 활용, 정보 윤리, 매체 활용 능력
대인 관계 능력	타인 이해 및 존중, 협동, 갈등 관리, 관계 형성, 리더십
자기 관리 능력	자아 정체성 확립, 여가 선용, 건강 관리, 합리적 경제 생활, 기본 생활 습관, 자기 주도적 학습 능력
기초 학습 능력	기초적 읽기, 기초적 쓰기, 수리력
시민 의식	공동체 의식, 준법정신, 환경 의식, 윤리 의식, 봉사 정신
국제 사회 문화 이해	우리 문화 이해, 다문화 이해, 문화 향유 능력, 국제 사회 이해, 외국어 소양
진로 개발 능력	진로 인식, 진로 탐색, 진로 설계

대범주별 핵심 역량 구성 사례
(이근호 외, 2012: 130면)

대범주	핵심 역량 구성 요소	
(1) 인성 역량	도덕/정서 지능을 갖춘 삶	도덕적 감수성/자기 통제력/자기 동화 능력 등
(2) 지적 역량	학습 역량	기초 학습 능력/비판적 사고력/문제 해결력 등
	신중하고 현명한 네티즌	정보 진위 판단 능력/정보 가치 판단 능력/외국어 능력 등
(3) 사회적 역량	공동체(지역 공동체, 글로벌 공동체 등) 구성원으로서 필요한 역량	대인 관계 능력/참여와 공헌/국제 사회 문화 이해 등

여기서 설정한 핵심 역량의 적절성 여부를 판단하는 것은 이 글의 논지가 아

니다. 어떤 내용으로 핵심 역량을 설정한 것인지는 사회적인 합의가 끊임없이 진행되어야 할 부분일 것이다. 중요한 것은 각 표에서 제시하는 핵심 역량이나 그 하위 요소 및 구성 요소들이 분과적 학문을 바탕으로 한 교과 중심이라기보다 실제 삶의 국면에서 요구되는 구체적인 실천상으로 제시되고 있다는 점이다. 무엇을 배울 것인가의 문제에 더하여 그것을 배워서 무엇을 할 것인가의 문제를 추가로 고민할 시점이다. 시의 특징이 무엇인지를 분석하는 작업은 여전히 중요하지만, 이제는 분석 결과를 제시하는 것에서 더 나아가 그러한 결과나 과정이 학습자의 성장에, 혹은 인간의 성장에 어떻게 기여하게 되는지를 함께 다룰 필요가 있는 것이다.

시 교육에서 '청어람'이 아닌 '선어람'의 관점을 도입하는 것도 실제 삶의 국면을 더 고려하고자 하는 의도를 반영한 것이라 할 수 있다. 즉, 시에 대한 지식을 익히고 이를 바탕으로 시를 향유하는 것을 목표로 삼는 기존의 관점에, 그 결과 나타나게 되는 실질적인 실천 혹은 수행의 양상은 무엇인지에 대한 질문을 덧붙이려는 것이다. 지식이 있으니 배우는 것이 아니라, 그 지식이 무엇을 할 수 있게 하기에, 즉 어떤 역량을 키울 수 있기에 배우는지를 고민할 필요가 있다. 실제 삶의 다양한 스펙트럼이 '푸른빛'으로만 귀결될 수 없음은 앞에서 이미 언급한 바 있다. 학습자들이 자신만의 빛깔을 더욱 선명하게 가꾸어 나가는 것이 시 교육 목표의 한 방향으로 설정될 수 있다면, 이를 위한 실천 방안은 무엇일까?

3——시 교육의 역동성과 실천 방안

시 교육은 개별적인 작품을 떼어 놓고 이야기할 수 없다. 개별적인 작품은 어느 정도 고정되어 있다. 그렇다면 그 작품들을 하나둘씩 알아 가는 것이 시 교육의 전부인가? 앞서 제시한 관점에 따르면 그렇지 않다. 전범은 고정되어 있지만, 이를 읽는 독자들의 삶과 학습자들의 삶은 여전히 '현재 진행형'이다. 따라서 역량 중심의 시 교육은 '개념의 학습과 이의 적용'이라는 틀에서 벗어나 실제와 부딪치고 그 안에서 자신의 세계를 구축하는 방향에 중점을 두어야 할 것이다. 이를 위한 실천 방안으로는 학습자 성장 중심의 교육 내용 개발, 교육 내용 표현의 구체화, 영역 및 교과 간 통합적 교육 내용의 개발을 제안할 수 있다.

1) 학습자 성장 중심의 교육 내용 개발

전범을 분석하여 얻은 결과가 그대로 교육 내용화되는 것은 그것이 활동의 형태를 띠더라도 여전히 명제적 지식의 차원에 머물기 쉽다.[4] 그로 인해 개발된 절차적 지식 또한 실제 학습자들에게는 무미건조한 '사용 설명서'로서의 성격에 그칠 수도 있다. 기존의 전범들을 분석하여 도출된 원리들은 전범들을 설명하기에는 적절하지만 실제 학습자들의 성장에 어떻게 기여할 수 있는지 혹은 기여하고 있는지에 대한 답을 제시하는 데에는 한계가 있는 것이다. 전범에 대한 분석 연구 못지않게 실제 학습자들의 활동 사례를 바탕으로 한 연구가 더욱 활발하게 진행될 필요가 여기에 있다.

이에 대한 사례는 시 교육 밖에서도 확인할 수 있다. 쓰기 교육에서 사전 계획의 가치에 대한 새로운 인식은 전범의 분석이 아닌, 실제 학습자들의 쓰기 활동이 스스로의 사고 전개에 어떤 영향을 미치고 있는지에 주목함으로써 가능하였다(김혜연, 2014). 이러한 접근은 '문제 해결 과정'으로서의 쓰기뿐만 아니라 '문제 생성 과정'으로서의 쓰기에도 주목하게 하는바, 성장기의 학습자들에게는 문제를 해결하기보다 해결해야 할 문제를 생성하는 것이 정신적 성장에 더 필요한 부분이라는 관점을 제공하는 것으로도 볼 수 있다.

시 교육에서도 이러한 부분은 더욱 정교화될 필요가 있다. 문학이 전통을 전수하는 기능을 하기도 하지만, 기본적으로는 문학 또한 의사소통의 기제이며

4 물론 이홍우가 제시하는 '안목'이라는 관점을 바탕으로 한다면 명제적 지식과 절차적 지식 사이의 경계가 뚜렷하지 않을 수도 있다. '빛은 직진한다'는 명제적 지식은 빛을 통해 세계를 이해하는 절차에 관여할 수 있기 때문이다. '안목'에 대한 이홍우의 논의는 이홍우(1998)를 참조할 수 있다.

이해/표현 활동의 한 양식이라는 점을 고려한다면 이러한 이해와 표현 활동이 궁극적으로 도모하고자 하는 학습자의 성장에 다시금 주목할 필요가 있는 것이다. 2009 개정 『국어과 교육과정』에서 문학 교육의 목표는 "인간의 다양한 삶을 총체적으로 이해하는 능력을 기르고 심미적 정서를 함양"하는 것으로 설정되어 있는데, 이와 관련된 교육 내용은 작품의 총체성이나 정서를 분석하는 틀을 바탕으로 하고 있는 부분이 크다. 분석 활동이 곧 성장으로 이어진다는 전제가 가정되어 있는 것이다.

그러나 총체적인 이해가 학습자의 입장에서 어떻게 이루어지는지에 대한 고민은 더욱 발전시킬 필요가 있다. 앞서 언급한 '배경지식'의 경우를 적용해 보면, 학습자마다 다르게 가지고 있는 배경지식에는 저마다의 특징과 범위에 한계가 있기 마련이다. 그렇다면 총체적인 이해는 그러한 한계에 대한 인식과 이를 확장·심화하려는 학습자의 활동을 필요로 하며, 이러한 부분에 주목함으로써 총체적인 이해라는 성장을 도모할 수 있는 것이다.

2) 교육 내용 표현의 구체화

교육이 추구하는 것이 학습자의 성장이라는 점은 누구도 부정하기 어려우며, 지금까지 개발된 교육 내용 역시 학습자의 성장을 염두에 둔 것이다. 여기서 기존에 개발된 교육 내용들을 학습자의 성장과 무관한 것으로 평가하려는 것이 아니다. 그러나 전범의 분석이라는 틀을 통해 도출된 교육 내용만으로는 '배경지식을 사용해야 함'을 교육 내용으로 설정하는 한계에서 벗어나기 쉽지 않다. 이는 전범 분석의 결과가 현재 학습자들의 성장 요인에 대한 분석과 연관 지어 교육 내용의 표현을 더욱 구체화해야 함을 의미한다.

시 교육을 예로 든다면, 텍스트에 대한 분석이 현재 학습자의 맥락과 어떻게 연계되어 있는지를 적극적으로 탐색하는 부분이 구체화되어야 할 필요가 있다. 적절성에 대한 검증이 추후 뒤따라야 하겠지만, 시 교육의 영역에 한정하여 우선 제시할 수 있는 구체화의 방향은 다음과 같다.

현행 성취 기준(중학교 1-3학년군)	성취 기준의 구체화 제안
(1) 비유, 운율, 상징 등의 표현 방식을 바탕으로 작품을 이해하고 표현한다.	작품을 해석하는 과정에서 주목한 비유, 운율, 상징 표현은 무엇인지 이야기하고, 이해하지 못한 부분에 대해서는 참고해야 할 다른 이의 의견이나 추가 자료를 찾아보며, 자신과 다르게 해석한 결과들이 있다면 그 이유 및 가치에 대해 의견을 나눈다.
(3) 다양한 관점과 방법으로 작품을 해석한다.	
(2) 갈등의 진행과 해결 과정을 파악하며 작품을 이해한다.	갈등이 발생한 요인과 그것이 해결될 수 있었던 이유를 이야기하고 그것들이 현재 자신의 삶에서 어떤 의미를 가질 수 있는지, 작품이 창작되던 당시에는 어떤 의미를 가졌는지에 대한 의견을 나눈다.
(4) 사회·문화·역사적 상황을 바탕으로 작품의 의미를 평가한다.	
(10) 문학이 인간의 삶에 어떤 가치를 지니는지 이해한다.	자신에게 가치가 있다고 생각하는 문학 작품은 무엇이었는지 그 이유와 함께 의견을 나누고, 더 읽을 가치가 있는 작품들을 찾아 제시한다.

이 제안은 자칫 교육과정이 많은 자수(字數)를 포함하게 되면서 학습 부담을 가중시키는 것으로 보일 수도 있다. 그러나 이는 서로 통합할 수 있는 부분을 함께 제시하고 그것이 실제 삶에서 수행되는 양상을 구체적으로 풀어 서술한 결과일 뿐 학습자들이 다루어야 할 지식의 절대량을 증가시키지는 않을 것이다. 오히려 시를 읽고 수행해야 할 활동에 익숙해지면서 단편적으로 나열되던 지식이 유기적으로 통합되어 '익혀야 할' 지식이 줄어들 가능성도 있다.

3) 영역 및 교과 간 통합적 교육 내용의 개발

학습자의 성장은 현재 학습자가 처해 있는 상황에서 이미 알고 느낀 것은 무엇인지, 앞으로 더 알고 느껴야 할 것은 무엇인지에 대한 고려가 뒤따라야 한다. 그런데 이는 국어 교과의 교육 내용만으로는 한계가 있다. 문·사·철(文史哲)의 전통은 이러한 점에서 시사하는 바가 크다. 문(文)이 문학 작품이라는 영역에만 국한되지 않는다면 인간의 언어 활동 자체가 이미 세계와의 관계를 나타내는 것이며, 여기에는 언어 활동을 꾸려 나가는 주체 혹은 사회가 겪은 현재까지의 사적(史的) 전개와 이를 받아들이는 철학의 문제가 개입할 수밖에 없기 때문이다. 실제로 중등 학습자들과 함께 하는 교수·학습 활동을 보면 '잘'

말하거나 '잘' 쓰는 문제보다 시급한 것이 '무엇을' 말하거나 쓰는 문제이다. 말하거나 쓰고 싶은 내용이 분명하지 않은 상황에서 '잘' 하게 하는 교육을 상상하기는 어렵다.

이러한 점에서 국어 교과 안에서의 영역 및 교과 간 통합에 대한 논의들을 다시금 주목할 필요가 있다(이재승, 2006; 김명순, 2011; 최홍원, 2013). 현재 국어 교육과에서의 담당 전공들은 영역이 명확히 구분되어 있고 향후 연구 진행에서 각 영역에 특화된 전문성이 필요한 것은 분명하지만, 영역 간 통합적 연구를 발굴하여 진행해 나가는 것도 이후 추구해야 할 과제이다. 문학 영역만 하더라도 문학 자체에 대한 특수성 못지않게 그것들이 듣고 쓰고 읽고 말하는 일반적인 언어 활동과 연계되는 지점이 적지 않다. 가령 시를 읽고 감상을 표현하는 것은 어떤 방식으로 이루어져야 하는지, 시를 이해하는 능력이 일반적인 텍스트나 담화를 읽고 듣는 능력으로는 어떻게 전이될 수 있는지 등에 대한 통합적인 연구가 진행되어야 하는 것이다.

또한 교과 간 교육과정 연계를 통해 학습자들이 입체적인 성장을 도모할 수 있는 방안을 마련하는 것도 필요하다. 국어 교과가 '도구 교과'로 인식되는 지점에서 본다면 잘 이해하고 잘 표현하는 능력은 다른 교과를 학습하는 데에도 도움이 되겠지만, 역으로 본다면 다른 교과에서 학습한 내용이 학습자의 성장에 보탬이 되려면 그 교과들의 구조가 학습자에게 내면화되어 이해/표현으로 이어지는 국면이 필요하다는 점에서 국어 교과는 '종합 교과'로서의 성격을 가질 수도 있다. 시장주의의 성과와 한계에 대한 인식 없이는 1980년대의 저항시를 이해하는 데 한계가 있으며, 조선 시대 사대부의 생활상과 그 의의에 대한 인식 없이는 시조에 대한 이해가 피상적으로 이루어질 수밖에 없을 것이다.

이상에서 제안하는 실천 방안이 기존에 발전시켜 온 시 교육 내용을 모두 부정하는 것으로 오해해서는 안 될 것이다. 이는 학습자의 성장이라는 시각을 강조하는 것이며, 이를 통해 기존에 개발된 교육 내용을 정제하고 새롭게 구조화하는 노력이 뒤따라야 함을 의미하는 것이기 때문이다. 지금까지의 시 교육이 시론이나 작품론에 바탕을 둔 교육 내용 개발이 주를 이루었다면 이후에는 그것들이 시라는 장르나 구체적인 작품을 설명하는 데 최적화되어 있다는 점을 극복하고 학습자의 성장을 도모하는 데 도움이 될 수 있는 방향으로 재조직할 필요가 있는 것이다.

4——시적(詩的)×(학습자+교육+사회)

시 교육은 다양한 긍정적 결과들을 목표로 삼는다. 그것들은 언어 능력의 신장을 비롯하여 개인의 정신적 성장, 개인의 주체성 확립, 문화 계승과 창조 능력 증진, 전인적 인간성 함양으로 범주화되기도 하고(김대행 외, 2000), 그 과정에서 창의적 사고력이 강조되기도 한다(윤여탁 외, 2010). 이 글은 이와 같이 설정된 목표를 의심하려는 것이 아니다. 다만 '신장, 성장, 창의' 등의 개념이 시 교육에서는 아직 모호한 상황이라는 점을 강조하고, 그 원인이 이미 분석된 작품의 내용 및 시론적인 체제를 교육의 주된 내용으로 삼는 데 있다는 점을 비판하고자 하였다. 그리고 '무엇을 위한 지식인가'라는 물음의 중요성을 강조하고 지식이 역량으로 전환되기 위해 시 교육이 나아갈 방향을 제시하였다.

다양한 학습자와 그들이 이미 지니고 있는 다양한 맥락은 시 교육이 끊임없이 주목해야 할 부분이다. 학습자의 성장이 언제나 기성세대가 바라는 방향으로만 이루어지는 것은 아니다. 학습자가 기성세대의 기대를 저버린다고 해서 그것이 퇴보라고 볼 수도 없다. 이러한 점을 고려할 때 흥미롭게도 교육에서 학습자의 성장은 '시'를 닮았다. 이 책의 다른 부분에서 더 자세히 다루겠지만, 서정 장르의 정수인 '시'는 이제 '탈서정'을 이야기하기에 이르렀다. 학습자들은 시를 배우며 성장하겠지만, 그 성장이 기성세대의 관점에서 성장으로 평가받지 않는다고 해서 그 의의가 사라지지는 않을 것이다.

문제는 이와 같이 다양하게 성장해 가는 학습자들을 이 사회가 필요로 하는지, 혹은 수용할 수 있는지에 있다. 이 점에서 학습자들은 '시'와 닮으면서도 닮지 않았다. 앞서 말한 것처럼 다양한 가능성을 품을 수 있다는 점에서는 닮았지만, 그것들을 함부로 실험할 수 없다는 점에서는 닮지 않았다. 삶이 실험적이기 위해서는 작품이 실험적이기 위한 상황보다 복잡하고 면밀한 조건들이 충족되어야 하기 때문이다. 이는 결국 한 국가의 교육이 추구하는 철학의 문제이겠으나 비단 교육만의 철학이라기보다 사회·경제·문화 등 각 국면에서 치열하게 고민한 사유의 과정을 반영해야 하는 문제일 것이다.

앞서 언급한 '선어람'도 그것이 선명하거나 곱다고 판단할 수 있는 기준은 여전히 문제로 남는다. 어둡거나 칙칙한 계열의 색을 '곱다'고 보는 것이 적절하지 않을 수도 있지만, 다시 생각해 보면 그러한 색의 '고움'을 찾아내는 것은 시적 인식의 한 양상이기도 하다. 결국 시 교육의 목표는 시적인 사회를 바탕으로 하여 시적인 교육이 이루어짐으로써 시적인 학습자가 성장하고 이를 바탕으로 시적인 사회가 더욱 발전하는 데에서 찾을 수 있다. 단, 이와 같은 순환적 연계에서 교육이 먼저인지, 사회가 먼저인지, 학습자가 먼저인지는 또 다른 과제로 남을 것이다.

참고 문헌

김대행 외(2000), 『문학 교육 원론』, 서울대학교 출판부.

김명순(2011), 「국어과 교육과정에 나타난 국어과 통합 교육에 대한 고려 양상」, 『국어 교육학 연구』 제41집, 국어교육학회.

김혜연(2014), 「쓰기 과정에서 생성하기와 검토하기의 역동적 상호 작용」, 서울대학교 박사 학위 논문.

메를로퐁티(Merleau-Ponty, M., 2005), 『간접적인 언어와 침묵의 목소리』, 김화자 역, 책세상.

박윤우(2011), 「프로 시와 민족주의 시 지도의 쟁점」, 『현대시와 문화 교육』, 푸른사상.

브루너(Bruner, J. S., 2005), 『교육의 문화』, 강현석·이자현 역, 교육과학사.

염은열(2011), 「국어과 교육과정과 초등 문학 교육에서의 '맥락'」, 『한국 초등 국어 교육』 제47집, 한국초등국어교육학회.
윤여탁(1998), 「이념 인식으로서의 문학 전통과 문학 학습 — 비판적 대화로서의 시를 중심으로」, 『시 교육론 Ⅱ』, 서울대학교 출판부.
윤여탁 외(2010), 『현대시 교육론』, 사회평론.
윤현진 외(2007), 『미래 한국인의 핵심 역량 증진을 위한 초·중등학교 교육과정 비전 연구(Ⅰ) — 핵심 역량 준거와 영역 설정을 중심으로』, 한국교육과정평가원 연구 보고 RRC 2007-1.
이광우 외(2008), 『미래 한국인의 핵심 역량 증진을 위한 초·중등학교 교육과정 비전 연구(Ⅱ) — 핵심 역량 영역별 하위 요소 설정을 중심으로』, 한국교육과정평가원 연구 보고 RRC 2008-7-1.
이근호 외(2012), 『미래 사회 대비 핵심 역량 함양을 위한 국가 교육과정 구상』, 한국교육과정평가원 연구 보고 RRC 2012-4.
이재승(2006), 「통합적 국어 교육의 개념과 성격」, 『한국 초등 국어 교육』 제31집, 한국초등국어교육학회.
이홍우(1998), 『교육의 목적과 난점』(제6판), 교육과학사.
최홍원(2013), 「핵심 역량의 관점에 기반한 국어 교육의 재구조화 연구」, 『새 국어교육』 제97호, 한국어교육학회.

'적유여람(赤遊如藍)'의 교수·학습과 비평적 지식 생산

1—— '전달'에서 '생산'으로의 전환

1장에서는 시 교육의 목표 가운데 하나를 '선어람(鮮於藍)'으로 설정해야 하는 이유와 구체적인 실천 방안을 살펴보았다. '선어람'은 저마다 다른 맥락을 가지고 있는 학습자가 각자 자신만의 빛깔을 찾아 간다는 점을 강조하기 위한 표현이었는데, 이는 '청출어람(青出於藍)'과 같이 특정한 원천이 있고 이로부터 특정한 성질이 전달되는 방식으로는 도달하기 어렵다는 특성이 있다. 그래서 '출어(出於, ~으로부터 나오다)' 대신 '유여(遊如, ~처럼 놀다)'라는 표현을 제안하기에 이르렀다.[1] 즉, '선어람'이 시 교육의 목표로 상정될 수 있다고 하더라도 그것을 가능하게 하는 '유여(遊如)'가 뒷받침되지 않는다면 목표의 지향이 퇴색될 수 있다.

가령 현행 교육과정에서 제시하고 있는 "문학이 인간의 삶에 어떤 가치를

1 '유여(遊如)'에서 '如'를 '與'로 표기하는 방법도 고민해 볼 수 있다. '如'는 '~처럼(like~)'의 의미를, '與'는 '~와 더불어(with~)'의 의미를 더욱 강하게 나타낸다고 한다면 두 한자 중 어느 것을 사용하느냐에 따라 지향의 차이가 나타나기 때문이다. 이 글은 '노는 방식'만큼은 교사의 영향이 미친다는 점을 인정하여 '如'를 사용하지만, '與'의 개념을 완전히 배제하는 것은 아님을 밝혀 둔다.

지니는지 이해한다."와 같은 성취 기준은 인간으로서의 학습자들이 자신의 삶에서 직접 가치를 찾아야 하는 것이 더욱 적절한 방법이라고 할 수 있다. 현재의 교육과정에서도 교수·학습 측면에서는 학습자들의 참여와 활동을 강조하고 있다. 그러나 그것이 교실 안에서 좀처럼 드러나지 않는 이유는 무엇일까? 그것은 앞에서 말한 것처럼 교육 내용의 표현이 정제화되지 않은 데에서 일차적인 원인을 찾을 수 있다. "문학이 인간의 삶에 어떤 가치를 지니는지 이해한다."와 같은 성취 기준은 이미 기성세대가 정리한 문학의 가치를 명제화하여 학습할 수 있는 길을 열어 주고 있기 때문이다.[2]

또 다른 이유는 교수·학습이 '청출어람'의 관점에서 적극적으로 벗어나지 못하고 있다는 데에서 찾을 수 있다. "학습자 중심 교육에 대한 동상이몽" 또한 이러한 현상을 보여준다(최영인, 2012). 학습자 중심 교육의 함의가 구체화되지 않은 까닭에 학습자를 중심에 놓으려고 하는 시도가 '쪽'에서 '푸른빛'이 나와야 한다는 관점 안에 머물고 있는 것이다. 즉, 학습자 성장의 원천은 전적으로 교수자에게, 더욱 구체적으로 말하자면 교수자가 학습자에게 전달할 학습 내용에 있다는 관점이 유지되고 있는 것이다.

문학 영역의 경우 문학이 학습자로부터 멀어지고 있다는 위기의식 아래 학습자들이 교수·학습 과정에 적극적으로 참여할 수 있는 교수·학습 방안을 모색하는 연구들이 지속적으로 진행되어 왔다. 최미숙(2006)은 경규진(1993)의 논의를 발전시켜 대화 중심의 현대시 교수·학습 방법을 구체적으로 제안하는 성과를 이루어 냈으며, 이인화(2011)는 문학 수업에서 대화의 중요성을 강조하는 흐름을 이어 가고 있다. 그러나 최미숙과 이인화는 다소 관점을 달리하는 부분이 있다. 최미숙의 경우에는 대화를 통해 학습자들의 참여를 유도하면서도 '교사'가 '전문가'로서의 권위를 가지고 학습자들의 부족한 이해를 보완하

2 물론 교수·학습과 연계되는 평가의 문제를 간과할 수는 없다. 학습자들의 다양한 맥락이 개입되기 쉬운 서술형 문항에 대한 평가는 현재 학교 시스템 안에서 불가능한 것처럼 보이기 때문이다. 그러나 최근 들어 중간고사나 기말고사에서 선택형 문항과 서술형 문항의 비중을 25:75로 진행하는 사례를 확인할 수 있었다. 그 '비법'은 서술형 문항 출제가 가능하도록 사전에 교수·학습을 '디자인'하였다는 데 있었다. 평가와 관련된 논의는 3장에서 다루도록 한다.

는 기능을 담당한다. 이에 비해 이인화는 바흐친(M. M. Bakhtin)의 다성성 개념에 주목하여 학습자가 자신의 목소리를 교실 안으로 가져오는 것 자체에 비중을 더 크게 둔다. 이인화의 경우에는 '쪽'으로서의 교사로부터 도출되는 것이 반드시 '푸른빛'이어야 한다는 관점에서 벗어나는 모습을 확인할 수 있다.

이러한 흐름 위에서 시 교육의 교수·학습 역시 학습자들로 하여금 자신의 삶과 맥락을 교실로 가져오게 하는 것이 역량 중심의 교육 내용을 구체화할 수 있는 방안 중 하나가 된다. 기성세대가 일구어 온 결과들을 학습자들에게 전수하는 것이 아니라 학습자들이 자신의 삶을 바탕으로 하여 탐구 활동을 펼치고 그로부터 자신의 '안목'을 형성하는 것이 중요한 방향으로 자리를 잡아야 하는 것이다. 문법 영역에서 학습자들의 직접적인 탐구 활동을 중시한 논의(김광해 외, 1999)도 이러한 점을 강조하고 있으며, 학습자들의 반응을 중시하는 논의들이 출발점으로 삼고 있는 로젠블랫(L. M. Rosenblatt)의 논의들(로젠블랫, 2006; 2008)도 마찬가지이다.

이러한 논의들을 발전시켜 교수·학습 방법의 발전으로 이어가기 위해 필요한 것은 교실 상황에 대한 인식의 전환일 것이다. 이를 위해서는 '생산성'의 개념을 교실 상황에 도입할 필요가 있다. 기존의 교실이 전통의 전수성이나 내용 지식의 전달에 기반을 두고 있었다면[青出於藍], 앞으로의 교실은 생산성[赤遊如藍]에 더욱 강조점을 두어야 하는 것이다. 그렇다고 해서 생산성이 전수성과 배치되는 개념이 되지는 않는다. 생산성이 무에서 유를 창조하는 기적을 의미하지는 않는바, 학습자들이 자신의 생산성을 내보일 수 있는 토대는 전통에 대한 모방에서 출발할 수도 있기 때문이다. 다만 그 생산의 기제가 학습자 자신의 삶이 가지고 있는 맥락으로부터 도출될 때 그것이 자신의 생산이자 성장이라고 볼 수 있을 것이다.[3]

3 "배움의 문제는 오히려 그 개별적인 배움의 주체가 그가 가진 현존의 지식 체계를 부정하고 그보다 한 단계 더 높은 지식 체계를 획득하기 위해서 분투하는 과정과 관련"되는바, 여기에서의 '분투'는 결코 타인이 대신 해 줄 수 있는 것이 아니다. 인용한 부분은 장상호(1993)의 논의에 기반을 두어 정재찬(2004)이 발전시킨 것이다.

전수성을 바탕으로 한 생산성의 관점에서 볼 때 도제 시스템 또한 교수·학습의 한 방안이자 적극적인 생산성을 도모하는 교실 상황을 구축하는 하나의 방법이 될 수 있다. 제자가 스승의 일거수일투족을 명시적으로든 암시적으로든 늘 곁에서 지켜보고 발전적으로 모방한다면 이는 생활 자체가 교육으로서의 의미를 가지게 됨으로써 '몰입' 교육 못지않은 성과를 가져올 수 있기 때문이다. 그러나 도제 시스템은 제자가 스스로 장인(匠人)을 찾아가는 경우가 주임을 간과해서는 안 된다. 중등 교육의 현장에서 학습자가 스스로 교사에게 배움을 청하며 제자가 되기를 희망하는 모습은 아직은 상상하기 어렵다. 이러한 상황을 문학 교육에서 정전(正典)과 관련된 논의에 접목시키자면 도제 시스템은 정전의 전수 및 전달에는 효과적일 수 있으나 피전수자 및 피전달자로서의 역할을 자처하는 사람이 적다는 문제에 주목할 수 있다. 오히려 참고해야 할 것은 '정전'에 대한 관점을 넓혀 "자신의 정전을 발견"하는 데에 의미를 두는 것이라고 볼 수 있다(정재찬, 2004). 전수되지 않는 전통은 분명 어딘가에 문제가 있다. 전통 그 자체에 문제가 있거나, 전수자에게 문제가 있거나, 피전수자를 만들어 내지 못하는 사회 여건에 문제가 있거나, 혹은 이 중에 둘 혹은 셋이거나. 피전수자만을 다그치는 것은 이러한 문제를 외면하는 것일 뿐이다.

2——시 교육에서 역량 중심 교수·학습 방안

시에서 이미지나 비유는 중요한 개념이다. 이는 비단 시뿐만 아니라 일상적인 언어생활에서도 빈번하게 나타나는 언어의 일반적인 속성이라고 할 수 있다. 작품을 읽으면서 이미지나 비유를 분석하는 활동은 중요한 과정이다. 문제는 이러한 활동이 과연 '무엇을 위한' 활동이었는지에 있다. 우리는 이미지나 비유가 무엇인지를 알기 위해 시를 읽지 않는다. 작품에 나타난 이미지나 비유가 왜 사용되었는지, 적절하게 사용되었는지를 따지고 그에 반응하는 정서를 즐긴다. 이와 같은 맥락에서 볼 때, 상징이 무엇인지를 학습하였다고 해서 "사람들 사이에 섬이 있다/그 섬에 가고 싶다"(정현종, 「섬」)를 읽고 '섬'이 무엇을 상징하는지를 바로 파악할 수 있는 것도 아니다. 또한 시의 음악성을 학습하였다고 해서 그것이 김소월, 김영랑의 모든 작품을 이해할 수 있는 발판으로 작용할 수도 없다.

이와 같은 활동은 생산성의 관점에서 바라보는 시 교육의 교수·학습과 거리가 멀다. 하나의 개념으로 수렴되는 것은 지식과 담론의 생산이라기보다 같은 방식의 설명을 되풀이하는 데에 지나지 않기 때문이다. 시에서 이미지, 비유, 상징, 음악성 등의 개념을 통해 작품을 분석하는 것은 중요한 과정이지만 그것이 '적용을 위한 분석'에만 그칠 경우에는 역량 중심의 교수·학습에서 멀어질 수 있다. 물론 "무이징게국을 끓이는 맛있는 내음새"(백석, 「여우난골족」)가 후각적 이미지라고 정리하는 것은 필요한 일일 것이다. 이를 통해 언어가 인간의 감각과 무관하지 않다는 점을 확인할 수도 있기 때문이다. 그러나 '후각적 이미지'라는 개념으로의 수렴을 넘어서면 무엇이 남을까?

교실에서의 생산성이 발현되는 지점은 여기에서부터이다. 고향에 대한 정서를 언어로 드러내는 데 사용한 이미지가 왜 꼭 '후각적 이미지'였는지를 묻는 것이 가능할 것이다. 그리고 함께 그 대답을 고민하는 일은 삶과 인간에 대한 이해를 높이는 데 기여할 수 있을 것이며, 교실에서 활동에 참여하고 있는 구성원들로 하여금 자신의 기억 속에 담겨 있는 온갖 후각적 이미지들을 찾아 헤매도록, 혹은 후각적 이미지가 마음에 들지 않는다면 자신에게 더 생생하게 남아 있는 감각적 이미지들을 찾아 헤매도록 안내할 수 있을 것이다.

이러한 모습은 '시론적(詩論的)'이라기보다 '비평적'인 활동으로서의 성격이 더 강하다고 할 수 있다. 물리적인 힘이 질량과 가속도에 따라 결정된다는 지식만큼의 확정성을 아직은 확보하지 못한 시의 원리나 본질을 찾아 정리하기보다는 저마다 자신의 관점이나 문제의식을 가지고 작품을 이리저리 뜯어보거나 평가를 내리는 활동이 부각되기 때문이다. 그렇다면 학습자에게 중요한 것은 언제 사용할지 알 수 없는 방법 '들'을 백과사전식으로 익히는 것이라기보다 현재 자신의 상황에 맞는 방법('노는 방식')을 교사에게 안내를 받고 이를 통해 방법 '들'의 효용을 체득하는 것일 수 있다. 자신이 필요성을 느끼기만 한다면 인터넷 검색을 통해 또 다른 방법들을 접하는 것은 이제 어려운 일이 아니다. 비평에서의 해석과 평가는 이를 실행하는 주체로부터 나올 수밖에 없는 것인 만큼 주체의 비평적인 활동을 활성화시키는 것, 즉 학습자들이 스스로 자신의 발화를 진행할 수 있도록 장(場)을 마련하는 것이 오히려 중요하다.

이상의 논의를 바탕으로 시 교육에서 강조되어야 할 교수·학습의 발전 방향은 '교실의 비평장화(批評場化)'로 정리할 수 있을 것이다. 여기에서의 '비평장'은 단순히 시에 대한 '이해' 활동만을 포함하는 것은 아니다. 비평장에는 다양한 작품들이 등장한다. 그것은 남이 쓴 작품일 수도 있고 자신이 쓴 작품일 수도 있다. 핵심은 그러한 작품의 등장을 학습자들로부터 이끌어 내는 것이며, 이에 대한 비평적 활동을 통해 지식과 세계에 대한 새로운 이해를 생산해 내는 과정이다. 각 과정에서의 구체적인 전략은 다음과 같다.

1) 자신이 선택한 작품을 비평장에 제시하기

시 교육에서 작품은 필수적인 요소이다. 그러나 교과서나 교사가 제시하는 작품은 학습자의 맥락을 함께 고려하는 데 근본적인 한계를 지닌다. 시 교육의 목표 가운데 하나가 공동체 의식을 함양하는 데 있다면 같은 작품을 공유하는 것도 물론 중요하다. 그러나 공유가 '강제'일 수는 없다. 초등학생에게 군가를 공유할 것을 요구하는 것이 상당히 억지스러운 것과 마찬가지이다.[4] 진정 교과서나 교사가 제시하는 작품이 보편성을 충분히 가지고 있고, 사회 전체가 공유할 가치가 있는 것이라면 교사가 교실이라는 비평장에 제시하는 것만으로도 충분할 수 있다. 비평장에서 그러한 작품을 경험하고 자신이 선택한 작품과 비평장에서 우위를 겨루었다는 체험 자체가 중요하다고 볼 수 있기 때문이다.

4 물론 '삶은 전쟁'이라는 은유 도식에 맞물리는 체험이 초등학생들에게도 보편적인 것이라면 이 또한 완전히 불가능한 것이라고 단정할 수는 없다. 군가가 초등학생에게 맞지 않을 것이라는 추측 역시 엄밀하게 말하자면 필자만의 상상에 불과하다. 이를 확인하려면 직접 물어보는 수밖에 없다.

이러한 전략은 시론으로부터 연역적으로 구성한 교육 내용의 전달보다는 실제 문학에 대한 읽고 쓰기가 진행되고 있는 비평장에서 벌어지는 현상으로부터 도출한 문학 활동의 구조를 교실로 옮겨 오는 데에 주목한 결과이기도 하다. 문학의 요소를 학습하고 나면 문학 활동이 더 활발해질 수 있는가? 역설적이게도 전문 독자라고 할 수 있는 비평가들의 글을 보면 문학의 요소와 관련된 개념들을 직접적으로 언급하는 경우는 많지 않다. 오히려 비평가들이 그때까지 읽었던 다른 작품이나 경험했던 삶의 장면들이 언급되는 경우, 삶의 전반을 바라보는 관점인 철학적인 배경을 제시하는 경우가 더 많다.

학습자들이 자신의 경험이나 가치관을 교실로 가져올 수 있는 방법은 그에 걸맞은 작품을 스스로 찾아내거나 창작하여 발표하는 활동일 것이다. 좋은 음식이 무엇인지를 알기 위해서는 이 음식 저 음식 많이 먹어 보거나 자신이 직접 음식을 만들어 보는 것이 중요하지, 처음부터 좋은 음식을 먹고 '이것은 좋은 음식이다. 왜냐하면 이러이러한 재료들을 이러이러한 방식으로 조리했기 때문이다.'와 같은 설명을 듣는 것이 중요하지는 않다.

물론 여기에서도 '강제'는 작용한다. 좋든 싫든 시를 선택하여 교실에 가져오는 활동과 그에 대한 자신의 견해를 드러내는 활동은 학습자들에게 의무로 주어지기 때문이다. 그러나 이 정도라면 시 교육의 목표에 비추어 볼 때 어느 정도 타당한 '강제'라고 여길 수도 있다. 여행지를 가르치는 것이 아니라 여행을 가르치려 한다면 특정한 목적지를 강제하기보다 일단 '떠나게' 하는 것이 우선인 것처럼, 시 교육에서도 먼저 학습자로 하여금 시를 고르거나 쓰게 함으로써 이후 이야기를 펼쳐 나갈 '종잣돈'을 마련하도록 하는 것이 최소한의 필수적인 강제일 것이다.

2) 비평장에 제시된 작품들을 평가하기

비평적 활동의 핵심은 '평가'에 있다. 이 작품이 왜 좋은지, 왜 싫은지에 대한 의견을 발표하는 것은 학습자의 문학 활동을 활성화하는 데 도움이 될 수 있다. 일반적으로는 작품에 대한 사실적 해석과 이해가 먼저이고, 이를 바탕으로 하여 독자의 정서가 형성된다고 본다. 그러나 이들 사이에는 뚜렷한 선후 관계가 있다고 보기 어렵다. '왠지 좋다', '왠지 마음에 든다' 등 학습자들의 반응에 빈번히 등장하는 '왠지'는 언어적으로 명료화된 근거에 앞서 정서적 반응이 먼저일 수 있다는 점을 보여 준다. 이를 발판으로 하여 '왠지'를 구체화시켜 나가는 작업은 타인들 혹은 자기 자신과의 지속적인 대화를 통해 가능할 것이다. 또한 자신이 선택하여 제시한 작품이 왜 좋은지를 이야기하기 위해 학습자는 작품과 자신의 삶에 대한 탐색을 진행하게 될 텐데, 이때 탐색의 범위와 깊이는 타인에 의해 주어진 작품의 가치와 의미를 파악하기 위한 탐색의 범위와 깊이에 비해 자신과 더욱 밀접하게 연결될 수 있을 것이다. 작품 평가의 주체로서 학습자의 위상은 주어진 작품을 반드시 '좋은 것'으로 받아들이는 위치에 있을 때보다 능동적인 참여를 이끌어 낼 수 있다.

김미혜(2005)는 생산적 사유로서의 비평의 성격을 강조한 바 있는데, 임화의 비평문을 분석하면서 그것이 임화만의 '언어관'을 바탕으로 하며 때로는 특정 작품에 대해 부정적인 평가를 내리는 장면도 있음을 보여 준다. 학습자들은 왜 그렇게 할 수 없는가? 기성세대가 좋은 작품이라고 평가한 것들이 학습자들에게도 그대로 적용될 것이라는 논리는 무엇에 기반을 두고 있는가? 학습자들은 자신이 어떤 작품을 좋아하지 않는 이유를 교실에서 말할 권리가 있다. 학습자들에게 이러한 권리를 위임한 시도는 6차 교육과정기 고등학교 교과서의 학습 활동을 통해 이루어진 적이 있지만, 그 이후에는 확인하기 어렵다(민재원·김창원, 2013).

물론 이러한 활동이 '나는 그 작품이 좋다/싫다'를 밝히는 것으로 끝나서는 안 된다. 진정한 성장은 그 이후에 이루어지는 토론과 성찰(혹은 사색)에 있을 것이다. 토론과 성찰의 과정에서 학습자들에게 더 제공되어야 하는 배경지식이 있을 수 있다. 이는 교사가 그때그때의 상황에 맞추어 제시해 주거나 학습자들의 탐구 과제로 남길 수도 있다.

작품에 대한 평가 활동은 학습자가 현재 어떤 인생관을 가지고 있으며, 어떤 방식의 언어 표현을 선호하는지, 그러한 선호는 언어 활동과 관련된 학습자의 체험 가운데 어떤 부분과 관련되어 있는지를 적극적으로 탐색할 수 있는 기회를 마련해 준다. 평가 활동은 질문의 중심에 학습자 자신을 놓게 한다. 학습자는 이를 통해 자신의 결과물을 생산할 수 있으며, 그 결과물은 이미 생산된 평가를 수용하는 것 이상의 가치를 갖게 된다.

교과서나 교사는 긍정적인 평가를 받아 온 기존의 작품들을 비평 대상의 하나로 제시함으로써 학습자들의 사고를 촉진시킴과 동시에 전통의 공유라는 문학 교육의 목표를 달성하기 위한 시도를 진행할 수 있다. 이 경우에도 교과서나 교사가 제시한 작품은 평가의 대상이 되는 여러 작품 중 하나이지만, 기성세대가 내린 평가가 보편성을 가지는 것이라면 그것이 학습자들에게 외면받거나 부정될 수 있다는 걱정은 할 필요가 없다. 또한 교사 역시 비평장에 한 사람의 비평가로 참여하면서 현시적 교수법을 통해 학습자들의 활동을 더욱 정교화하는 데 기여할 수 있을 것이다.

3) 교실에서 나눈 의견들을 지식으로 구조화하기

그렇다면 기존에 마련하였던 문학 관련 지식들은 교실 안에서 어떻게 다루어야 하는가? 지금까지는 지식을 배우고 이를 바탕으로 문학 작품을 감상하는 것이 교수·학습의 주된 흐름이었다면 교실을 비평장으로 구축하는 것은 비평 활동 속에서 학습자들이 지식을 익히고 구조화하는 방향으로의 전환을 제안하는 것이라고 할 수 있다. 인간은 어떻게든 세계를 개념화하여 이해하며, 이는 지식의 형태로 나타나게 된다. 따라서 추상적인 개념들을 지식으로 먼저 배우고 이를 적용하기보다는 지금까지 학습자가 경험한 작품들을 바탕으로 하여 이러이러한 특징들을 정리할 수 있다는 방식으로 접근하는 것이 더욱 적절할 것이다. 실제로 '시론' 또한 고정된 것이 아니라 끊임없이 새로 쓰이는 것이며, 여기에는 기존의 구조적인 개념들이 현상을 온전히 가르거나 설명하지 못한다는 한계도 원인으로 작용한다.

예를 들어, 김춘수의 「나의 하나님」에 나타나는 은유의 사례들이 '치환 은유'인지 '병치 은유'인지 문제를 제기할 수 있다. 기존의 시론들은 이에 대해 서로 다른 대답을 내놓았다. 그렇다면 이것이 누군가에게는 '치환 은유'이고 누군가에게는 '병치 은유'가 될 수 있다는 방식으로 접근하는 것은 불가능할까? 김춘수의 작품에 나타나는 은유는 반드시 그 둘 가운데 하나로만 고정되어야 할까? 어쩌면 이것은 그 은유들을 '치환/병치' 중 하나로 고정시킨 주체의 자기 담론 안에서만 가능한 것일 수도 있다. 그렇다면 중요한 것은 그 사례들을 두 가지 은유 방식 중 하나로 정박시키는 것이 아니라 각각의 종착점에 도착하기까지의 여정을 펼쳐내고 그 과정에서의 경험들을 구조화된 지식으로 정리하는 일일 것이다.

학습자들이 교실에서 구성해 내는 지식은 그들이 가지고 있는 관점이나 문제의식으로부터 출발할 것이며, 이렇게 구조화된 지식은 오히려 더 큰 전이력을 가질 수 있을 것이다. 지식이 '안목'으로 작용할 수 있는 것은 그렇게 바라볼 수 있는 대상을 충분히 확보하였을 때 한층 더 수월할 것이기 때문이다. 이러한 방향은 시 교육을 실체로 보든 속성으로 보든 유효하다.[5]

실체로서의 문학 교육이라는 관점에서 본다면, 자신이 좋아하는 작품이라고 비평장에 제시한 것들이 자연을 주로 이야기하며 개인적인 감회를 풀어 내는 특징을 가진다면 이에 대해서는 '순수 서정'이라는 개념을, 사회의 모순을 이야기하고 이를 극복하고자 하는 의지를 주로 나타내는 특징을 가진다면 '저항시'라는 개념을 제시하여 구조화할 수 있을 것이다. 속성으로서의 문학 교육이라는 관점에서 본다면, 학습자들이 평가의 과정에서 주목한 주요 시구들을 정리하면서 '운율', '이미지', '상징', '비유' 등의 용어를 표현의 수단으로 배울 수 있을 것이다. 비유를 원관념과 보조 관념으로 나누어 설명하는 것보다는 어떤 시구가 좋았는데 그 시구의 표현 수단을 비유라고 부른다는 것을 배우

5 문학 교육의 성격을 실체 중심, 속성 중심, 활동 중심으로 나누어 살핀 논의는 김대행 외(2000)를 참고할 수 있다. 여기에서 활동 중심의 문학 교육을 언급하지 않은 것은 비평장에서의 평가 및 그 과정에서 이루어지는 지식의 구조화가 이미 활동으로서의 성격을 띠고 있기 때문이다.

는 것이 더 자연스럽다고 할 수 있다. 또한 그러한 비유가 왜 좋았는지, 왜 싫었는지를 탐색하면서 비유적 표현의 가치와 의미를 자신의 입장에서 정리하는 것도 가능할 것이다. 더 나아가 학습자 간에 나타나는 호오(好惡)의 차이를 서로 확인하는 과정에서 비유가 가지고 있는 부각적인 속성과 은폐적인 속성(레이코프·존슨, 2006)을 인식하고 언어의 특징에 대한 이해를 심화시킴과 동시에 비판적 사고력 및 통찰력의 성장이 이루어질 수도 있을 것이다.

이상에서 제시한 전략들은 시 교육을 염두에 둔 것이기는 하지만, 근본적으로는 학습자들이 자신의 국어 활동을 더욱 풍성히 영위하는 방향을 가진다는 점에서 다른 영역들에까지 전이될 수 있는 가능성이 있다. 자신에게 흥미가 없는 내용을 다루고 있는 텍스트가 읽기 전략을 배운다고 해서 잘 읽힐 수는 없다. 쓰기에서 학습자에게 별다른 문제의식을 유발하지 못하는, 혹은 관련된 관점이 성글게라도 정립되지 않은 특정 주제에 대해 글을 쓰고자 할 경우 내용 생성 전략을 배운다고 해서 글을 잘 쓸 수는 없다. 이러한 점은 듣기·말하기 영역도 마찬가지일 것이다. 국어 교육이 사고력과 관련되어 있다는 점을 밝힌 것은 국어 교육이 나아갈 새로운 방향을 제시해 주었지만, 사고를 추진하는 주체인 학습자가 현재 어떤 맥락에 놓여 있으며 학습자가 그에 대해서 어떤 언어 활동을 진행할 수 있는지에 대한 관심은 아직 부족하다고 할 수 있다. 따라서 시 교육에서 교수·학습의 발전 방향은 학습자가 교실에서 자신의 언어를 충분히 풀어 놓을 수 있는 지점으로 나아가야 할 것이다.

3——전제: 교사-학습자 간 동료 의식

이상에서 제안한 시 교육의 교수·학습 방법에 대한 발전 방안은 다양성의 공존을 전제로 한다. 국어 교육이 담당해야 할 핵심으로 평가받는 의사소통 역량의 발전은 사실 정해진 답이 없다. 심지어 '눌변(訥辯)', 즉 '더듬거리는 서툰

말솜씨'마저도 미학적인 차원에서는 높은 평가를 받기도 한다(이승원, 2006). 우리가 확인할 수 있는 것은 언어 운용자들이, 좁게는 시 비평장에 참여하는 사람들이 각각의 상황에 맞추어 최적의 방안을 찾기 위한 노력을 지속한다는 것뿐이다. 이는 국어 교과의 다른 영역에서도 마찬가지일 것이다. 상대를 배려하는 말하기가 중요한 것은 틀림없는 사실이지만, 무엇이 배려인지에 대한 대답은 바로 그 배려를 원하는 주체마다 다를 수 있다. '욕쟁이 할머니'를 국어 교육은 어떻게 다룰 수 있을까? 교육 내용으로 넣지 않으면 되는 것일까?

기성세대가 교육을 통해 전수하려는 전통이 '완벽한' 것은 아니라는 것을 인정할 필요가 있다. '언어문화의 발전'이라는 국어 교육의 목표도 거꾸로 보면 아직 보완하고 발전시켜야 할 부분이 남아 있다는 것을 방증하는 것이며 그것을 완수해 줄 세대는 학습자의 세대일 텐데, 실제 국어 교육이 제시하는 교육 내용이나 이를 실천하기 위한 교수·학습 방법은 학습자를 이러한 과정에서 동료로 여기지 않는 것처럼 보인다. 이는 시 교육에서도 마찬가지이다. 여전히 학습자들은 성인에 비해 '부족한' 감식안을 가지고 있는 것으로 평가를 받는다. 그리고 그 부족함을 메우는 데에 교사의 책무가 있다고 생각한다.

이를 벗어나기 위해서는 랑시에르(J. Rancière)가 보여준 자코토 선생의 사례에서처럼 교사가 '판을 깔아 주고 격려해 주는' 역할에 충실할 필요가 있다(랑시에르, 2008). 교사가 스스로 주인공이 되고 학생들이 관객석에 앉아 있는 교실은 시 교육이라기보다 일회적인 강연의 연속이라고 보아야 할 것이다. 물론 이러한 강연도 필요하다. 한층 심화된 비평적 활동을 '원하는' 학습자에게는 이러한 자리가 그야말로 갈증을 해결하는 데 주효할 수 있다. 그러나 중등 교육에서 아직 그러한 수요는 일반적이지 않다.

따라서 중등 시 교육에서 교사는 '리더'가 아니라 시에 대한 경험이나 지식이 조금 더 많은 '동료'의 역할을 교실에서 수행할 필요가 있다. 작품 읽기와 쓰기 그리고 그에 대한 비평적 활동을 통해 교사는 학습자들의 삶을, 학습자들은 교사의 삶을 탐구하고 세계에 대한 안목을 넓혀 나가는 활동이 필요하다. 물론 3R 교육의 차원에서 기본적인 읽기와 쓰기는 중요한 기능이다. 이 과정에서는 문제를 함께 고민한다는 의미에서의 동료 의식보다 칸트(I. Kant)가 말한 교육의 한 의미로서의 '훈육'이 강조될 수도 있다(칸트, 2007). 그러나 중등교육에 이르면 이를 넘어서는 역량의 차원으로 진입하는바, 다양한 맥락과 자료를 접하고 그것들을 자신의 입장에서 정리하고 평가하는 경험이 있지 않고서는 읽고 쓰고 말하고 듣는 기능이 학습자의 사고력과 연계될 것이라는 기대는 지나치게 과장된 것일 수 있다.

다시 '선어람'이라는 목표를 상기해 본다면, 학습자의 사고력이 더욱 선명하게 성장할 수 있도록 도움을 주는 것이 시 교육의 교수·학습을 통해 구체화되어야 할 것이다. '쪽'으로서의 교사가 아직은 선명하지 않더라도 '푸른빛'이든 '붉은빛'이든 학습자로 하여금 우선 자신의 색이 무엇인지를 드러내게 하는 것이 그 첫 단계일 것이다.

참고 문헌

경규진(1993), 「반응 중심 문학 교육의 방법 연구」, 서울대학교 박사 학위 논문.

김광해 외(1999), 『국어 지식 탐구 — 국어 교육을 위한 국어학 개론』, 박이정.

김대행 외(2000), 『문학 교육 원론』, 서울대학교 출판부.

김미혜(2005), 「생산적 사유로서의 문학 비평과 문학 교육 — 임화의 비평 텍스트를 중심으로」, 『국어 교육 연구』 제15집, 서울대학교 국어교육연구소.

랑시에르(Rancière, J., 2008), 『무지한 스승』, 양창렬 역, 궁리.

레이코프·존슨(Lakoff, G. & Johnson, M., 2006), 『삶으로서의 은유』(수정판), 노양진·나익주 역, 박이정.

로젠블랫(Rosenblatt, L. M., 2006), 『탐구로서의 문학』, 김혜리·엄해영 역, 한국문화사.

________(2008), 『독자, 텍스트, 시 — 문학 작품의 상호 교통 이론』, 김혜리·엄해영 역, 한국문화사.

민재원·김창원(2013), 「"기능(機能)"의 제도화와 학교 시 교육의 지향 — 5~7차 교육과정기 중등 현대시 교육의 점검」, 『문학 교육학』 제42호, 한국문학교육학회.

이숭원(2006), 『백석 시의 심층적 탐구』. 태학사.

이인화(2011), 「교사 교육 내용으로서 문학 수업 대화 방법 연구 시론」, 『국어 교육학 연구』 제42집, 국어교육학회.

장상호(1993), 「학문 공동체의 지적 풍토에 관한 소고」, 『사대 논총』 제47집, 서울대학교 사범대학.

정재찬(2004), 『문학 교육의 현상과 인식』, 역락.

최미숙(2006), 「대화 중심의 현대시 교수·학습 방법」, 『국어 교육학 연구』 제26집, 국어교육학회.

최영인(2012), 「'학습자 중심 교육'의 의미에 대한 현직 국어 교사들의 인식」, 『국어 교육학 연구』 제43집, 국어교육학회.

칸트(Kant, I., 2007), 『칸트의 교육학 강의 — 교사와 부모를 위한 칸트의 교육론』, 조관성 역주, 철학과현실사.

시 평가, "몇 점까지 즐거워 봤니?"

1——시 교육에서 평가는 왜 어려운가

평가는 교육의 한 부분이자 삶의 한 부분이다. 이는 시 교육에서도 마찬가지이다. 교육을 가장 넓은 의미에서 인간의 성장 전반을 아우르는 개념으로 본다면 일상생활에서도 평가는 늘 존재한다. 교육 평가와 관련된 개론서들에는 평가가 반드시 피평가자들의 서열을 결정하는 것에만 국한되지 않고 그들의 성장을 견인하는 데 필요한 진단의 기능을 한다는 내용이 포함되어 있다(김경배 외, 2005; 김대현·김석우, 2005; 성태제, 2009). 이러한 관점에서 볼 때, 영화를 보고 친구들과 이야기를 나누면서 자신은 파악하였지만 친구들은 파악하지 못한 내용이나 의미가 무엇인지, 반대로 자신은 파악하지 못하였지만 친구들은 파악한 내용은 무엇인지를 새로 알게 되는 경우에 나타나는 상호 간의 교류에도 평가적인 속성은 분명히 담겨 있다.

그러나 학교 안에서 이루어지는 평가는 조금 더 특수한 상황을 동반한다. 그 특수성은 평가자와 피평가자가 비교적 명확히 구분되고 그 결과가 객관적인 수치로 환원되어야 한다는 데에서 대부분 발생한다. 또한 평가 결과가 일회적인 경연 대회의 형태로 마무리되는 것이 아니라 기록으로 남아 이후에도 피평가자의 삶에 영향을 미친다는 점도 고려해야 할 대상이다. TV의 오디션 프로그램처럼 심사자의 전문성과 주관적인 호불호에 좌우되는 측면이 강하기보다는 국가 수준에서 제시하는 성취 기준에 어느 정도 도달하였는지에 초점을 맞추는 것도 학교 교육에서 이루어지는 평가의 한 특징일 것이다.

시 교육의 평가도 오디션 프로그램의 심사처럼 진행할 수 있을까? 그것은 시 교육과 오디션 프로그램의 대상 및 목적이 얼마나 유사하냐에 달려 있을 것이다. 그 유사성을 살피는 것은 여기서 다루지 않도록 하겠다. 다만 현재 학교에서 이루어지고 있는 시 교육의 평가와 오디션 프로그램에서 나타나는 평가의 모습을 놓고 볼 때 객관적인 척도를 적용하고 정답을 찾아야 하는 평가와 전문가의 판단에 의해 이루어지는 평가 사이 어디쯤에서 발전의 방향을 모색할 수 있지 않을까 하는 논의의 출발점 정도로만 생각하면 좋을 것 같다. 일반적인 느낌만을 놓고 본다면, 학교 교육이나 대학 수학 능력 시험 등을 통해 진행되는 규준 참조 평가 중심의 평가는 시 교육의 결과를 평가하고 그것을 긍정적으로 활용하는 데에 무언가 '불만'이 남는다. 시에 애정을 가진 사람들은 그것을 시 교육으로 인정하지 않을지도 모르겠다. 그렇다고 해서 오디션 프로그램에서 심사자가 지원자에게 심사평을 한 마디씩 하고 자신만의 '결단'을 내리는 것처럼 시 교육의 평가를 진행하기에는 무언가 '불안'하다. 아마도 이는 시 교육 평가의 어려움 때문일 것이다.

여러 논의들이 밝히고 있는 것처럼 평가는 문학 교육 논의에서도 어려운 부분에 속한다(염은열, 2009; 최지현, 2009; 김창원, 2013). 일반적인 평가 이론들이 큰 방향을 제시하고는 있지만, 세부적인 차원으로 들어가게 되면 문학 교육의 고유한 특성으로 인해 명확한 계량화 및 판단이 어렵기 때문이다. 학습자가 작품을 읽고 느낀 감정을 어떻게 측정할 수 있을지, 더 나은 해석의 기준을 어떻게 마련할 수 있을지 등의 문제가 늘 뒤따르게 되는 것이다. 물론 '빨간 사과'라는 표현에 나타난 이미지가 어떤 이미지인지를 묻고 이에 대한 답을 '시각적 이미지'로 상정하는 선에서의 평가는 가능할 것이다. 그러나 시를 읽는 것이 이미지 분석으로만 끝나는 것은 아니므로 이후의 과정에 대한 평가에서는 다시금 앞서 이야기한 어려움이 대두된다. 다소 극단적인 관점으로 보게 되면 '빨간 사과'에 대해 '사과의 신맛과 단맛의 조화를 붉은색으로 나타낸 공감각적 이미지'라고 답한다면 그것을 어떻게 처리할 것인지도 모호하기는 하다.

조금 범박하게 정리하자면 이와 같은 어려움은 기존의 평가가 지식 및 이를 바탕으로 한 객관적 분석 중심의 평가로 진행되어 온 데에서 비롯한 것이라고 할 수 있다. 국가 수준의 교육과정 문서는 인지적 요소와 정의적 요소에 대한 균형 있는 평가를 누누이 강조해 오고 있지만(교육인적자원부, 2007; 교육과학기술부, 2012), 아직까지 평가는 시험지와 답안지를 연상하게 하며 이러한 장치는 인지적 요소 중에서도 지식 중심의 평가에 치우치는 현상을 유지시키고 있다. 학습자의 성장을 측정하고자 하더라도 기존의 평가 방식에서는 개념의 이해와 그 적용에만 중점을 두어 왔던 것이다.

2——평가 바탕으로서 시 읽기 현상

앞에서 잠시 이야기한 것처럼 교육에서의 평가는 교육의 목적과 분리하여 생각할 수 없다. 현재의 평가에 대해 무언가 불만이 있다면 그것은 자신이 생각하는 교육의 목적에 부합하지 않는다는 판단 때문일 것이다. 이와 관련하여 1장과 2장에서 시 교육이 어떤 목적을 가져야 하며, 이를 위해 어떠한 방식의 교수·학습이 이루어져야 하는지를 범박하게나마 제안한 바 있다. 물론 그것들은 전혀 새로운 것이라기보다 기존에 있어 왔던 학습자 중심 교육의 관점을 조금 더 강조한 차원이라고 할 수 있을 것이다. 그렇다면 시 교육에서 학습자의 활동을 통해 드러나는 역량을 평가하는 것은 어떠한 모습으로 구체화될 수 있을까?

이에 답하기 위해서는 시를 바라보는 관점을 점검할 필요가 있다. 지금까지의 교육과정 문서에서 바라보는 시는 시와 관련된 지식을 바탕으로 하여 이해하는 대상으로서의 성격이 강하다. "비유, 운율, 상징 등의 표현 방식을 바탕으로 작품을 이해"한다는 성취 기준이 중학교 국어과 교육과정의 문학 영역에서 첫째로 제시되고 있는 것이다(교육과학기술부, 2012). 그러나 시 교육에서 작품 이해 및 감상의 이상적인 사례는 김기림의 「바다와 나비」를 대상으로 할 경우 다음과 같이 제시된다.

> 그런데 왜 공주에 비유한 걸까? 게다가 '공주처럼 지쳐서 도라온다'고 표현하고 있어. 우리가 '공주'라는 말에서 떠올리는 이미지는 일반적으로 연약하다, 세상 물정을 아무것도 모르다, 과보호를 받으며 곱게 자라다 등의 이미지와 우아하다, 아름답다, 호화롭다, 동화적이다, 낭만적이다 등등이 있지. 이 시는 아마도 전자와 더 밀접한 관련을 맺고 있는 것 같아. 우아한 나비의 모습에서 공주를 떠올리는 것은 가능할 텐데, 이 시의 발상은 그건 아닌 것 같아. 나비의 지친 모습에서 공주를 떠올리고 있거든. 공주의 어떤 모습이 지친 나비와 유사하다고 보았던 것일까? 수동적인 삶을 살아갈 수밖에 없는 여리디 여린 존재로서의 공주가 세상에 뛰어나갔다가 시련과 아픔을 겪은 채 어깨를 늘어뜨리고 돌아오는 모습을 떠올리면서 비유한 것으로 보아야겠지? (윤여탁 외, 2010: 217~219면)

여기서 학습자가 시를 읽기 위해 바탕으로 삼은 지식은 무엇일까? '비유'라는 분석적 용어가 사용되기는 했지만, 이는 이후의 읽기 과정에서 큰 영향을 발휘하지 않는다. 비유의 세부적인 분류들을 다루기보다는 '나비'를 '공주'라고 말한 부분에 대한 궁금증을 해결해 나가는 과정이 주를 이루고 있는 것이다. 오히려 여기에서 학습자가 활용한 것은 '공주'가 가지는 이미지가 무엇인지에 대한 지식이다.[1] 물론 이마저도 성적(性的) 역할 구분이 가지는 이데올로기적 은폐에 비추어 본다면 완전한 지식이라고 보기는 어렵다. 그러나 학습자가 동원한 지식이 과연 '문학적 지식'인 것인지는 의문이 생긴다.

1 여기에서도 '이미지'라는 용어가 등장하지만 그것이 '시각·청각·후각·미각·촉각적 이미지'나 '공감각적 이미지' 등의 용어로 세분화되어 있지는 않다. 여기에서의 '이미지'는 '것'이라는 일반적인 대명사로 치환하여도 아무 지장이 없는 것으로 보인다.

그렇다면 전문적인 독자라고 평가를 받는 평론가들은 어떠한 방식으로 작품을 읽을까?

시인은 저 죽음 앞에서까지 훨씬 더, 무한하다 할 정도로 훨씬 더 겸손하다. 2006년 48세를 일기로 다른 세상을 만나게 되는 박영근은 「인제를 지나며」(『별자리에 누워 흘러가다』, 창비, 2007)라는 제목으로 이런 시를 남겼다.

인제 산촌(山村) 어디쯤인가 지나는데
눈보라가
외딴집 한 채를 비켜 가네

거기서 나는 보느니
눈 맞으며
눈 맞으며
마당 가 빈 나무 밑을 서성대는
누렁이 한 마리
훗날
먼 데
내 모양일레

지게문 열고
머릿수건을 쓴 늙은 어머니
흰빛만 쌓여 가는 마당을 물끄러미 내다보네

눈보라가 비켜 가는 외딴집은 얼굴 아닌 얼굴이 벌써 비쳐 있는 자리이다. 죽음 뒤에 남은 기운 같은, 무너져 버린 집의 그림자 같은, 외딴 그 집은 물질의 무심한 힘도 눈 감고 지나간다. "훗날"의 "먼 데"는 말할 것도 없이 저 생에서 시인이 다시 헤매게 될 자리이다. 시인은 이승에서 다 해결하지 못한 업이 남아 저 생에서도 누렁개로 처량한 생명에 시달릴 것이라고 생각한다. 그러나 저 얼굴 없는 것들의 얼굴을 내내 찾았던 덕이 있어 눈보라도 비켜 가는 특별한 자리에서 그나마 "빈" 나무 밑을 서성인다. 누렁개의 삶은 그래서 인간으로 살았던 삶보다 더 나쁜 삶이 아니다. 그만큼 시인은 다른 생에서 저 얼굴 없는 것에 더 가까이 가 있다. "머릿수건을 쓴 늙은 어머니"가 지게문을 열고 무심하게, 눈 쌓이는 마당에서 자신이 보는 줄도 모르고 바라보는 것은 신비할 것도 없는 삶의 이 신비이다. (황현산, 2012: 157~158면)

이 비평가의 글에서 '비유'니 '이미지'니 하는 용어는 보이지 않는다. 중요한 것은 이러한 개념을 적용하는 것이 아니라 언어로 형상화된 작품 안에서 자신이 무엇을 읽었는지를 보여 주고 있다는 것이다. 여기에서 작용한 것은 '문학적 지식'일까? 이를 좁게 본다면 아니라고 답해야 할 것이고, 넓게 본다면 그렇다고 할 수도 있다. '문학＝삶'이라는 등식을 끌어온다면 삶을 바라보는 시각 자체가 하나의 지식으로 작용하기 때문이다.

물론 시와 관련된 특정 개념들은 시를 바라보는 시각을 더욱 깊게 다져 줄 수 있다는 의의를 가진다. 같은 작품이라고 하더라도 아이러니의 개념을 통해 작품을 바라보는 것과 세계의 자아화라는 개념을 통해 작품을 바라보는 것에는 분명한 차이가 있다. 천상병의 「귀천」에서 '아름다웠다'는 표현에 대한 이해가 어떤 개념을 통해 접근하느냐에 따라 달라질 수 있는 것처럼 말이다. 그러나 이를 아이러니로 바라본다고 하더라도 여기에는 세계에 대한 아이러니적인 경험이 배경지식으로 먼저 작용할 필요가 있다. 최소한 삶에는 즐겁지 않은 부분도 있으며 더러는 그것이 즐거운 부분보다 훨씬 더 클 수도 있다는 경험적 지식이 먼저 필요한 것이다.

이러한 맥락에서 볼 때 인용문에서 중요하게 작용한 지식은 오히려 이전에 비평가가 읽었던 다른 작품들이다. 그는 같은 글에서 보들레르(C. P. Baudelaire)의 「이방인」에 대한 언급으로 이야기를 시작하고 아폴리네르(G. Apollinaire)의

「생메리의 악사」와 말라르메(S. Mallarmé)의 제목 없는 소네트를 통해 그 깊이를 더해 가고 있다. 그리고 그 과정에서 "좋은 시는 대개 그 얼굴에 대한 그림이 아니라, 다가가는 그만큼 멀어지는 그것을 정지시켜 붙잡기에 실패한 기록"이라는 자신의 가치관을 보여주기도 한다(황현산, 2012: 154면).

다른 작품들을 읽은 경험이 먼저일까, 비평가가 가지고 있는 '좋은 시'에 대한 가치관이 먼저일까? 둘 중 어느 것이 먼저인지를 분명하게 밝히기는 어렵겠지만 분명한 것은 둘 사이의 연관을 부정할 수는 없다는 것이다. 보들레르, 아폴리네르, 말라르메의 작품들을 읽다 보니 '좋은 시'에 대한 가치관이 그렇게 형성된 것일 수도 있고, 그러한 가치관을 가지고 있었기 때문에 보들레르, 아폴리네르, 말라르메의 작품들에 관심이 간 것일 수도 있다. 중요한 것은 이 비평가의 시 읽기는 결코 독자로서의 비평가 자신을 감추고 있지 않다는 것이다. 이 점에서 비평가의 글은 앞서 시 교육의 이상적인 모습으로 언급한 학습자의 글보다 '생생'하다.[2]

다음의 자료는 대학생 독자들이 한 학기 동안 강의 시간을 통해 자신이 선택한 작품을 발표한 후 기말고사에서 그 작품들 가운데 하나를 선택하여 스스로 질문을 생성하고 그에 대해 서술한 내용 중 일부이다(민재원, 2014: 118~121면). 독자가 자신을 드러내는 점에 긍정적인 가치를 부여한다고 할 때 다음과 같은 활동의 결과는 어떻게 평가할 수 있을까?

작품: 바다와 나비(김기림)

질문: 이 시에서의 내용을 '나'와 비교한다면?

서술: '나'는 시에서의 '나비'와 같은 존재인 것 같다. 아무것도 모르고 다가서는 현실과 똑같다. 우리의 미래는 알 수 없고, 또한 우리는 모든 것을 다 알지 못한다. 그리하여, 미지의 세계(바다)가 의미하는 그런 알지 못하는 곳을 나아가고 있는

2 물론 앞서 인용한 학습자의 글은 '꼼꼼히 읽기(close-reading)'의 과정을 보여 주기 위해 의도적으로 부각된 부분들이 많다. 그러나 꼼꼼히 읽을 대상을 작품에만 한정시킨 것처럼 오해할 여지가 있는 것도 사실이다.

것이다. 하지만, '바다'라는 존재는 무서움이 도사리고 있는 의미와 포근한 이미지를 같이 반영한다. 따라서 우리가 나아가고자 하는 미래도 알 수 없는 불특정한 것이기 때문에 같은 존재라고 생각한다.

(중략)

작품: 애니팡(하상욱)

질문: 뜸해진 사람들과 연락이 되고 관계를 맺는 것이 가능한가?

서술: 연락을 할 수 있는 손바닥만 한 휴대 기기 하나로 고작 게임을 하기 위해 보내지는 뜻 없는 문자는 오히려 다시 관계를 맺어지기는커녕 차단을 해 버리거나 더욱 인간관계를 엉망으로 만들어 버린다. 물론 예외도 있겠지만, 소셜 커뮤니케이션의 한계로 원래 알았던 사람이라도 점점 사이버 세계의 친구로 전락이 가능하다. 그러므로 다시 관계를 맺게 되는 것은 무리라고 보았다.

인용한 두 편의 읽기 결과에서는 앞서 제시한 학습자의 읽기에서와 같은 '꼼꼼히 읽기'는 크게 드러나 보이지 않는다. 그러나 「바다와 나비」나 「애니팡」[3]에 대한 이해를 확인할 수 없는 것은 아니다. 이미 '나비'에 자신을 투사한 것이나 '소셜 커뮤니케이션의 한계'를 지적한 것은 각 작품에 대한 이해를 전제로 한 것이기 때문이다.[4] 대신 두 자료는 독자가 작품 읽기를 계기로 하여 자신의 이야기를 풀어내고 있다는 특징을 보인다. 윤여탁 외(2010)가 제시한 「바다와 나비」에 대한 '꼼꼼히 읽기'의 사례(이하 '(A)')가 작품의 요지를 파악하는 데에 중점을 두고 있다면, 위에 제시한 자료 중 「바다와 나비」에 대한 서술(이하 '(B)')은 작품의 언어를 통해 자신이 바라보는 세계를 나타내고 있다는 점에

3 전문은 '서로가/소홀했는데//덕분에/소식듣게돼'이다. 이 작품을 쓴 하상욱은 두 줄짜리 짧은 글 쓰기를 통해 대중에게 알려진 작가로, SNS와 전자책으로 무료 배포되었던 글들을 모아 『서울 시』 1·2권(중앙북스, 2013)을 출간하였다. 해당 강의에서 발표할 작품에는 별도의 제한을 두지 않았으며, 활발한 참여를 독려하기 위해 만화나 애니메이션 등 자신이 '예술적'이거나 '문학적'이라고 여기는 것이면 발표가 가능하다고 하였다.

4 윤여탁 외(2010)는 '환언(paraphrase)'을 이해의 한 양상으로 설정하고 이것이 '서사화, 전형화, 자기화'를 통해 이루어질 수 있다고 본다.

서 차이가 있다. 「애니팡」에 대한 서술(이하 '(C)')도 마찬가지이다. 작품을 한 구절 한 구절 풀이하기보다 작품이 제시하는 문제의식에 대한 자신의 의견을 나타내는 데에 집중하고 있는 것이다.

(A)~(C) 가운데 전문적인 독자라 할 수 있는 비평가의 읽기 활동에 더 가까운 것은 무엇일까? (A)보다는 (B), (C)가 조금 더 가깝다고 보아야 할 것이다. 물론 (A)는 독자가 작품을 읽을 때 고려해야 하거나 동원해야 할 지식이 무엇인지를 잘 보여 준다. 비평가의 읽기 활동에도 분명 (A)에서와 같은 과정이 짧게라도(그러나 심도 있는 수준에서) 있었을 것이다. 그러나 비평가의 읽기 활동에서 확인할 수 있는 것처럼 이는 다른 작품들을 두루 읽으면서 얻을 수 있는 것이지, 분석에서 사용하는 개념어를 습득하였다고 해서 바로 이루어질 수 있는 것은 아니다.

이제 시를 읽고 독자들이 하는 일 중 무엇이 더 중요한지를 판단하고 그것을 중심으로 하여 평가를 진행하는 것이 타당할 것이다. 시 읽기가 독자로 하여금 자신의 삶에 대한 조회를 끊임없이 요구하는 것이라면 그것은 분명 지속적인 활동의 일부로 자리를 잡아야 할 것이며, 이는 장기적인 수행 과정이 축적되는 양상을 평가 대상의 주변부에서 중심으로 가져와야 하는 필요성을 제기한다. 시 교육을 포함한 문학 교육에서 수행 평가가 강조되는 것도 이 때문이다.

3——시 교육에서 수행 평가의 기본 방향

학습자가 시 교육을 통해 얼마나 많은 성장을 이루었는지 지표화하는 것은 많은 논자들이 이미 언급한 것처럼 그다지 간단한 일이 아니다. 문학 교육에서 새로운 해결책으로 제시되었던 수행 평가 역시 "애초의 취지와는 다르게 학생과 교사, 학부모들을 조금 더 번거롭게 하고 부담스럽게 하는, 학습자를 판단하고 서열을 매기는 또 하나의 평가 도구로 전락하"였다는 '평가'를 받는다(염은열, 2009: 351면). 수행 평가의 도입과 함께 학습자들은 이전보다 많은 '활동'을 한다. 이를 수행하기 위해 이전보다 큰 번거로움을 겪지만 정작 그 결과가 학습자들에게 환원되어 그들의 성장에 기여하는지는 분명하지 않다.

그러나 다른 관점에서 수행 평가의 진행 양상을 바라볼 수는 없을까? 수행 평가가 형성 평가 및 진단 평가로서의 취지를 온전히 살리지는 못하였다고 하더라도 학습자가 시를 대하는 태도, 다시 말해 시를 읽으면서 진행하는 활동 양상에는 어느 정도 변화가 일어났다고 볼 수 있기 때문이다. 이제 학습자는 작품에 밑줄을 긋거나 시어의 관계를 파악하고 전체의 구도를 그리는 활동에 그치지 않고 자신이 직접 그에 대한 2차 텍스트를 '공식적으로' 만들어 내기 시작하였다. 시가 감상문을 비롯한 2차 텍스트를 생산하게 하는 기제로 작용한 것은 수행 평가의 도입을 통해 비로소 가능하였던 것이다.

이러한 점을 고려할 때 앞에서의 비판은 수행 평가에 대한 전면적인 비판이라기보다 그것이 여전히 문학 교육에서 "정의적 영역이라 할 수 있는 학습자의 태도나 주체적 반응 양상 등을 제대로 평가하지 못하고 있는" 부분에 대한 통렬한 비판이라고 보아야 한다(염은열, 2009: 352면). 시 교육에서 수행 평가는 당연히 이루어져야 하는 것으로 평가받기도 한다(최미숙 외, 2008). 그렇지만 수행 평가가 현실에서 그다지 환영받지 못하고 있는 것이 사실이며, 그 사이에서 접점을 찾아야 하는 과제가 주어지는 현실을 직시할 필요가 있다.

그렇다면 조금 더 구체적이면서도 학교 현장에서 실질적으로 구현할 수 있는 방식으로는 어떤 것이 가능할까? 객관적인 수치로서의 점수를 정확한 읽기나 객관적 읽기에 대해서만 부여할 수 있는 것은 아니다. 얼마나 작품을 즐겼는지, 아니면 최소한 즐기고자 노력해 보았는지는 학생이 마련한 포트폴리오가 충분히 보여 줄 수 있을 것이다. 이에 대한 평가 또한 엄밀한 기준을 세우기보다는 학습자의 활동 정도만을 측정함으로써 실질적인 부담을 완화시킬 수 있을 것이다. 이렇게 본다면 시 교육 평가의 결과가 "몇 점 받았니?"라는 질문에서 "몇 점까지 즐거워 봤니?" 혹은 "몇 점까지 헤매 봤니?"로 전환되는 것도 불가능하지는 않을 것이다. 염은열(2009)은 학습자가 무엇을 경험하였고 그 의미가 무엇인지를 점검하는 것을 문학 교육 평가의 중요한 내용으로 제시한

바 있다. 이 글에서는 이러한 관점을 계승하면서 구체적인 실행 방안을 제시해 보고자 한다.

4── '넓게 읽기'와 '깊게 읽기' 중심의 시 교육 평가

시 교육이 평가의 대상으로 부각시켜야 할 것은 운율, 이미지, 비유, 아이러니, 역설 등의 용어를 이해하고 작품에서 이와 관련된 요소를 파악하는 것보다 작품을 통해 이 세계 혹은 자신의 삶을 얼마나 새롭고 깊게 바라볼 수 있는지와 관련된 부분일 것이다. 그런데 이러한 부분은 모두에게 공통적으로 적용할 수 있는 객관적인 기준을 만들기 어렵다. 앞서 살핀 것처럼 모든 독자가 동일한 배경지식이나 문제의식을 바탕으로 하여 작품을 읽는 것은 아니기 때문이다.

2009 개정 교육과정의 '고전' 교과가 설정하고 있는 성취 기준 가운데 "고전을 통해 알게 된 사실과 깨닫게 된 점을 바탕으로 세계를 이해하고 문제를 해결할 수 있는 교양을 형성한다."와 "고전을 읽고 적극적으로 소통함으로써 인간과 세계에 대한 이해를 확장한다."가 있다(교육과학기술부, 2012). 이 교과가 자료로 삼는 것이 '고전 문학'에 국한되어 있는 것이 아니라 '가치 있는' 읽기 자료 전반을 고려하고 있으며 이를 통해 추구하는 목표가 삶에 대한 성찰이라면 이를 시 교육에 더욱 적극적으로 반영할 수는 없을까? 또 분석 틀 혹은 도구적 개념을 통해 현상을 바라보려면 이미 그 현상에 대한 충분한 경험이 전제되어야 한다는 식의 관점을 반영할 수는 없을까? 우리가 처음 영화를 접할 때 '미장센'이나 '신', '오버랩' 등의 용어를 모른다고 하더라도 영화에 대해 이야기할 수는 있다. 중요한 것은 그 영화의 메시지를 자신의 삶에 비추어 구성하고 이를 반추하는 활동일 것이다.[5]

5 이는 해당 영화가 수용자로 하여금 그러한 활동을 가능하게 하는 요소를 갖추고 있다는 것을 전제로 한다. 그러나 이 또한 수용자의 배경지식이나 문제의식이 어떻게 형성되어 있는지 혹은 설정되어 있는지로부터 자유로울 수 없다.

학습자의 입장에서 세계에 대한 탐구나 자신의 삶에 대한 성찰은 시 읽기를 통해 어떤 방식으로 실현될 수 있을까? 우선 많은 작품을 읽는 것이 필요할 것이다. 물론 현재의 교과서들도 다양한 작품들을 제시하면서 학습자들의 시 읽기 경험을 풍부히 하는 데에 기여하고 있다. 그러나 과연 학습자들이 교과서에 수록된 작품들 외에 다른 작품을 찾아 읽는 데 얼마나 흥미를 느끼는지에 대해서는 다소 회의적이다. 그 요인으로 두 가지를 가정할 수 있다. 먼저, 교과서에 수록된 작품이 다른 작품을 더 찾아 읽을 만한 동기를 부여할 만큼 흥미롭지 못할 수 있다. 다음으로, 학습자가 최초로 찾아 읽은 몇몇 작품이 학습자에게 너무 어렵거나 별다른 성취감 혹은 흥미를 끌지 못한 것일 수 있다.

학습자들에게 모든 시가 그들의 배경지식이나 문제의식과 맞닿아 있지는 않을 것이라는 점을 고려한다면 위의 두 요인은 더는 문제가 되지 않거나 최소한 우회할 수 있는 문제가 될 것이다. 중등 시 교육에서 학습자로 하여금 자신의 배경지식이나 문제의식과 맞닿는 작품을 찾는 것을 저학년에서의 성취 기준으로 설정한다면, 즉 시 교육의 결과로 기대되는 학습자의 태도를 조금 더 구체적인 모습으로 구조화하여 교육과정으로 전환한다면 '왜 학습자들은 다른 작품을 찾아 읽지 않을까?'와 같은 질문은 성립하지 않는다. 학습자들이 많은 작품을 스스로 찾아 읽는 것 자체가 교육 내용으로 자리 잡을 수 있기 때문이다. 이와 같은 관점에서 접근하면 '얼마나 많은 작품을 읽었는가'를 평가의 기준으로 삼을 수도 있다.

여기에 또 하나의 기준을 설정할 필요가 있는데, 이는 학습자가 작품을 '읽어' 왔는지, '수집'해 왔는지를 판별하는 동시에 시 읽기 현상이 보여 주는 일반적인 태도를 자기화하고 있는지를 판별하는 근거를 마련하기 위함이다. 그것은 각 작품을 통해 '자신의 이야기를 얼마나 펼쳐 내고 있는가'라는 기준으로 정리할 수 있다. 시 읽기 활동이 학습자 자신의 배경지식이나 문제의식과 맞닿아 있다면 그것을 표현하는 활동이 뒤따라야 할 것이다. 여기에 작품 읽기를 통해 자신이 새롭게 주목한 세계의 모습이나 평소에 표현하고 싶었던 자신의 정서를 발견하게 되었다면 더욱 권장할 만한 활동이 될 것이다. 또한 학습자가 찾아 읽은 작품이 자신에게 별다른 흥미를 주지 못했거나 마음에 들지 않는 것이라면 그 이유를 밝히는 과정에서 자신의 배경지식이나 문제의식을 드러낼 수도 있다. 대학생 독자가 작성한 다음과 같은 경우를 사례로 제시할 수 있다(민재원, 2014: 114~115면).

작품: 애니팡(하상욱)

질문: 문제의식이 담기지 않은 이 시도 문학 작품인가?

서술: 큰 화제를 모은 이 시는 굉장히 짧다. 짧은 글 안에 모두가 공감할 수 있는 내용을 담아 큰 인기를 끌었다. 그러나 한편으로는 이 시를 진정한 하나의 '문학 작품'으로서의 '시'로 볼 수 있느냐는 비판도 있다. 나 역시 이 시를 하나의 작품으로 보기에는 다소 무리가 있다는 견해이다. 문학 작품에는 어떠한 '메시지'가 있어야 한다. '문제의식'이 담겨져야 한다. 우리에게 미치는 어떠한 '영향'이 있어야 한다. 그러나 이 시는 그런 것이 없다. '공감'과 '재미'만 있을 뿐이다. 만약 하상욱의 시가 문학 작품으로 인정이 된다면 세상에 문학 작품이 아닌 것이 존재할 수 있는가? '아이스크림은 차다.'와 같은 단순 문장도 문학 작품이 되어 버리는 것인가? 우리는 우리에게 어떠한 생각의 요지나 교훈, 영향을 미치는 것을 '문학 작품'이라 부르지 그저 아무 영양가 없는 문장과 단어를 하나의 '문학 작품'이라 칭하지 않는다.

위의 글에서 학습자는 자신이 읽은 작품의 가치를 높게 평가하지 않는다. 이는 자신이 가지고 있는 '문학관'으로 인한 결과일 것이다. 그러나 이러한 생각을 정리하게 된 계기는 역설적으로 자신이 낮게 평가한 작품을 읽는 활동을 통해서였다. 이를 바탕으로 하여 학습자는 다른 작품을 읽을 때에도 그 작품의 가치를 판단하게 될 것이다. 더 나아가 읽은 작품 수가 늘어날수록 판단의 기준도 조금씩 변화할 것이며, 이는 곧 자신의 성장과 무관하지 않을 것이다.

이상에서 제시한 평가 기준의 설정은 '넓게 읽기'와 '깊게 읽기'의 교직으로 정리할 수 있다.[6] 마음에 들지 않거나 별다른 흥미를 느끼지 못한 작품에 대해서도 '자신의 이야기를 얼마나 펼쳐 내고 있는가'의 기준을 적용하여 왜 그렇게 마음에 들지 않았는지, 왜 흥미를 느끼지 못하였는지를 서술하게 한다면 그 과정에서 작품이 구현하고 있는 언어적 형상화의 결과와 자신의 삶을 비교하여 조회하는 활동을 수행하도록 유인할 수 있을 것이다. 저학년에서는 '깊게 읽기'보다 '넓게 읽기'에 조금 더 비중을 두고, 고학년으로 갈수록 '깊게 읽기'의 비중을 늘리는 것도 학습자의 문식성 발달을 고려하는 한 방법이 될 것이다. 물론 여기에서의 '깊게 읽기'는 비평적인 개념 용어들을 얼마나 동원하느냐의 문제가 아니라 작품을 통해 자신과 세계의 관계를 얼마나 면밀히 검토하였느냐의 문제 위에서 논의해야 할 것이다.

이와 같은 평가 방식은 실제로 한 중학교에서 운영된 사례가 있다. 한 학년의 국어과 교사들이 사전에 계획을 수립하여 학년 초부터 활동 내용 및 평가 방침을 설명한 후 그에 따라 평가를 진행한 것이다. 그 학교에서는 일주일에 배정된 국어 시간 중 한 시간을 '시 읽기' 시간으로 편성하고 교사들의 추천 작품을 중심으로 하되 학습자들이 읽고 싶은 시를 골라 읽은 뒤 그에 대한 자신의 감상을 적게 하였다. 교사들은 매 시간 학습자들의 활동 진행 정도를 기록하고 그 결과를 평가에 반영하였다. 여기에는 앞서 제시한 '넓게 읽기'와 '깊게 읽기'에 대한 평가가 모두 포함되어 있다. 이와 같은 방식을 통해 학습자들은 한 학기에 최소 15편 정도의 시를 읽게 된다. 그리고 그에 대해 자신의 감상을 적어 가며 세계와 자신의 삶을 되돌아보게 된다.

단, 이 중학교에서 감상문을 얼마나 '잘' 썼느냐는 크게 중요하지 않았다. 중요한 것은 학습자들이 시를 읽기만 하는 것이 아니라 그에 대해 자신이 무언가를 적었는지의 여부였다. 이는 '잘 쓴' 감상문의 기준을 객관화하기 어렵다는 문제도 있지만 교사들이 학습자들의 개별적인 경험과 삶의 양상을 그대로

6 윤여탁 외(2010)에서 설정한 '넓게, 그리고 깊게'라는 시 경험의 지향은 하나의 작품에 대한 경험의 풍요화 및 촉진과 관련을 맺는다. 그러나 이 글에서 '깊게 읽기'는 한 작품을 기준으로 하여 그 안에서 일어나는 경험의 풍요화 및 촉진을 모두 포괄하며, '넓게 읽기'는 여러 작품을 두루 읽되 독자가 그 작품에 종속되는 것이 아니라 스스로가 각 작품에 대한 '깊게 읽기'를 통해 그 작품에 대한 평가자의 위치에 설 수 있다는 성격까지를 포함한다.

존중한다는 방침을 세웠기에 나타난 모습이기도 하였다. '깊게 읽기'에서 '깊이'의 기준점은 학습자가 현재 어떤 배경지식과 문제의식을 가지고 있느냐에 따라 달라질 수 있으므로 이 중학교에서의 방침이 크게 잘못된 것이라고 평가할 수는 없을 것이다. 다만 조금 더 체계적인 기준의 수립이 필요하다면 이는 시 교육을 담당하는 국어과만의 작업으로는 어렵다. 중학교에서 학습자가 접하는 다른 교과에서의 지식이 곧 학습자의 배경지식이나 문제의식으로 작용할 수 있는바, 이를 고려한 통합적인 기준이 설정되어야 할 것이다. 학교에서 이루어지는 시 교육의 평가는 근본적으로 교육과정을 설계하는 시점에서부터 구체적인 수준까지 치밀하게 계획되어야 할 필요가 여기에 있다.

5── '넓게'와 '깊게'의 전략적 배치와 실천

지금까지의 논의는 최소한 두 가지 문제점을 향후 과제로 남기게 된다. 하나는 이 글이 의도적으로 보류하고 있는, 시 분석을 위한 개념 용어에 대한 학습이 이루어져야 할 적정 시점이다. 이는 시 교육의 본질에 대한 철학을 바탕으로 한 다각도에서의 점검을 요구하는 것이기도 하다. 다른 하나는 위에서 언급한 평가가 '선발'을 위한 제도에 기여할 수 있는지의 여부이다. 시 교육의 평가에서 현실적인 요건들을 아예 배제할 수는 없다. 현실에 기여하지 못하는 평가는 그 취지의 깊은 뜻에 상관없이 사장될 것이기 때문이다.

첫 번째 문제점에서는 지식을 바탕으로 작품에 대한 이해를 도모할 것인가, 여러 작품에 대한 경험을 바탕으로 하여 지식을 구성해 낼 것인가 사이의 긴장이 존재한다. 이 글은 후자의 입장을 취하고 있기에 개념적인 정리는 고학년에서 이루어져야 한다고 본다. 각 개념에 대한 심도 깊은 이해는 대학의 관련 학과로 진학하려는 고등학생을 대상으로 이루어질 수 있을 것이다. 중학교에서는 간략한 소개 정도로만 이루어지되 많은 작품을 읽으면서 '작품들'이라는 배경지식을 확보하는 데 주력하는 것이 효과적이다. 물론 고등학교에 이르러서도 '넓게 읽기'는 유지되어야 할 것이다.

또한 본격적으로 개념을 다루게 되는 고등학교에서는 개념적 지식의 이해 정도를 측정하는 관점에서 그러한 지식들을 '생산'해 내는 과정에서의 충실도를 측정하는 관점으로 전환할 수 있다. 여러 시론이 정립한 개념들이 아직 완전하지 않음은 2장에서 이미 언급한 바 있다. 따라서 지식 자체가 아니라 그러한 지식들이 형성되는 과정을 체험하게 함으로써 앞으로도 더욱 유연하게 확장될 수 있는 지식 체계를 습득하는 방향에 대한 고려가 필요하다. 물론 이러한 과정 전반을 지도하기 위한 교사라면 기존의 지식 체계가 어떠한 방식으로 구축되어 있는지 충분히 숙지할 필요가 있을 것이다.

이와 같은 접근은 두 번째 문제점에 대한 다른 접근을 가능하게 한다. 중학교에서 충분한 작품 읽기 경험을 쌓고 고등학교에서는 이를 바탕으로 각 개념에 대한 심도 깊은 이해를 도모한다면 대학 입시에서 주로 사용하는 선다형 평가에서도 더 심도 깊은 내용을 다룰 수 있을 것이다. 학교에서 지속적으로 '넓게 읽기'가 진행된다면 수행 평가 결과를 체계적으로 기록하면서 이를 각 대학에서 평가 자료로 활용하는 방안도 가능하다. 최소 몇 작품을 읽어야 할 것인지를 국가 수준 교육과정에서 제시하는 방법도 있을 것이고, 각 작품에 대한 '깊게 읽기'의 평가를 교사가 진행하는 방식에서는 최지현(2009)이 제시한 '평어 모델'을 참고할 수 있을 것이다.

여기에서 주의할 점은 '넓게 읽기'가 무조건적인 섭렵이나 양적 확대로 해석되어서는 안 된다는 것이다. '넓게 읽기'는 어디까지나 능동적인 읽기를 전제로 하는 것이지 수적인 방대함을 우선으로 하는 '수집'의 차원이 아니다. 이는 교육과정에서 읽어야 할 최소 작품 수를 선정하는 데에도 고려해야 할 점이며, '넓게 읽기'가 '깊게 읽기'와 함께 다루어져야 함을 강조하는 것도 이를 고려한 결과이다.

참고 문헌

교육과학기술부(2012), 『국어과 교육과정』, 교육과학기술부 고시 제2012-14호(별책 5).

교육인적자원부(2007), 『국어과 교육과정』, 교육인적자원부 고시 제2007-79호(별책 5).

김경배 외(2005), 『교육과정과 교육 평가』, 학지사.

김대현·김석우(2005), 『교육과정 및 교육 평가』, 학지사.

김창원(2013), 「문학 교육 평가론의 자기 성찰」. 『국어 교육학 연구』 제47집, 국어교육학회.

민재원(2014), 「문학 독서에서의 자기 질문 생성 양상 연구 — 대학생 독자의 현대시 읽기를 중심으로」, 『독서 연구』 제32호, 한국독서학회.

성태제(2009), 『교육 평가의 기초』, 학지사.

염은열(2009), 「학습자의 자기 이해를 위한 문학 교육 평가 방안 탐색」, 『국어 교육학 연구』 제34집, 국어교육학회.

윤여탁 외(2010), 『현대시 교육론』, 사회평론.

최미숙 외(2008), 『국어 교육의 이해 — 국어 교육의 미래를 모색하는 열여섯 가지 이야기』, 사회평론.

최지현(2009), 「문학 능력의 위계적 발달·평가 모형」, 『문학 교육학』 제28호, 한국문학교육학회.

황현산(2012), 「얼굴 없는 것들」, 『잘 표현된 불행』, 문예중앙.

교과서의 체제와 현대시 교육의 특수성

1——교과서의 변화와 문학 교육

교과서는 법적 장치와 규제 속에 편찬된다는 점에서, 그리고 스스로 일종의 권력이자 규범으로 작동한다는 점에서 하나의 제도라고 할 수 있다. 우리나라의 교과서 발행은 근대식 학제가 도입된 이래 국가 차원에서 주도해 왔다. 특히 국어 교과서는 국가의 교육 이념을 반영하는 대표적 교과로서 국가의 통제와 관여에서 자유롭지 못했다. 중등학교의 국어 교과서는 제7차 교육과정까지 국정제로 발행되다가 2007 개정 교육과정 이후부터 검정제로 바뀌었고, 그 외 문학을 비롯한 선택 과목의 교과서는 검정제로 발행되어 왔다. 국가가 교과서 제작에 직접 관여하여 1종의 교과서를 보급하는 국정제에 비해, 민간에 공모하여 제작한 후 국가의 검정 기준을 통과한 것을 교과서로 편찬하는 검정제는 여러 출판사의 참여와 학교의 선택권을 허용한다는 점에서 훨씬 자유로운 편찬 방식이라 할 수 있다. 그러나 검정제 역시 검인정의 주체인 국가 심의 기관의 구속을 받기 때문에 자유의 폭이 한정될 수밖에 없다. 외형상으로는 교과서의 종 수가 늘어났지만 실질적으로는 그 수만큼의 다양성을 구현하지 못하고 있다는 비판도 여기에 기인한다.

교과서는 교육과정의 이념을 구현한 표상적 실체이자 실제 교수·학습 장면에서 사용되는 물리적 실체이다. 교육과정은 교과서 집필진의 해석과 조직화를 거쳐 교과서로 변환되고, 교과서는 다시 교사의 재구성 및 교실 상황을 거쳐 수업으로 변환된다(정재찬·박상철, 2010). 그러므로 교과서는 교육과정과 수업을 매개하는 구체적이고도 확고한 수단이라 할 수 있다. 초기의 국어 교과서는 읽기와 문학 영역을 위주로 훌륭한 읽을거리를 모아 놓은 '독본'으로서의 성격이 강했다(김혜정, 2004). 그에 따라 교과서는 글 중심의 체제로 구성되고 수업은 주해 위주로 이루어졌다. 이러한 가치 중심적 교과서는 유일하고도 이상적인 전범이라는 닫힌 교과서관을 지향하였다. 하지만 제5차 교육과정부터 국어 교과서의 성격은 완벽한 언어 자료의 정전(正典)이 아니라 언어 사용 기능의 연습을 위한 활동 교재로 변화되기 시작하였다(권순긍, 1999). 그리하여 교과서는 언어 사용 능력을 신장하기 위한 학습 목표 중심으로 구성되고 수업은 학습자의 활동을 중시하게 된다. 또한 '교과용 도서에 관한 규정' 중 교과서 이외의 도서는 수업 중 사용하지 못하도록 한 조항이 삭제되면서 교과서는 여러 다양한 교재들 중 하나이자 자율적으로 재구성될 수 있는 학습 자료라는 열린 교과서관을 지향하게 되었다.

이처럼 교과서는 좀 더 자율적이고 창의적인 방향으로 조금씩 진화해 왔다고 볼 수 있다. 수차례의 교육과정 개정과 함께 새로운 교과서를 개발해 오면서 이전 교과서에 대한 비판 및 새로운 개선 방안들이 일정 정도 반영되고 현실화되어 왔기 때문이다. 문학 영역의 교과서 구현 양상을 살펴보면 처음에는 텍스트 중심의 문학적 가치 및 국가 공동체의 요구에 대한 고려가 중심을 이루다가 서서히 학습자 중심의 교육적 가치를 고려하는 방향으로 변화해 왔다. 교육과정 진술에서 '문학 능력', '문학 활동', '문학 문화' 등 새로운 용어들이 등장하여 교육계에서 활발히 논의되고 있는 것도 이러한 방향 변화를 보여 준다. 그러나 외형상·체제상으로는 학습자의 문학 경험과 활동을 강조하고 있음에도 제재 선정 및 조직에서는 여전히 문학주의적이고 정전주의적인 관점이 지배적이다. 그 결과 현재의 교과서는 시대별·장르별·주제별 구성을 종합한 영역-담당 모델에 가까운 모습이다. 체계성을 가장한 이러한 비연속적 종합은 '좋은 것을 모아 놓으면 좋은 것이 된다'는 교육 공급자의 논리에 기초한 것이다. 학습자 중심의 열린 교과서는 교과서의 이상이라 할 수 있지만, 그것의 실질적 구현을 위해서는 넘어야 할 제도적·현실적 난관들이 많다.

2——문학 영역 교재화의 특수성과 기제

문학 교재의 특수성은 무엇보다도 텍스트 자체의 비중이 크다는 데 있다. 문학 교재 개발에서 집필보다 텍스트 선정이 중요한 의미를 갖게 되는 이유도 여기에 있다(김창원, 2003). 교과서에 선정된 문학 텍스트는 한편으로는 한국 문학의 전범으로서 정전 형성의 기능을 하고, 다른 한편으로는 교육 자료로서 교수·학습 설계의 기능을 한다. 어떤 문학 텍스트를 교과서에 실을 것인가 하는 판단에는 여러 가지 복잡한 담론과 기준들이 작용한다. 이론적으로는 문학 및 문학 교육의 다양한 이론들이 존재하고, 제도적으로는 국가에서 고시한 교육과정 및 교과서 개발 시스템이 작동하며, 실천적으로는 암묵적인 사회적 금기나 현실적인 편의성 등도 영향력을 행사한다(오연경, 2014). 물론 이 중에서 가장 큰 구속력을 발휘하는 것은 교육과정이지만, 교육과정을 해석하고 텍스트를 선정하는 데에는 다양한 기준과 상충되는 가치들이 개입할 수밖에 없다. 예컨대 텍스트의 정전성을 중시하는 문학적 가치, 학교 교육의 특수성을 강조하는 교육적 가치, 제도로서의 국어 교육에 더해지는 정치 사회적 요구, 학습자 발달 및 특성을 고려한 학습자 변인 등이 갈등과 충돌 속에 길항하게 된다.

학교 교육에서 사용되는 문학 교재의 또 다른 특수성은 그것이 국어과 교재의 일부라는 데 있다. 중등 교육에서 문학 영역의 교재화는 두 가지 기제로 구현된다. 하나는 국어 과목의 여섯 영역 중 하나로서 『국어』 교과서 안에 구현되는 것이고, 다른 하나는 국어 교과의 선택 과목 중 하나인 『문학』 교과서로 구현되는 것이다. 어느 경우든 문학 교육은 언어 사용 능력의 신장이라는 국어 교육의 목표에 구속된다. 그러나 『국어』 교과서와 『문학』 교과서는 편제 및 성격에서 차이가 있다.

『국어』 교과서는 공통 교육과정에 해당하는 과목으로 국어 교육의 여러 하위 영역을 종합적으로 다룬다. 따라서 『국어』 교과서 안의 문학은 국어 활동(듣기·말하기, 읽기, 쓰기), 국어(문법), 문학이라는 영역 중 한 부분으로 배치되며, 국어 교육의 전체적인 목표에 기능적으로 종속되는 성격이 강하다. 게다가 한정된 지면에서 고전과 현대를 망라한 여러 갈래를 고루 다루어야 하기 때문에 한 학년의 교과서에 실릴 수 있는 해당 갈래의 텍스트는 다섯 편 내외로 제한된다. 따라서 『국어』 교과서에 수록된 소수의 문학 텍스트는 정전으로 받아들여지기 쉽고, 그에 대한 해석도 정전화되는 경향이 있다.

반면 『문학』 교과서는 고등학교 선택 교육과정에 해당하는 과목으로 문학 자체를 독립적으로 다루는 본격적인 문학 교육의 장이라 할 수 있다. 물론 문학 과목 역시 선행하는 국어 과목과의 연속성 및 위계성을 고려하게 되지만, 문학 텍스트만으로 교과서를 구성한다는 점에서 문학 교육 고유의 논리가 힘을 발휘하게 된다. 예컨대 『문학』 교과서의 구성 방식은 문학의 이론 범주, 장르, 주제, 역사적 전개, 활동 특성 등 여러 가지 기준 중에서 선택할 수 있다(김창원, 2006). 그러나 『문학』 교과서가 탄생한 제5차 교육과정 이래 지금까지, 교과서의 단원 구성은 갈래별 구성과 문학사적 구성을 종합하는 방식이 지배적이었다. 특히 『문학』 교과서가 두 권으로 편성된 제6차 교육과정부터 2007 개정 교육과정에 이르기까지 한 권은 갈래론을 중심으로, 다른 한 권은 문학사를 중심으로 구성하여 두 가지 기준으로 작품을 섭렵하게 하는 것이 대세로 정착되었다.

물론 갈래별 구성이나 문학사적 구성이 그 자체로 문제가 있거나 잘못된 것은 아니다. 교과서의 단원 구성 방식은 다양하며, 그것은 옳고 그름의 문제가 아니라 선택의 문제에 해당한다. 즉, 교과서 집필진의 관점이나 입장에 따라 자유롭게 선택할 수 있는 것이다. 그러나 문학 자체는 늘 변화하며 문학을 경험하고 향유하는 방식 또한 변화한다고 할 때, 교과서의 단원 구성 또한 현재의 문학 및 문학 교육 환경을 고려하여 이루어질 필요가 있다. 문학 교육의 목표가 학습자의 문학 능력을 길러 문학 문화에 참여하도록 하는 것이라면 지금-여기에서의 문학의 존재 방식, 학습자와 문학 현상의 소통 양상, 학습자와 교과서의 관계를 외면하고서는 그 목표를 달성할 수 없을 것이다. 갈래별 구성이나 문학사적 구성은 문학 이론과 텍스트의 권위를 중시하는 전통적인 구성 방식이다. 하지만 지금까지도 문학 교육이 작품의 감상과 향유가 아니라 텍스트의 분석과 암기를 강요하고 있다고 비판받는다면 여러 원인들과 함께 그동안 고수해 온 단원 구성 방식에 대해서도 문제를 제기해 볼 필요가 있다. 어떤 텍스트를 선정하느냐 못지않게 텍스트들이 어떻게 배치되고 구성되느냐가 작품에 대한 접근 방식과 교수·학습 과정을 결정하기 때문이다. 잦은 교육과정 개정과 함께 매번 교과서를 새롭게 개발하고 있는 지금, 오늘날의 변화된 문학 및 교육 환경에서 교과서의 형식과 체제는 어떤 것이어야 하는지 다시 새롭게 고민해 볼 때이다.

3——현대시 제재의 선정과 교육적 구현

현대시 교육은 신비평 이론으로부터 가장 많은 혜택과 폐해를 입은 분야라 할 수 있다. 신비평 이론이 교육계에 수용되기 전에 시 제재를 다루는 교사의 입장에서는 '시를 가르친다는 것' 자체가 불가능한 것으로 여겨졌다(정재찬, 2003). 이러한 시 교육 정체성의 혼란과 방법론의 부재에 빛을 가져다준 것이 신비평 이론의 용어와 지식, 그리고 무엇보다도 텍스트에 대한 분석 비평적 태도였다. 그것은 시 교육의 전문화와 탈이념화라는 당대의 과제를 해결해 주었지만, 한편으로는 시의 이해와 감상을 분석 기술에 관한 지식의 습득으로 환원하는 결과를 낳기도 하였다. 이러한 시 교육의 폐해에 대해 끊임없는 비판이 제기되면서 문학 교육과정은 학습자의 문학 활동을 강조하는 방향으로 개정되어 왔다.

그러나 신비평적 교육의 폐해가 여전히 남아 있다는 진단과 함께, 다른 한편에서는 학습자 중심의 시 교육에 대한 우려가 제기되고 있다. 즉, 시에 대한 개념이나 지식 교육이 수면 아래로 사라지고 작품에 대한 학습자의 반응과 활동을 강조한 결과, 활동은 있되 내용은 없다는 한계가 지적되고 있는 것이다. 버려야 할 것은 단순 지식의 주입과 암기 교육이지 지식 자체는 아니기 때문이다. 결국 활동 중심 시 교육의 지향과 주해 중심 시 교육으로의 회귀 사이에는 해결되지 않은 '지식'의 문제가 놓여 있다고 할 수 있다. 사실 교과서의 단원 구성이나 학습 활동을 살펴보면 지식과 경험 사이의 이러한 갈등이 봉합되어 있는 국면들을 발견할 수 있다. 이 장에서는 선택 교육과정에 해당하는 고등학교『문학』교과서를 통해 교과서의 구성과 체제 속에 구현되는 현대시 교육의 양상과 문제점을 고찰해 보고자 한다.

1) 단원의 구성과 조직

교과서 개발의 일차적이고도 핵심적인 요소는 교육과정의 구현이라 할 수 있다. 교과서 검정의 첫 번째 심사 기준이 교육과정의 준수 여부라는 점에서도 알 수 있듯이 교육과정은 교과서 개발에 강력하고도 구체적인 강제력을 행사한다. 그런데 문제는 교육과정을 교과서로 구현하는 과정이 거의 기계적으로 이루어진다는 데 있다. 그러다 보니 검정 교과서임에도 여러 종의 교과서가 대부분 비슷한 모양새를 갖추게 되는 것이다.

2009 개정 교육과정 고등학교 문학 과목의 내용 체계

문학의 수용과 생산	한국 문학의 범위와 역사	문학과 삶
• 문학 작품의 구성 원리 • 문학과 인접 분야 • 문학과 매체 • 문학의 비판적 수용과 창의적 생산	• 한국 문학의 전통과 특질 • 한국 문학과 사회 • 한국 문학의 갈래와 흐름 • 한국 문학의 보편성과 특수성	• 문학과 자아 • 문학과 사고 • 문학과 삶의 다양성 • 문학과 공동체

2009 개정 교육과정 고등학교 『문학』 교과서의 목차

A: 신사고(이숭원 외)	B: 천재(정재찬 외)	C: 비상(한철우 외)
Ⅰ. 문학의 수용과 생산 1. 문학 작품의 구성 원리 2. 문학의 인접 분야와 매체 3. 문학의 비판적 수용과 창의적 생산 Ⅱ. 한국 문학의 범위와 역사 1. 한국 문학의 전통과 특질 2. 한국 문학의 흐름과 사회(1) 3. 한국 문학의 흐름과 사회(2) 4. 한국 문학의 보편성과 특수성 Ⅲ. 문학과 삶 1. 자아와 세계 2. 삶의 다양성 3. 공동체적 문학	Ⅰ. 문학의 소통과 향유 1. 문학 작품의 이해 2. 문학 작품의 수용과 생산 3. 문학의 확장 Ⅱ. 한국 문학의 이해 1. 한국 문학의 특성 2. 한국 문학의 갈래와 흐름 (1) 서정 갈래의 흐름 (2) 서사 갈래의 흐름 (3) 극 갈래의 흐름 (4) 교술 갈래의 흐름 3. 한국 문학과 시대 상황 Ⅲ. 문학과 삶 1. 문학과 개인 2. 문학과 공동체	Ⅰ. 문학의 수용과 생산 1. 문학의 특성 2. 문학의 수용과 생산 활동 (1) 서정 문학 (2) 서사 문학 (3) 극 문학 (4) 교술 문학 Ⅱ. 한국 문학의 범위와 역사 1. 한국 문학의 범위 2. 한국 문학의 역사 (1) 상고 시대·고려 시대의 문학 (2) 조선 시대의 문학 (3) 개화기·일제 강점기의 문학 (4) 광복 이후의 문학 Ⅲ. 문학과 삶 1. 문학과 나 2. 문학과 우리

3종의 『문학』 교과서 목차를 살펴보면 교육과정 내용 체계가 교과서의 단원 구성을 지배한다는 것을 알 수 있다. A 교과서는 교육과정의 내용 체계를 거의 그대로 수용하고 있고, B 교과서는 한국 문학의 흐름을 갈래별 구성과 통합으로, C 교과서는 문학의 수용과 생산은 갈래별 구성으로, 한국 문학의 흐름은 문학사적 구성으로 양분하고 있다. 『문학』 교과서가 한 권으로 통합된 2009 개정 교육과정에서도 문학사적 구성과 갈래별 구성의 이원 체제가 여전히 지배적인 것이다. 특히 '문학의 수용과 생산'이라는 내용 영역을 갈래별 수용과 생산으로 구성하는 것은 학습자의 활동보다는 문학 작품의 구성 원리를 강조하는 관점에서 비롯된 것이다. 사실 갈래론 중심의 문학 교육은 신비평 이론의 도입 이후 굳어진 것이라 할 수 있다. 신비평의 '꼼꼼히 읽기'가 각 장르에 관한 지식과 용어를 작품 분석에 적용하는 능력으로 왜곡된 이래, 갈래의 특성과 원리에 대한 지식 교육이 강화되었기 때문이다.

이러한 갈래론 중심의 교육은 '비판적 수용 → 창조적 재구성 → 창작'이라는 학습자의 활동 특성보다는 '원리 이해 → 적용 학습'이라는 교수법적 모델

에 잘 들어맞는 것이다. 갈래에 관한 체계적인 지식과 원리를 익힌 후 그것을 모든 개별 텍스트에 적용하여 보편적인 이해에 도달할 수 있다는 것은 매력적인 교육 구도라 할 수 있다. 그러나 이는 교육 설계의 논리일 뿐 실제 학습자의 문학 활동에서 일어나는 일은 아니다. 특히 갈래별 구성은 4대 갈래의 개념과 구분 원리에 따라 갈래별 차이를 대립적으로 부각시키는 관점에서 조직되기 때문에 각 갈래의 형식적 특질과 미적 구조를 강조하게 된다. 가령 '서정 갈래'의 단원에서는 운율과 심상을 주요 학습 요소로 강조하고 그러한 특성이 두드러지게 나타나는 제재를 선정하게 된다. 운율과 심상이 다른 갈래와 구별되는 '시'라는 언어의 본질적 특성인 것은 맞지만, 이러한 요소에 대한 부분적 강조는 시에 대한 이해를 형식적 특질로 환원한다는 문제가 있다.

사실 최근의 교육과정은 갈래 지식에 대한 구체적 진술보다는 문학 전반에 대한 갈래 통합적인 진술을 지향하고 있다. 교육 내용의 이러한 범박화 경향은 문학 활동의 파편화를 지양하고 작품에 대한 전체적인 이해를 도모하기 위한 것으로 보인다. '문학의 수용과 생산'에서 학습자의 비판적이고 창의적인 활동을 중시하고 '문학과 삶'에서 문학 작품의 자기화를 강조하는 것은 교육과정의 방향 변화를 보여 주는 것이기도 하다. 그럼에도 갈래와 관련한 성취 기준에서 '흐름'을 강조하는 것은 갈래론 체제의 선택을 불가피한 것으로 만든다. 물론 여기에는 중등 교육에서 문학사 및 역사적 갈래의 전개에 대한 체계적 이해가 필요하다는 판단이 전제되어 있다. 그러나 이러한 요구 수준에 대해서는 다시 검토해 볼 필요가 있다. 능동적인 문학 활동 및 문학 문화에의 참여를 강조하면서 갈래별 정전의 섭렵이라는 전통적인 독서 방식을 버리지 못한다면 문학 교육의 재편은 불가능할 것이다.[1] 텍스트의 비판적 수용, 자기화에 근거한 재구성, 작품 창작 등 학습자의 문학 활동을 자극하고 지원하기 위해서

1 이는 갈래 교육이나 정전에 대한 전면 부정을 의미하지 않는다. 역사적 갈래의 전개에 대한 체계적 이해를 목표로 할 때 갈래론은 단원 구성의 절대적 기준으로 작용하게 된다. 그러나 교육과정이 한국 문학의 갈래별 정전 목록을 정밀하게 위계화하여 '학년별 텍스트의 수준과 범위'를 제시해 준다면 학습자 활동 중심의 단원 구성 안에서 역사적 갈래의 주요 작품들을 읽고 감상하게 하는 것이 가능할 것이다.

는 시에 대한 개념적 이해와 경험적 이해를 분리하지 않는 새로운 교과서 구성 방안이 고안되어야 한다.

2) 제재의 선정과 배치

여기서는 현대시 제재의 선정 기준에 관한 논의보다는 교과서의 조직과 배치를 통해 결정되는 텍스트의 성격과 위상을 살펴보고자 한다. 교육과정의 내용 체계에 따라 대단원이 구성되고 나면, 각 내용 영역의 세부 성취 기준들은 대단원 아래 중·소단원으로 분배된다(최미숙, 2011). 이때 대부분의 교과서는 한두 개의 성취 기준을 학습 목표로 제시하고 학습 목표 달성에 용이한 텍스트를 바탕글로 선정한다. 이는 교육과정 반영 여부를 명확하게 드러냄으로써 검정 통과의 가능성을 높이려는 집필진의 노력이라 볼 수 있다. 그러나 '성취 기준–학습 목표–텍스트–학습 활동'의 기계적 연결은 문학 작품에 대한 전체적인 이해를 어렵게 한다. 사실 한 편의 작품을 수용하는 데에는 여러 가지 성취 요소가 동시에 활용된다. 그럼에도 교과서는 하나의 텍스트에 대해 한두 개의 성취 기준에 담긴 부분적인 요소들을 학습하도록 설계한다. 그러다 보니 교과서 구성에 충실한 수업은 '생각 열기–학습 목표–텍스트 읽기–학습 활동–알아 두기' 등의 전개 과정을 통해 특정 세부 요소를 반복하고 확인하고 주입하는 결과로 이어진다. 이러한 수업은 시의 부분적 특성을 강조하고 부분적 감상에 그치게 할 뿐 아니라 자칫하면 시 자체를 왜곡할 수도 있다.

또한 텍스트를 선정할 때 성취 기준에 따른 적합성을 우선적으로 고려하다 보면 성취 요소를 구현하기에 적합한 시, 즉 학습 목표 달성이 용이하고 무리가 없는 시를 바탕글로 선호하게 된다. 따라서 시의 문학적 가치, 교육적 가치, 학습의 위계성 등 다양한 고려 사항들 이전에, 특정 요소가 얼마나 '뚜렷하게' 드러나 있는지를 먼저 고려하기 쉽다. 예를 들어 '서정 문학의 수용과 생산'이라는 중단원에서 "시적 화자의 정서와 운율적 표현의 긴밀한 연관에 주목하여 작품을 감상해 보자."를 학습 목표로 설정한 소단원의 경우를 생각해 보자. 이 소단원의 텍스트를 선정할 때 가장 우선적으로 고려하게 되는 것은 바로 '운율'이다. 사실 모든 시는 저마다 운율을 가지고 있으며, 규칙적인 정형률에서부터 산문시의 리듬에 이르기까지 운율의 스펙트럼은 넓고 다양하다. 하지만 이 소단원에서는 교수·학습 과정과 결과를 명확하게 설계하기 위해 운율적 요소가 도드라지게 나타난 시, 가령 시조나 민요조의 시를 바탕글로 선정하게 된다. 이런 식의 작품 선정은 운율의 개념을 명확하게 전달할지는 모르지만, 그러한 개념으로 잘 설명되지 않는 대부분의 현대시를 감상할 때에는 실질적인 도움을 주지 못한다.

한 편의 시는 교과서 체제 속에 어떻게 배치되느냐에 따라 특정 요소를 학습하기 위한 자료가 되기도 하고 주체적인 감상과 향유의 대상이 되기도 한다.

A: 비상(한철우 외)	B: 지학사(권영민 외)	C: 미래엔(윤여탁 외)	D: 해냄에듀(조정래 외)
II. 한국 문학의 범위와 역사 2. 한국 문학의 역사 (3) 개화기·일제 강점기 –윤동주, 「참회록」	V. 문학과 나의 삶 2. 자아와 타자 (1) 윤동주, 「참회록」	I. 문학의 수용과 생산 3. 비판적 수용과 창의적 생산 (1) 윤동주, 「별 헤는 밤」	I. 문학 활동의 즐거움 2. 문학의 생산 (1) 문학 작품의 재구성 –윤동주, 「아우의 인상화」

윤동주의 「참회록」이라는 동일한 작품일지라도 A 교과서와 B 교과서에서 작품의 성격과 역할은 다르게 주어진다. A 교과서에서는 작품 창작의 배경이 강조되면서 일제 강점기에 대한 시적 응전을 보여 주는 문학사적 정전으로 주어질 것이다. 반면 B 교과서에서는 작품의 주제와 관련하여 자아 성찰의 국면을 자기화하는 활동이 강조될 것이다. 한편 C와 D 교과서는 작품의 수용과 생산 활동을 적극적으로 구현하고 있는데, 이러한 구성은 작품 전체에 대한 주체적인 감상을 이끌어 낼 수 있다. 두 교과서는 윤동주의 작품 중 어떤 것을 바탕글로 선정할 것인지 고민할 때에도 학습자의 정서와 사고에 다가갈 수 있는 교육적 가치를 우선적으로 고려하였음을 알 수 있다. 특히 D 교과서는 '문학 활동의 즐거움'을 단원의 제목으로 설정하고 자신의 삶의 국면을 가져와 작품을 재구성하는 활동을 통해 문학의 즐거움을 맛보기를 기대하고 있다.

이처럼 교과서 체제 속에서 텍스트의 배치와 구성은 텍스트의 선정 기준뿐 아니라 텍스트에 대한 접근 방식, 가령 부분적 이해와 전체적 감상, 지식의 학습과 경험의 향유 등 많은 것을 좌우한다. 문학의 특수성을 고려한다면 학습자의 문학 활동을 자극하고 이끌어 가는 것은 바로 텍스트 자체의 힘이다. 그렇다면 『문학』 교과서는 바로 그 텍스트의 힘과 매력을 최대화할 수 있는 방식으로 구성되어야 한다. 심화 과목인 문학이 목표로 하는 것은 텍스트의 부분적 요소에 대한 이해가 아니라 작품에 대한 전체적인 감상과 자기화 능력이기 때문이다.[2] 따라서 『문학』 교과서에서 시를 선정하고 배치하고 조직하는 원리는 교육과정의 세부 성취 요소들의 일대일 적용이 아니라 학습자의 자발적인 수용과 생산 활동을 자극할 수 있는 거시적인 전망에서 나와야 한다.

3) 학습 활동의 설계

학습 활동은 교육과정의 성취 기준을 실질적으로 구현해 내는 교과서의 핵심 요소라 할 수 있다. 그것은 설명 자료나 정보의 일방적인 제시가 아니라 학습자 스스로의 탐구 활동을 통해 학습 목표를 달성할 수 있도록 하기 위한 수단이며, 실제 수업에서의 교수·학습 과정을 안내하고 전개시키기 위한 기제이다. 소단원의 일반적인 구조는 '학습 목표+텍스트+학습 활동'으로 이루어진다. 여기에 생각을 열기 위한 간단한 사전 활동이나 텍스트 읽기를 안내하는 중간 활동이 덧붙여지기도 하지만, 학습 활동의 본격적인 기능은 사후 활동에 집중되어 있다. 그런데 텍스트 다음 페이지에 제시되는 학습 활동은 시 읽기를 안내하고 이끌어 주는 과정적 기능보다는 시의 내용을 풀이하고 전제된 학습 목표의 수행 결과를 확인하는 기능에 충실하다. 대부분의 학습 활동이 일정

2 문학 과목은 국어 과목 내의 여러 영역 중 문학 영역을 심화한 과목이라는 성격을 지닌다. 과목의 위계와 심화는 학습량의 확대, 내용의 위계성, 지식의 전문화, 텍스트의 난이도 등을 의미하기도 하지만 부분적 이해에서 전체적 이해로의 확장을 의미하기도 한다. 이는 교육과정의 진술에서도 드러나는바, 갈래 지식이나 부분적 요소에 대한 구체적 진술은 초등학교나 중학교 교육과정에 자주 등장하는 반면, 고등학교 교육과정에서는 작품에 대한 전체적인 이해나 맥락의 고려, 비판적 수용과 창의적 생산 등을 강조한다.

범위 내의 제한된 답을 전제하는 '닫힌 활동'인 이유가 여기에 있다. 황동규의 「조그만 사랑 노래」에 대한 다음의 학습 활동 사례를 보자.

● 학습 목표

시적 상황과 시적 화자의 정서·어조에 주목하여 작품을 감상해 보자.

● 학습 활동

다음은 이 시의 어조에 대한 설명이다. ㉠, ㉡의 특징이 드러나는 시구를 찾아 설명해 보자.

> 이 시에서 화자는 감정을 비교적 담담하게 절제하여 드러내는 한편, ㉠필요한 대목에서는 감정을 직접적으로 표출함으로써 강약을 적절히 조절하고 있다. 또 ㉡종결 어미를 사용하지 않음으로써 독자들이 시적 여운을 느낄 수 있도록 하고 있다.

이것은 주어진 학습 목표의 달성을 직접적으로 겨냥한 활동이다. '정서와 어조'라는 학습 목표를 강조하다 보니, 활동의 형태를 취하고 있을 뿐 실제로는 해석 자료를 제시하고 정해진 답을 주입하는 결과가 되었다. 사실 이러한 식의 학습 활동은 어느 교과서에서나 흔히 찾아볼 수 있다. 목표 지향적 활동의 설계는 교과서 집필진의 문학 교육관이나 성향에 따른 것이라기보다는 교과서 자체의 체제와 구성에서 강제되는 측면이 강하다. '성취 기준–학습 목표–텍스트–학습 활동'의 긴밀한 조직 안에서는 부분적 내용 요소를 확인하고 주입하는 학습 활동의 설계가 불가피하다. 위의 학습 활동은 '문학의 수용과 생산'을 갈래론에 따라 구성한 교과서의 '서정 문학의 수용과 생산'이라는 중단원에 속해 있다. 이러한 갈래론 체제에서는 시의 형식적 특성과 부분적 요소를 확인하는 '닫힌 활동'의 양상이 더욱 두드러지게 된다. 갈래론 체제 대신에 수용–생산의 체제를 선택하고 중단원을 갈래 통합적으로 구성할 경우 학습 활동의 성격은 달라질 수 있다. '문학의 수용'이라는 중단원에 배치된 천양

희의 「참 좋은 말」에 대한 다음의 학습 활동 사례가 그러하다.

● 학습 목표

작품의 내용과 형식의 유기적 관계를 생각하며 감상해 보자.

● 학습 활동

–이 작품에서 가슴에 와 닿는 시구를 찾고, 그 이유를 말해 보자.

– 자신이 생각하는 '참 좋은 말'이 무엇인지 자유롭게 생각해 보고, 빈칸을 채워 보자.

'참 좋은 말'은 (   )이다. 왜냐하면 (   )은/는 (   ) 때문이다.

이 활동 역시 성취 기준을 그대로 학습 목표로 설정하고 있지만, 학습 목표 자체는 부분적 요소보다는 전체적인 텍스트 수용의 원리를 강조하고 있다. 그러다 보니 학습 활동이 학습자 자신의 반응을 확인하고 창의적 수용을 자극하는 방향으로 설계되었다. 이는 정해진 답이나 객관적 수준이 정해져 있지 않은 '열린 활동'이라 할 수 있다. 그러나 이러한 활동만으로는 제시된 학습 목표의 달성을 확인할 수 없기 때문에 이 활동 뒤에는 더욱 뚜렷한 목표 지향적 활동이 다시 등장한다. 두 사례는 교과서의 학습 활동 설계가 학습 목표의 성취 결과 확인이라는 기능에서 자유로울 수 없다는 것을 보여 주지만, 단원 구성의 방식에 따라 학습 활동의 성격이 크게 달라질 수 있다는 사실 또한 시사한다.

최근에는 학습 활동 체제를 정교화하여 '이해 활동 → 적용 활동 → 표현 활동'으로 단계를 설정하는 경우가 많아졌다. 먼저 시의 내용을 이해한 후 학습 목표에 해당하는 내용 요소를 적용·확인하고, 그러고 나서 자기 반응을 표현한다는 흐름이다. 이러한 단계는 '선 해석 후 반응'이라는 전통적인 독서 모형을 기반으로 한다(오연경, 2014). 텍스트 자체를 풀이하고 이해할 수 있어야 개인적이고 주관적인 반응도 나올 수 있다는 것이다. 이는 객관적인 이해의 범주와 주관적인 반응의 범주를 이분법적으로 나누는 논리이다. 하지만 실제로는 전체적인 내용 이해가 이루어지기 전에 특정 시구의 모호함이나 특정 표현의 매력에 반응하기도 하며, 그러한 주관적 반응이 전체적인 시 읽기를 다시 자극하고 내용을 풀어 나가게 하는 힘이 되기도 한다. 텍스트 이해와 내용 풀이를 기초적인 읽기 단계로 상정하는 한, 텍스트의 객관적인 의미를 상정하게 되고 주해식 수업을 벗어나기 어렵게 된다. 이해 활동이나 적용 활동은 주로 답을 전제한 '닫힌 활동'으로 구현되고, 표현 활동에서만 자유로운 '열린 활동'을 허용하게 되는 이유도 여기에 있다.

한편 학습 활동 설계에서 중요한 고려 사항 중 하나는 학습량이라 할 수 있다. 학습량에 대한 고려는 학습 활동의 분량이나 참고 자료의 활용 등 주로 양적 측면에서 이루어지지만, 사실 그보다 중요한 것은 오히려 학습 활동의 성격이라 할 수 있다. 가령 '말해 보자', '생각해 보자', '토론해 보자', '만들어 보자', '찾아보자' 등의 서술어로 학습자의 자유로운 문학 활동을 권장하고 있는 것처럼 보이더라도, 목표 지향적 의도 속에 정해진 답과 방향을 전제하고 있다면 그것은 결국 엄청난 양의 '공부할 문제'에 불과하다. 학습 활동이 시를 읽고 질문을 생성하고 자기 생각을 전개하고 혼란과 시행착오를 겪고 다시 생각을 수정하는 과정, 즉 주체적인 탐구와 발견의 과정을 안내하는 알고리즘으로 기능한다면 학습량은 문제 되지 않을 수도 있다.

그러한 의미에서 학습 활동의 설계 모형에 대해 다시 생각해 볼 필요가 있다. '이해 → 적용 → 표현'의 모형은 한 편의 시를 꼼꼼하고 정밀하게 이해하는 활동에 초점을 맞추게 된다. 이는 한 번의 전형적이고 모범적인 시 읽기 경험이 다른 시의 수용에도 적용될 수 있다는 것을 전제한다. 그러나 모범적인 시 읽기는 한 편의 텍스트에 과도한 학습 활동을 부과하게 되고, 이는 학습량의 부담으로 이어진다. 또한 이러한 '시범 후 연습'이라는 논리는 학습자로 하여금 계속해서 연습해야 할 동기를 만들어 주지 못한다. 동기화에 기반한 능동적 시 읽기를 위해서는 모범적인 시의 수용 경험보다는 주체적이고 감동적인 시의 수용 경험이 필요하다. 따라서 교과서의 학습 활동 또한 학습자의 대화적 읽기에 기반한 모형, 예컨대 '반응 → 탐구 → 이해'와 같은 모형을 고안해 보아야 한다.

4——열린 교과서와 교과서의 재구성

열린 교과서에 대한 지향은 지금까지 『문학』 교과서의 변화를 이끌어 온 원동력이지만, 여전히 현실과는 멀리 떨어진 곳에서 빛나고 있는 이상이기도 하다. 그 거리를 좁히기 위해서는 '열려라 참깨'와 같은 마법의 주문이 필요해 보일 정도이다. 이는 비단 교과서만의 문제가 아니라 여러 가지 복잡하고 다양한 문학 교육의 요인들이 얽혀 있는 문제이기에 더욱 그러하다. 그러나 열린 교과서, 학습자 중심의 교과서란 도대체 무엇인지 근본적으로 다시 생각해 볼 필요가 있다. 학습자의 언어 발달, 인지적·정의적 사고 발달, 선행 문학 경험, 학습자의 생활 세계와 관심사, 학교 급별 위계 등을 고려하여 체계적으로 조직된 교과서라 할지라도 그것은 여전히 정해진 텍스트들의 선형적인 조직과 일방향적 지시 활동을 담은 교과서에 불과할 것이다. 모든 텍스트를 다 담을 수도 없고 모든 학습자를 다 고려할 수도 없다는 것은 교과서의 존재 조건이다.

교과서에 대한 무수한 비판들, 그리고 교과서의 마법 같은 변화에 대한 갈망에는 여전히 닫힌 교과서관이 담겨 있다. 교과서의 내적 변화 이전에 먼저 필요한 것은 교과서를 바라보는 관점, 교과서가 교육의 장에서 활용되는 틀과 형식의 변화인지도 모른다. 열린 교과서라는 개념은 체계적인 구성과 완벽한 조직이 아니라 열려 있는 구조와 비어 있는 공간을 통해 실현될 수도 있는 것이다. 교과서가 학습자를 고려한다는 생각은 학습자를 교과서의 형식과 체계 안에 가둘 수밖에 없지만, 학습자가 교과서를 만들어 간다는 생각은 학습자의 문학 활동으로 교과서를 재구성하는 것을 가능하게 한다. 변주하자면 교과서가 텍스트를 선정한다는 생각은 선별된 텍스트의 권위를 강제하게 되지만, 학습자가 텍스트를 선택한다는 생각은 다양한 텍스트들 사이에서의 자율적인 만남을 가능하게 한다. 이를 위해 필요한 것은 교과서에 수록될 한정된 수의 텍스트를 선정하는 수고가 아니라, 특정 문학 능력을 신장하는 데 필요한 '텍스트의 수준과 범위'를 학년별로, 구체적으로, 정교하고 풍부하게 제시하여 학습자에게 폭넓은 선택의 기회를 제공하려는 노력일 것이다(최미숙, 2011).[3]

이러한 열린 교과서관은 문학을 다루는 교재에 더욱 절실한 것이며, 현재 문학 환경의 변화를 고려할 때 특히 그러하다. 오늘날 본격 문학의 위기, 학교 문학 교육의 붕괴, 문학 독자의 감소가 악순환을 거듭하고 있음은 물론, 현대시 분야는 실제 독자를 거의 찾아보기 어려울 지경이 되었다. 이러한 문학 환경에서 시 교육이 목표로 하는 문학 능력의 핵심은 시를 읽고 쓰는 문화에 대한 관심과 향유 능력이 되어야 할 것이다. 이를 위해서는 무엇보다도 다양하고 풍부한 시 읽기의 경험이 필요하다. 물론 이때의 다양함은 '섭렵'이 아니라 '탐색'과 '발견'을 목표로 해야 한다. 관심과 향유는 훌륭한 텍스트가 주어질 때 가능한 것이 아니라 자신의 상황, 맥락, 고민, 관심사, 선행 지식과 경험 등에 따라 자기 반응이 일어나는 텍스트를 만날 때 가능한 것이기 때문이다. 교과서의 변화는 그러한 반응이 일어남 직한 텍스트를 새로운 정전으로 제시하는 쪽이 아니라 다양한 텍스트의 탐색과 발견이 가능하도록 교과서의 틀 자체를 변화시키는 쪽으로 이루어져야 한다. 『문학』 교과서에 관한 한 '아는 만큼 보이고 보이는 만큼 즐긴다'는 명제는 '즐기게 되는 만큼 보이고 보이는 만큼 알게 된다'는 명제로 전환할 필요가 있다.

최근에는 '교과서 재구성 수업'에 대한 논의와 실천이 활발하게 이루어지고 있다. 중요한 것은 개발된 교과서 자체보다 실제 수업에서의 활용이라고 할

3 교과서에 수록될 텍스트의 범위를 두고 다양한 실험을 해 볼 수 있다. 세상의 모든 텍스트를 수록한 교과서, 최대한 다양한 텍스트를 수록한 교과서, 꼭 필요한 정전 텍스트를 수록한 교과서, 어떤 텍스트도 수록하지 않은 교과서까지 상상 가능하다. 가령 어떤 텍스트도 제시하지 않는 교과서는 열린 교과서의 가장 극단적인 형태일 텐데, 단원의 학습 목표와 그에 따른 텍스트 목록을 제시한 후 그 가운데 학습자 스스로 텍스트를 선택하여 교과서의 빈칸에 기입하도록 할 수도 있다. 이러한 교과서의 현실화 가능성을 회의하기 전에, 그러한 가능성 자체를 상상함으로써 교과서를 바라보는 관점이 전환될 수 있다는 것이 중요하다.

때, 교실 현장에서 교과서를 어떻게 재구성하여 활용하느냐의 문제가 교재론의 핵심으로 떠오르게 된다(김창원, 2003). 실제로 최근 학교 현장에서는 학생 수준, 학교 상황, 지역 특성, 사회 변화 등을 고려하여 교육과정을 다시 짜고 교과서를 재구성하여 새롭게 수업을 설계하는 움직임이 일어나고 있다. 이는 교과서에 대한 관점 및 교과서를 활용하는 틀의 변화를 보여주는 것이다. 교과서의 내용을 빠짐없이, 차례대로, 설계된 차시에 따라 가르쳐야 한다는 고정 관념이 무너지면서, 교과서는 수업의 절대 바이블이라는 성역에서 내려왔다. 단원의 생략, 재배치, 재구성, 텍스트의 대체와 추가, 새로운 학습 활동의 설계는 물론이고 학년별 교과서의 통합적 재구성이나 다른 교과와 결합한 주제별 재구성에 이르기까지 교과서 재구성의 날실과 씨실은 다양하다. 이러한 교과서 재구성 수업은 단지 수업의 혁신에 머무르는 것이 아니라 교육과정이나 문학 교육의 틀 자체를 아래로부터 변화시킬 수 있다. 그렇다면 역으로 교과서가 이러한 현장의 재구성 활동을 염두에 두고 그것을 지원하는 방향으로 변화되어야 하는지도 모른다. 하나의 완결된 단행본으로서의 문학 교재가 아니라 여러 가지 방식으로 조립될 수 있는 블록형 다면체로서의 문학 교재를 구상해 볼 시점이다.

참고 문헌

권순긍(1999), 「교과서의 변천과 문학 교육 방향」, 『문학 교육학』 제4호, 한국문학교육학회.

김창원(2003), 「문학 교과서 개발에 대한 비판적 점검」, 『문학 교육학』 제11호, 한국문학교육학회.

______(2006), 「문학 교육의 성격과 문학 교과서의 지향」, 『국어 교육학 연구』 제27집, 국어교육학회.

김혜정(2004), 「근대 이후 국어과 교재 개발에 대한 사적 검토」, 『국어 교육 연구』 제13집, 서울대학교 국어교육연구소.

오연경(2014), 「현대시를 어떻게 가르칠 것인가 — 교과서 정전과 '해석 없는 시 읽기'의 가능성」,『국어 교육, 어떻게 할 것인가』, 창비교육.
정재찬(2003),『문학 교육의 사회학을 위하여』, 역락.
정재찬·박상철(2010),「문학 교육과정 실천태로서의 문학 교재와 수업에 관한 고찰」,『문학 교육학』 제31호, 한국문학교육학회.
최미숙(2011),「문학 교육과정의 교재화 과정 검토와 제언」,『문학 교육학』 제35호, 한국문학교육학회.

변모하는 시학 개념과 교육적 가능성

1——시학 개념 교육의 전제

'시론'이나 '시학'이라는 이름으로 배우는 시에 대한 지식은 시적 언어 구성에 대한 일반적 진술들을 체계화한 것이다. 대학에서 사용하는 시론 교과서들은 일반적으로 '시에 대한 정의', '시적 언어의 존재론', '리듬, 이미지, 비유로 대표되는 언어 구성의 원리'를 다룬다. 시 교육론이나 문학 교육론에서도 학습자의 능동적 활동을 강조하기는 하지만, 교육해야 할 내용론의 차원에서는 시론의 위와 같은 사항이 반복된다.[1] '시적'이라는 말이 무엇을 가리키느냐의 문제가 별도로 논의될 수는 있겠지만, '시론'이나 '시학'은 따라서 시적 언어 구성을 설명해 주는 여러 개념들을 다루는 학문이다. 그 개념들은 주로 시적 속성을 규정하는 내용으로 이루어질 것이다. 시를 교육한다는 것이 시의 실체와 속성을 가르친다는 것이고 나아가 시 창작 활동을 수행하도록 하는 것

1 구성주의를 전제한 문학 교육 저서들이라고 해도 문학 지식으로서의 개념을 활용하는 것은 일반적이다. 김대행 외(2000)는 노래하기(시)의 표현 원리를 이미지, 비유와 상징, 아이러니와 역설로 구체화하고, 류수열 외(2014)는 창작 교육의 중점 사항으로서 리듬, 심상, 화자를 언급한다. 이렇게 개념적 지식의 필요성에 대해서는 동의하되 그 지식이 ①내면화 중심, ②반응 중심, ③대화 중심 교수·학습 방법 중 어떤 방법으로 교육되어야 하는지에 대해서는 연구자들의 개별적 논의가 이루어지고 있다.

이라면, '시론'은 그 교육에 사용될 기초적 개념들을 체계화하여 정리한 논의라고 할 수 있다.

'시란 무엇인가'에 대한 논의는 오랜 역사를 갖고 있다. 그러나 그 논의들은 서로 직결되어 있지 않다. 아리스토텔레스(Aristoteles)의 『시학』은 일반적인 '현대시론'과는 전혀 다른 것이다. 운문과 산문을 나누고 그것을 포이에시스와 로고스로 대응시키기는 해도 그것이 지금 우리가 생각하는 것과 같은 시와 산문으로 구분될 수 있는 것은 아니다. 아리스토텔레스는 "산문이든 운문이든, 오직 말만을 사용하는 기술, 또는 운율의 형식을 갖춘 말을 사용하는 기술은, 여러 운율을 결합하든 한 운율만을 사용하든, 아직까지 이름이 정해져 있지 않다."(아리스토텔레스, 2010: 46면)고 주장하였다. 이름을 가지고 있지 않다면 그것의 속성을 알 수 있는 방법은 없다. 시드니(P. Sidney)가 관심을 둔 것은 그의 시대에 "어린아이들의 웃음거리로 타락한 가련한 시"의 도덕적 가치를 되짚어서 시적 정의(justice)를 주장하는 것이었다(시드니, 1990: 19면). 그의 주장이 아리스토텔레스의 모방론에 기대어 있는 만큼 그것은 고전주의적 내용으로 이루어져 있다. 이러한 논의가 환기하는 것은 시의 속성을 살펴보는 일의 의미가 철학적이고 도덕적인 가치에 밀려 제자리를 찾지 못하고 있다는 사실이다.

이와 같이 내용에 대한 판단에 의해 존재 가치를 부여받던 '시'를 개념화해서 말한다는 것은 그것을 학문의 대상으로 삼는다는 것을 뜻한다. 역사적 실례를 통해 본다면, 학문적 논의가 비로소 가능해지는 것은 문학 교과목을 대학에서 정규 과목으로 인정할 때이다. 그러나 문학을 학문으로 인정하는 것은 시에 대한 논의를 단순한 '잡담' 정도로만 이해하던 사람들에게는 쉽게 납득할 수 없는 문제였다. 과거의 수사학과는 다른 것으로서 민족어와 긴밀하게 결합되어 있는 영문학이 대학의 정규 교과목으로 인정된 것은 근 백 년에 지나지 않는다(커넌, 1999: 51~88면). 문학이 학문으로서의 자격을 갖추기 위해서는 언어학이라는 과학적 학문의 뒷받침을 받아야만 했으며, 문학적 가치의 자의성이라는 우려를 불식시킬 수 있어야 했다. 1887년 옥스퍼드 대학에서 문학을 독립된 교과목으로 인정할지를 묻는 평의회가 소집되었을 때 핵심적 쟁점은 문학이 학문으로서의 과학성을 충족시킬 수 있느냐는 문제였다(커넌, 1999: 57면). 그것은 물론 체계화된 지식으로 문학을 가르칠 수 있느냐는 문제와 직결된 것이었다. 문학이 언어학에서 분리되기 시작할 때조차 체계화된 지식에 대한 요구가 끊임없이 제기되어 다윈(C. R. Darwin)의 진화론 모델에 결합시킨 문학사를 강조하는 방향으로 나아가기 시작하였다. 20세기 초반의 신비평은 무엇보다도 지적 체계로 접근 가능한 언어 자체에 대한 관심을 보여 준 문학 이론이었다. 따라서 언어학이 인간의 의사소통적 발성을 보편적 체계로 수렴하여 이해하려 하듯이, 체계적 문학 지식은 일상 언어에 대한 특별한 쓰임새의 보편적 체계를 살펴보려는 목적으로 구성되었다고 할 수 있다.

이러한 논점들은 문학 교육과 학습에 대한 평가가 어떻게 진행될 수 있는지, 문학 교육과 평가의 자의성에 대한 불안감과 관련되어 있다. 물론 학문으로서의 문학이 항상 체세화된 지식의 명확한 정답만을 추구한 것은 아니다. 시는 언어로 학습되는 동시에 시 자체로서만 학습된다. 언어 과학이 시의 토대이기는 해도 그 시의 열매는 아니다. 시는 그 내용이 암기되고 동일하게 반복되어야 하는 것이 아니라 경험되어야 하는 것이라는 견해가 이렇게 형성된다. 전달되고 반복되는 내용이 강조될 때, 즉 "시가 전달하는 것이 너무나 많고, 또 그것을 너무나 풍부하게, 너무나 섬세한 제한을 가하면서 전달하기 때문에 시 자체보다 덜 섬세한 어떤 수단으로 그것을 전달하려고 한다면 전달되는 내용이 상처를 받아 찌그러지고 말 것"이라고 브룩스(C. Brooks)는 쓰고 있다(브룩스, 1984: 81~83면). 요컨대 시는 다른 어떤 논리적 매개물이 작용하기 이전에 다만 '시가 말하는 것을 말하는' 언어 구성체이다. 신비평은 이 '시 자체'의 경험을 살펴보기 위해 언어 형식에 집중하고, '시가 말하는 것'을 논리 이전의 생생한 경험으로 전달받는 과정을 설명하기 위해 역설과 상징 등의 개념을 활용한다.

이 개념들을 사용하는 것은 시의 언어적 결들이 맺어 놓은 형식을 보편적으로 공유하는 행위이다. 따라서 시 형식이 가져다주는 심미적 경험을 비평적으로 수렴하고 활용하기 위한 정확한 개념 이해가 동반되어야 한다. 정확한 개념이라고 해도, 신비평에서는 시의 언어를 과학 언어로부터 분리시키는 작업을 동반한다. 논리적 정합성과 미적 경험을 구분하려는 시도가 그것인데, 시의 언어는 내용을 전달하지만 형식을 경험하는 것이라는 말의 의미가 이와 관련된다. 요컨대 시의 내용은 다른 모든 언어들이 전달하는 내용이면서 '특별한 언어 구성 방식', 즉 '시'가 말하는 것이다. 이것은 특히 시에 더 적당한 진술이지만 비평도 마찬가지이다. 모든 문학의 언어가 그럴 것이다. 문학은 인식 이전에 경험되는 것이다. 이 과정이 논리적 절차를 초월하는 것이기 때문에 문학은 과학이 제외하는 것을 제외하지 않는다고 브룩스는 쓴다(브룩스, 1984: 262면).

그러므로 형식 논리적 차원에서 시적 현존의 두 층위를 구분해야 한다. 우선 심미적 언어 구성체가 경험적으로 현존하는 층위가 있다. 음유 시인 이온(Ion)이 시를 낭송할 때, 이온의 내부에 있는 것은 '시적 기술'이 아니라 '신적인 힘'이다.[2] 시인은 무엇인가를 독자들에게 경험적으로 계시하지만, 그것은 시인의 기술이 아니라 뮤즈의 추동에 의한 것이다. 이것이 인식 이전에 경험되는 문학의 차원이고, 과학 언어와 구분되는 심미적 언어의 차원이며, 특별한 언어 구성체로서의 시가 그 자체로서 말하는 차원일 것이다. 이와 달리 신비평의 여러 개념들은 또 다른 층위에서 사용될 수 있다. 시를 이해하고 평가하는 것은 '특정한 기술(technē)'을 필요로 하는 것이며,[3] 이 기술이란 플라톤(Platon)이 『소크라테스의 변론』에서 이야기하는 것처럼 "옆에 있던 사람이 시인의 작품을 시인 자신보다 사실상 더 잘 설명할 수 있었"(플라톤, 2012: 27면)다고 진술하도록 하는 기술이다. 이 기술은 명백히 신적인 영감과는 다른 지식의 차원을 환기한다. 그것은 시에 대한 지식이다. 아리스토텔레스의 『시학』이 바로 개념적 지식으로 '시작법'을 다루는 전형적인 예이다.

2 "훌륭한 서사 시인들이 훌륭한 시를 읊는 것은 모두 전문 기술 덕분이 아니라 영감을 받았기 때문이며, 훌륭한 서정 시인들 또한 그 점에서는 마찬가지"라고 플라톤은 말한다(플라톤, 2014: 22면).

3 "전문 기술을 습득하지 못한 사람은 말하여진 것이든 행하여진 것이든 그 전문 기술에 관련된 것들을 제대로 알 수 없"다는 진술을 참고(플라톤, 2014: 32면).

2——시학 개념 교육의 가능성

시의 경험과 개념은 물론 절대적으로 구분되지 않는다. 경험의 독자성과 개념의 공통성은 주어진 시와 그 시를 쓰거나 읽는 사람의 삶의 맥락에 따라 때로는 구분되고 때로는 결합된다.

내 고장 칠월은
청포도가 익어가는 시절

이 마을 전설이 주저리주저리 열리고
먼 데 하늘이 꿈꾸며 알알이 들어와 박혀

하늘 밑 푸른 바다가 가슴을 열고
흰 돛단배가 곱게 밀려서 오면

내가 바라는 손님은 고달픈 몸으로
청포(青袍)를 입고 찾아온다고 했으니

내 그를 맞아 이 포도를 따 먹으면
두 손은 함뿍 적셔도 좋으련

아이야 우리 식탁엔 은쟁반에
하이얀 모시 수건을 마련해 두렴

— 이육사, 「청포도」 전문

가령 이육사의 「청포도」는 '전원적 삶을 배려하는 마음'이나 '상실된 조국의 복원을 바라는 애틋한 마음'으로 해석된다. 시의 의미는 세대에 따라, 삶의 이념에 따라, 나아가 존재론적 조건에 따라 달리 형성될 수밖에 없다. 해석의 기반이 되는 요인들이 아주 많을 것이다. '은쟁반의 모시 수건'이 어떤 용도를 갖는지에 대한 답변도 경험에 따라 달리 나타날 것이다. 그리고 이 의미 구성의 순간은 논리 초월적인 것이다. 시적 의미의 현존은 총체적으로 경험되는 것이어서 논리적 순서를 그다음으로 밀어 두도록 한다. 그런데 그 여러 갈래의 해석 통로를 경험하고, 그것을 어떤 개념적 언어로 이해해야 하는 순간이 따라온다. "하늘 밑 푸른 바다가 가슴을 열고/흰 돛단배가 곱게 밀려서 오면"을 읽어 가면서 독자는 이 표현의 감각적 인상 때문에 강하게 끌리고, 그에 대해 이미지와 비유의 개념을 적절히 활용하면서 갈무리할 수 있는 것이다. 이 갈무리가 없다면 시의 심미적 특성을 공통적으로 소통시킬 수 있는 방법은 없다. 이 방법이 없다면 인류의 위대한 지식을 효과적으로 전승시킬 방법도 없을 것이다. 비단 신비평의 방법이 아니더라도, 이러한 방법들이 심미적이거나 학문적인 노력과 긴밀한 관련을 맺고 이상적 모델을 독자에게 요구할 때 주로 부각된 것이 바로 시학 개념이다. 그리스어 '류트모스(rhuthmos)'가 '리듬'으로 사용될 때, 현재의 리듬은 개념화의 방식으로 인류가 공유해 온 지적 산물의 최고 실현물이라고 해야 할 것이다. 하나의 개념이 무수한 의미를 내포하면서 현존하는 것은 언어를 통해 인류 공동체가 움직여 가는 훌륭한 사례이기도 하다. 그 공동체는 동서고금의 단일한 의미를 강요하는 공동체가 아니라 동서고금의 여러 특이한 사례들이 규정되고 누락되는 사태의 반복을 통해, 요컨대 개념의 변전을 거쳐 현재에 이르는 과정의 총화인 셈이다.

그런데 문학 교육의 폐해를 대표하는 주요 사례가 신비평적 교육에서 이루어졌으며, 그것이 학문 중심 교육과정인 3차 교육과정에서 본격적으로 시작되었다는 주장이 널리 공유되고 있다. 지나치게 경직되고 관념적으로 전달되는 시학 개념의 폐해를 지적하는 이 주장은 그러나 다시 생각해 볼 필요가 있다. 시적 현존의 두 층위가 바로 신비평의 주장일뿐더러, 문학을 과학적 학문 체계로 흡수하려 하였던 저 옥스퍼드 대학 평의회의 노력은 위와 같은 신비평에 의해 학문적 체계를 넘어 훨씬 더 문학의 문학다움 쪽으로 이동된다고 여겨지기 때문이다.

신비평의 주저(主著)인 브룩스의 『시의 이해』는 신비평 비판에서 늘 거론되는 개념, 즉 한 편의 시를 이해할 때 주로 떠올리는 여러 비평적 개념들을 제시하고 있다. 비유, 이미지, 리듬 등이 대표적인데, 이 개념들이 반복적으로 사용됨으로써 신비평은 고정된 모델을 일방적으로 요구하는 학문 방법이라고 이해되어 왔다. 신비평이나 형식주의를 그렇게 이해하는 데에는 신비평과 형식주의 자체의 이유도 있을 것이다. 브룩스의 저서에서 사용되는 시학 개념들도 그 이유 중의 하나이다.

『시의 이해』는 위의 개념들을 다루는 각각의 장마다 시를 인용하고 그 시에 연관된 해당 개념을 추출하여 독자들에게 질문을 던지는 방식으로 서술된다. 질문이 주어지는 한 독자들은 정답을 찾으려는 반응을 보일 수밖에 없다. 한 편의 시가 어떤 절대적 기준에 의해 평가될 수 있다는 관념은 이렇게 탄생된다. 현재 학계에서 신비평을 바라보는 비판적 관점은 그 절대적 기준이 경직되어 있다는 판단에 따른 것이다.

그런데 신비평가들은 그 절대적 기준에 대해 좀 특이한 생각을 전개하고 있다.

> 우리가 앞에서 보아 온 바와 같이, '시'를 어떤 특정한 교설이나 어떤 특정한 소재나 어떤 특정한 종류의 심상에서 찾으려는 시도는 곧 무너진다. 문학이 문학으로 존재하려면, 그런 시도는 무너져야 한다. 왜냐하면 각기 다른 시들은 겉으로 보기에는 모순되는 교설들을 진술하고 있으며 아주 다른 재료들을 사용하고 있기 때문이다. 그렇지만 우리가 특정한 소재에 역점을 두지 않고, 시가 건축되는 양식, 또는 — 은유를 바꿔 말하면 — 시가 시인의 마음에서 성장하면서 지니게 된 형식에 역점을 둔다면, 우리는 반드시 형식적 구조와 수사학적 조직의 문제를 제기하지 않을 수 없게 될 것이다. 즉 우리는 의미의 수준들, 상징화들, 함축적 의미들의 충돌들, 역설들, 아이러니들 등등에 관해 이야기하지 않을 수 없게 될 것이

다.(브룩스, 1984: 223면)

왜 문학 비평은 어떤 논점을 개념화할 수밖에 없는지 설명하는 부분이다. 신비평의 방법론이 모종의 경직된 절대적 기준을 상정하는 것이라는 비판을 알고 있던 브룩스는 시가 '특정한 교설이나 소재, 심상'을 절대적 기준으로 삼아 수렴되어서는 안 된다는 사실을 인정하고 있는 것이다. 그는 또 같은 글에서 절대적 기준은 "절망적으로 주관적"이라고 쓰고 있다. 그리고 어떤 기준이 될 수도 있는 개념들을 제시한다. "시와 같은 것이 존재하며 시를 측정할 수 있는 일반적 기준"이 있고, 그것은 "비평적 정밀성을 고려해 줄 어떤 도구" 혹은 "시에 봉사하기 위해 쓰일 수 있는 도구"라는 것이다. 그것이 위의 인용에 나타나는 상징, 역설, 아이러니 등의 시학 개념들이 사용되어야 하는 이유이다. 브룩스는 이 개념들을 사용하는 데 "어떤 절대주의가 은근히 비쳐 있다면 그것을 숨기지 않고 드러내고 싶다"고 고백하기도 하는데, 그 이유는 이 개념적 기준으로서의 비평적 도구들이 특정한 시기에 근거하는 것이 아니라 과거와 현재를 관통하는 것이기 때문이다. 이러한 관점을 우리는 시학 개념들에 대한 보편적 사용이라고 할 수 있을 것이다.[4]

바로 이 지점에서 신비평에 대한 오해를 불식시킬 필요성이 있다. 개념들의 보편적 사용을 보편주의적 절대화와 혼동해서는 안 될 것이다. 브룩스도 인정하는 것처럼 하나의 개념은 논점의 공통성을 확보하기 위한 보편적 도구와 같은 것이다. 그런데 그 개념은 과거나 현재의 특정한 관점에 의해서 만들어지는 것이 아니다. 이 말은 하나의 시학 개념이 특정 사조나 방법으로 수렴될 수 없다는 의미이다. 시학 개념은 시를 시라고 부를 수 있도록 하는 시적 상태를 통시적으로 지시하고 그 시적 상태의 개별적 성질을 모사하는 단어이다. 그리스어 '류트모스'가 오늘날 '리듬'이라는 말로 전성될 수는 있어도 그것은 고정

4 가령 종래의 서정시와 다소 다른 발성법을 분석하면서 '새로운 서정'이라고 명명하거나 '반서정'이라고 호명하는 것도 '서정'이라는 개념을 보편적으로 사용하기는 마찬가지이다. '새로운 서정'과 '반서정' 모두 개념의 역사 속에서 '서정'이라는 언어로 수렴되리라 여겨진다.

된 기준이 아니라 모든 시를 포괄하는 개념이기 때문에 항상 변화된 내용으로 다시 채워져야 한다. 이때 그것은 "비평적 정밀성을 고려해 줄 어떤 도구"(브룩스, 1984: 224면)로서의 역할을 담당할 수 있을 것이다. 물론 "비평적 정밀성"이라는 말도 그 내포는 계속 변화될 수밖에 없다.

그러나 한국에서의 신비평 이해는 편향적이다. 시의 구체적 경험을 강조하는 브룩스의 주장과는 달리, 그리고 신비평의 유기체론의 토대로서 삶의 유기성을 강조하고 사물화된 형식주의적 언어를 비판하였던 리비스(F. R. Leavis)의 문학 이해와는 달리 한국의 신비평과 그에 기초한 시 교육은 주로 그들의 개념적 지식을 맥락의 삭제와 기계적 이해로 채워 왔던 것이다.

한국에서의 이해 적용과는 달리 신비평이 이상적 모델 이외에도 심미적 경험으로 가능한 시의 시다움을 강조하였다면, 오히려 시에 대한 언어 과학적 특성을 더욱 강조한 것은 러시아 형식주의이다. 이들의 출발 자체가 '모스크바 언어학 서클'이라는 사실을 고려한다면 이는 필연적이다. 한국에서는 러시아 형식주의와 신비평을 동렬로 취급하려는 경향이 강한데 이는 아마 형식에 대한 강조 때문일 것이다. 신비평에 대한 오해가 있다면, 러시아 형식주의에 대해서도 마찬가지이다. 러시아 형식주의자들은 볼셰비키 혁명의 역사적 신기원에 대응되는 것으로 부르주아적 형이상학적 초월주의와 단절된 문학적 신기원을 세우고자 하였다. 그것은 곧 문학의 세속화에 연결되는 것인데, 이때 세속화란 현실에 대한 분석으로서의 과학화와 같은 범주의 개념이었다. 러시아 형식주의자들은 현실의 산업 공학에 대비되는 것으로 문학 과학으로서의 문학 형식에 주목하는 문학관을 주장하였던 것이다(어얼리치, 1983). 이러한 사실과 비교한다면 오히려 삶의 전체성을 문학적 구조의 유기적 전체성으로 바꿔 놓는 신비평과 러시아 형식주의는 적지 않은 차이가 있는 셈이다. 한국에서 신비평과 러시아 형식주의의 차이를 그다지 주목하지 않는 해설이 진행된 데에는 한국 사회가 겪고 있는 이념적 편향성과 그에 편승하여 문화적 사태들의 역사적 맥락을 배제하곤 하는 순수 문학주의의 기승이 큰 작용을 하였다고 여겨진다.

한국의 신비평은 중요한 것은 문학의 심미적 형식이며, 배워야 할 것은 그 형식을 구성하는 방법이라고 강조해 왔는데, 결국 그것의 경직된 보편주의가 비판을 불러왔다.[5] 신비평에 대한 비판은 구체적 작품 읽기를 통한 개별적 경험을 통해서가 아니라 교수자가 알려 주는 지식 중심으로 문학 개념을 전달하고 교육하려 한다는 점에 초점이 맞춰져 있다. 그 비판의 효과로 시학 개념의 사용이 절제되기 시작하였고, 교육과정에는 시학 개념이 적극적으로 사용되는 대신 시적 현전의 사례가 중심적인 성취 기준으로 올라와 있다. 시학 개념이 교육과정에서 점점 사용되지 않는다든지, 교과서나 문학 교육 도서에서 시학 개념이 형식적 이론 체계로서의 지위만을 차지한다든지 하는 경향은 이렇게 해서 나타난 것이다. 그렇다면 시학 개념은 폐기되어야 하는 것일까? 한 편의 시는 다만 한 편의 구체적 시로서만 읽히고 경험된다는 논리가 교실 수업에서 시적 현전의 상대주의로 수렴되는 사태는 어디까지 용인되어야 하는 것일까? 그 사태의 역설적인 결과가 교실 수업에서 학생들의 다양한 시 해석을 교사의 일방적 지도로 통제하는 현상인 것은 아닐까?

교육 공동체의 최전선인 교실에서는 공동체의 구성원으로서 학생들의 자율적 활동이 무엇보다 중요하지만, 그것이 진정한 공동체라면 시적 경험의 공통적 지향점 또한 유지되어야 마땅하다. 학습자 중심 교육이 주목해야 할 진정한 개체적 자율성은 보편성을 전제한 자율성이기 때문이다. 이를 구체화하기 위해 해석의 상대주의에 대한 교사의 일방적 통제를 넘어서서, 통제적 일방주의의 단일성을 극복하는 근거는 무엇이고, 시적 해석의 사례는 시학 개념의 필요성과 어떻게 연결되는지 논의해 보도록 하자.

5 신비평적 지식 개념의 보급과 맥락을 함께하는 학문 중심 교육과정이 미국의 소련 견제와 맞물려 있다는 점은 널리 알려져 있다.

3——변모하는 내포를 가진 시학 개념들

사회적 구성주의라는 교육 철학과 학습자 중심 교육과정이 강조되면서 문학적 지식으로서의 개념 교육은 크게 비판받고 있는 실정이다. 학습자 중심 교육과정 이후 현행 교육과정에 이르기까지 시학 개념은 직접 교육하도록 되어 있지 않다. 교육과정에서 우선 요구하는 것은 실제 작품을 경험하는 일이다. 아주 적은 수의 성취 기준이 '비유적 표현'에 대한 이해를 요구할 뿐 대부분의 성취 기준은 작품을 읽고 상상하고 표현하는 능력을 강조한다. 이것은 교육과정에서 강조하는 시 교육이 개념적 지식보다는 구체적 경험을 통해 시를 이해하고 그 경험을 기반으로 한 시적 표현에 도달하는 내용으로 이루어져 있음을 뜻한다. 이러한 시 교육은 시 일반의 특질을 규정해 주는 언어들의 집합인 시학 개념의 교육에 비해 얼마나 효과적인 교육인 것일까? 개념적 지식을 갖추고 있지 않은 학습자에게 작품에 대한 구체적 경험을 통해 시를 교육해야 한다면, 리듬과 비유 등으로 이루어진 특정한 언어 구성체를 '시'라는 이름으로 지칭하는 일은 어떻게 가능할까? 이 의문이 제기되는 것은, 경험의 개별성을 우선적으로 강조하는 것은 무엇으로도 환원될 수 없는 특이한(singular) 운동체를 상정하는 것이고, 그러한 의미에서 그것은 '시'라는 보편적 이름으로 환원될 수 없는 언어 경험이어야 하기 때문이다. 개별적인 독자의 언어 경험을 시의 경험이라고 규정하기 위해서는 모든 개별적 인간이 갖게 되는 특별한 언어 경험을 '시'라는 말로 모아 놓을 수 있는 보편성이 전제되어야 한다. 그렇지 않다면 '시'라는 말은 리듬에 실린 특정한 언어 구성체 모두를 지칭하는 언어가 될 수 없다.

그와 같은 심미적 언어 구성체가 학습자를 중심에 놓은 개별적 경험의 방식으로 교실에서 다루어진다고 할 때, 개별 학생들의 미적 경험이 개별성 자체로 유지되어야 하는지의 문제는 또 다른 복잡한 상황을 야기한다. 현재로서는 학교 교육에서 '현대시란 무엇인가'와 같은 교육 내용이 없고, 시와 관련한 개념적 지식을 특별히 교육하도록 하는 성취 기준도 없기 때문에 이 문제는 더 분석적으로 고려되어야 할 것이다. 물론 개념적 지식이 전제되지 않는다고 해도 시의 언어가 가진 심미적 특징은 교실에서뿐만 아니라 일상생활에서도 충분히 경험될 수 있다. 그런데도 그 경험을 굳이 교실에서 시 교육이라는 이름으로 진행하는 것은 교실 교육을 통해 여러 학생들에게 공통적으로 성취 가능한 무엇인가가 있음을 의미한다. 보편적 지향점이 나서는 것은 그 때문이다. 이 보편성이 부각될 때, 시의 개별적 경험이 최종적으로 도달해야 할 지점은 명확해 보인다. 해석 공동체의 내부에는 중심에서 원심적으로 밀려나는 잔여물이 존재할 수밖에 없다. 의미의 잔여물이 규정되지 않는 내용으로 살아 움직이기 때문이다. 그것은 중심적 논리로 포괄되지 않는 잔여물이지만, 해석 공동체를 새로운 내용으로 채워 줄 가능성이 있는 잔여물이기도 하다. 그때 공동체란 여러 이질적인 목소리를 포괄할 수 있기 때문에 공동체이며, 따라서 구성원들이 보편적 지향을 전제하면서 개별체의 삶을 실현할 수 있기 때문에 공동체이다. 마찬가지로 학생들의 개별적인 미적 경험은 이미 교실이라는 해석 공동체의 보편적 지향을 전제하는 경험이다. 시 교육이 항상 고려해야 할 것은 바로 그 점이다.

개념을 갖지 않고 대상을 접촉하는 일이 불가능하다고 할 수는 없다. 실제로 인간의 삶은 명확한 개념으로 포괄되지 않는 사태들의 연속이기도 하다. 현실의 생생함이 항상 규정적 언어를 넘어서는 모습을 우리는 인정할 수밖에 없다. 이 흘러넘침은 시적 의미의 애매성과 통하는 것이고, 따라서 하나의 개념을 사용하는 것은 의미의 애매성을 일정한 이해의 차원으로 끌어올리는 과정이다. 은유적 언어의 특징을 개념적으로 이해하는 것과 작품을 읽고 대상과 언어 사이의 관계를 유추적으로 상상하는 것 사이에는 긴밀한 관련이 있다. 하나의 개념은 수많은 사태 속에서 동일하거나 유사한 해석의 자장(磁場)에 있는 의미들의 추상 집합이기 때문이다. 이 개념들을 통해 우리는 시를 시 아닌 것과 구분하고, 나아가 그 차이를 분석하여 새로운 지식 체계로서의 시학 개념의 내용으로 삼을 수 있다.

하나의 개념을 형성하면서 어떤 대상에 대한 지식을 체계화하는 이유는 그 지식을 통해 대상의 진실에 도달할 수 있다고 믿기 때문이다. 체계화된 지식은 논의 대상을 좀 더 논리적으로 표현할 수 있게 하고, 그 논리는 대상에 대한 지식을 정당화할 수 있게 한다. 더구나 지식이 설득력을 얻기 위해서는 정당화라는 매개 과정이 반드시 필요하기 때문에 그 지식을 체계화하는 작업이 요청될 수밖에 없는 것이다.

시를 이해하는 과정에서 지식의 체계화 작업을 잘 보여 준 것이 '시학 개념'이라는 사실은 많은 사람들이 동의하는 부분이다. 한 편의 시는 완성된 유기체이고, 그 유기체를 분석하는 비평적 도구가 곧 시학 개념이다. 시가 체계적인 지식으로 이해된다는 것은 그 시의 심미적 상태에 대한 앎의 체계를 정당화하는 담론이 만들어진다는 사실을 뜻한다. 그리고 그 담론이 로티(R. Rorty)가 쿤(T. S. Kuhn)에 의거하여 말하는 "정상 담론"(로티, 1998)의 지위를 획득할 때, 우리는 대상에 대한 사회적 동의를 구하는 의미화 과정에 들어갈 수 있다. 그리고 그것이 담론이라는 사실은 도구적 언어가 바뀌는 것이 아니라 그 도구적 언어의 이러저러한 재배치를 통해 동의할 수 있는 내용이 바뀐다는 것을 의미한다. 그 과정에서 역사적이고 사회적인 경험들의 맥락이 작용할 것임은 분명하다. 그를 통해 개념을 표현하는 기호는 남아도 개념의 내포는 계속 변화한다.

일반적으로 '아이러니의 언어'라고 이해되는 김소월의 「먼 후일」을 김준오는 '역설의 언어'라고 설명한다(김준오, 1982[2002]: 322면). 아이러니와 역설 중에서 어느 것이 더 타당한지를 놓고 정교한 설명이 이루어질 수 있겠지만, 현행 교육과정에서 요청하고 있는 '다양한 이해'의 차원에서 보면 두 가지 해석 모두 타당한 것이라고 이해할 수 있다. 또 다른 예로 이성복의 「서해」를 보면, 특정한 구절이 역설인가, 시 전체가 역설인가 등의 문제는 지속적으로 발생할 것이고, 이것은 독자에게 주어진 삶의 맥락에서 이해되어야만 한다. 이 주어진 맥락이 시시각각 변하고 이동하는 삶의 경험적 차원과 결합된 것이기 때문에 결국 하나의 개념은 삶의 경험적 맥락이 부여하는 의미와 결합되어 사용되는 것이다. 그렇다면 모든 기호는 그 기호를 사용하는 사람의 주관적 조건에 의지할 뿐이지 지시하고자 하는 대상의 진실성과는 무관하다고 해야 할까? 그렇다면 시 교육론을 통해 전달되는 현대 시학의 주요 개념들을 어떻게 자리매김할 수 있을까? 그리고 이미지, 비유 등의 개념은 어떤 방식으로 획득되고, 이해되고, 사용될 수 있을까?

모든 기호는 전달해야 하는 내용을 필수적으로 동반한다. 소통 불가능한 상황을 만드는 것도 소통의 한 방법이라는 말이 부분적으로 타당한 것은 모든 기호가 모종의 의미를 실어 나르는 수단이기 때문이다. 그런데 한 편의 시를 읽고 이해하고 수용하는 일은 누구에게나 가능하지만, 누구나 시를 읽고 이해하고 수용하지는 않는다. 시가 하나의 의사소통이라면, 의사소통은 의미에 도달하기 위한 기호 교환이고, 결국 소통의 공통체 안에서만 공통적 의미를 지향하는 행위가 존재할 수 있는 것이다. 기호학적 의사소통과 관련하여 많이 언급되는 야콥슨(R. Jakobson)은 소쉬르(F. Saussure)와 퍼스(C. S. Peirce)를 매개하는 인물인데, 그의 의사소통 도식은 소쉬르의 '불투명한 기호'를 의사소통의 요인을 통해 전달 가능한 '투명한 기호'로 바꿔 놓은 작업이라고 평가된다. 소쉬르는 해석의 상대주의를 예비하고, 퍼스는 보편적 진리의 공동체적 가능성을 탐구한 기호학자이다. 소쉬르가 포스트구조주의 이후 기표의 지시 불가능성을 환기하는 데 비해, 퍼스는 기호 작용을 통해 대상의 실재성을 전달할 수 있다고 주장한다.

다음은 기호학을 구성하는 요인에 대한 퍼스의 말이다.

> 기호, 또는 표상체(representamen)는 누군가에게 어떤 면에서, 또는 어떤 명목 아래 다른 무엇을 지시하는 것이다. 기호는 누군가에게 호소한다. 다시 말해, 그 사람의 정신 속에서 동등한 가치를 갖는 기호, 또는 아마도 더 발전된 기호를 창조한다. 그것이 만들어 내는 이 기호를 나는 첫 번째 기호의 해석체(interpretant)라고 부른다. 이 기호는 다른 무엇, 즉 그것의 대상체(object)를 지시한다. 그것은 모든 면에서 대상체를 지시하지 않고, 일종의 관념에 준거하여 지시하기에 그것을 나는 표상체의 토대(ground)라고 부르곤 했다.(퍼스, 2009: 136면)

기호가 하는 일을 설명하는 글이다. 그런데 하나의 기호가 대상을 지시하기 위해서는 또 다른 기호를 사용해야 한다. 그 작업을 수행하는 세 가지 요인이 '기호', '해석체', '대상'이다. 기호는 말 그대로 기호이고, 해석체는 누군가의 앞에 놓여 있는 기호와 등가의 의미를 부여한 또 다른 기호이다. 편의상 그것을 '두 번째 기호'라고 퍼스는 명명한다. 두 번째 기호인 해석체가 하는 일은 첫 번째 기호인 표상체와 대상의 거리를 좁히는 일이다. 대상이 하나의 실재(the real)라면 해석체는 표상체가 얼마나 실재에 가까이 다가가 있는지를 해석해 내는 일을 담당한다. 중요한 것은 기호의 대상이 실재한다는 사실이다. 요컨대 사람들이 끝내 도달해야 하는 진실이 있으며, 해석체의 공시적이거나 통시적인 반복이 사람들로 하여금 기호의 진실에 도달하도록 한다는 것이다. 해석의 공동체가 표상될 수 있는 것은 바로 그 실재하는 대상 때문이다(강미정, 2011). 해석 공동체는 대상의 진실을 향한 해석의 흐름 그 자체이다.

교실에서 한 편의 시를 놓고 진행되는 시 교육은 대상 시에 대한 다양한 해석체의 반복으로 이루어진다. 교실 교육이 해석의 무한한 상대주의로 그칠 수는 없는데, 교육은 보편적인 도달 지점을 상정해야만 하기 때문이다. 그 보편적 지점에 도달하는 방법이 다양하다고 해서 도달해야 할 지점이 무효화되는 것은 아니다. 랑시에르(J. Rancière)의 말처럼 우리가 지적으로 평등하다면(랑시에르, 2008), 우리 모두는 바로 그 지점에 도달할 수 있을 것이다. 그리고 시학 개념의 공통적 사용이 그 도달 지점을 좀 더 빨리 다가오게 만들 수 있다면 우리는 개념적 지식에 더욱더 적극성을 부여해야 하지 않을까? 퍼스는 그 진실에 도달하는 과정이 해석체를 만들어 내는 기호 과정(semiosis)이며, 기호 과정은 주체의 경험적 맥락과 긴밀하게 결합되어 있다고 쓴다.

> 기호는 대상체를 지시하기 위해 어떤 것(기호의 해석체)을 규정하는 모든 것으로서 이와 동일한 방식으로 해석체(그것의 대상체)를 지시한다. 이렇듯 해석체가 다시 기호가 되고, 이런 식으로 무한으로 진행된다.

> 의심의 여지 없이 지성적 의식은 그 같은 일련의 연속으로 들어올 수밖에 없다. 만약 해석체들의 연속이 멈춘다면 기호는 최소한 불완전하게 된다.(퍼스, 2009: 141면)

경험적 맥락이란 인간이 현실 생활에서 실용적으로 의미화되는 조건을 뜻한다. 요컨대 하나의 기호는 대상을 지시하는데, 그 기호를 읽는 사람은 자신의 경험적 삶의 맥락 속에서 대상의 실재성을 확인하면서 기호를 해석하여 대상을 확인하는 것이다. 이때 경험적 삶의 맥락은 인간의 인식 활동을 통해서만 기호로 표상될 수 있는 것이다.

그렇다면 이 기호 과정은 우리의 관심사인 시학 개념들을 통해 시의 경험적 해석에 도달하는 과정을 어떻게 설명할 수 있을까? "기호가 해석체를 지시하고, 해석체가 다시 기호가 되는 과정"이 지속된다는 퍼스의 말처럼 기호로서의 개념적 언어는 새로운 해석적 내용으로 보충되고, 이어서 내용은 역동적으로 구성되는 개념의 기호로 나아간다고 할 수 있다. 해석의 대상으로서의 실재를 퍼스는 '역동적 대상'이라고 명명하였다. 해석의 대상은 확정적으로 독자 앞에 존재하지 않는다. 그것이 역동적인 것은 실재적 대상을 둘러싼 조건들이 지속적으로 변하기 때문이다. 가령 역동적 대상으로서의 한 편의 시는 시간상으로나 공간상으로나 그 의미화가 달라지기 마련이다. 그래서 역동적 대상은 표상될 수는 없고 다만 지적(indication)될 수 있을 뿐이라고 퍼스는 썼다. 독자가 그 실재에 대해 기호로 표상하는 것은 역동적 대상이 아니라 관념에 의해 산출되는 '즉각적 대상'이다. 중요한 것은 기호에 의해 지적되는 역동적 대상으로서의 실재가 독자의 경험에 의해 지속적으로 환기됨으로써 보편을 환기하는 해석의 공동체가 마련될 수 있다는 사실이다. 시학 개념이 시의 수용과 창조에 기여하는 여러 일 중 가장 핵심적인 사안이 바로 그러한 공동체의 구성이라고 할 수 있다.

4——개념의 잔여물과 보편의 공동체

모든 언어는 지시 대상의 개념화에 연결되어 있고, 개념들의 지시 가능성은 다의성을 동반한다. 한 편의 시도 마찬가지이다. 그것은 기본적으로는 하나의 단어를 여러 의미로 해석하는 일에서 비롯되는 것이지만, 동시에 여러 단어가 하나의 의미로 수렴되는 일과 관련되기도 한다. 김수영의 「눈」을 예로 든다면, '눈'이 '마당 위에 떨어진 눈'이기도 하고 '살아 있는 눈'이기도 하다는 사실은 전자를 의미하는 것이며, 「눈」의 여러 언어들이 당시의 부정 선거와 연관된 부정적 삶의 정화와 관련된다는 해석은 후자의 경우이다. 전자는 하나의 언어에 저장된 의미들의 다양한 사용이고, 후자는 여러 언어가 자신들의 외부에 있는 이념 혹은 이데아 혹은 실재 등으로 단일하게 지향되는 사태를 가리킨다. 언어는 달리 생존하고 동일하게 지칭된다. 그것은 단일한 내용으로 귀결되지 않는 의미와 명료한 지시성이 상호 작용하는 언어 용법이라고도 할 수 있다.

다양성과 단일성이라는 의미의 양 지평이 시의 언어로 결합된다는 점에서 시는 동일성의 영역을 넘어서는 심미적 구성체이다. 하나인 동시에 여럿인 의미들은 그러므로 명료한 개념으로 지칭될 수 없는 대상이다. 언어가 대상을 환기하기 때문에 명료하지 않은 언어는 명료하지 않은 대상을 지시한다. 정확히 말하면 '불명료성'이 '흐릿함'을 환기한다고 할 수 있다. 그 결과 '명료하지 않은 언어'는 '하나가 아닌 여럿으로서의 대상'을 상상하도록 한다. 고은의 시를 한편 보자.

> 어린 시절, 고향 바닷가에서 자주 초록빛 바다를 바라보았습니다.
> 빨랫줄은 너무 무거웠고 빨래가 날아가기도 했습니다.
> 제가 가지고 있던 오랜 병(病)은
> 착한 우단 저고리의 누님께 옮겨 갔습니다.
> 아주 그 오동(梧桐) 꽃의 폐장(肺臟)에 묻혀 버리게 되었습니다.

누님은 이름 부를 남자가 없었고
오직 "하느님!" "하느님!"만을 불렀습니다.
저는 파리한 채, 누님의 혈맥(血脈)은 갈대밭의 애내(欸乃)로 울렸습니다.
이듬해 봄이 뒤뜰에서 살다 떠나면
어쩌다 늦게 피는 꽃에 봄이 남아 있었습니다.
이윽고 여름 한동안 저는 흙을 파먹고 울었습니다.
비가 몹시 내렸고 마을 뒤 넓은 간석 농지(干潟農地)는 홍수에 잠겼습니다.
누님께서 더욱 아름다웠기 때문에 가을이 왔습니다.

— 고은, 「사치(奢侈)」 부분[6]

이 시에 대한 여러 해석은 시의 이해가 어떤 오해에서 비롯되기도 한다는 사실을 잘 보여 준다. 한 비평가가 이 시를 '누이 콤플렉스'라는 명칭으로 분석하였을 때, 그 오해는 잘 구성된 오해였다(김현 외, 1972).[7] 퍼스의 방식으로 말한다면 이 시를 '누이 콤플렉스'로 표상한 것은 기호적 해석체이다. 그러나 그것은 역동적 대상으로서의 실재에는 도달하지 못하고 있다. 그럼에도 그것이 어떤 실재의 가능성을 지적하고 있다는 점이 중요하다. 이 시는 시인의 개작을 통해 약간은 논리적인 언어 형식을 입고 다시 독자 앞에 주어졌는데, 이 개작은 문단의 시 해석에 대한 시인 나름의 추가적 해석이었다고 볼 수도 있다. 그렇다면 개작된 시는 원래의 시에 대한 문단의 '누이 콤플렉스'라는 분석과 시적 진술의 파격적 모호함이라는 언급에 답하면서 시인이 보여 준 또 하나의 해석체인 셈이다.[8] 어떤 시적 대상(실재)에 대해 「사치」라는 표상체가 있고, 이 표상체가 독자들의 해석을 매개하여 저간의 논평을 만들어 왔다면, 이 전체적인 과정

6 개작 이전의 작품을 인용하되, 맞춤법만 현행 표기법대로 바꾸었다. 이처럼 개작 이전의 작품을 선택하고 맞춤법을 바꾸는 인용 행위도 시에 대한 여러 해석 활동의 하나라고 할 수 있다. 이는 이 시에 대한 공통의 이해로 나아가는 과정이기도 하다.

7 이 시가 '누이 콤플렉스'에 기초하고 있다는 김현의 지적에 대해 고은은 후일 '나에게는 누이가 없다'고 고백함으로써 시의 해석과 오해의 관계를 환기한 바 있다.

8 필자가 생각하기로는 개작된 시는 논리적이고 설명적인 언어로 되어 있고, 구성도 3연에서 1연으로 바뀌었다.

은 따라서 시인과 독자가 하나의 언어 구성체를 대상으로 공통의 의미에 도달해 가는 과정이라고 할 수 있다. 그것은 「사치」라는 (시적) 기호에 대하여 여러 해석체가 등장하고 그것들이 상호적 차이를 결합시키는 언어 공동체 내부의 경합을 통해 서로 수용 가능한 의미의 구성으로 나아가는 과정이다. 해석이 반복된다면 그것은 그만큼 역동적 대상의 진실에 더 가까이 다가가는 일이 될 것이다. 그것이 오해에서 시작되고 현재에도 오해일 뿐이며 미래에도 오해에 머물러 있을지라도 시의 해석은 그 오해 속에서 대상의 의미가 지닌 공통적인 보편타당성을 향해 더 가까이 나아가는 것이다.

그렇다면 시는 이름 붙이고 규정하는 행위들, 요컨대 어떤 대상의 진실에 해당하는 상태 직전의 존재들을 드러내려는 행위라고 할 수 있다. 이것은 시학 개념들도 마찬가지이다. 시 혹은 개념들은 다만 역동적 대상으로서의 실재를 드러내려는 행위 자체에 집중할 뿐이다. 위 시의 마지막 구절은 그러한 행위의 형상화이다. '누이의 죽음을 따라가다 돌아오는 행위'라는 신화적 장치가 있고 그 행위가 시 전체의 언어를 수렴하는 역할을 담당함으로써 무엇인가가 곧 탄생하게 되리라는 사실을 암시하는 것이다. 그 무엇이 어떤 구체화로 이어질 것인지에 대해서는 정확히 말할 수 없지만, 그것이 곧 죽음 이후이자 신생 직전인 어떤 상태라는 점에 대해서는 약간의 상상력을 통해 유추해 볼 수 있다. 그것은 의미화되기 이전의 상태이며 움직임만 있는 상태이고, 구체적인 현실화 이전의 행위, 즉 현실화되는 것의 '바로 앞'의 상태이다. 그래서 이 '바로 앞'의 임의성과 함께 시는 다시 처음부터 시작한다. 즉, 시는 처음부터 다시 읽히고 해석되고 소통된 후, 언어의 임의성이라는 속성 때문에 처음으로 돌아가는 것이다.

마찬가지로 시는 언어의 바탕에 있는 의미 저장고에서 모든 의미를 길어 올리는 행위가 된다. 이 행위는 그러므로 모든 행위의 집결체이기도 하다. 사실은 모든 시학 개념이 바로 그 집결체일 것이다. 행위가 행위의 집결체로 되는 것, 이 역설 가능성의 집결체가 공동체의 근거라는 사실을 우리는 이미 알고 있다. 시를 쓰고 읽는 행위는 그 자신이 시가 되는 행위이며, 따라서 역설적 언어 자체가 되는 행위이다. 우리의 공동체는 그 역설을 통과하는 공동체이다. 시적 언어의 모든 가능성과 불가능성이 이 말을 통해서 드러난다면, 우리의 공동체는 바로 저 '임의성' 안에 있는 보편성을 개별체의 실현을 통해 확인하는 과정 자체라고 할 수 있다.

임의성을 공동체와 연관 짓는 아감벤(G. Agamben)은 "도래하는 존재는 임의적"이라는 말로 그 공동체의 속성을 암시한다(아감벤, 2014). 모든 것으로 열릴 수 있기 때문에 보편적인 것으로서의 임의성을 설명하는 하나의 사례인 '시의 임의성'은 단일한 규정을 넘어서는 잔여물들의 양태로 공동체에 대한 저간의 여러 규정들을 부정한다. 그것은 일방적인 규정을 넘어서는 것이기도 하며, 구체적인 규정의 배타성으로서의 현실의 규정을 넘어서는 것이기도 하다. 그러한 의미에서 시는 단일한 규정의 동일성을 강조하는 공동체론이 설정한 경계를 넘어서는 능력을 요구하는 것이기도 하다. 앞에서 거론한 모든 시학 개념을 논의하면서 적극적으로 고려해야 할 사항이 바로 이것이다. 현실에 가장 밀접한 시의 공동체는 모순 자체를 끌어들임으로써 형식 논리적 동일성에 규정되지 않고 넘어서는 공동체이며, 지속적으로 자신들의 내부에 외부로서의 잔여물들을 포괄하는 공동체이다. 시학 개념은 시의 그 '임의성'에 대한 보편적 명명인 셈이다. 시인의 개작까지 포함하여, 시가 어떠한 변화의 경로에 놓여도 독자들은 그것을 시학 개념으로 사유하기 때문이다.

그렇다면 새로운 시는 세계에 대한 구체적 명명을 어떻게 처리해야 하는 것일까? 새로운 시의 심미적 척도를 드러내야 하는 시학 개념은 어떤 위상에 놓이는 것일까? 시학 개념은 구체적이고 특이한 시 앞에서는 오직 임의적인 개념일 뿐이다. 그 임의성이 생생한 사례의 개별성으로 존재할 때, 시학 개념은 공통적인 것과 고유한 것을 동시에 실현하는 언어이다. "공통성과 고유성, 종과 개체는 임의성의 산마루에서 떨어지는 양 비탈일 뿐이다."(아감벤, 2014: 35면)

언어는 언제나 어떤 집합론의 함의를 지니고 있다. 모든 언어적 규정은 언제나 자신을 포함하면서 포함하지 않는 집합(러셀)이라는 것, 따라서 모든 언어는 언제나 규정하는 것이면서 규정하지 않는 것이다. 어떤 명료성이라도 이때는 역설을 포함할 수밖에 없다. 그리고 그때 시인의 공동체가 나타난다. 시인은 공동체를 형성하는 특별한 방식을 이미 알고 있는 사람이다. 시 또한 마찬가지이고 시학 개념들 또한 마찬가지이다. 시, 시인, 시학은 아감벤이 보편성과 특이성의 공통 실현에 대한 설명으로서 적절하게 표현하였듯이, 하나의 사례를 통해 세계를 묘사하는 시, 시인, 시학이기 때문이다. '하나의 예는 모든 것을 대표하면서 구체적인 하나의 실재이다.' 그것은 보편적이면서 특이한 것이다. 시의 이미지, 혹은 객관적 상관물 등은 시인의 시 정신을 하나의 사례로서 보여 주는 가장 적절한 예증이다. 이미지와 상관물은 이때 이 세계 전체이면서 그 자체의 특이한 존재이다. 시적 공동체는 이렇게 해서 형성된다. 시의 언어는 시와 시인과 세계와 관계 맺는 공동체의 매개물이다.

참고 문헌

강미정(2011),『퍼스의 기호학과 미술사 — 신미술사의 철학을 위하여』, 이학사.
김대행 외(2000),『문학 교육 원론』, 서울대학교 출판부.
김준오(1982/2002),『시론』, 삼지원.
김현 외(1972),『현대 한국 문학의 이론』, 민음사.
랑시에르(Rancière, J., 2008),『무지한 스승』, 양창렬 역, 궁리.
로티(Rorty, R., 1998),『철학 그리고 자연의 거울』, 박지수 역, 까치.
류수열 외(2014),『문학 교육 개론 Ⅱ — 실제편』, 역락.
브룩스(Brooks, C., 1984),『잘 빚은 항아리』, 이명섭 역, 종로서적.
시드니(Sidney, P., 1990),『시의 변명』, 전홍실 역, 한신문화사.
아감벤(Agamben, G., 2014),『도래하는 공동체』, 이경진 역, 꾸리에.
아리스토텔레스(Aristoteles, 2010),『시학』, 김한식 역, 펭귄클래식코리아.
어얼리치(Erlich, V., 1983),『러시아 형식주의』, 박거용 역, 문학과지성사.
커넌(Kernan, A., 1999),『문학의 죽음』, 최인자 역, 문학동네.
퍼스(Peirce, C. S., 2006),『퍼스의 기호 사상』, 김성도 편역, 민음사.
플라톤(Platon, 2012),『소크라테스의 변론/크리톤/파이돈/향연』, 천병희 역, 숲.
______(2014),『이온/크라틸로스』, 천병희 역, 숲.

2부

현대시 교육의 시학적 구성

시의 내력과 현대시의 출발

신경림은 민중의 사랑과 연민을 담은 서정시를 "가난한 사랑 노래"(「가난한 사랑 노래」)로 불렀다. 누구는 낭만적이고 아름다운 분위기를 두고 "너무 시적이야!"라고 찬탄하였다. 한국 근대시사는 주요한의 「불놀이」를 최초의 '산문시'로 기록하였다. 이런 말들은 시의 일반적 개념과 내용에 비춰 보면 어딘가 모순적이다. 개인의 감정이 중시되는 현대 사회에서 서정시는 소리 내어 노래 부르기보다 조용히 묵독(默讀)하거나 발랄하게 낭송하는 것이 제격이다. 오늘날 '시적인 것'은 자연미나 영롱한 서정에만 해당되지 않는다. 추하고 악한 것, 파편적이며 무의미한 대상까지 내면의 정서를 충동하고 환기한다. 게다가 장르의 구분상 시와 산문은 서로 대립적인데, 현대시에서는 이를 무시한 채 '산문시'라는 형용 모순의 조어를 사용한다.

그러나 대립이 두드러지는 듯한 시학 개념들은 서로 모순되지도 서로 충돌하지도 않는다. 왜냐하면 양자의 시학 개념과 용법에는 시의 발생과 성장, 변화와 분열의 역사가 복잡하게 누적되어 있기 때문이다. 가령 다음과 같은 예는 어떨까. 실러(J. C. F. Schiller)는 근대를 기점으로 시인을 '소박한 시인'과 '감상적 시인' 두 부류로 나누었다. 전자는 자연에 따라 살고 자연을 현실로서 묘사하는 시인을, 후자는 자연을 상실하여 자연을 이상으로 묘사할 수밖에 없는 시인을 말한다. 자연에 대한 인식과 태도, 표현의 차이에 따라 시인의 성격을 분류한 것이다. 이 같은 구분은 어떤 이유로 가능하였을까.

근대 이전 우주와 자연은 절대자(신)의 의지가 실현되는 신비롭고 조화로운 세계로 이해되었다. 그러한 상황에서 인간은 주어진 자연을 따라 소박한 삶을 구상하고 실현하면 되었다. 동양의 무릉도원이나 서양의 에덴을 비롯한 신화상의 자연은 그 자체로 완결되고 충만한 자연을 대표한다. 또 동서양의 유명 학자들은 이데아나 도(道)와 같은 이상적 관념을 전달하기 위한 시문(詩文)의 창조에 주력하였다. 비근한 예로, 조선 시대의 시조는 군자의 도리를 바탕으로 '온유돈후(溫柔敦厚)', 즉 '성격이 온화하고 부드러우며 인정이 두터운' 성정을 추구하였다. 이렇듯 자연과 일상이 통합된 충만한 세계를 아름다운 시어와 조화로운 리듬으로 노래하는 가객이나 시인을 일컫는 말이 '소박한 시인'이다.

하지만 근대 이후 물질문명의 급속한 발전에 따라 신성한 우주와 아름다운 자연이 설 자리가 점점 좁아졌다. 특히 자연은 일상생활의 합리화와 이윤의 충족에 눈먼 자들에게 무분별한 개발과 착취의 대상으로 전락하였다. 이에 맞서 어떤 시인은 이상적 과거와 자연을 회상하는 시를, 어떤 시인은 부조리한 현실을 형태 파괴적인 언어와 구조, 분열된 의식으로 파탄 내는 시를 써 나갔다. 끔찍한 문명 현실에 처한 '감상적 시인'의 분화 과정을 보여 주는 장면이다.

한국 현대시사의 경우, 일제 파시즘이 횡행하던 1930년대에 별과 자연에 대한 동경과 친밀한 존재들에 대한 그리움을 아름답게 노래한 윤동주의 「별 헤는 밤」과 의미 불통의 언어와 기호를 통해 식민지의 파탄 난 현실을 추악하게 묘사한 이상의 「오감도」 연작은 각각의 경우를 대표한다. 윤동주는 순정한 시어와 유려한 리듬감으로 동경(憧憬)의 서정을 아름답게 노래하였다. 이에 반해 이상은 추악한 세계를 불협화음의 리듬과 이미지로 더욱 일그러뜨려 그 세계의 황폐함을 신랄하게 폭로하였다.

넓은 의미의 시든 좁은 의미의 서정시든 그것들은 고정불변의 실체가 아니다. 시대의 요구와 변화에 따라, 집단과 개인의 문화적 취향에 따라 그 의미와 문법이 탈락·수정·보완되는 미적 생명체이자 구성물이다. 이러한 사실에 유의하지 않으면, 시의 창조든 향유든 새로운 지평을 열기도 힘들고 그 세계를 구가하기도 어렵다. 이 때문에라도 시의 본래적 정의와 개념, 그 변화와 수정의 역사를 함께 살펴보는 작업이 중요하다.

1——운문·시·서정시의 관계

서정시의 계통도를 작성하면, 운문–시–서정시로 그려질 것이다. 운문은 산문과 대립되는 양식으로, 리듬을 가진 문학 형태를 이른다. 운문과 산문은 언어를 사용한다는 점에서 공통적이다. 그러나 산문은 정확한 의미 전달에, 운문은 감화와 감동의 환기에 초점을 맞춘다. 시는 일정한 율격(meter)과 압운(rhyme)을 가진 운문을 지칭한다. 아리스토텔레스(Aristoteles)의 『시학』에 드러난 것처럼 원래 시는 서정시(Lyric), 서사시(Epic), 극시(Drama) 모두를 포괄하는 운문의 명칭이었다.[1] 그래서 문학을 '시학'으로 통칭하는 관습이 오늘날에도 종종 발견된다. 오랜 시간을 거치면서 세 갈래의 시학은 현재의 서정시와 소설, 희곡으로 변화·정착되었다. 서정시는 리듬과 이미지 중심의 운문 형식을 유지하였지만, 소설은 사건, 희곡은 행위 중심의 산문적 형식으로 변화하였다. 결국 세 장르는 운문과 산문 형태로 분화되었지만, 감화와 감동을 환기하는 목적만큼은 변함없이 공유하는 문학 형식이다. 이러한 배경을 토대로 시와

1 여기서 '장르 3분법'이 탄생한 것이다. 세 장르의 특성을 정리하면 다음과 같다. '서정시'는 주관적 상상력과 정서를 바탕으로 자아의 내면을 관찰하고 고백한다. '서사시'는 서술 대상을 객관적인 사건을 빌려 서술하고 평가한다. 주로 민족(국가)의 웅대한 정신을 신이나 영웅을 중심으로 전달하는 형식을 취했다. 대표적인 작품으로 그리스 시대 호메로스의 『일리아드』와 『오디세이』, 로마 시대 베르길리우스의 『아이네이스』가 있다. '극시'는 주체의 주관적 감정을 특정 인물의 행위로 외화시키는 형태를 취했다. 신탁에 처한 비극적 영웅이 주인공인 경우가 많은데, 이 때문에 극시는 흔히 비극으로 불린다. 대표작으로 그리스 시대 소포클레스의 『오이디푸스 왕』과 『안티고네』, 에우리피데스의 『헤라클레스』와 『엘렉트라』, 그리고 16세기 영국의 셰익스피어의 4대 비극 등이 있다.

서정시의 개념과 범주를 정의해 보자.[2]

영미 문학에서 시에 해당하는 용어로 '포이트리(poetry)'와 '포엠(poem)'이 있다. '포이트리'는 장르 개념이나 시 정신을 가리킬 때 사용하는 용어로 모든 '포엠'을 포함한다. '포엠'은 실제로 창작되고 낭송되는 특정 작품을 지칭할 때 쓰인다. 프랑스와 독일 등 유럽에서는 '포에지(poésie)'가 널리 쓰이는데, 포엠과 포이트리를 포괄하는 용어이다. 한편 동양의 시 개념은 서양과 어느 정도 구별된다. 중국 허신(許愼)의 『설문해자(說文解字)』에서 '시(詩)'는 '지(志)', 곧 '마음에 지닌 뜻을 언어로 표현한 것'이라는 의미를 지닌다. 또한 공자는 『시경』의 시가(詩歌) 3백 편에 대해 '사무사(思無邪)', 곧 '생각에 사악함이 없음'으로 정의하였다. 이러한 관점들은 동양의 시가 표현론, 곧 자아의 내면 고백보다는 효용론,[3] 곧 성정(性情)의 단련과 풍속의 교화에 중심을 두었음을 잘 알려준다. 조선 시대의 시조와 가사, 일제 시대의 저항시, 현대의 참여시 역시 효용론의 항목들을 윤리적 덕목으로 취한 경우에 가깝다.

서정시는 서양의 'lyric'을 번역한 말로, '서정'의 원어 '리리시즘(lyricism)'도 어원을 같이한다. 이것들은 그리스의 현악기 리라나 라이어를 어원으로 취한다. 여기에 벌써 '서정시'는 현악기의 선율에 맞춰 자아의 서정을 노래하는 것이라는 장르적 본질이 숨어 있다. 서사시와 극시는 특정 집단의 지배자 또는 영웅이 중심이다. 이들은 자기감정에 충실한 서정시의 개인적 자아에 비해 공동체의 가치와 역사, 그 운명과 미래를 가늠하는 집단의 대표적 자아이다.

2 시의 정의와 개념, 범주에 대한 기초적 설명은 김준오의 『시론』(삼지원, 1982[2002]: 18~20면), 박현수의 『시론』(예옥, 2011: 14~19면) 참조.

3 효용론은 작품을 독자 중심으로 살펴본 관점이다. 교훈의 효과 외에 쾌락의 효과도 효용론의 주요한 목적이다. 아널드(M. Arnold)는 "시는 유용하고 즐겁게 진리를 말하는 것이다."라는 말로 가르침과 정서적 쾌미를 시적 효과의 두 본질로 보았다.

2——시가와 시, 정형률과 자유율

서정시는 리라를 타며 자아의 내면을 노래한다는 점에서 홀로 불렸을 것으로 추정된다. 하지만 실상은 전혀 달랐다. 서양의 발라드(ballad)나 중국의 한시(漢詩), 우리의 시조[4]와 민요에서 보듯이 전근대의 서정시는 대체로 집단적으로 가창(歌唱)되거나 낭송되었다. 우리는 이러한 양식들을 '고전 시가(詩歌)'로 통칭한다. '시가'가 뜻하듯이, 근대 이전에는 시(詩), 곧 가사와 가(歌), 곧 노래가 일체화되어 향유되는 경우가 많았다. 집단적 경험과 서정도 그렇지만 개인의 경험과 서정 역시 함께 노래됨으로써 그 내용과 정서의 공감대가 확연히 넓어졌다. 게다가 구술 문화로서 노래는 문자 문화를 거치지 않고도 다른 지역과 후속 세대로 전달되기가 매우 용이한 형식이었다.

현대의 서정시는 간간이 무엇을 노래한다고 표현되지만 실상은 소리를 감춘 묵독이나 노래와 거의 단절된 낭송의 방식으로 향유될 따름이다. 시와 노래의 분리는 매우 근대적인 현상으로, 느슨한 낭송과 묵독의 출현은 근대적 개인의 탄생과 밀접히 관련된다.[5] 근대적 이성에 바탕을 둔 탈마법화 현상, 바꿔 말하면 일상적 삶의 합리화는 신분제에 속박되어 있던 하위 주체들을 대거 해방시켰다. 이들은 법 앞에 평등한 국민 국가의 일원으로 참여하는 한편 자신의

4 한시와 시조가 집단적인 방식으로 창작되고 향유되었음은 『춘향전』에서 이몽룡이 '고(膏)' 자와 '고(高)' 자를 운(韻)으로 하여 지배 계급의 학정을 폭로하는 한시를 짓는 장면이나 우리의 노래와 시조들이 구전으로 읊어지다 소멸되는 것을 한탄하여 기록으로써 후세에 전달하기 위해 편찬된 김천택의 『청구영언』, 김수장의 『해동가요』, 안민영·박효관의 『가곡원류』에 잘 드러나 있다. 여기에 수록된 노래와 시조들은 집단적 가창과 향유 없이는 오래 전래되고 널리 전파되기 어려웠을 것이다. 실제로 편찬자들은 중인 신분으로 전국 각지를 떠돌며 노래와 시조를 여러 사람과 함께 즐기는 가객으로 많은 세월을 보냈다.

5 서정시를 지칭하는 표현 '시적 자아의 내면 고백'이니 '엿들어지는 독백'이니 하는 말들은 전근대적 왕정 지배에 얽매인 신분제 아래의 신민(臣民)이나 농노들에게 적합하지 않다. 개인의 취향과 취미를 자유롭게 즐길 수 있는 시공간과 권리가 제공되는 근대에 들어서서야 서정시에서 정형률과 자유율의 분화가 진행된다. 개인적 정서와 사상의 표출에 집중하는 자유시의 성립은 그 향유 방식에서도 집단적 발화와 소통, 곧 노래와 낭송을 배제한 채 홀로 시를 읽고 즐기는 묵독을 전면에 앞세운다. 홍정선은 우리 근대시의 형성과 독자의 역할을 고찰하면서 이 장면을 "노래하는 시로부터 보는 시로의 전이"라고 표현하였다. 홍정선, 「근대시 형성 과정에 있어서의 독자층의 역할 연구」, 서울대학교 박사 학위 논문, 1992, 101~119면 참조.

욕망과 취향에 따라 삶을 실현하는 '개인'으로 재편되었다. 개인의 탄생은 집단적 이념과 가치를 압도하는 개성적 영혼과 행동을 서정시의 주요 내용으로 끌어올렸다. 그 과정에서 보편적 질서와 집단적 정서의 표현과 수용에 유리하였던 정형률이 세력을 잃어 간 반면에 개인 정서의 자유로운 발현에 유리한 자유율이 점차 세력을 얻어 갔다. 서정시의 형식이 정형시, 자유시, 산문시로 분리되고 수용되어 간 사정 역시 이러한 변화와 밀접히 연관되어 있다.

정형시, 자유시, 산문시는 리듬의 규칙과 문장의 형태를 기준으로 분류된 양식이다. 리듬과 문장의 형태는 시의 사상이나 내용, 역사와 무관한 형식적 요소로 간주되기 십상이다. 하지만 시와 관련된 어떤 요소든 개인의 취사선택에 따라 부감되거나 쇠퇴하는 자의적 체계가 아니다. 그것들은 대체로 공동체의 문화적 관습에 의해 창안되고 계승되는 집단적 재산의 일종이다. 따라서 정형시든 자유시든 산문시든 일단 그 형태가 성립된 후에는 보수적이고 전통적이며 규범적인 성격을 획득하고 유지하게 된다. 이를 염두에 두고 세 양식의 형태적 기준과 차이점을 살펴보도록 하자.

정형시는 현대 시단에서도 여전히 위력을 발휘할 정도로 오랜 연원과 역사를 가진다. 정형시는 일정하게 규칙화된 리듬 및 정해진 길이의 행과 연을 준수하는 정형률에 의해 구성되는 시형이다. 정형률은 반복과 규칙의 문법을 통해 아름다운 형식미를 구축하려는 미적 장치만은 아니다. 인간은 조화와 질서, 안정과 균형으로 충만한 '완결된 세계'의 건설을 오랫동안 꿈꿔 왔다. 이러한 본원적 욕망이 가장 엄격하게 반영된 리듬 형식이 정형률이며, 그것을 가장 이상적이며 효율적으로 구현하는 예술 형식이 노래이다.

이를테면 중국의 한시나 서양의 소네트 등에는 리듬의 창조와 향유에 관련된 주어진 규칙이 있다. 간단한 예로, 한시의 오언절구(五言絶句)는 1구 5자의 4행시 형태와 정해진 평측(平仄) 및 압운(押韻)의 규칙을 준수할 때 완성된다. 소네트에서는 압운의 규칙이 특히 강조된다. 한국의 정형시는 현대 시조[6]를

6 1920년대 자유시의 출현과 성행에 맞서 전통의 계승과 보호라는 명목 아래 '시조 부흥 운동'이 제창되었다. 그 과정에서 창안된 현대 시조는 노래를 버리고 낭송 또는 묵독의 형식을 취했다. 전근대의 '시가'가 현

제외하면 고전 시가와 밀접하게 관련된다. 향가와 고려 가요, 시조와 가사, 각종 민요가 그것들이다. '시가(詩歌)'에서 '시'는 언어(문학)로, '가'는 음악(노래)으로 귀속될 것인데, 보통은 '노래'에 '시'를 얹어 불렀다. 『악학궤범』에 수록된 고려 가요의 여음구나 교양의 일부로서 시조창의 성행 같은 사례는 노래가 노랫말, 곧 시보다 우위에 있었음을 적절히 보여 준다.

하지만 문학적 입장에 서면 노래의 악곡보다 시의 정형률이 더 중요해진다. 이에 상응하는 운율 양식이 음수율과 음보율이다. 전자는 음절의 수를 규칙적으로 반복하여 리듬을 만든다면, 후자는 호흡 단위를 규칙적으로 배열하여 리듬을 만든다. 하지만 음수율과 음보율은 그 명칭이 암시하듯이 한시에서처럼 규범화된 정형률이 아니다. 시의 음절 수나 호흡률은 언제 어디서나 발견되는 미적 요소이다. 우리의 경우 고전 시가 정형률의 규칙을 해명하는 한편 그것을 애초에 주어진 리듬으로 확정하기 위해 음수율과 음보율을 적용하였다.[7] 가령 시조의 종장은 3·5·4·3의 음절 수로 구성된다거나 시조는 3음보의 민요와 달리 4음보를 취한다는 설명은 시조의 추상적인 리듬 원리를 좀 더 이해하기 쉽게 구체화한 경우이다.

자유시는 자아의 정서와 감각을 자유롭게 분출할 수 있는 자유율을 취한다. 자유율은 내면의 자유로운 흐름과 율동이 반영된 심리적 리듬의 형식이다. 따라서 행과 연, 시어와 시구의 반복과 같이 외화된 율격을 생산하는 몇몇 요소들을 제외하고는 모든 율격의 구속에서 벗어나 자유롭기를 욕망한다. 그렇지만 모든 자유시가 동일한 성격의 자유율을 수반하지는 않는다. 시의 초점을 정서의 감각적 흐름과 율동에 맞추는가, 아니면 지적으로 절제된 이미지에 맞추는가에 따라 자유율의 형상과 조직이 얼마간 달라진다. 이것은 작품을 둘러싼 화자와 청자의 선택, 그와 관련된 감정의 밀도와 표출의 방식에도 영향을

대의 '시'로 변신한 대표적인 사례이다. 현대 시조는 노래를 버린 만큼 정형률의 일정한 변형, 시어와 시적 구조의 개성적인 운용이 미학적 성패를 좌우하게 된다.

7 한시와 같은 정형률의 부재가 한국 정형시의 가치와 의미를 훼손시키는 것은 아니다. 향가, 고려 가요, 시조의 지속적 탄생과 교체에서 보듯이, 선대 시인들은 매 시대의 '한국적인 것'과 민족 정서를 당대의 일상어와 고유한 시형을 통해 충실하게 반영하고 노래해 왔다.

미친다.

자유시 가운데 자아와 세계의 동일성이나 통합에 중심을 두는 시편들이 있다. 보통의 서정시, 좁혀 말하면 전통 서정시나 그 범주에 가까운 시들이 여기에 속한다. 이러한 유의 시는 세계와 대상을 향한 사랑, 연민, 슬픔과 같은 보편적 감정의 발화와 호소에 집중한다. 이에 대한 예시로 근대 자유시의 토착과 성장에 크게 기여한 이상화의 「빼앗긴 들에도 봄은 오는가」를 주목해 보자. 이 시는 누구라도 공감할 수 있는 민족적·민중적 성격의 소재와 주제를 다루었다. 그리고 시인과 독자의 정서 확장과 심화, 내면의 쾌미를 자극하는 조화롭고 율동성이 풍부한 리듬을 사용하였다. 또한 의미의 전달과 수용, 기억이 용이하도록 기초적인 토착어를 주로 구사하면서, 문맥의 구조와 표현을 적절히 반복하고 변형하는 방법을 취했다.

> 지금은 남의 땅 — 빼앗긴 들에도 봄은 오는가?
>
> 나는 온몸에 햇살을 받고
> 푸른 하늘 푸른 들이 맞붙은 곳으로
> 가르마 같은 논길을 따라 꿈속을 가듯 걸어만 간다.
>
> 입술을 다문 하늘아 들아
> 내 맘에는 나 혼자 온 것 같지를 않구나!
> 네가 끌었느냐 누가 부르더냐 답답워라 말을 해 다오.
>
> 바람은 내 귀에 속삭이며
> 한 자국도 섰지 마라 옷자락을 흔들고
> 종다리는 울타리 너머 아씨같이 구름 뒤에서 반갑다 웃네.
>
> — 이상화, 「빼앗긴 들에도 봄은 오는가」 부분

"작자의 뜨거운 열정과 날카로운 현실 감각이 빚어낸 자유시로서, 식민지 치하에서 산출된 대표적인 저항시이다." "국토를 빼앗긴 식민지하의 민족 현실을 '빼앗긴 들'로 비유하여 직정적(直情的)으로 노래하고 있다." 『한국 민족문화 대백과사전』에 실린 작품 평으로, 대개의 평가는 이 범주를 벗어나지 않는다. 하지만 '빼앗긴 들'과 '저항시'를 강조하기 전에, 화자가 관찰하는 들판의 세목, 당대 민중의 생활상과 정서, 그들과 하나 되고자 하는 자아의 에로스적 욕망, 그리고 이것들을 설움과 희망의 중층적 율동으로 묶어 내는 자유율의 흐름과 도약에 함께 참여할 필요가 있다. 활달한 내면 정서와 유려한 리듬, 건강한 토착어와 역동적 구조야말로 이 시를 계몽성과 저항성이 뛰어난 시라는 평가에 앞서 '민족적인 것'의 보편성과 특수성이 어우러진 조선 민중 공동의 노래로 가치화하는 근본 동력이다.

시인과 독자를 함께 아우르는 시적 내용과 정서, 표현의 보편성은 작품의 공동 소유 및 수용의 가능성을 더욱 높인다. 이것은 대중들에게 서정성을 널리 전파하고 그것의 효과를 함께 나누는 미적 확산의 문제와도 밀접하게 관련된다. 이를 위한 최적의 장치가 노래와 낭송에 적합한 자유율의 고안과 적용일 것이다. 예컨대 김소월은 전통적인 7·5조나 3음보의 정형률을 적절히 참조하되,[8] 그것을 식민지 현실에 처한 민중과 자아의 정한(情恨)을 잘 빚어낼 수 있는 자유율로 끊임없이 변주하고 갱신하였다. 그 결과 김소월의 자유율은 시의 형식미를 갖추면서도 우리의 내적 호흡과 율동에 가장 적합한 리듬으로 거듭났다. 김소월의 시가 현대시사에서 가곡과 가요로 가장 많이 변용된 까닭은 민족 정서의 보편성 이외에도 노래의 가능성을 함축한 유연한 자유율을 성취하였기 때문이다.

노래의 가능성을 함축한 리듬 중심의 서정시와 달리 좀 더 고립적이며 파편적인 자유율을 취하는 시들이 있다. 리듬의 약화와 거리감 형성은 소리(청각)

8 근대시의 첫자리에 놓이는 '창가'와 '신체시'는 7·5조 중심의 엄격한 정형률을 적용하고 준수하였다. 이로 인해 두 시가는 근대적인 내용을 담고 있으면서도 평시조의 규칙을 벗어나 가창자의 정서를 자유롭게 노래한 사설시조보다 더욱 보수적이며 정해진 질서에 얽매여 있다는 평가를 받는다.

에 대한 그것을 강화한다. 이러한 현상은 대체로 주관적인 감정의 흘러넘침보다는 객관적인 이미지의 제작과 전시에 주목할 때 발생한다. 감정은 변화가 순간적이며 그 흐름과 요동의 변화 폭도 크다. 그런 만큼 리듬 충동이 개입할 소지가 커진다. 그에 반해 객관적 이미지는 지성의 통제와 조작이 중요하다.[9] 대상의 즉물적인 표현이든 낯설고 새로운 이미지의 제시이든, 그것들은 러시아 형식주의자들이 강조한 '일상어에 가해진 조직적 폭력'을 전제한다. '조직적 폭력'은 정확한 의미 전달에 집중하는 일상어에 대한 의식적인 변형과 조작, 심지어 파괴까지 의미한다는 점에서 지성의 몫이지 감정의 몫이 아니다.

이러한 특성상 리듬의 울림보다 이미지의 제시에 집중하는 시편들은 함께 소리로 읽고 듣는 노래나 낭송보다 홀로 눈으로 읽고 새기는 묵독이 더 적합하다. 고독한 개인과 침묵을 전제하는 묵독은 정서의 집단적 전달과 감염에는 어느 정도 취약하다. 하지만 개인의 내밀한 정서를 표현하고 그것을 비밀스럽게 전달하고 수용하는 데 훨씬 유리하다. 다시 말해 묵독은 화자와 청자, 나아가 시인과 독자의 개성을 효과적으로 보장하는 향유 방식이다.

이를테면 소외된 개인의 내면과 파편화된 사물의 이미지를 "이상한 가역 반응"으로 제작하여 당대 독자들에게 일대 충격을 안겨 주었던 이상의 형태 파괴적인 시들을 떠올려 보자. 그의 「오감도」 연작에 조화로운 리듬과 음성이 끼어들 자리는 없다. 띄어쓰기를 무시한 문장의 연속, 당대 물질문명을 반영한 왜곡된 검안표(檢眼表)와 각종 도식, 사랑과 연민을 압도하는 소외와 좌절의 정서, 친근한 토착어보다는 낯설고 어려운 개념어와 한자어의 나열에서 세계와 통합된 주체와 그것을 노래하는 역동적인 리듬을 찾아내기는 거의 불가능하다.

9 근대는 '시각 문화의 시대'라고 일컬어질 만큼 이미지의 생산과 소비가 대량화된 시대이다. 가령 원근법의 발명과 확산, 인쇄·출판 문화의 성장, 사진과 영화의 출현, 아방가르드 미학을 통한 기존 시각 문화와 활자 문법의 파괴를 떠올려 보라. 이미지의 시공간에서 출현·성장한 현대시는 점차 음성과 리듬의 권력을 상실해 가며, 활자 보기와 읽기가 생산하는 미적 형식과 의미 맥락의 지배 아래 놓이게 된다. 한국 현대시사도 옹(W. J. Ong)이 말한 "활자 공간"(월터 옹, 『구술 문화와 문자 문화』, 이기우·임명진 역, 문예출판사, 1995: 194면)이 매우 두드러지는 사례를 불연속적으로 경험한다. 크기와 모양이 다른 활자와 문양을 처음 도입하였던 최남선의 창가와 신체시, 1930년대 이상의 초현실주의 시편, 1970~1980년대의 '끔찍한 모더니티'에 맞선 황지우의 형태 파괴 시편 등에서 그 연면한 흐름을 구체적으로 감지할 수 있다.

前後左右를除하는唯一의痕迹에있어서

翼殷不逝 目大不覩

胖矮小形의神의眼前에我前落傷한故事를有함.

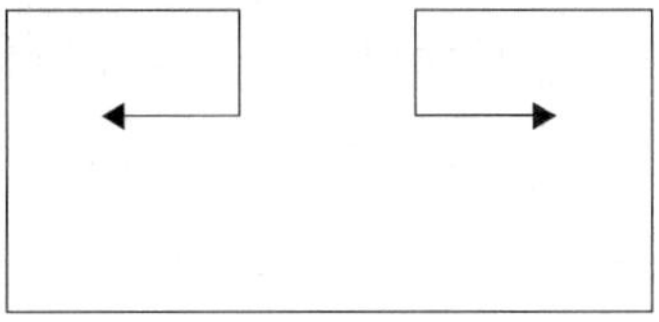

臟腑라는것은浸水된畜舍와區別될수있을는가.

— 이상, 「오감도-시제5호」 전문

「오감도-시제5호」에는 한자어의 남발과 돌발적인 『장자』 인용, 그에 결부된 의미의 난해함, 지시 내용이 불분명한 이미지의 파편성이 두드러진다. 마치 암호 같은 시의 형상은 서정시 보편의 리듬과 이미지 등 시적 동일성의 문법을 파괴하며 배반한다. 이러한 소통과 의미의 불능성은 삶의 파편화와 개인의 단자화를 암시한다는 느낌을 불쾌하게 유발한다. 하지만 독자의 이러한 반응은 그들로부터 주체의 타자화와 소외화를 유발하는 한 요인이다. 요컨대 시인과 독자 모두 시로부터 소외되는 형국이 발생하는 것이다. 그런 만큼 리듬으로 충만한 낭송은 이미 불가능해진 미적 체험의 영역이다. 따라서 묵독을 통해 시적 전언과 의미를 신중하게 이해하고, 부조리한 역사 현실과 소외된 내면을 반성하는 편이 더 효과적이다.

이 지점에서 우리는 자아의 정서와 리듬 중심의 자유시와 지성과 이미지 중심의 자유시를 각각 '자연 발생적 시가'와 '주지적 시'로 분별한 김기림의 글쓰기를 살펴볼 필요성을 느낀다.[10] 그는 전자를 "한 개의 '자인(Sein, 존재)'"으로, 후자를 "졸렌(Sollen, 당위)의 세계"로 불렀다. '자연 발생적 시가'는 특정한 목적과 가치의 창조에 대한 욕망 없이 격정적인 '센티멘털'에 함몰되는 성향

10 이후 논하는 김기림의 비평은 1931~1933년 사이에 발표된 시론을 한데 모은 「감상에의 반역」(『김기림 전집 2—시론』, 심설당, 1988: 72~85면) 참조.

을 지닌다. 김기림은 이를 "과거의 시"라 부르며, "독단적, 형이상학적, 국부적, 순간적, 감정적, 감정의 편중, 유심적, 상상적, 소주관적"을 그 특징으로 꼽았다. 그에 반해 '주지적 시'는 "문화의 전면적 발전 과정에 의식한 가치 창조자로서 참가하"는 언어의 실천이다. 김기림은 이를 "새로운 시"라 부르며, "비판적, 즉물적, 전체적, 경과적, 이지적, 정의와 지성의 종합, 유물적, 구성적, 객관적"을 그 특징으로 꼽았다. 주어진 자연과 일상 세계에 대한 목적의식 없는 참여를 비판하는 한편 "적극적으로 인생에 향하여 움직이는 힘"을 가진 "청신한 시각에서 바라본 문명 비평"의 태도를 강조하는 것이 인상적이다.[11]

물론 자연에 대한 몰입이냐 문명 비평에 대한 참여냐라는 이분법적 태도로 어떤 시의 우수성과 진정성을 결정지을 수는 없다. 다만 우리는 김기림의 비평을 통해 두 가지 형식의 자유시가 경합하였으며, 한쪽에서는 리듬과 정서가, 다른 한쪽에서는 이미지와 지성이 시의 주축을 이루고 있음을 시사적 맥락을 통해 자연스럽게 이해하게 된다. 하지만 분명한 사실은 '자연 발생적 시가'든 '주지적 시'든 주어진 관습과 의미에 머무는 한 시인 자신의 "마음의 비상성의 표현"과 "독자의 의식 면에도 거진 같은 진폭을 가진 파문을 일으키는 것"이 매우 어렵다는 것이다.

산문시는 상반된 산문과 운문이 결합된 서정시를 일컫는다. 행과 연 구분을 최소한의 형식으로 유지하는 자유시와 달리 산문시는 규칙화된 리듬과 구조에서 좀 더 자유로운 줄글로 일관한다. 그럼에도 산문시는 "서정시의 특질을 모두 담고 있으면서도 산문처럼 보이는 짧은 글"(『브리태니커 백과사전』)로 정의된다. 이는 산문시가 줄글의 형태를 제외하면 시 고유의 리듬과 이미지, 비유와 상징 등 수사학적 장치에 충실한 양식임을 보여 준다. 예컨대 한국 현대시사에서 최초의 산문시로 기록되는 주요한의 「불놀이」는 4월 초파일 대동강에서 벌어지는 '불놀이' 장면에 기대어 사별한 연인에 대한 슬픔과 그리움, 그것

11 김기림은 '자연 발생적 시가'와 '과거의 시'를 '근대시'에, '주지적 시'와 '새로운 시'를 '현대시'에 대응시켰다. 시의 가치 기준을 '감정의 흘러넘침'보다 문명 비평을 목적하는 '주지적 제작'에 둔 것이다. 이에 따라 김소월, 한용운, 이상화, 임화 등은 전자에, 정지용, 김기림, 박용철, 이상은 후자에 편제되었다.

을 초극하는 삶의 의지를 동시에 고백하고 있다. 주요한은 상징주의의 영향 아래 당시 막 싹트기 시작한 한국 근대시의 약점인 리듬의 단조로움과 이미지의 단편성을 깨뜨리는 한편 고독한 내면의 흐름과 율동을 다양하고 복잡한 언어 구조와 이미지로 형상화하였다.

이 때문에 산문시는 주관적인 서정의 표출보다 현실과 연관된 서사 충동의 표현에 집중하는 단편 서사시나 이야기시와 일정하게 구별된다. 이것들은 역사 현실의 이야기나 사건 따위를 시적 양식에 얹어 전달하는 한편 그에 대한 화자와 청자의 미적 반응에 주목한다. 산문시는 내용보다는 문장의 형식에 초점을 맞춘 양식이다. 그러므로 단편 서사시나 이야기시도 행과 연 구분이 없는 줄글의 형식을 취한다면 얼마든지 산문시로 분류될 수 있다.

3——시적 세계관과 시적 언어

문학은 사실 자체를 탐구하거나 해석하지 않는다. 그럼직하며 있을 듯한, 그러니까 개연성을 갖춘 허구를 통해 미적 진리와 가치를 추구한다. 이것은 시의 경우도 마찬가지이다. 그런데 '자아의 내면 고백' 같은 정의는 시를 종종 허구적 개연성보다 경험적 사실에서 빚어진 양식으로 받아들이게 한다. 그러나 이러한 현상은 시인의 현실 세계와 작품 세계를 동일한 것으로 판단한 데에서 생겨나는 오류의 일종이다. 이를테면 서정주의 「자화상」은 유년기에서 청년기에 이르는 궁핍한 삶의 역사와 현실, 그것을 극복할 피가 섞인 '시의 이슬'에 대한 욕망을 고백하고 있다. 그 과정에서 "애비는 종이었다"나 "병든 수캐마냥" 같은 자기 비하의 표현이 등장한다. 이것들은 서정주의 자서전 등을 참고할 때 가난한 집안과 시인의 길을 강조하기 위한 수사학에 가깝지, 실제 사실을 그대로 옮겨 온 시구가 아니다.

이것은 서정시의 원리를 허구적 개연성만으로 드러낼 수 없음을 뜻한다. 소설과 희곡 역시 개연성을 공통 요소로 취한다. 따라서 서정시의 고유한 특징을 밝히기 위한 몇몇 준거가 요구된다. 여기서는 시적 세계관과 시적 언어의 특성을 중심으로 서정시의 장르적 본질과 성격을 살펴본다.

먼저 서정시의 세계관, 곧 세계에 대한 태도는 무엇인가. 자아와 세계의 동일화라는 표현이 그것을 대변한다. 서정시는 유추적 상상력을 통해 자아와 세계의 유사성을 추적한다. 자아와 세계는 각자의 고유한 성질을 바탕으로 서로 다른 지평에 위치한다. 시인은 이질적인 자아와 세계에서 유사성을 발견하는 한편 그것을 중심으로 양자를 통합한다. 이것은 자아와 세계의 특수한 성질이 상실되는 과정이자 그것들의 새로운 동일성이 획득되는 순간이다. 이를테면 꿈속에서 나비가 되어 깨어난 뒤 '장주가 나비가 되었는지 나비가 장주가 되었는지' 알지 못하겠다고 말한 장자의 고사를 담은 '호접지몽(胡蝶之夢)'은 시적 동일성의 문법을 잘 보여 준다. 물론 '호접지몽'은 자아와 외물(外物), 곧 세계가 본디 하나라는 이치를 설파하기 위해 취해진 수사학의 일종이다. 하지만 자아와 세계를 통합함으로써, 다시 말해 그것들 사이의 거리를 지움으로써 조화와 상응의 질서를 이룩하겠다는 목적은 서정시와 일치한다.

서정시에서 자아와 세계의 동일성은 주로 '동화(assimilation)'와 '투사(projection)'를 통해 성취된다. 동화는 시인이 세계를 자아의 내부로 끌어들여 그것에 인격을 부여하는 방법, 그러니까 세계의 자아화를 뜻한다. 자아와 세계는 원래 분리되어 있으며 서로 이질적이다. 자아는 이화(異化) 상태의 세계를 자신의 욕망과 세계관, 감정과 의지에 적합한 것으로 변형시킴으로써 동일성을 성취한다. 이와 달리 투사는 자아를 세계에 상상적·무의식적으로 던져 넣는 것, 다시 말해 '감정 이입'을 통해 자아와 세계의 일체감을 확보하는 방법을 말한다. 보통 세계 속에서 자아를 발견하는 방식을 취하며, 그러한 연유로 대상과 자아는 갈등의 관계보다는 상호 보완적인 관계에 놓인다.[12] 다음 작품에는 동화와 투사를 통한 자아와 세계의 동일화가 모두 엿보인다.

12 '투사'에서의 감정 이입과 의인법은 밀접한 관계가 있다. 주변의 세계(대상)에 인간의 감정을 담거나 대상을 인간의 세계로 끌어들이는 의인법은 세계와의 일체감을 형성하려는 원형적 욕망의 소산이다. 이러한 사물의 의인화 방식은 대상에 자아의 정서를 투사하는 감정 이입과 매우 유사하다.

깊은 곳에서 네가 나의 뿌리였을 때
나는 막 갈구어진 연한 흙이어서
너를 잘 기억할 수 있다
네 숨결 처음 대이던 그 자리에 더운 김이 오르고
밝은 피 뽑아 네게 흘려보내며 즐거움에 떨던
아 나의 사랑을

—나희덕,「뿌리에게」 부분

이 시의 화자 '나'는 '흙'으로, 스스로를 공여하고 희생함으로써 '뿌리'의 성장, 곧 나무의 성숙에 결정적으로 기여한다. '흙'에서 희생과 사랑으로 풍요로운 세계를 일구는 대지적(大地的) 모성애를 떠올리기는 그리 어렵지 않다. 이를 통해 '흙'이 시인의 상징체임이 자연스럽게 드러난다. 원래 시인과 무관한 '흙'이 시인의 욕망에 적합한 대상으로 인격화되고 있는 '동화'의 한 장면이다. 그렇다면 "즐거움에 떨던" "나의 사랑"은 '흙'의 감정이기 전에 시인의 감정이다. 이를 통해 아이('뿌리')와 같은 약자에게 헌신적인 사랑을 베푸는 어미(시인)의 '즐거움'을 '흙'에 감정 이입하고 있음을 알 수 있다.

다음으로 시적 언어의 특성은 무엇인가. 시학 개념의 변화는 언어 의식과 언어에 대한 태도의 변화와 밀접히 연관되어 있다. 가령 "정말 시적이야!"라는 찬탄 속에는 일상 현실과 대비되는 시의 심미성에 대한 선입관이 개입되어 있다. 실상 이러한 태도는 그릇된 관념이기 전에 경험과 관습의 산물에 가깝다. 동서양을 막론하고, 진선미로 어우러진 시의 언어가 따로 존재하며 시인은 그런 말들을 골라 시를 써야 한다는 암묵적인 약속이 있었다. 균형과 비례를 강조한 서양의 고전주의 시학이나 언어의 세련된 조탁과 순수미를 강조한 1930년대 시문학파는 그러한 사례의 일종이다.

하지만 근대 이후 서정시의 대중화 경향 속에서는 '시적 언어와 비시적 언어가 따로 존재하지 않는다', '시어는 일상어에 기초한다', '하지만 시인들은 정서와 감각의 풍부한 조형과 표출을 위해 일상어에 조직적인 변형과 왜곡을 가하여 개성적인 언어를 성취한다'라는 결과를 낳았다. 그 정점으로서 서구의 아방가르드 미학은 기성 언어에 대한 불신과 부조리한 현실의 파편적 구성을 도모하는 한편 부정적 현실과 언어로부터의 해방을 추구하는 '비시적 언어'의 전면적 출현을 알리는 신호탄이었다. 이상, 김수영, 오규원, 황지우 등이 예시하듯이 우리 현대시사도 일상어의 변형과 왜곡을 통해 부정적 현실과 그에 순응하는 서정적 언어들을 날카롭게 비판해 왔다.

그렇다면 시어의 문법과 일상어의 문법은 어떻게 구분될까. 리처즈(I. A. Richards)가 말한 언어 용법의 분류는 유용한 관점을 제공한다. 그는 언어의 쓰임을 '과학적 용법'과 '정서적 용법'으로 나누었다. 전자는 언어의 대상을 정확하게 지시하고 그 의미를 틀림없이 전달하는 것을 제일의 목표로 삼는다. 일상어와 과학어가 이 범주에 속한다. 후자는 언어의 목적을 정서의 효과적인 생산과 감염에 둔다. 문학어가 이 범주에 포함된다.[13] 특히 시는 낯설고 풍요로운 정서의 발현을 위해 다양한 수사학적 방법을 사용하거나 아예 기존의 시적 문법을 파괴하는 행위까지도 서슴지 않는다. 여기서 시어의 주요한 특징인 '함축성'과 '애매성'이 발생한다.

먼저 '함축성'이란 무엇인가. 일상어나 과학어는 대상을 정확하게 지시하고 전달하는 사전적 의미, 곧 외연적 의미의 실현에 집중한다. 시어는 외연에서 출발하지만 궁극적으로 함축적 의미, 곧 내포적 의미의 실현으로 나아간다. 다시 말해 시어는 외연과 내포의 긴장 관계를 통해 말의 쾌미와 의미의 복합성을 실현한다. 이렇듯 여러 뜻과 정서가 겹쳐 있는 함축성을 제대로 구축하고 파악하기 위해서는 세계와 대상에 대한 적극적 상상력과 포괄적 이해가 필요하다.

다음으로 '애매성'은 무엇인가. 여러 뜻을 함께 지니는 함축적 의미는 명료한 의미와 정서의 파악을 어렵게 한다. 이를테면 하나의 보조 관념에 여러 원

13 아이버 리처즈, 『문학 비평의 원리』, 이선주 역, 동인, 2005, 326면.

관념이 결합된 상징, 표면적 의미와 심층적 의미가 대립하는 동시에 결합하는 아이러니와 역설의 수사학은 특정 시어에 대한 단일한 해석을 거부한다. 오히려 시인과 독자를 다층적인 의미와 복합적인 정서를 체현하는 긴장과 개방의 영역으로 이끌어 간다. 이를 뜻하는 용어가 '앰비규어티(ambiguity)'로, 흔히 '애매성'으로 번역된다. 그런데 '애매성'은 자칫 의미가 불분명하며 수수께끼 같은, 그래서 직접적이며 정확한 이해가 가능하지 않은 상태인 것처럼 오해될 위험이 있다. 이와 달리 '앰비규어티'는 의미가 하나로 고정되지 않는 것을 뜻하며, 따라서 의미가 다양하게 해석될 여지를 갖는 상태를 뜻한다. 이렇듯 여러 의미가 종횡으로 겹쳐진 상태를 말함과 동시에 그에 따른 긴장의 상승을 표현하기 위해 애매성을 '뜻겹침'[14]으로 번역하는 경우도 있다.

> 하늘은 날더러 구름이 되라 하고
> 땅은 날더러 바람이 되라 하네
> 청룡 흑룡 흩어져 비 개인 나루
> 잡초나 일깨우는 잔바람이 되라네
> 뱃길이라 서울 사흘 목계나루에
> 아흐레 나흘 찾아 박가분 파는
> 가을볕도 서러운 방물장수 되라네
>
> —신경림, 「목계 장터」 부분

하늘과 구름, 땅과 바람, 잡초 등은 자연 사물이면서 그것을 초월하는 가치화된 무엇이다. 자아는 자연 사물에 인격적 가치를 부여하는 방식으로 그것들을 삶의 모델이자 자기 성찰의 객체로 포괄한다. 이렇듯 자아는 '뜻겹침'된 자연 사물과 동화됨으로써 자연 사물의 의미와 가치를 내면화하기에 이르는 것이다. 자아와 자연 사물은 원래 주어진 외연적 의미와 시인의 가치화에 의해

14 이상섭, 「'뜻겹침'의 일곱 유형」, 『자세히 읽기로서의 비평』, 문학과지성사, 1988, 206면.

형성된 내포적 의미가 긴장 관계를 이룸으로써 전혀 새롭고 풍요로운 존재로 거듭난다. 시가 단순한 미적 유희를 뛰어넘어 세계 지평의 확장과 존재의 심화에 기여한다는 궁극적 평가는 이와 같은 시어의 함축성과 뜻겹침에 힘입은 바 크다.

그러한 의미에서 시어에 민감해지는 일은 새로운 세계의 확장과 심화에 참여하는 것일 수 있다. 그래서 "서러운 방물장수"는 정처 없는 떠돌이 상인을 훨씬 뛰어넘어 하위 주체들의 현실과 욕망을 대변하고 마침내는 우주와 자연의 진리에 동참하는 범속한 지혜의 사신으로 가치화되는 것이다. 시를 통한 세계와 존재의 변화 및 가치화가 가장 빛나는 순간이다.

한편 현대시의 주요한 경향 중 하나로, 감정의 발산보다 그것의 지적 통제와 조율을 더욱 중시하는 태도가 있다. 언어의 제약을 뚫고 시어를 사물 그 자체로 기호화하려는 태도인데, 이러한 경향의 시를 흔히 '존재의 시'로 통칭한다. '존재의 시'에서 언어는 그것 자체로 존재함, 다시 말해 객관적 세계나 사물로서 자립하는 것으로 상정된다. 이는 시어가 서정시 일반의 주관적 의미와 정서를 추구하기 위한 매개체로 사용되지 않음을 의미한다. 이처럼 언어가 실재와의 일체감과 통일감을 회복하고 자율적 실체로 자립하는 특징을 일러 '사물성'이라고 한다.[15] 리듬만 남은 시를 추구하는 김춘수의 '무의미 시'는 언어의 사물성과 객관성을 신뢰하는 '존재의 시'를 대표한다.

'시어는 일상어에 가해진 조직적 폭력의 산물'이라는 러시아 형식주의자들의 명제는 시어가 일상어와 애초부터 분리된 것이 아님을 잘 보여 준다. 시인들은 자신의 사상과 이념, 세계관과 상상력, 정서와 표현의 개성적인 전달과 대중에 대한 호소력을 효과적으로 강화하기 위해 일상어를 변주하고 새롭게 구성한다. 이 말은 언중 전체에 대한 보편적 소통을 강조하는 일상어와 달리, 시어가 자아의 개성과 취향, 가치관과 관심사, 상상력과 정서를 충분히 그리고 독창적으로 표현하고 전달하기 위한 미학적 전략의 일환임을 뜻한다. 『문

15 시어의 사물성에 초점을 맞추는 '존재의 시'를 대표하는 '사물 시'는 사물(대상)에 대한 화자의 판단이 중지되었을 때, 다시 말해 사물에서 주체의 관념이 배제된 채 사물 그 자체로 존재할 경우 성립된다.

학의 이론』에 표현된 대로, 시어는 문학 작품의 본질, 곧 "문학 작품은 하나의 단순한 대상이 아니라 다양한 의미들과 관계들을 지닌 하나의 성층화(成層化)된 특성으로 이루어진 고도로 복잡한 조직화의 결과"[16]이다. 따라서 시어에 대한 이해와 분석은 시어가 구성하는 작품의 양태와 다면적인 성층의 체계 등에 대한 예리한 관심과 반응에서 출발할 필요가 있다.

16 르네 웰렉·오스틴 워렌, 『문학의 이론』, 이경수 역, 문예출판사, 1987, 33면.

어조와 화자
—시의 목소리

독자들이 시를 통해 만나는 세계는 시인에 의해 언어로 해석된 세계이다. 세계를 해석한다는 말 대신 세계에 색채를 입힌다고 말해도 될 것이다. 독자들은 그 세계를 시인의 언어로 접하고, 다시 자신의 언어로 의미화한다. 독자와 세계 사이에 시인에 의해 선택된 언어가 있다면, 세계는 언어화된 시적 목소리 혹은 분위기를 통해서만 독자에게 전달될 수 있는 것이다. 당연히 이 목소리는 실제의 현실적 시인과 구분되는 미적 가상이다. 이 가상에 의해 시의 분위기가 기본적으로 결정된다. 이렇게 각각의 시마다 시의 목소리가 독특하게 형성된다는 점에서 모든 한 편의 시는 오직 하나의 세계이다. 그것은 같은 대상을 다룰 때도 그렇다.

아무도 그에게 수심을 일러 준 일이 없기에
흰나비는 도무지 바다가 무섭지 않다.

청(靑)무우밭인가 해서 나려갔다가는
어린 날개가 물결에 절어서
공주처럼 지쳐서 돌아온다.

삼월달 바다가 꽃이 피지 않아서 서거픈
나비 허리에 새파란 초승달이 시리다.

—김기림, 「바다와 나비」 전문

오늘도 또한 나젊은 청년들은
부지런한 아이들처럼
끊임없이 이 바다를 건너가고, 돌아오고,
내일도 또한
현해탄은 청년들의 해협이리라.

영원히 현해탄은 우리들의 해협이다.

—임화, 「현해탄」 부분

1930년대 식민지 지식인이 새로운 문명과 관계 맺는 심사를 '바다'라는 외연으로 형상화한 시들이다. 김기림은 절제된 응시의 분위기를, 임화는 단호한 선언의 분위기를 보여 준다. 신문명을 대하는 태도가 시인들의 실제 삶과 관계되리라는 추정이 '화자＝시인'이라는 논리를 형성한다면, 김기림과 임화의 차이는 식민지와 신문명을 살아가는 그 둘의 삶의 차이라고도 할 수 있다. 그러나 시의 목소리를 신원상의 문제로 좁혀 읽는 것이 언제나 옳은 것은 아니다. 시의 목소리는 언어 선택과 배치의 문제인데, 언어의 논리는 시인이 의도한 영역을 벗어나는 논리에 해당하기 때문이다. 모든 언어 규칙은 개인적 주관의 능력 외부에서 구성되는 것이다. 김기림과 임화가 보여 주는 식민지 신문명과 주체의 대응 양상은 그것이 언어를 통해 드러나는 것인 한 시인의 의도를 넘어서서 형성되는 정서적 운동으로 이어진다. 다양하게 형성될 이 운동들이 시의 주제 의식과 연결되는 것은 당연한데, 넓혀 보면 정서적 언어 구성체의 주제는 시인의 실제 삶에 완전히 겹쳐지는 것이 아니라고 해야 한다. 시인과 별개의 것인 미적 가상으로서의 시적 화자는 이처럼 실제 시인과 구분되는 미적 상황의 주인공을 상정할 때 가능한 개념이다. 이 미적 상황의 주도적 목소리를 실현하는 현대시의 여러 양상이 있다. 각각의 시에는 모두 개별적 화자가 등장하지만 그것을 범박하게 유형화하는 일이 불가능한 것은 아니다. 시적 논리 체계를 살펴보는 시학은 시의 어조와 화자를 유형화하려고 한다. 물론 유형화가 고정된 실체로 이해되어서는 곤란하다. 가령 방금 사랑을 상실한 사람에게 김소월의 「진달래꽃」은 감정의 밀도가 아주 높은 시이지만, 일상의 업무에 지친 사람에게는 아주 심심한 시가 될 수 있는 것이다.

1——어조

리처즈(I. A. Richards) 이후 '화자(저자)가 청자에 대해 가지는 태도'라고 규정되는 '어조(語調, tone)'는 시인마다 독특한 영역을 확보하고 있다. 언어의 정조(情調)에 의해 형성되는 총체적 목소리라고 할 수 있는 어조는 시인 자신의 개성적 음역을 잘 보여 주는 요소이다. 가령 김소월과 이육사의 시가 보여 주는 대비적 목소리는 시의 내용이 가진 차이를 떠나서 전체적인 시의 의미를 이해하는 데 결정적인 요인이다. 독자들이 김소월과 이육사를 머릿속에 떠올릴 때, 각각 가냘픈 호소의 목소리와 굵직한 선언의 목소리를 상기하는 것이 이에 해당한다. 그렇다면 시의 어조는 그 시의 주제를 전체적으로 둘러싸는 의미화의 통로라고도 할 수 있을 것이다.

김소월과 이육사의 차이처럼 개별적인 시인들에게는 오직 그 시인만의 시적 음색이 존재하기 마련이다. 감정을 전면에 드러내는 낭만주의 시의 목소리와 지성을 드러내는 모더니즘 시의 목소리가 다르다고 해서 그 어조 차이를 단순하게 사조상의 차이나 시적 방법론의 차이로 규정할 수는 없다. 어조의 차이는 시인과 시인 사이에만 있지 않고 한 시인의 내부에도 있기 때문이다. 가령 김소월의 「초혼」과 「가는 길」의 어조는 전혀 다르다.

산산이 부서진 이름이여!
허공중에 헤어진 이름이여!
불러도 주인 없는 이름이여!
부르다가 내가 죽을 이름이여!

심중에 남아 있는 말 한 마디는
끝끝내 마저 하지 못하였구나.
사랑하던 그 사람이여!
사랑하던 그 사람이여!

— 김소월, 「초혼」 부분

그립다
말을 할까
하니 그리워

(중략)

앞 강물, 뒷 강물,
흐르는 물은
어서 따라오라고 따라가자고
흘러도 연달아 흐릅디다려.

— 김소월, 「가는 길」 부분

「초혼」은 사랑의 대상과 관련한 돌이킬 수 없는 운명의 비극을 처절하게 노래한다. 상실감에 대한 이 처절한 감정은 물론 절망 그 자체가 아니다. '초혼'을 '고복(皐復)'이라고 하는 것에서 알 수 있듯이 대상에 대한 처절한 절규는 그 대상의 부활을 애타게 기다리는 심리와 결합된 것이다. 그러한 부활 기대 심리와 대비되어 상실된 대상에 대한 애절한 외침은 김소월의 시편들 중에서도 특별히 더 격렬하다. 이에 비해 「가는 길」은 역시 부재하는 대상을 떠올리기는 하되 나직하면서 머뭇거리는 목소리로 김소월 특유의 애잔함을 정서화한다. 어떤 그리움이 있고 대상을 향한 돌아봄이 있지만 그 마음 쏠림은 곧 외계의 사물들로 투사되어 정제된다. 결국 「초혼」과 「가는 길」은 여러 유사성이 있지만 목소리의 높고 낮음 때문에 동일한 어조의 시라고 말하기는 어렵다. 한 시인에게도 이렇다면 어조는 모든 시와 시인에게 각각 특이하게 실현되는 시적 태도라고 해야 할 것이다.

시의 어조가 개성적으로 형성되는 이유가 한 명의 시인이 가진 개성에 직결되는 것은 아니라는 사실이 이로써 증명될 수 있다. 한 시인의 개성이 시시각각 변화하는 것이 아닌 반면에 시의 개성은 시시각각 변모하는 것이기 때문이다. 따라서 어조는 시인의 편에 있는 것이 아니라 시인으로부터 독립된 어떤 것의 편에 있는 것이다. 그것을 우리는 상호 주관적인 것으로 규정할 수도 있고, 다른 한편으로 상호 객관적인 것으로 규정할 수도 있다. 시의 어조는 시인이나 독자 어느 일방에서 만들어 내는 것도 아니고, 제재에 의해 기계적으로 결정되는 것도 아니다. 그것은 시인에게서 독립되어 언어 자체의 힘에 의해 형성되는 정서적 운동의 차원에서 논의되는 것이다.

'화자가 제재와 청자, 나아가 시인 자신에 대해 가지는 태도, 즉 목소리'[1]로서의 어조는 따라서 무수한 시에 실현되는 양상들에 대한 구체적 경험을 가능하게 한다. 그러므로 단적으로 말해서 어조는 그것이 무엇을 가리키는 것인가라는 추상적 정의, 요컨대 '어조는 화자가 보여 주는 태도'라는 식으로 정의할 수는 있겠지만 구체적으로는 아주 복잡한 세계에 있다. 이 복잡함에 근거하여 어조는 "문학 작품의 정서적인 요인이라고 비유적으로 설명되거나 문체와 같은 부분이 드러내는 시의 불가해한(intangible) 특질"[2]이라고 설명되기도 한다.

1 김준오, 『시론』, 삼지원, 1982(2002), 259면 참조.

2 Alex Preminger & T. V. F. Brogan ed., *The New Princeton Encyclopedia of Poetry and Poetics*,

"불가해한 특질"이라는 말이 함축하는 것처럼 시의 어조는 비유나 이미지에 대한 설명이 그것들의 공통적인 형식적 요건으로 수렴되는 것과는 달리 여러 상이한 논점을 가지고 있다. 다시 말해 시인이 만들어 놓은 은유적 장치를 독자가 직유라고 읽을 수는 없지만, 시인이 긍정적으로 설정한 희생적 태도는 독자에게 수동적 태도라고 부정적으로 이해될 수도 있는 것이다.

어조의 복합성과 관련해서 우선 '태도'와 '성조'를 구분할 필요가 있다. 태도는 "청자를 향한 작가의 태도"(리처즈)로서 감정의 상태, 소망의 밀도, 신념의 여부를 표현한다. 대상에 대한 격정이나 분노를 드러내는 시가 있고, 대상에게 바라는 바를 심드렁하거나 절실하게 표현하는 시가 있으며, 필연적인 실현을 원하는 마음의 언표들이 있다.[3] 이 언표의 종류를 정서적 태도와 연결하여 구분해 보면 이외에도 다양한 영역을 상정할 수 있을 것이다. 그러나 구체적인 시로부터 독립된 추상적 층위의 정서 영역을 일정한 형용사로 분류할 수는 있어도 명백히 고정된 영역 안으로 구체적인 시를 규정해 넣기는 어렵다. 태도는 그 태도를 경험하는 사람의 삶의 이력에 따라, 그리고 해당 시의 시적 담론에 대한 수용자의 층위에 따라 달리 판단되기 때문이다.

만일 당신이 아니 오시면 나는 바람을 쐬고 눈비를 맞으며 밤에서 낮까지 당신을 기다리고 있습니다.
당신은 물만 건너면 나를 돌아보지도 않고 가십니다그려.
그러나 당신이 언제든지 오실 줄만은 알아요.
나는 당신을 기다리면서 날마다 날마다 낡아 갑니다.

— 한용운, 「나룻배와 행인」 부분

Princeton University Press, 1974, 856면.

3 어조의 종류에 대해 김준오는 "딱딱한(또는 공식적인)/부드러운(또는 비공식적인) 어조, 거만한/겸손한 어조, 냉정한/감정적 어조, 직선적/반어적 어조"를 거론하고 이것이 시적 제재에 대한 시인의 태도와 관련된다고 설명한다(김준오, 앞의 책, 259면 참조). 한편 권혁웅은 어조를 '풍자, 예찬, 연민, 반성, 해학' 다섯 가지의 기본형으로 구분한다(권혁웅, 『시론』, 문학동네, 2010, 169면 참조).

시인의 삶을 고려할 때 「나룻배와 행인」은 종교적 삶의 상징으로 이해될 수 있다. 소망의 대상이 실현되기를 묵묵히 기다리는 화자의 시적 태도는 희생적이고, 기다림의 자세가 환기하는 태도는 여성적이다. 이 판단이 기다림의 태도에 대한 긍정적 평가라면, 여성적 기다림이 수동적이고 패배적인 태도라는 비판적 평가도 가능할 것이다. 결국 시의 태도는 시의 언어적 분위기 못지않게 해당 시의 언어를 경험하는 독자의 상태에 좌우되기도 하는 셈이다.

이와 연관된 어조는 물론 "대상에 대한 가치 판단의 원천"[4]이다. 다만 이 원천은 이것인가 저것인가의 이항 대립적 기준으로 활용되어서는 안 되고, 오히려 이것과 저것을 동시에 포괄하면서 맥락적 의미로 분할될 수 있는 계보학적 근거로 활용되어야 할 것이다. 그래야만 한 편의 시가 포괄적으로 해석되고, 그 해석을 통해 원천의 보편성을 확인하면서 해당 시를 읽는 독자들의 공통점을 지향할 수 있게 될 것이다.

시의 어조가 화자의 태도에 의해 규정될 때 중요하게 작용하는 것은 구체적인 목소리의 색깔, 요컨대 성조이다. 태도가 상대에 대한 정신적 상태라면 성조는 물리적 실현이다. 굳이 선후를 따진다면, 시인에게는 상대에 대한 태도가 먼저 있고 이어서 그 태도를 표현하는 성조가 결정된다고 할 수 있다. 당연히 독자는 그 반대 과정을 거치며 시를 수용한다. 시의 성조를 통해 화자가 청자에 대해 갖고 있는 태도를 이해하게 되는 것이다. 결국 시의 화자는 목소리를 통해 존재하게 된다. 어조가 시의 총체적 분위기라면 목소리는 그 어조의 통로이다. 독자들이 접하는 것은 우선 시인이 시적 주제의 실현을 총체화하는 어조를 살아 있는 소리의 결로 만들어 주는 목소리이다. 독자들은 목소리를 접한 뒤에 시의 어조를 파악한다. 그리고 한 편의 시에는 주제와 연관된 총체적 어조를 구성하는 여러 개의 목소리가 있을 수 있다. 한 편의 시 내부에 갈등하기도 하고 화해하기도 하는 대화적 목소리가 존재하는 것이다.

4 Alex Preminger & T. V. F. Brogan ed., 앞의 책, 856면.

폴리호 태풍이 일기 시작하는 여름밤에
아내가 마루에서 거미를 잡고 있는
꼴이 우습다

하나 죽이고
둘 죽이고
넷 죽이고
…………

야 고만 죽여라 고만 죽여
나는 오늘 아침에 서약한 게 있다니까

— 김수영, 「거미잡이」 부분

1연에는 아내의 행동에 대한 거리 두기가 있다. "우습다"라는 말로 아내에 대한 객관화에 도달한 화자는 2연에서 관찰과 침묵의 시간을 건넌다. 죽임의 비약적 연속을 나열한 후 시인은 전혀 다른 목소리의 외침을 내뱉는다. "…………"과 같은 침묵의 지속(그렇지만 살생의 지속이기도 한)을 건넌 후 돌연 아내의 행동을 나무라는 외침은 1연과 2연의 객관적 태도가 3연의 주관적 주장의 태도로 바뀌었음을 알려 주는 표시이다. 이 두 개의 목소리가 시의 전체적 어조를 결정하는데, 그것은 세계의 비정을 객관화할 줄 알면서도 바라보는 일밖에 할 수 없는 무력감에 대한 자기 풍자이다. 다시 말하면 그만 죽이라는 요구와 "나는 오늘 아침에 서약한 게 있다니까"라는 진술로 환기되는 자기 약속의 위기의식이다.

게다가 이 시를 읽기 위해서는 "그만 죽여라"(『현대 문학』, 1960년 9월호)와 "고만 죽여라"(『김수영 전집 1』)의 언어 표현의 차이가 가져오는 목소리의 차이도 염두에 두어야 한다.[5] '그만'이 삶의 지표에 대한 평균적인 요청을 대변한다면 '고만'은 그 의미의 내부에 대상의 친밀감과 일상성을 덧붙여 놓는다. 삶의 윤리에 대한 평균적 요청과 일상적 요청은 동일한 것이 아니다. 이 비동일성을 구구절절한 설명 없이 돌연 확인시켜 주는 것이 시이고, 그 비약적 확인을 한층 배가하는 것이 시의 목소리라는 사실을 우리는 위의 시에서 확인할 수 있다.

2——화자

김수영의 「거미잡이」가 실현하는 두 개의 목소리를 실제로 통제하는 존재는 시인이다. 이 시인은 현실의 시인과 시 내부의 통제자인 함축적 시인으로 구분될 수 있다.[6] 현실적 시인과 함축적 시인을 대리 표상하는 존재가 바로 시 내부의 화자(話者)이다. 일인칭 담론으로서의 시는 바로 그 화자가 말하고 듣는 담론 구성체이다.

화자가 풍자적 어조를 관찰과 주장이라는 두 개의 목소리로 꾸민다면, 시의 화자는 곧 시 전체를 이끌어 가는 주동적 실체라고 할 수 있다. 이때의 주동적 실체란 시라는 언어 구성체 또한 하나의 허구적 구성물이라는 사실을 환기한다. 그래서 채트먼(S. Chatman)과 함께 우리는 시에 연관된 화자와 청자의 구조를 다음과 같이 그려 볼 수 있다.[7]

이 그림은 야콥슨(R. Jakobson)이나 김준오에 의해서도 마찬가지 유형으로 나타난다. 우리가 논점으로 삼고 있는 '화자-청자'의 관계는 작품 내부의 발화

5 육필 원고는 '고만'이다. 이것이 『현대 문학』에 수록될 때 '그만'이라는 표준어로 수정되어 있다. 따라서 '그만'이라는 표기의 목소리는 시인의 시적 의도와는 무관하다고 해야 한다.
6 권혁웅은 시인의 여러 층위를 통합하여 '주체'라는 용어로 대체하자고 제안한다. 권혁웅, 앞의 책, 1장 참조.
7 시모어 채트먼, 『이야기와 담론—영화와 소설의 서사 구조』, 한용환 역, 고려원, 1990, 179면.

자와 청취자의 관계를 가리키고, 함축적 시인과 함축적 독자는 작품과 연관된 상상적 관계의 시인과 독자를 의미한다. 화자와 청자가 모두 드러난 시의 예를 보도록 하자.

그대는 지금도
물빛이다
물빛으로 어디에
어리어 있고
내가 그 물 밑을 들여다보면
헌 영혼 하나가
가고 있다
그대의 무릎이 물에 잠긴
옆으로, 구겨진 수면 위에 나뭇잎같이

—김영태, 「호수 근처」 전문

여러 인물이 대화를 주고받는 경우를 제외한다면, 서정시의 일반적인 화자는 대부분 '나'이거나 '우리'이다. 「호수 근처」는 그 일인칭 화자가 사랑의 대상으로 해석됨 직한 '그대'와의 관계를 진술하고 있는 시이다. 이 시가 '사랑'이라는 주제를 바탕으로 하고 있다면, '나'는 바로 '그대'에게 사로잡혀 있는, 그러나 나약하기만 한 "헌 영혼"에 지나지 않는다는 사실을 나직이 고백하고 있음을 독자들은 상상할 수 있다. 이 시에서 화자는 고백하는 '나'이고, 청자는 '나'를 사로잡은 채 잠잠히 호수처럼 듣기만 하는 '그대'이다.

그런데 「호수 근처」가 이렇게 명시적인 화자와 청자의 관계를 실현하고 있는지에 대해서는 또 다른 설명이 가능하기도 하다. '그대'가 지금 '나'의 고백을 듣고 있는 상대인지, 아니면 '나'의 사랑에 대한 내적 감각을 객관화한 대체물인 호수인지 논쟁적인 해석이 가능하기 때문이다. 그러므로 이 해석을 통해 화자와 청자의 관계를 확정하는 것은 온전히 독자의 몫이라고 해야 한다. 시가 오직 경험을 통해서만 존재한다는 신비평가들의 주장이 바로 이 경우와 관련된다.

이렇게 독자의 경험을 통해 시적 완성체가 실현된다고 해도 독자의 사유 구조 안에 시학 개념이 작동하고 있으리라는 사실 또한 부정할 수 없다. 시인은 독자들이 자율적으로 펼쳐 보일 상상의 영역을 예상하면서 시적 장치를 배치할 것이다. 이러한 의미에서 함축적 시인과 함축적 독자는 곧 화자와 청자의 관계이다. 시의 화자와 청자의 관계는 결국 시적 의사소통의 관계인데, 김준오는 야콥슨의 의사소통론을 따라 소통의 지향점이 어디에 있는지를 고려하면서 시의 어조를 규정하고 시의 유형을 분류한다. 그러나 이것은 화자의 언어적 지향점에 따른 분류라고 보는 편이 타당할 것이다. 야콥슨의 의사소통 도식 자체가 화자와 청자 사이의 소통 체계를 세분한 것이기 때문이다. 김준오는 그것을 크게 네 가지 유형으로 설명한다.[8]

- 정감적 기능 우세—화자(발신자) 지향: 주관적 정서 표현
- 대화적 성격 우세—청자(수신자) 지향: 청자의 관심 환기
- 지시적 기능 우세—맥락 지향: 맥락적 의미 산출
- 시적 기능 우세—텍스트(메시지) 지향: 전달 내용의 표현 방식

의사소통에는 여섯 가지 언어 기능이 있는데, 위의 네 가지 외에 메타적 기능과 친교적 기능 두 가지가 추가될 수 있다. 그러나 이 두 가지 기능은 시의 어조와는 거리가 먼 것이라고 김준오는 주장한다. 중요한 것은 이 시적 소통 유형이 시의 주제와 맺는 관계일 것이다. 시의 주제 내용은 화자와 청자의 관계에 영향을 받을 수밖에 없다. 이것은 시적 어조의 문제와 관련해서 이미 설명된 것이다. 주제는 화자와 청자가 존재하는 배경 속에서 등장하는 것이기 때문에 결국 화자와 청자가 관계를 맺으며 형성하는 삶의 의미이며, 따라서 삶의

8 김준오, 앞의 책, 275~278면.

주제가 논점이 될 수밖에 없다.

이 주제의 문제를 논점에서 제외하고 설명하는 것은 시 형식의 차원에서 화자의 문제를 다루는 것이다. 우리는 그 화자와 청자가 시에서 실현되는 방식을 다음과 같이 분류해 볼 수도 있다.

- 소통 유형
- 발화 유형
- 청취 유형
- 진술 유형

논자에 따라 이 유형은 각각 순서대로

- 화자와 청자가 나타난 시(신석정, 「그 먼 나라를 알으십니까」)
- 화자만 나타난 시(김소월, 「진달래꽃」)
- 청자만 나타난 시(서정주, 「밀어」)
- 화자, 청자가 나타나지 않은 시(박목월, 「나그네」)

로 구분되기도 한다.[9] 이때 화자는 당연히 서정적 일인칭 주인공 시점이다. 시의 퍼소나(persona) 혹은 가면은 바로 이 서정시의 일관된 화자를 구성하는 시점(視點)을 가리킨다. 근대 사회의 주체 중심적 세계관은 개인적 주체의 강한 자기중심성을 강조함으로써 타자를 인정하지 않는 동일성 미학의 근거를 형성하기도 한다. 시적 퍼소나가 시 전체에 일관되게 나타나야 한다는 점을 강조하는 것이 그것이다.

9 이기철, 『시학』, 일지사, 1989, 13~14면. 이러한 유형을 좀 더 압축해서 박현수는 독백적 화자(정지용, 「고향」), 대타적 화자(고은, 「화살」), 극적 화자(박목월, 「만술 아비의 축문」; 김종삼, 「민간인」)로 구분한다(박현수, 『시론』, 울력, 2015, 282~288면 참조).

> 시의 화자는 작품에서 불변하는 것이 보통이며 모든 것은 이 화자의 관점에서 말해지며, 소설의 인물처럼 발전할 수 있으나(포스터가 분류한 입체적 인물처럼), 전연 딴 인물은 되지 않는다. 그래서 퍼소나라는 화자는 작품의 통일성에 기여한다. 곧 한 목소리, 한 의도의 단일한 의미만이 존재하는 것이 서정 장르의 조건이며, 그래서 서정시는 독백적인 개별 발화인 것이다.[10]

시적 퍼소나는 그러므로 단일한 목소리의 단일 화자를 가리킨다. 그것이 시의 통일성을 구성하는 기본 요건이라고 저간에 생각해 왔던 것은 바로 독백적 발화의 전형적인 근거이다. 이처럼 기존의 퍼소나에 대한 이해는 시 전체를 관통하는 가면이 동일해야 한다는 것이었다. 이것은 근대적 개인주의 미학의 가장 정통적인 주장이기도 하다. 하나의 작품에, 그것도 서정시에 단일한 화자가 있어야 하는 것은 가장 기본적인 요청 사항이다.

그러나 화자가 이런 규칙적인 방식으로만 존재하는 것은 아니다. 특히 현대 사회의 정신 분열적 존재 조건에서 비롯된 여러 시편들은 시적 화자 혹은 시적 퍼소나의 동일성을 파괴하는 방식으로 시의 새로운 문법을 제시한다. 시학적 차원에서 화자, 청자, 태도, 어조를 유사성의 영역에 포괄해서 설명한다면, 비동일성의 퍼소나는 일찍이 이상의 「거울」이나 「꽃나무」와 같은 주체 분열의 형식으로 등장하기도 하였고, 김수영과 황동규의 연극적 무대를 통해 대화주의적으로 펼쳐지기도 하였다. 황지우의 「살찐 소파에 대한 일기」는 '나'와 '그'를 하나의 목소리로 결합함으로써 비현실적 무대를 흘러가는 어조를 만든다. 그런데 황지우의 시에서는 그 어조 못지않게 어조를 발하는 화자의 위치가 둘로 나뉘어 있다는 점을 주목해야 한다. 어조가 태도라면 화자는 그 태도의 소유자이다. 그런데 「살찐 소파에 대한 일기」에는 하나의 어조에 두 개의 시적 지위를 확보한 화자가 있다. 시 전체를 개관하면서 바라보는 화자와 그렇게 개관하는 화자에 의해 보여지는 화자가 그것이다. '분열된 주체'라는 용어

10 김준오, 앞의 책, 287면.

는 이 경우에 좀 더 세심하게 사용되어야 한다. 주체가 분열되는 것은 사회적 억압을 전제하기 때문이다. 「살찐 소파에 대한 일기」는 사회적 억압에 대한 분열증적 대응으로 읽어야 하는 작품이다. 그러한 사항을 전제하면서 작품의 일부를 보자.

나는 오늘 아침 일어나 세수하고 밥 먹고 소파에 앉았다.
소파에 앉으면 거실이 번역극 무대 같다.
중앙에 가짜 가죽 소파 하나, 그 뒤엔 오전 9시를 가리키고 있는
괘종시계가 걸려 있고, 세잔풍 정물화 한 점, TV 세트,
창을 향한 행운목 한 그루, 그리고 폼으로 갖다 놓고 읽지도 않은
카를 마르크스 『자본론』(모스크바, 프로그레스 출판사) 양장본 3권이
가로로 쓰러져 있는 서투른 서가와 끊임없이 부글거리는 수족관:
그렇지만 이 무대에서 번역될 만한 비극은 없다.
다만 한 사나이가 아침에 일어나 세수하고 밥 먹고 소파에 앉았다.
젊었을 적 사진으로는 못 알아보게 뚱뚱해진,
손가락 하나 움직이는 것을 싫어하는,
최근엔 입에서 나쁜 냄새까지 난다고 아내에게 비난받은 바 있는
이 사나이가 멍하니 소파에 앉아, 마치 동물원 짐승이 그렇게 하듯이,
하품을 너무 길게 하고, 눈물이 난 눈을 두 번 깜,빡,깜,빡하고 있을 때
무대 왼편(주방)에서 그의 아내가 등장했으며, 그녀가 소파에 걸터앉아
그의 턱을 쓰다듬어주면서 면도 좀 하라고 하자,
그가 아내를 껴안으면서 "엄마!"라고 불렀을 뿐이다

하마터면 피아니스트가 될 뻔했던 아내가 출장 레슨 나가기 전에
그에게 와서 나를 어루만져 줄 때가 나는 좋다.
나는, 아내가, 소파에 앉아 있는 그의 머리카락을 커트해 줄 때,
낮잠 자고 있는 그에게 가만히 다가와 나의 발톱을 잘라 줄 때,

혹은 그를 자기 무릎에 눕혀 놓고 내 귀지를 파 줄 때, 좋다
아침마다 그에게 녹즙을 갖다 주고, 입가에 묻은 초록색을 닦아 주자
나는 그녀를 보면서 방그레 웃었다.

— 황지우, 「살찐 소파에 대한 일기」 부분

이 시의 어조는 의도된 유아적 포즈로 현실을 비껴가도록 고안되어 있다. 현실에서 반쯤 엇나가 있는 태도가 이 시 특유의 어조를 만들어 내는 것이다. 나른하고 무기력하며 삶과 죽음의 경계선을 아슬아슬하게 줄타기하고 있는 이 시의 화자는 아주 독특한 목소리를 가지고 있다. 나와 그, 주체와 타자, 정상과 비정상의 목소리가 한데 섞이고, 퍼소나의 동일성을 파괴하는 시적 문법이 과감하게 드러나고 있기 때문이다. 이러한 시의 목소리는 기존의 한국 시에서는 볼 수 없었던 것이다. '분열증적 주체'라고 시인 자신이 말하고 있듯이 화자는 '보는 나'와 '보여지는 나'로 구분된다. 이상의 「꽃나무」 등의 시편이 이와 유사한 문법을 실현하고 있지만 동일한 것은 아니다. 이상에게 화자는 보는 존재와 보이는 존재가 서로 자리바꿈을 하는 구조이기는 해도 명백히 구분된 화자였다. 그러나 황지우에게 '나'는 '그'와 문법적 자리를 자유롭게 바꾸어 버리는 비현실적 존재이다. '나'는 '그'의 위치에서 '나'를 살아간다. 그 반대로 살아가는 것도 가능하다. "하마터면 피아니스트가 될 뻔했던 아내가 출장 레슨 나가기 전에/그에게 와서 나를 어루만져 줄 때가 나는 좋다./나는, 아내가, 소파에 앉아 있는 그의 머리카락을 커트해 줄 때,/낮잠 자고 있는 그에게 가만히 다가와 나의 발톱을 잘라 줄 때,/혹은 그를 자기 무릎에 눕혀 놓고 내 귀지를 파 줄 때, 좋다"라고 쓰는 화자의 다층성에 대한 압축적 실현은 지금 우리 시대의 아주 중요하고도 특기할 만한 시적 문법이다.

화자와 관련하여 '시인의 탈을 쓴 단일한 목소리로서의 화자'라는 문제 설정이 근본적인 한계를 지니고 있다는 최근의 주장은 위와 같은 현대시의 변모에 주목한 결과이다. 이 주장은 '화자'를 대신하여 '주체'라는 개념을 사용하자는 대안을 제시한다. "주체는 단일한 목소리를 가진 한 사람이 아니라 특정

발화가 만들어 내는 수행적인 효과"이고 "시적 언술을 산출하는 실체가 아니라, 이 언술들의 구조화된 장에서 생겨나는, '말하는 것으로 가정된' 어떤 지점"이라는 것이다.[11]

앞에서 짧게 언급하였듯이, 이 주장은 최근의 현대시들이 보여 주듯, 한 편의 작품 안에서도 통일되어 있지 않은 목소리와 태도를 부각시킨다는 점에서는 의미가 있다. 그러나 통일성의 결여가 화자 개념을 폐기해야 한다는 사실을 그 자체로 정당화하는 것은 아니다. 오히려 우리는 시학의 역사 속에서 오랫동안 사용되어 온 화자 개념이 현대시의 변모에 따라 내포를 확장하는 방식으로 존재할 수 있다는 점을 더 적극적으로 고려해야 할 것이다. 동일자로서의 화자라는 기존의 개념이 타자와 관련하여 분열되는 주체의 내포를 수용하기에 역부족이라면, 화자 자체를 기존의 내포 이면에서 움직이는 다른 내포를 포함하는 화자로 존재 위치를 이동시킬 수 있다는 것이다.

최근의 시론에서 주체라는 개념을 사용해야 한다면서 내세우는 가장 결정적인 이유는 그 주체가 자신을 존재할 수 있도록 하는 타자를 전제해야만 한다는 점이다. 그 타자의 자리가 무의식의 자리라면, 주체는 확실성의 영역 너머의 어떤 힘에 의해 규정되는 존재이다. 확실성의 영역 너머에 있는 것을 프로이트(S. Freud)는 '무의식'이라고 불렀다. 데카르트(R. Descartes)는 그 무의식을 몰랐고, 그래서 '확실성의 주체(the subject of certainty)'만을 상정할 수 있었다. 그러나 그것은 확실성의 주체 너머의 무엇인가가 아예 없었기 때문이 아니라 생각의 영역으로 그 무엇인가가 포착되지 못하였기 때문이다. 이를 고려하면서 라캉(J. Lacan)은 데카르트가 주체 너머의 타자 증명을 의도치 않게 수행하였음을 잘 설명하고 있다.[12] 프로이트가 무의식의 자리에서 찾아낸 주체의 영역을

11 권혁웅, 앞의 책, 31~32면. 이 책에서 '언술'은 discourse(discours), '언표'는 utterance(énoncé), '발화'는 enunciation(énonciation)의 번역이다.

12 프로이트의 '무의식'에 데카르트의 '코기토'를 대비시킨 라캉의 말을 들어 보자. "데카르트의 경우 최초의 코기토 속에서 '나는 생각한다'는 그것이 '나는 존재한다'로 전환되는 한에서 어떤 실재를 겨냥하고 있습니다. 하지만 참된 것이 계속해서 저 너머에 남겨져 있기에 데카르트는 보증을 확보해야 했지요. 그는 무엇으로부터 보증을 확보하게 될까요? 바로 기만하지 않을 뿐 아니라 심지어는 존재하는 것만으로도 진리의 토대를 보증해 줄 수 있는 어떤 타자로부터입니다. 그것은 데카르트가 확보해 낸 실재 자체가 진리의 차원

데카르트는 일찍이 신의 자리로 옮겨 놓았었다는 것이다. 라캉에 따르면 그 사실은 '생각한다'가 '존재한다'로 전환되는 순간 겨냥되는 '실재'의 자리에 의해 드러난다. '존재한다'라는 것도 주체 철학에서는 생각을 통해 이루어지는 것이고, 따라서 그 말은 '나는 생각한다. 고로 존재한다, 라고 생각한다. 고로 존재한다, 라고 생각한다. 고로……'와 같은 방식으로 미끄러질 수밖에 없는 것이며, 그 미끄러짐의 과정에서 최종적으로 지향되는 진리가 비워져 있을 수밖에 없다는 것, 그리고 그 빈자리의 진리를 보증하는 것이 '신(이라는 타자)'의 영역임을 데카르트는 진술하고 있다는 것이다.[13] 데카르트의 '코기토' 논의가 이러한 방식으로 수행하고 있는 타자 증명은 그의 주체관이 언제나 확실성으로 채워져 있는 것이 아니라 의도치 않은 빈자리를 상정하고 있음을 의미한다. 요컨대 코기토는 그것이 아무리 동일성의 자기 인식이라고 해도 이미 타자의 자리에 의해서만 진실성을 보장받아야 하는 갈라진 코기토이다.

이러한 의미에서 이미 데카르트의 주체는 타자를 전제할 수밖에 없는 무의식적 주체였다. 데카르트의 주체가 확실성 속에 있다고 여겨졌으면서도 의도치 않게 그 영역 외부를 포함할 수밖에 없었듯이, '화자'도 지금까지 하나의 실체인 것처럼 이해되어 왔으면서도 규정적 실체 외부를 상정할 수밖에 없는 개념이다. 모든 시의 언어가 단일한 해석을 거부한다면, 모든 시의 화자도 주어진 실체성을 거부할 수밖에 없다. '화자'는 통일된 화자의 내포를 주로 사용하지만 비동일성의 화자까지도 포함할 수 있으며 그래야만 하는 화자이다. 화자

을 얻기 위해 꼭 필요한 토대들이 데카르트 본인의 객관적인 이성 속에 있다는 것을 그에게 보증해 줄 수 있는 타자입니다. 저는 여기서 완전한 신이라고 할 타자의 손에 진리를 돌려줌으로써 야기된 놀라운 결과들을 지적하지 않을 수 없습니다." 자크알렝 밀레 편, 『자크 라캉 세미나 11 — 정신 분석의 네 가지 근본 개념』, 맹정현·이수련 역, 새물결, 2008, 62면 참조.

13 데카르트는 『철학의 원리』에서 "우리 자신의 원인은 우리가 아니라 신이라는 것, 따라서 신은 있다는 것"(「원리 20」)을 주장하고, "우리의 생의 지속만으로도 신의 존재를 증명하는 데 충분하다는 것"(「원리 21」)을 논증한다. 요컨대 진리는 주체에게 대두되는 정확한 인식의 문제인데 그 인식 주체를 존재 가능하게 하는 것은 주체의 외부에 있는 신이다. 따라서 진리의 궁극적 기원 또한 주체의 외부에 있는 셈이다. 내가 없으면 진리 또한 없는 것인데 나의 존재 원인은 외부에 있기 때문이다(데카르트, 『방법 서설, 성찰, 정념론, 철학의 원리 외』, 김형효 역, 삼성출판사, 1982, 294~295면 참조). 라캉은 데카르트의 이러한 '신 존재 증명'을 근대 의식 철학이 운명적으로 지니고 있는 타자 의식으로 해석한다(자크알렝 밀레 편, 앞의 책, 61~66면 참조).

라는 개념을 사용한다고 주체의 자리가 사라지는 것이 아니라면, 주체는 차라리 화자 이면에서 동일성의 영역을 넘어서도록 지속적으로 움직이는 힘이라고 이해하는 편이 타당할 것이다.

이 새로운 시적 현상들을 고려하면서, 특히 화자와 어조의 의미를 설명할 때 다른 시학 개념들보다 더 고려해야 할 것은 개념의 지시 대상이 고정되어 있지 않다는 사실이다. 야콥슨의 의사소통론을 원용하는 김준오의 경우에는 더 그렇다. 의사소통이란 주체와 타자의 상호적 관계를 통해서만 가능한데, 주체와 타자의 상호적 관계가 상호 주관성이나 상호 객관성의 의미화 과정[14]에 작동하면서 지시 대상을 가리키는 언어를 산출하기 때문이다. 진정으로 살아 있는 의사소통 과정이라면 하나의 기호가 있을 때 그 기호의 지시 대상의 의미를 알려 주는 해석체는 지속적인 생성의 경로를 밟을 수밖에 없다. 사회적 구성주의가 학습 주체의 능동적 지식 구성을 강조한다는 시각에 비추어 볼 때, 시학 개념들과 관련된 지식도 마찬가지의 경로를 밟을 것이다. 그렇다면 개념은 지속적인 변모에 노출되어 있다고 해야 한다. 화자와 어조는 상호 주관성과 상호 객관성의 의미화 과정이라는 맥락에서 그것이 지시하고자 하는 대상과 그것을 수용하는 독자에게는 다양하게 의미화될 수 있다는 것이다. 가령 화자 개념을 폐기하고 주체 개념을 사용하자는 주장은 '발화의 주체와 발화 행위의 주체'를 구분하면서 화자에 대한 상호 객관적 규정에 이르는 적절한 예이다.

하나의 개념이 사회 문화적이고 주체적인 맥락 속에서 변모하는 것은 당연하지만 이것이 계속 새로운 개념의 생산으로 이어져야 하는지에 대해서는 더 많은 논의가 필요할 것이다. 여기에서 강조하고 싶은 것은 어떤 개념이 드러낼 수 있는 공통적이고 보편적인 지향이다. 이 지향이 있다면 변화의 맥락을 인정하면서 이미 주어진 개념을 고수함으로써 그 개념의 과거와 현재까지 포괄하

14 모든 지식이 사회적 상호 작용과 합의에 의한 것이라는 관점에서 주체의 형이상학을 비판하는 상호 주관성, 그리고 현상과 현상에 대한 지식 혹은 행위와 행위에 대한 앎의 상호 포섭을 주장하는 관점에서 실재의 무주체성을 비판하는 상호 객관성의 계보학적 의미에 대해서는 데이비스(B. Davis)의 『구성주의를 넘어선 복잡성 교육과 생태주의 교육의 계보학』(심임섭 역, 씨아이알, 2014) 10장을 참조.

는 용법은 계속 강조되어도 지나치지 않을 것이다. 직접적으로 의사소통적인 상황이기 때문에 상호 객관적이고 상호 주관적인 규정에 더 많이 노출되어 있는 '화자-어조'의 경우 이러한 고민은 더 절실하다.

이미지와 리듬
—시어의 형태

김광균은 눈 내리는 밤의 고적함을 "먼— 곳에 여인의 옷 벗는 소리"(「설야」)로 형상화하였다. 흔히 눈 내리는 장면은 흰색의 시각적 이미지로 다가온다. 더욱이 눈 오는 밤이라면 세상의 모든 소리를 잠재우는 고요로 가득할 것이다. 그러나 시인은 낯선 청각적 이미지를 가져와 신비롭고도 적막한 겨울밤의 느낌을 감각적으로 구체화하였다. 또한 '먼'이라는 형용사에 줄표를 더해 닿을 수 없는 거리감을 효과적으로 환기하고 있다. 이 막막한 거리감과 알 수 없는 여인의 존재와 옷 벗음이라는 비밀스러운 사태를 결합하는 것은 이 시에 흐르는 그리움의 정서이다. 이는 시의 첫 구절, "어느 먼 — 곳의 그리운 소식이기에/이 한밤 소리 없이 흩날리느뇨."에서부터 예비되어 온 것이다.

'그립다', '서글프다', '외롭다' 등의 산문적 진술은 정서의 내용을 전달할 수는 있지만 정서 자체를 감각적으로 실감하게 하기는 어렵다. 시의 언어는 이미지를 통해 구체적 감각을 불러일으키거나 리듬을 통해 언어의 질료적 가치를 활성화함으로써 우리의 감각에 호소한다. 독자는 '먼 — '을 길게 늘여 읽는 리듬 속에서, 그리고 "여인의 옷 벗는 소리"가 불러일으키는 감각적 반응 속에서 이 구절의 의미와 정서를 구체적으로 실감하게 된다. 그러나 시적 언어의 특수성이 경험의 세계를 감각적으로 재현하는 데에만 있는 것은 아니다. 그것은 언어 자체의 물질성과 환기력을 통해 하나의 독립적이고 자율적인 세계를 존재하게 한다. "먼 — 곳에 여인의 옷 벗는 소리"는 눈 내리는 밤의 생생한 재현을 넘어, 고적감과 은밀함이 뒤섞인 고유한 겨울밤의 세계를 그 자체로 현시하는 것이다.

이미지와 리듬은 시를 구성하는 방법론적 원리일 뿐 아니라 시와 일상 언어, 시와 산문을 구별해 주는 본질적 징표이기도 하다. 일상 언어에서는 이미지와 리듬이 이차적이거나 우연한 현상에 불과하지만, 시적 언어에서는 형식적 층위뿐 아니라 의미론적 층위까지 지배하는 근본적 특성이다. 이미지는 사물의 실재나 경험의 구체성을 드러내기 위한 언어 표현이자, 그러한 언어 표현이 읽는 사람의 마음에 불러일으킨 총체적 감각 경험이다. 리듬은 규칙성과 정형성을 지닌 운율뿐 아니라 불규칙적이고 가변적인 자유시나 산문시의 리듬까지 포괄하는 시적 발화의 특수한 자질이다. 흔히 이미지는 시의 회화성과, 리듬은 시의 음악성과 관련된 것으로 생각하지만, 이미지와 리듬은 각각의 고립된 구조적 요소라기보다는 총체적으로 시의 '의미-형식'을 생성해 가는 유기적 토대라 할 수 있다.

1——이미지

이미지(image, imagery)는 "언어로 그린 그림"[1]이라는 의미에서 '심상(心象)'으로 번역되기도 한다. '그림'이나 '상(象)'이라는 말이 사용된다고 해서 이미지가 시각적인 것만을 의미하는 것은 아니다. 이미지는 언어 표현에 의해 우리의 기억이나 정신에 재생되는 감각 체험의 총체를 가리킨다.[2] 그럼에도 이미지의

1 C. D. Lewis, *The Poetic Image*, Oxford University Press, 1948, 18면.

2 이미지는 과거의 감각적이거나 인식적인 체험에 대한 기억, 즉 정신적 재현을 의미한다는 점에서 심리학적 현상이며, 그것이 언어에 의해 생산된다는 점에서는 문학적 현상이다. 르네 웰렉·오스틴 워렌, 『문학의 이론』, 이경수 역, 문예출판사, 1987, 270면 참조.

정의에서 '그림'이나 '상'이라는 비유적 표현이 사용되는 이유는 추상적이거나 관념적인 것을 생생한 감각으로 구체화하는 언어의 힘을 강조하기 위함이다. 언어의 이러한 특수한 힘은 인간의 상상력(imagination)과 관계된다. 상상력은 사물이나 세계에 대한 인식을 구체적인 이미지로 만들어 내는 이미지 생성 능력이라 할 수 있다. 시인은 특정한 언어 표현을 통해 지금-여기에 실재하지 않는 것을 마치 실재하는 것처럼 끌어당겨 옴으로써 독자의 정서적 반응을 일으킨다.

이미지는 시학 이론에서 널리 사용되는 용어이지만 또한 손에 잘 잡히지 않는 개념이기도 하다. 시학 사전에는 ㉮은유, 직유, 또는 비유적 표현, ㉯구체적인 언어적 지시 대상, ㉰반복되는 모티프, ㉱독자의 마음에 일어나는 심리적 사건, ㉲은유의 보조 관념, ㉳상징 또는 상징적 패턴, ㉴통합된 구조로서 시의 전반적 인상 등 다양하고도 상이한 용법들이 제시되어 있다.[3] 이미지에 대한 정의는 은유의 보조 관념을 일컫는 좁은 의미에서부터 시의 전반적 인상을 포괄하는 넓은 의미에 이르기까지 다양하지만, 무엇보다 핵심적인 것은 그것이 언어의 구체적 감각화와 관련된다는 점이다. 예컨대 "목숨이란 마—치 깨어진 배 조각"(이육사, 「노정기」)이라는 시구에서 '목숨'이라는 메마른 관념은 험난한 노정을 거쳐 온 배의 깨진 조각으로 구체화된다. 독자는 소금에 절고 암초에 부딪혀 깨지고 낡은 한 조각의 파편을 떠올리면서 화자의 고통스러운 삶을, 쫓기며 치열하게 버텨 온 인생의 노정을 감각적으로 환기하게 된다. 이처럼 이미지는 시 전체의 메시지를 구체적이고도 생생한 것으로 육화하는 역할을 한다.

이미지의 이러한 효과는 언어 표현이 독자의 마음속에 일종의 지각적 반응을 일으키기 때문에 가능하다. 예를 들어 구체적 사물인 사과를 시각적으로 인지하는 것처럼, '사과'라는 단어를 듣거나 볼 때에도 마음속에 시각적 이미지가 생겨나는 것이다. 따라서 감각의 종류에 따라 이미지를 유형화하기도 하는데, 감각이 실제 지각 기관에 주어지는 것이 아니라 마음속에 재생된다는 의미

3 Alex Preminger & T. V. F. Brogan ed., *The New Princeton Encyclopedia of Poetry and Poetics*, Princeton University Press, 1974(1993), 556면.

에서 흔히 '정신적 이미지(mental image)'라 부른다. 정신적 이미지에는 시각적 이미지뿐 아니라 청각적·후각적·미각적·촉각적 이미지가 있으며, 자극의 장소에 따라 기관 이미지(맥박, 호흡, 장기 감각)나 근육 이미지(근육, 운동 감각)까지 포함된다. 한편 하나의 감각이 단독으로 발생하는 경우와 달리, 하나의 감각에서 다른 감각으로 전이가 일어나는 경우를 '공감각적 이미지'라 부른다. 가령 "나비 허리에 새파란 초승달이 시리다."(김기림, 「바다와 나비」)라는 시구를 보자. "새파란 초승달"이라는 시각적 이미지가 "시리다"는 촉각적 이미지로 전이되면서 나약한 존재가 처해 있는 현실의 냉혹함이 더욱 입체적으로 드러난다.

그러나 이처럼 감각의 종류에 따라 이미지를 분류하는 것은 그 자체로 시의 이미지를 이해하는 데 크게 도움이 되지 않는다. 왜냐하면 시의 이미지는 하나의 단어나 그것에 귀속되는 감각 정보만으로 구성되는 것이 아니기 때문이다. 이미지는 하나의 단어를 넘어 시구나 시행 전체, 시의 전체적인 흐름과 전개를 통해 시의 의미화 작용에 참여한다. 다시 말해 이미지는 사물에 대한 시적 주체의 반응을 총체적으로 구현하는 핵심적인 매개물이라 할 수 있다.

바다는 뿔뿔이
달아나려고 했다.

푸른 도마뱀 떼같이
재재발랐다.

꼬리가 이루
잡히지 않았다.

흰 발톱에 찢긴
산호보다 붉고 슬픈 생채기!

—정지용, 「바다 2」 부분

이 시의 소재는 바다이다. 그러나 여기에 드러난 바다의 이미지는 매우 낯설고 새로운 것이다. 이 새로움은 단순히 바다를 바다로 재인(再認)하는 것이 아니라 바다와 주체의 마주침을 감각적인 사태로 기록한 데에서 비롯된다. 바다가 "푸른 도마뱀 떼"에 비유되면서 밀려가고 밀려오는 파도의 움직임은 달아남, 재재바름, 꼬리 치며 사라짐, 발톱으로 할퀌 등의 신선한 이미지로 재탄생한다. 이처럼 다양한 시각적 이미지들이 일관된 지평에 따라 배치됨으로써 하나의 강렬하고도 통일된 이미지가 만들어진다. 이때 중요한 것은 푸른색, 흰색, 붉은색 등의 개별적인 시각 이미지들이 아니라 시구와 시행, 연과 연의 이미지들이 서로 연합하여 만들어 내는 바다의 복합적이고도 역동적인 의미라 할 수 있다.

이와 같이 이미지는 사물이나 세계에 대한 시인의 직관과 태도를 반영하며, 따라서 시인의 개성적 시각과 시적 인식을 드러낸다. 이미지즘 시 운동의 선봉에 섰던 파운드(E. Pound)는 이미지를 "순간에 지적이고 정서적인 복합체를 전달하는 무엇"이라고 정의하였다.[4] 이처럼 복합적이고 총체적인 언어 표현으로서의 이미지는 한 편의 시에서 다양한 기능을 수행한다.

① 우리 모두 화살이 되어
　온몸으로 가자

— 고은, 「화살」 부분

② 아버지의 침상(寢床) 없는 최후의 밤은
　풀벌레 소리 가득 차 있었다

— 이용악, 「풀벌레 소리 가득 차 있었다」 부분

4 Ezra Pound, "A Few Don'ts", T. S. Eliot ed., *Literary Essays of Ezra Pound*, Faber and Faber, 1954, 4면.

③ 사방이 몸을 비워 놓은 마른 길에
　하늘이 내려와 누런 돌멩이 위에 얹힌다

— 오규원, 「하늘과 돌멩이」 부분

①에서 이미지는 시인이 전달하고자 하는 관념이나 의미를 구체적인 형상으로 전환함으로써 생생하게 만들어 주는 역할을 한다. 활시위를 떠나 과녁을 향해 돌진하는 화살의 이미지는 소시민적 일상을 떨치고 세상의 부조리에 맞서는 정의의 정신을 구체적으로 형상화한다. 여기서 화살은 정의 혹은 정의를 위한 고귀한 희생이라는 추상적 관념을 감각적으로 매개함으로써 부정에 항거하는 정신과 그에 대한 동참을 강렬한 이미지로 전달한다. ②는 아버지의 죽음이라는 비극적 사건을 청각적 이미지에 집중시켜 표현하고 있다. 시인은 낯선 나라의 길바닥에서 최후를 맞은 아버지의 죽음을 지극히 건조한 어조로 진술한다. 그러나 철저히 절제된 것처럼 보이는 화자의 감정은 고스란히 "풀벌레 소리"로 전이된다. 온 천지에 가득 찬 풀벌레 소리는 세상을 가득 채울 정도로 큰 화자의 슬픔을 대변하는 것이다. 이처럼 이미지는 시인의 주관적 감정을 객관화함으로써 읽는 이에게 정서를 불러일으키는 역할을 한다.

그러나 이미지가 단지 의미나 관념의 보충물이거나 정서를 효과적으로 전달하기 위한 도구에 그치는 것은 아니다. ③에서 텅 빈 길 위에 돌멩이가 있는 풍경은 하늘이 돌멩이 위에 얹혀 있는 낯선 이미지로 제시되어 있다. 오규원은 관념이나 정서를 최대한 배제한 '날이미지'를 통해 하나의 자립적인 세계를 구축하고자 하였다. 이러한 이미지는 관념의 지시나 대상의 재현에 봉사하는 것이 아니라 이미지 자체의 환기력을 통해 독립적이고 자율적인 세계를 형성한다. 김춘수는 ①, ②와 같은 이미지를 '비유적(metaphorical) 심상', ③과 같은 이미지를 '서술적(descriptive) 심상'[5]이라 명명하고 한국 현대시를 두 부류로 계

5 김춘수는 관념이나 사상을 갖지 않은 채 심상 자체로 제시되는 이미지를 '서술적 심상'이라고 하였는데, 사실 'descriptive'에 대한 번역으로는 'narration'을 뜻하는 '서술적'보다는 '묘사적'이라는 용어가 더 적절하다. 김춘수의 '서술적 심상'을 '묘사적 심상'으로 수정해야 한다는 주장은 여러 논자들에 의해 제기되었다.

보화하였다. 그에 따르면 전자는 관념에 봉사하기 때문에 불순한 것이고, 후자는 아무런 대상을 갖지 않고 그 자체로 존재하기 때문에 순수한 것이다. 김춘수의 '무의미 시'나 오규원의 '날이미지 시'는 대사회적 의미화나 인간 중심적 관념을 배제한 순수시에 대한 지향을 시론화한 것으로 볼 수 있다.

이처럼 이미지의 기능을 의미의 전달, 정서의 환기, 자립적 세계의 구축 등으로 정리해 볼 수 있지만, 이러한 구분은 편의적인 것에 불과하다. 이미지는 의미와 분리될 수 없으며 마찬가지로 정서와 분리될 수도 없다. 이미지는 직접적인 취의를 갖지 않는다 해도 일종의 내적 의미화를 거치게 되며, 최대한 객관적 재현이고자 하는 순간에도 정념에 상응하는 어떤 것을 표상하게 된다. 그러므로 이미지는 재현인 동시에 곧 표현이며, 그 자체로 이미 사물이나 세계에 대한 의식의 한 형태라 할 수 있다.

이 읍에 처음 와 본 사람은 누구나
거대한 안개의 강을 거쳐야 한다.
앞서간 일행들이 천천히 지워질 때까지
쓸쓸한 가축들처럼 그들은
그 긴 방죽 위에 서 있어야 한다.
문득 저 홀로 안개의 빈 구멍 속에
갇혀 있음을 느끼고 경악할 때까지.

어떤 날은 두꺼운 공중의 종잇장 위에
노랗고 딱딱한 태양이 걸릴 때까지
안개의 군단(軍團)은 샛강에서 한 발자국도 이동하지 않는다.

— 기형도, 「안개」 부분

이 시를 지배하고 있는 것은 안개로부터 생성된 독특한 이미지이다. 그것은 우리에게 익숙한 안개의 이미지와는 다르다. 이 시에서 안개는 사람들을 가두는 "빈 구멍"이고, 태양마저 가리는 "두꺼운 공중의 종잇장"이며, 낮에도 걷히지 않는 철벽같은 "군단"이다. 이 "희고 딱딱한 액체"는 식물들과 공장들을 빨아들이고, 끔찍한 사건을 감추고, 사람들을 떠나게 하고, 기억에서 지워 버린다. 이토록 어둡고 음흉한 안개의 이미지는 그 자체로 우울한 분위기와 심리적 공포를 환기한다. 기형도의 시가 1980년대 '광주'로 상징되는 시대의 어둠과 상처를 배경으로 하고 있음은 물론이다. 그러나 이 시에서 중요한 것은 어떤 관념이나 목적, 대사회적 메시지가 아니라 안개 자욱한 소읍의 이미지가 환기하는 절망과 무기력, 공포와 죽음, 집단적 고통과 무감각 그 자체라 할 수 있다. 이처럼 압도적인 감각으로 엄습하는 안개의 이미지는 그대로 시의 의미이자 정서이며, 고유하고도 주관적인 언어의 운용을 통해 생성된 하나의 독립적 세계이다.

이미지가 시에 고유한 것이라면 그것은 어디까지나 언어의 사건으로 발생하는 이미지라는 점에서 그러하다. 이미지의 감각적 속성이 시에 기여하는 부분은 생생함이라는 전달 효과를 넘어, 그것이 언어를 통해 환기하는 감각적 사건으로서의 의미화에 있다. 의미는 이미지의 배후에 숨겨져 있는 것이 아니라 이미지가 그 자체로 의미들의 상관관계를 현시한다. 이미지의 의미화, 의미의 이미지화는 시적 주체의 주관성이 조직해 내는 문장의 배치와 통사의 운용에 의해 총체적 결과물로 창출되는 것이다. 이미지는 언어의 다양한 요소들과 그것들의 고유한 조직에 의해 솟아오르는 감각의 운동이며, 그 결과 우리는 언어에 의해 환기되는 독창적이고도 자율적인 이미지의 세계에 감응하게 되는 것이다.

2——리듬

리듬(rhythm)의 어원으로 알려진 '류트모스(rhuthmos)'는 흐르는 행위, 즉 물결처럼 고정되지 않는 동적인 운동을 뜻한다.[6] 그러나 플라톤(Platon)에 이르러

이 개념은 운동 속의 질서 혹은 척도로 해석되었고, 이후 유동적이고 자율적인 흐름보다는 규칙적이고 반복적인 운동의 형식을 지칭하는 개념으로 고정되었다.[7] 그리하여 리듬론은 오랫동안 시작법이나 수사학의 운율론으로 대체되어 왔다. 운율(韻律)은 '압운(押韻, rhyme)'과 '율격(律格, meter)'이 결합된 말이다. 압운은 동일한 위치에서 소리의 규칙적인 반복을 말하며, 율격은 음절이나 고저, 장단, 강약의 규칙적인 반복을 말한다. 따라서 운율론은 소리의 조직화 및 그것의 미적 효과를 시의 형식적 차원에서 규명하고자 하는 이론이라 할 수 있다.

압운은 한시나 영시에서 주로 나타나는 것으로, 시행의 특정한 위치에서 동일한 음운적 자질이 반복되는 현상이다. 압운은 소리의 반복이 나타나는 위치에 따라 두운, 요운, 각운 등으로 유형화할 수 있다.[8] 그러나 우리의 고전 시가나 현대시에서는 엄격한 압운의 규칙성을 찾아보기 힘들다. 우리말의 교착어적 특성상 어휘나 어절, 통사 구조의 반복이 음절의 반복보다 우세하기 때문이다.[9] 따라서 한국 시의 운율과 관련하여 논의의 중심을 이루어 온 것은 주로 율격론이었다. 율격론은 로츠(J. Lotz)의 분류에 기반하는데,[10] 하나는 음절 수의 규칙에 의해 만들어지는 음수율이고, 다른 하나는 음운의 2차적 특징에 의해 만들어지는 고저율, 장단율, 강약률 등이다. 그러나 로츠의 분류에서 우리의 고전 시가나 현대시에 적용할 수 있는 율격이 있는지에 대해서는 많은 이견과 논란이 이어져 왔다.

그중에서도 가장 많은 논의가 이루어진 것은 음수율을 통해 한국 시의 정형

6 루시 부라사, 『리듬의 시학을 위하여』, 조재룡 역, 인간사랑, 2007, 146면.

7 Alex Preminger & T. V. F. Brogan ed., 앞의 책, 1067면. 이 사전에서는 리듬의 패턴을 네 가지 특징, ①규칙성(regularity), ②변주(variation), ③배치(grouping), ④위계화(hierarchy)로 정리하고 있다.

8 두운은 단어의 첫 자음이 반복되는 경우를, 요운(중간운)은 하나 이상의 압운어가 시행 내에 있는 경우를 말한다. 각운은 압운 중에서 가장 많이 사용되는 것으로, 시행의 마지막 강음절의 모음과 자음이 다양한 방식으로 반복되는 경우를 말한다. 김준오, 『시론』, 삼지원, 1982(2002), 136면 참조.

9 김대행, 『한국 시가 구조 연구』, 삼영사, 1976, 57면.

10 John Lotz, "Metric Typology", Thomas A. Sebeok ed., *Style in Language*, Technology Press of M.I.T., 1960.

성을 규명하려는 노력이었다. 음수율은 동일한 글자 수의 반복에 의해 만들어지는 율격으로, 시조의 형식을 3(4)·4조로 설명하거나 7·5조를 민요조로 규정하는 방식이 음수율론에 해당한다. 그런데 문제는 고전 시가에서 한 행을 이루는 음절 수가 고정적이기보다는 상당히 가변적이어서 이러한 음절 규칙에 맞는 것보다 예외가 더 많다는 데 있다. 사실상 음수율은 근대 자유시의 새로운 율적 형식을 모색하는 과정에서 사후적으로 구성된 것이었다. 이러한 음수율의 한계를 극복하고 한국 시의 고유한 율격 개념을 새롭게 정립하고자 하는 노력에서 나온 것이 음보율이다. 음보율은 음절 수의 가변성을 음악적 특성으로 수용하여 율독의 호흡과 시간적 등장성을 고려한 개념이다.[11] 음보란 음절이 모여 이루어진 소리의 덩어리로, 음보율은 이러한 음보의 규칙적인 반복 현상을 가리킨다. 따라서 음절 수는 가변적일지라도 3음절 내지 4음절을 휴지(休止)의 주기로 하여 동일한 시간량을 반복하는 음보의 규칙성으로 우리 시가의 율격적 특성을 설명할 수 있게 된다.

이러한 음보율이 널리 받아들여진 것은 고전 시가와의 연속성 속에서 현대시의 운율을 설명할 수 있게 해 주기 때문이다. 가령 "나 보기가 역겨워/가실 때에는/말없이 고이 보내 드리오리다"(김소월, 「진달래꽃」)는 3음보의 변형 율격으로, "머언 산/청운사//낡은/기와집//산은/자하산//봄눈/녹으면"(박목월, 「청노루」)은 4음보의 변형 율격으로 설명된다. 자유로운 행과 연의 배열로 현대적인 시형을 갖추고 있지만, 통사론적 혹은 의미론적 휴지를 통해 전통적인 음보율을 읽어 낼 수 있다. 김소월이나 청록파의 시에 나타나는 이러한 율격은 전통적 미의식의 현대적 계승이라는 점에서 시사적 의의를 부여받는다. 이처럼 현대시의 운율을 전통 율격의 변형 및 새로운 창조로 설명하려는 논의들이 있었는데, '율격과 파격의 변주'(성기옥), '일반적 규칙의 구체적인 실현'(조동일),

11 음보는 일정한 휴지에 의해 구분되는 단위인데, 음보의 규칙성은 음절 수의 동일성이 아니라 율독의 호흡에서 발생하는 시간적 길이의 동일성으로 확보된다. 이러한 시간적 등장성은 음악에서 마디나 박자 개념과 연관하여 설명됨으로써 합리적 타당성을 획득한다. 하지만 음보의 휴지가 문법적 단위인지, 율격적 단위인지, 아니면 '응집력 있는 구절(colon)'처럼 의미론적 단위인지는 불분명하며, 사람에 따라 휴지가 달라질 수 있다는 점에서 음보 개념은 여전히 자의성 논란을 피하기 어렵다.

‘낯설게 하기’(김준오) 등이 대표적이다.

그러나 자유시와 산문시의 출현은 리듬에 관한 사유에 근본적인 변화를 요구한다. 리듬과 자연의 규칙적 순환, 리듬과 음악, 리듬과 운율을 동일시하는 관점은 시의 리듬을 ‘반복적인 주기성’에 속박시킬 수밖에 없다. 하지만 현대시는 규칙성이나 정형성을 찾아볼 수 없는 자유시가 대부분이며, 산문시의 등장과 함께 ‘시 = 운문’이라는 등식에도 균열이 생겼다. 자유시의 리듬을 설명할 수 없는 난감함이 ‘내재율’이라는 개념을 만들어 냈지만, 그것은 여전히 실체 없는 이름에 불과하다.[12] “파도의 모양과 크기와 속도만큼이나 무한히 다양한 파동의 흐름”[13]이라는 파울러(H. W. Fowler)의 정의처럼 리듬은 개별 시의 장에서 이루어지는 주관적이고 특수한 언어의 운용으로 형성된다. 리듬이 무한히 다양한 흐름인 이유는 그것이 규칙적인 휴지나 문장의 분절로 분석될 수 없기 때문이며, 그렇게 분석될 수 없는 이유는 리듬이 언어의 조직과 흐름을 통해 의미의 개별화를 실천해 가는 과정이기 때문이다. 그러므로 리듬은 말의 소리와 운동이 의미가 되어 가는 과정을 규명하기 위한 개념, 즉 “의미 생성의 담지자”로서 접근되어야 한다.[14]

이와 같이 말의 운동을 통해 의미를 생성해 나가는 리듬의 원리를 몇 가지 양상을 통해 살펴보고자 한다. 먼저 반복을 통해 리듬이 구현되는 경우를 보자.

늦은 저녁때 오는 눈발은 말 집 호롱불 밑에 붐비다

늦은 저녁때 오는 눈발은 조랑말 발굽 밑에 붐비다

12 내재율은 자유시의 율격을 모색하던 1920년대 일본에서 들어와 널리 통용되던 용어로, 시인 자신의 감정과 기분을 반영하는 비물질적인 리듬에 붙여진 이름이었다. 이는 근대 초기 자유시의 리듬을 규명하고자 했던 한국과 일본에서 ‘자유시의 내부에 있다고 생각되는 리듬’을 지칭하기 위해, 실제로 서구에는 없는 개념인 ‘Inner Rhythm’이라는 용어를 발명해 낸 것이라 할 수 있다. 신지연, 『증상으로서의 내재율』, 소명출판, 2014 참조.

13 H. W. Fowler, *A Dictionary of Modern English Usage*(2nd ed.), Oxford University Press, 1965, 526면.

14 조재룡, 「리듬, 미지의 개념, 영원한 의미 생성의 담지자」, 『시는 주사위 놀이를 하지 않는다』, 문학동네, 2014.

늦은 저녁때 오는 눈발은 여물 써는 소리에 붐비다

늦은 저녁때 오는 눈발은 변두리 빈터만 다니며 붐비다

—박용래, 「저녁 눈」 전문

이 시는 "늦은 저녁때 오는 눈발"이라는 주어와 "붐비다"라는 서술어로 이루어진 동일한 통사 구조의 문장을 네 번 반복하고 있다. 이러한 반복 속에서 시선의 이동 혹은 시상의 연상에 따라 눈발이 붐비는 풍경이 변주된다. 화자의 감정이나 판단은 철저히 절제되어 있으며, 서술어조차 '붐비다'라는 원형으로 제시되어 시제나 어조도 드러나지 않는다. 하지만 지극히 단순한 문장의 반복으로 눈 내리는 저녁 풍경을 묘사한 것처럼 보이는 이 시에서 실제로 변주되는 것은 눈발의 풍경이 아니라 네 번 반복되는 '붐비다'라는 시어의 의미이다. 붐빈다는 것은 매우 분주하고 번잡스러운 상태를 가리키는 말이다. 처음에는 이러한 사전적 의미에 가까운 눈발의 형상으로 제시되지만, 시의 전개와 흐름에 따라 의미의 복수성이 빚어지면서 점차 쓸쓸하고 고요하고 텅 빈 '붐비다'가 생성된다. 그렇기 때문에 "늦은 저녁때 오는 눈발은 ~ 붐비다"를 네 번째 읽을 때에는 앞에서와 동일한 문장을 읽는 것이 아니라 이때까지 축적되어 온 말의 운동이 일으키는 의미의 사건을 읽게 된다.

흔히 반복은 현대시에 남아 있는 최소한의 규칙성의 흔적이거나 리듬을 외형적으로 드러내는 형식적 표지로 여겨진다. 그러나 시에서의 반복은 상이한 것을 같게 할 목적에 봉사하거나 주기적인 출현을 통해 의미의 확정성을 획득하기 위한 수단이 아니라, 유사성 속에 미묘한 차이를 만개시키면서 의미화의 절차를 구축해 가는 수단이다. 이것이 바로 말의 운동을 통해 의미의 특수성을 실현하는 반복의 원리이자 효과라 할 수 있다. 그러므로 엄밀히 말하면 시에서 동일한 것의 순환이라는 의미로서의 반복은 불가능하다고 할 수 있다. 반복이 리듬을 구현하는 경우는 그것이 동일성의 위장된 성격을 드러내고 의미의 복합적 층위를 끌어내는 절차가 될 때뿐이다.

한편 리듬은 시의 행이나 연의 배치와 밀접하게 연관된다. 람핑(D. Lamping)은 시를 "시행을 통한 발화", 즉 특별한 분절 방식을 통해 리듬에 있어 정상 언어적 발화로부터 이탈하는 모든 발화로 규정한다.[15] 그에 따르면 특히 '시행 걸침(앙장브망)'[16]처럼 시행 구성이 문장 구성과 일치하지 않는 경우에 시행 발화의 근본적인 고유성이 드러난다.

> 욕망이여 입을 열어라 그 속에서
> 사랑을 발견하겠다 도시의 끝에
> 사그라져 가는 라디오의 재갈거리는 소리가
> 사랑처럼 들리고 그 소리가 지워지는
> 강이 흐르고 그 강 건너에 사랑하는
> 암흑이 있고 3월을 바라보는 마른 나무들이
> 사랑의 봉오리를 준비하고 그 봉오리의
> 속삭임이 안개처럼 이는 저쪽에 쪽빛
> 산이
>
> 사랑의 기차가 지나갈 때마다 우리들의
> 슬픔처럼 자라나고 도야지우리의 밥찌끼
> 같은 서울의 등불을 무시한다
> 이제 가시밭, 덩쿨장미의 기나긴 가시가지
> 까지도 사랑이다
>
> 왜 이렇게 벅차게 사랑의 숲은 밀려닥치느냐

15 디터 람핑, 『서정시 — 이론과 역사』, 장영태 역, 문학과지성사, 1994, 40면.

16 앙장브망(enjambement)은 앞 행의 끝 구절이 다음 행에 걸쳐 있는 시구로, 시행의 분절이 구문론적 구조와 어긋나는 경우를 말한다. '시행 이월', '시행 엇붙임', '행간 걸침', '시행 걸침' 등 여러 가지로 번역되는데, 이 글에서는 '시행 걸침'이라는 번역어를 선택한다.

사랑의 음식이 사랑이라는 것을 알 때까지

— 김수영, 「사랑의 변주곡」 부분

이 시는 의미론적 단위나 통사론적 단위를 배반하는 행과 연의 독특한 배치를 보여 준다. 1연에서는 과격한 시행 걸침으로 배치된 문장들이 연결 어미 '-고'와 지시 대명사 '그'로 연쇄되면서 출렁이는 호흡의 양상을 보인다. 이러한 리듬은 욕망에서 사랑을 발견하겠다는 의지를 구현한다. 김수영에게 '욕망'은 사물과 현상을 고정된 사실로 바라보려는 욕심, 내 안에 자리 잡은 기성의 질서라 할 수 있다. 그러나 통사 구조와 어긋나는 1연의 시행 걸침은 욕망과 사랑의 대결 구도가 아니라 욕망 안에서 시작되는 사랑의 번짐을 보여 준다. 사랑의 파도는 열림과 닫힘, 이어짐과 끊어짐의 출렁임을 반복하며 "도시의 끝"에서부터 "저쪽에 쪽빛/산"까지 밀려간다. 사랑의 연쇄의 가장 바깥이면서 가장 큰 동심원인 "산이"는 문장을 완결 짓지 않은 채 연 단위의 시행 걸침을 감행한다.

1연을 끝맺은 "산이"라는 주어는 2연의 두 개의 서술어와 연결된다. 산은 "우리들의/슬픔처럼 자라나고", "도야지우리의 밥찌끼/같은 서울의 등불을 무시한다". 사랑의 동심원인 산은 우리들의 슬픔 같은 혼돈을 열고, 도시를 지배하는 욕망의 질서를 닫는다. 이제 사랑에 흠뻑 물든 세계는 "가시밭", "기나긴 가시가지"까지도, 첨단(尖端)까지도 놓치지 않는 "까지도 사랑"이다. 행갈이에 의해 강조된 "까지도"는 사랑의 연쇄의 동심원을 끝까지 한껏 밀어붙인다. 여기까지 행과 행, 연과 연에 걸쳐 과격한 시행 걸침으로 구현된 사랑의 밀려닥침은 3연 첫 행에 이르러 하나의 완결된 문장 형식으로 정리된다. 그러나 뒤이어 등장하는 도치된 부사구는 벅찬 사랑에 대한 감탄이 터져 나옴과 동시에 바로 사랑의 한계를 준비한다. 사랑은 "사랑의 음식이 사랑이라는 것을 알 때까지"만 밀려닥친다. "까지도"(극단의 포함)로 한껏 범람한 사랑은 "때까지"(범위의 한정)에서 멈추게 된다. 사랑에 대한 앎에 도달하는 순간 사랑은 전환되는 것이다.

「사랑의 변주곡」은 혼돈을 시작하는 사랑의 기술이 열렬과 간단(間斷), 눈뜸과 눈감음, 단단함과 고요함, 혁명과 일상으로 변주되는 리듬임을, 그리고 그것이 '지금-여기'에서 발아되어 도래할 미래로 끊임없이 변주되는 것임을 보여 주는 한 편의 아름다운 '의미-형식'이다.[17] 이 사랑의 변주는 기존 선율의 교정이 아니라 그것으로부터의 이행이며, 기존 선율을 어떤 척도에 맞추어 변형하는 것이 아니라 척도 자체를 바꾸어 버리는 파격이다. 이처럼 시와 행의 배치를 통해 구현되는 통사의 특수한 운용은 우리가 아는 언어의 일상 용법, 구조적 관성, 승인된 구문과 통념을 탈자동화하고 위반하는 자리에서 리듬의 개별화를 실현한다. 그러므로 시에서의 리듬은 '의미 구별소'이며[18] 질서화와 그것의 와해라는 복잡한 상호 관계를 통해 의미를 생성해 가는 특수한 절차라 할 수 있다.

한편 더는 시행 발화로 규정될 수 없는 산문시의 경우에도 리듬이 없다고는 말할 수 없다. 리듬을 운율과 동일시하는 전통적인 관점에 따르면 '산문시' 혹은 '산문의 리듬'이라는 개념은 모순이거나 단순한 비유에 불과하다. 그러나 산문시는 시와 산문, 운문과 산문이라는 유서 깊은 이분법에 강력한 의문을 던지면서, 현대시의 리듬에 대한 접근이 더는 형식적인 관점을 통해서는 불가능하다는 것을 시사한다.[19]

> 당신……, 당신이라는 말 참 좋지요, 그래서 불러 봅니다 킥킥거리며 한때 적요로움의 울음이 있었던 때, 한 슬픔이 문을 닫으면 또 한 슬픔이 문을 여는 것을 이만큼 살아옴의 상처에 기대, 나 킥킥……, 당신을 부릅니다 단풍의 손바닥, 은행

17 이 시에 대해서는 여러 연구자들이 '사랑의 변주곡'이라는 제목에 천착하여 작품의 내용과 형식이 유기적으로 결합하여 변주의 리듬을 따라 진행된다는 논의를 펼쳤다.

18 유리 로트만, 『시 텍스트의 분석 — 시의 구조』, 유재천 역, 가나, 1987, 91면.

19 허수경의 시를 산문시의 리듬 측면에서 분석하는 이 글의 논점은 다음의 선행 연구들에 크게 빚지고 있다. 파트릭 모리스, 「언어학적 리듬과 시적 리듬 — 한국 산문시의 문제: 주요한의 경우」, 『대동 문화 연구』 제29호, 성균관대학교 대동문화연구원, 1994; 조재룡, 「산문시의 이론화와 그 문제점(1) — 이원론의 시학을 넘어서」, 『프랑스학 연구』 제23권, 프랑스학회, 2002; 조재룡, 「솔어리 솔어리ᄅᆞᆺᄃᆞ Rhythm의 솔어리ᄅᆞᆺᄃᆞ」, 『시는 주사위 놀이를 하지 않는다』.

의 두 갈래 그리고 합침 저 개망초의 시름, 밟힌 풀의 흙으로 돌아감 당신……, 킥킥거리며 세월에 대해 혹은 사랑과 상처, 상처의 몸이 나에게 기대와 저를 부빌 때 당신……, 그대라는 자연의 달과 별……, 킥킥거리며 당신이라고……, 금방 울 것 같은 사내의 아름다움 그 아름다움에 기대 마음의 무덤에 나 벌초하러 진설 음식도 없이 맨 술 한 병 차고 병자처럼, 그러나 치병과 환후는 각각 따로인 것을 킥킥 당신 이쁜 당신……, 당신이라는 말 참 좋지요, 내가 아니라서 끝내 버릴 수 없는, 무를 수도 없는 참혹……, 그러나 킥킥 당신

— 허수경, 「혼자 가는 먼 집」 전문

이 시는 형식상으로나 인쇄 형태로 드러나는 시각상으로나 산문의 형태를 취하고 있다. 한마디로 산문시에는 리듬의 단위로 파악할 수 있는 시행이 결핍되어 있다. 그러나 시행 분절이라는 형식적 요소가 없다 하더라도 의미를 구성해 가는 말의 운용 자체가 곧 리듬의 생성 과정이라는 것을 알 수 있다. 무엇보다도 이 시의 발화적 특성은 다양한 휴지의 장치가 산포되어 있는 가운데 어디서 어떻게 끊어 읽어야 할지를 확정할 수 없다는 데 있다. 이러한 휴지는 이야기나 서술의 선적 진행에 수시로 단절 효과를 가져올 뿐 아니라, 결국 끝까지 다 읽고 나서야 시 전체의 발화에서 간신히 추적해 낼 수 있는 문장의 단위를 고지한다. 이처럼 산문시에서 문장의 단위는 산문이 복종할 수밖에 없다고 여겨지는 통사의 규칙에 의해서가 아니라 한 편의 시 전체를 지배하고 이끌어 가는 특수한 말의 운용에 의해 그때마다 새롭게 고안되어 나온다.

예컨대 한 번도 사용되지 않은 마침표에 비해 빈번하게 출현하는 쉼표와 말줄임표가 눈에 띄는 휴지의 장치라면, 반복되는 "당신"과 "킥킥(거리며)" 또한 예상치 못한 자리에서 논리적인 구문의 전개를 깨뜨림으로써 지체와 멈춤의 순간을 가져온다. 그러나 쉼표와 말줄임표, 특정한 어휘의 반복적 끼어듦이 단순히 형식적인 표지나 동일한 휴지의 기능에 머무는 것은 아니다. 그것들은 서로 다른 길이의 휴지를 종용하며, 그로 인한 단절 효과와 의미 작용 또한 다르다고 할 수 있다. 이 시에서 쉼표는 가장 짧은 휴지와 함께 이어지는 문장

으로의 속행을 강요한다. 의미의 연상과 도약을 감행하는 쉼표는 오히려 멈추기 힘든 가쁜 호흡으로 읽히면서 끊이지 않는 슬픔의 연쇄에 빠져들게 한다. 반면 "당신" 혹은 "킥킥(거리며)"와 앞뒤로 걸리면서 등장하는 말줄임표는 시간적 지체와 머뭇거림의 간격을 마련함으로써 "당신"을 발화하는 일 자체에 감정이 실리게 한다. 특히 "킥킥"이나 "킥킥거리며"는 말줄임표에 힘입은 지체 속에다 말하는 자의 목소리, 그리고 그 목소리에 대한 참을 수 없는 이질감을 동시에 부려 놓음으로써 '구술성(orality)'을 실현한다. 이 순간이야말로 산문적 서술에 그 이상의 무언가가 결부되는 순간이며, 문법이나 형식의 차원에서는 설명할 길 없는 리듬이 생성되는 순간이다.

「혼자 가는 먼 집」은 숨 가쁘게 이어지는 부분과 하염없이 지체되는 부분의 번갈아듦을 통해 호흡의 완급과 긴장을 만들어 낸다. 그것은 마치 "한 슬픔이 문을 닫으면 또 한 슬픔이 문을 여는 것"처럼 말이 흘러나오고 멈추고 다시 흐르는, 감정이 막혔다가 다시 열리고 또 막히는 저 주관적인 정동(情動)의 흐름을 재현한다. 이러한 리듬에 크게 기여하는 것은 구두점의 특수한 운용이다. 일상적인 용법에는 어긋나거나 보통의 산문에서는 불필요해 보이는 구두점의 사용이 중요한 의미 효과를 동반하면서 언어의 주체화를 수행한다. 물론 이러한 구두점의 의미화는 당신을 차마 부를 수 없을 것 같은, 그럼에도 반복해서 부를 수밖에 없는 주체의 목소리와 연동되어 있기에 가능한 것이다. 이처럼 산문시는 시의 형태적 표지로 여겨져 왔던 시행 분절이 결핍되어 있음에도, 바로 그 시행 분절이 수행하는 동력, 즉 리듬을 특수하고 주관적인 방식으로 실현함으로써 시적 발화가 된다. 그러므로 산문시는 어떤 외적 제약이나 형식상의 관례로도 규정될 수 없는 시적인 것, 즉 리듬의 의미화와 의미의 리듬화를 오로지 한 편의 시를 구성해 가는 내적 과정을 통해 보여 준다고 할 수 있다.

비유와 상징, 알레고리
—유사성으로 말하기

최남선은 '기차'를 "빨리 부는 바람의 형세 같"(『경부 철도 노래』)다고 노래한 반면, 정지용은 "괴상하고 거 — 창한 파충류 동물"(「파충류 동물」)이라고 명명했다. 국토를 달리는 동일한 기차를 두고 서로 다르게 비유한 까닭은 무엇일까. 근대 계몽기의 인물 최남선은 문명개화의 시급한 달성이 부국(富國)을 이루게 할 것이라 믿었다. "빨리 부는 바람"은 기차의 속도뿐 아니라 그것을 낳은 기술 문명의 우수성을 상징한다. 하지만 정지용은 두 가지 인상 때문에 기차에서 부정적인 '파충류 동물'을 떠올린다. 하나는 시커먼 연기를 내뿜고 소리 지르며 달아나는 겉모습이다. 다른 하나는 조선 강토를 가로지르는 기차의 폭력성이다. 기차가 "자토(赭土) 잡초(雜草) 백골(白骨)을 짓밟으며/둘둘둘둘둘둘 달아"난다는 표현은 철도 건설과 운행 시 조선에 가해지는 각종 침탈과 파괴를 비유한 것이다. 요컨대 최남선은 기차를 통해 문명화된 국가를 꿈꾸었다면, 정지용은 기차에서 국토의 상실과 민중의 고통을 엿보았던 것이다.

최남선과 정지용의 기차에 대한 비유는 시적 동일성이 무엇보다 서로 다른 대상 사이에서 발견되는 유사성 때문에 성립됨을 알려 준다. 그러나 두 기차 사이의 차이성, '바람'과 '파충류'가 암시하듯이 시적 동일성은 유사성의 발견에만 그치지 않는다. 궁극적으로 대상들의 이질성과 유사성이 통합되었을 때 탄생하는 새로운 세계 및 의미 생산을 목적한다. 최남선과 정지용의 기차는 실제 현실에서 경험한 기차에 대한 긍정성이나 부정성 때문에 상반된 이미지를 갖게 된 것이다. 이것은 시적 동일성이 개인의 정서와 개성만을 표현하기 위한 것이 아님을 뜻한다. 그보다는 분산된 온갖 만상(萬象)에 일정한 질서와 체계, 의미를 부여하기 위한 결속과 통합의 원리로 이해된다. 시적 동일성의 추구가 세계에 대한 감각적 활동을 넘어 세계를 이해하고 분석하며 재배치하는 지적 활동으로 간주되는 이유이다.

비유와 상징, 알레고리는 서정시 특유의 동일성, 다시 말해 자아와 세계의 통합을 실현하는 가장 기본적인 방법들이다. 비유는 서로 다른 대상과 대상, 즉 원관념(취의, tenor)과 보조 관념(매개, vehicle) 사이의 유사성을 통해 그 대상들의 새로운 이미지와 의미를 발견하고 통합한다. 비유의 방법은 대상들의 유사성에 주목하는 직유와 은유, 유사성을 전제로 한 대상을 다른 대상으로 대체하거나 치환하는 환유와 제유로 크게 구분된다. 상징은 흔히 '원관념이 생략된 은유'로 설명된다. 상징은 원관념과 보조 관념을 함께 거느리는 은유와 달리 하나의 보조 관념을 통해 다수의 원관념을 환기한다. 원관념과 보조 관념 사이의 비유적 비교가 생략·은폐된 셈인데, 그래서 상징의 원관념은 추상적이거나 불확정적일 경우가 많다. 알레고리는 구체적 대상(보조 관념)을 활용하여 추상적 의도나 교훈적 태도(원관념)를 표현하는 '확장된 비유'의 일종이다. 흔히 풍유(諷諭)나 우의(寓意)로 번역되는 것에서 보듯이 세계와 인간의 부정적인 속성을 비판하고, 본받아 마땅한 진선미를 권장하기 위해 사용된다. 이러한 차이들에도 불구하고 비유와 상징, 알레고리는 화려한 기교와 수사를 넘어 세계에 대한 새로운 인식과 표현을 지향하는 시적 목표를 공유한다.

1——비유

비유(比喩)의 원어 'metaphor'는 그리스어 'metaphora'에서 왔으며, 초월

또는 변화를 뜻하는 'meta'와 운반 또는 이동을 뜻하는 'phora'가 합쳐진 말이다. 아리스토텔레스(Aristoteles)는 이 원리를 "한 명칭이 (일상적으로 지시하는 바에서 다른 대상으로) 전환한 것"으로 정의하였다.[1] 비유법은 흔히 'A는 B다'라는 공식으로 표현되는데, 원관념(A)은 보조 관념(B)을 통해 그 의미와 정서를 드러낸다는 뜻이다. 이 공식은 A와 B의 유사성을 발견하는 의미 탐색과 그것들의 결합 작용을 모두 포괄한다. 비유의 핵심은, 그것이 종종 '의미의 동작'으로 정의되는 데에서 보듯이, 유사성의 발견이 아니라 그를 통한 새로운 의미의 발굴과 변환이다.[2]

A와 B의 동시적 의미 변환과 결합에 의해 생겨나는 '복합 개념(composite idea)'은 A와 B를 하나로 결속하면서도 각각의 독립성을 보유하게 하는 장점이 있다. 이러한 복합성은, 비유는 차이성 속의 유사성을 필요충분조건으로 한다거나, 비유는 현실의 복잡성을 관조하는 성숙한 마음의 운동이라는 말의 근거로 작용한다.[3] 예컨대 안도현의 "삶이란/나 아닌 그 누구에게/기꺼이 연탄 한 장 되는 것"(「연탄 한 장」)이라는 시구가 있다. 이를 단순화하면 '삶은 연탄 한 장이다'로 축약·비유할 수 있다. 이때 '삶'과 '연탄'을 통합하는 것은 양자의 표면적 유사성이 아니라 '타자를 위한 희생'이라는 심층적 가치이다. 이것은 일상적 사물과 보편적 관념이 기초적인 언어를 통해 직조되고 있어 비유의 탁월성과 공감대를 더욱 넓히고 있다.

1) 직유와 은유

비유법 가운데 직유(直喩)는 비교적 기초적인 방법으로 이해된다. 원관념(A)과 보조 관념(B)이 '~와 같이', '~처럼', '~듯이'로 매개되는 장면에서 보

1 널리 통용되는 대로, 이 말의 핵심은 미지(未知)의 것을 이해하기 위해 그것을 기지(旣知)의 것으로 바꿔 부르는 언어적·심리적 운동, 즉 전이와 이월 작용에 있다.
2 필립 휠라이트, 『은유와 실재』, 김태옥 역, 문학과지성사, 1982, 68면.
3 더 자세한 내용은 김준오의 『시론』(삼지원, 1982(2002): 176~177면) 참조.

듯이, A와 B는 쉽게 비교될 법한 유사성을 공유해야 한다. 어원에 변환을 포함하는 은유(metaphor)와 달리 직유(simile)의 어원이 '비슷함(similar)'에 있는 것도 이와 무관하지 않다. 그렇다고 직유를 은유보다 저열한 수사법으로 간주할 필요는 없다. 직유는 보조 관념의 특질이 원관념의 형상과 의미를 대체로 지시하고 규정한다. 이는 원관념의 표현에 가장 적합한 보조 관념을 선택할 때 직유의 효과가 극대화됨을 의미한다. 그러려면 원관념과 보조 관념의 유사성에 대한 폭넓은 관찰과 예리한 포착이 반드시 필요하다.

이를테면 백석의 "말수와 같이 눈도 껌벅거리는"과 "살빛이 매감탕 같은"(「여우난골족」)이라는 직유를 보자. 두 표현은 차례대로, 설 쇠러 친정에 들른 '신리(新里) 고모'와 '토산(土山) 고모'를 묘사한 것이다. '신리 고모'는 아마도 말수도 적고 눈도 천천히 깜빡거릴 듯하다. 행동거지가 굼뜰 것 같은 인상이다. 하지만 그녀는 "하루에 베 한 필을" 짤 만큼 부지런하다. 베 짜는 일에 집중하다 보면 식구와도 말할 기회가 적어지는 법이다. 그런 생활 현실이 '말수'와 눈 껌뻑임에도 반영된 것은 아닐까. '토산 고모'는 '살빛'이 '매감탕'처럼 누르스름하다. 이 탁한 '살빛'은 그녀가 "포족족하니 성이 잘 나"서가 아니라 "사십이 넘은 홀아비의 후처"로 어렵게 살고 있기 때문에 얻어졌을 것이다. 이처럼 백석은 대상의 성격과 삶을 적확하게 드러내는 보조 관념을 선택함으로써 식민지 현실을 어렵게 살아가는 궁핍한 일족(여우난골족)의 삶을 개성적으로 부조하고 있다. 이 직유는 표현이 감각적이며 묘사가 정확한 까닭에 고모들의 어려운 삶을 넘어 그것을 조선 민중의 일반적인 삶으로 보편화·입체화하는 데 성공한다.

은유(隱喩)는 비유와 마찬가지로 'metaphor'를 어원으로 취한다. 원관념과 보조 관념의 유사성 표현에 집중하는 직유와 달리, (상대적 관점에서 말한다면) 은유는 양자의 비교를 통한 새로운 의미의 탐색과 확장에 초점을 맞춘다. 은유는 이 과정에서 발생하는 의미의 전이(轉移)의 폭과 정도에 따라 크게 두 가지로 분류된다. 하나는 친밀한 유사성을 바탕으로 원관념과 보조 관념 사이의 의미론적 이동에 초점을 맞추는 은유이다. 다른 하나는 서로 낯선 원관념과 보조 관념의 병치와 합성을 통해 새로운 의미를 창조하는 은유이다. 『은유와 실재』의 저자 휠라이트(P. Wheelwright)는 전자를 '치환 은유(置換隱喩, epiphor)'로, 후자를 '병치 은유(竝置隱喩, diaphor)'로 불러 그 특징을 구분한 바 있다. 물론 정말 중요한 것은 비유의 방법과 작용으로 은유를 양분하는 일이 아니다. 그의 말처럼 좋은 은유는 새로운 의미를 암시하는 힘(치환)과 새로운 존재를 창출하는 능력(병치)을 동시에 갖추는 것이다.

사람이 풍경으로 피어날 때가 있다
그게 저 혼자 피는 풍경인지
내가 그리는 풍경인지
그건 잘 모르겠지만

사람이 풍경일 때처럼
행복한 때는 없다

—정현종, 「사람이 풍경으로 피어나」 부분

이 시의 핵심은 '사람은 풍경이다'와 '그때가 가장 행복하다'라는 두 문장이 결합된 마지막 두 행이다. 이 문장은 '행복'(원관념)이 "사람이 풍경"(보조 관념)에 비교되는 직유법을 취하고 있다. 동시에 "사람이 풍경일 때"는 은유법이다. 직유가 은유를 내포한 복합 문장인데, 따라서 직유의 효과는 은유의 긴장과 가치에 의해 결정될 수밖에 없다.

'사람'이 '풍경'이 되어야 하고 그때가 가장 행복하다는 말은 현재 사람과 풍경이 적대적인 관계임을 암시한다. 실제로 풍경의 근원인 자연은 근대 이후 인간의 행복과 명예를 위해 함부로 개척되고 징발당하는 비극에 처했다. 하지만 각종 자연재해와 기술 문명의 오작동이 예시하듯이, 인간 세계는 자연과 문명에 의해 하릴없이 파멸과 불행의 늪으로 빠져들고 있다. 이 비극적인 상황은 자연과 인간이 조화롭게 통합되어 있던 본원적 세계로 함께 귀환할 때만이 치유되고 극복될 수 있다.

"사람이 풍경일 때"의 '행복'은 이 지점에서 성취되고 만개한다. 그와 같은 이상적 세계에 대한 기대감과 절대적 가치를 표현하기 위해 시인은 은유를 포함한 직유라는 이중적 비유를 든 것이다. 비유가 감성과 지성의 복합체이자 새로운 세계에 대한 개진이라는 말은 이처럼 주어진 세계의 성찰과 도래할 세계에 대한 기대가 함께 이루어지고 있기 때문에 가능하다.

사랑하는 나의 하나님, 당신은
늙은 비애다.
푸줏간에 걸린 커다란 살점이다.
시인 릴케가 만난
슬라브 여자의 마음속에 갈앉은
놋쇠 항아리다.

—김춘수, 「나의 하나님」 부분

「나의 하나님」은 병치 은유가 포함된 작품으로 흔히 거론된다. '하나님'이라면 진선미의 이상적 실현자이자 이 세계를 주재하고 인간을 심판하는 절대자로 표상되기 마련이다. 이러한 '하나님'의 일반적 속성과 "늙은 비애", "커다란 살점", "놋쇠 항아리"는 어떤 유사성도 연관성도 없다. 김춘수는 무슨 까닭으로 '하나님'과 세 가지 부정적 이미지를 당돌하게 병치한 것일까. 첫째, 익숙한 형상과 의미로 둘러싸인 '하나님'을 낯설게 하려는 의도이다. 둘째, '하나님'을 가치 절하시킴으로써 '하나님'의 숭고성과 절대성을 외면하고 파괴하는 현대 문명과 도구적 이성을 비판하기 위한 것이다.

이처럼 '익숙한 것'에 대한 '낯선 것'의 돌연한 병치는 양자의 의미와 관계에 충격적 인식을 가한다. 그 충격은 익숙한 언어와 삶에 대한 반성과 더불어 존재의 본질이나 더 나은 삶에 대한 새로운 이해와 실천을 요구하기 마련이다. 실제로 김춘수는 시 후반에서 '하나님'을 어떤 억압과 고통에도 죽지 않으며, 다시금 "어리디 어린/순결"과 "연둣빛 바람"으로 거듭 변신하는 숭고한 존재로 묘사하고 있다. 물론 이때의 '순결'과 '바람'은 이전에 인간들이 섬기던 하나님으로 되돌아감을 뜻하지 않는다. 이 '하나님'은 새로운 가치로서 '순결'과 '바람'에 적합하게 그 의미와 형상이 새로 창조되고 승화된 것으로 이해해야 한다. 그러한 의미에서 「나의 하나님」은 병치 은유와 병치 은유의 대립, 나아가 전자를 후자가 감싸 안은 이중 구조로 구성되어 있다는 설명이 가능하다.

2) 환유와 제유

은유와 비교되는 비유로 대유(代喩)법이 있는데, 환유(換喩)와 제유(提喩)를 포함하는 개념이다. 은유와 대유는 원관념과 보조 관념 사이의 유사성을 발견하여 그것들을 포괄하며 초월하는 새로운 세계와 의미를 조형하는 방법이라는 공통점이 있다. 하지만 은유와 대유는 비교의 방법에서 유의미한 차이점을 드러낸다.

은유는 원관념과 보조 관념 사이의 '닮음', 다시 말해 말 그대로의 유사성의 발견과 선택에 바탕을 둔다. 닮은꼴의 발견을 목적하는 만큼 이질적인 A와 B는 동일 공간 내부에 존재한다. 이를테면 김춘수는 「나의 하나님」에서 역사와 문명의 폭력을 이겨 낸 '하나님'의 새 모습으로 "어리디 어린 순결"과 "연둣빛 바람"을 선택하였다. 두 이미지는 천진난만하고 순수한 아이를 연상시킨다. 그것들은 새로 가치화된 하나님의 모습 속에서 어떤 우열과 차별도 없이 대등하게 공존하는 등가적 가치를 형성한다.

이에 비해 대유는 '대신 비유하다(代喩)'라는 한자어에서 보듯이, 원관념을 공간적·논리적으로 인접한 보조 관념으로 대체하여 표현한다. 여기서 대유를 인접성의 원리로 정의하는 어법이 출현한다. 그 원리적 핵심은 공간과 논리의 거리에 맞게끔 대상을 배열·조합하는 작업이 된다. 인접성의 원리를 대표하는 예로, 한국어는 주어-목적어-서술어 순으로 발화되어야 한다든가, 옷을 입을 때 상의와 하의를 서로 바꿔 입을 수 없다든가 하는 배열의 순서와 원칙을 들 수 있다.

대유의 구체적 방법으로서 환유와 제유의 원리를 설명하면 다음과 같다.

환유는 일상에서 흔히 접하는 어떤 대상의 속성이나 특질을 이용하여 그 대상을 재현하고 가치화하는 비유법이다. 예컨대 한국 정부의 정견 발표를 "청와대에서 연두 기자 회견을 갖는다"로, 몹시 곤란한 일에 연루되는 사태를 두고 "독배(毒盃)를 들었다"로 비유하는 경우가 그렇다. 한하운은 "굶주림을 허리끈으로/양식 삼아 졸라매던//보릿고개 보릿고개/눈물이 도네"(「상달」)라고 노래하였다. 보리가 팰 때쯤이면 양식이 거의 한 톨도 남김없이 떨어지는 때인지라 그 궁핍한 생활 환경을 '보릿고개'라 일렀다. 보리 팰 즈음의 상황을 들어 '가난'을 드러냈으므로 환유에 속한다.

이러한 예를 바탕으로 환유의 특질을 다시 정리해 보자. 환유의 원관념(피대체물)과 보조 관념(대체물) 사이에는 공통의 의미소가 따로 존재하지 않는다. 두 대상은 그것들을 감싸는 실용적인 동기와 사회적 문맥에 의해 의미의 관계가 결속된다. 그런 까닭에 특히 보조 관념은 사회적으로 어떤 생략과 비약을 허용할 수 있을 만큼 분명한 연상과 정확한 의미를 자동적으로 환기시키는 구체성이나 사실성을 필요로 한다.[4]

제유는 부분으로 전체를, 전체로 부분을 나타내거나 대치하는 비유법이다. 전체와 부분 사이의 포괄/종속 관계는 제유의 두 대상이 등위적인 위치를 갖지 않음을 뜻한다. 이 때문에 제유는 구조적 사고의 결과로 출현하는 것으로 이해된다. 이를 토대로 제유의 예를 들어 보자. 이상화의 「빼앗긴 들에도 봄은 오는가」에서 '들'은 국토를, 이육사의 「광야」에서 "어데 닭 우는 소리 들렸으랴"의 "닭 우는 소리"는 인간의 마을과 삶을 환기한다. 황동규의 「나는 바퀴를 보면 굴리고 싶어진다」에서 '바퀴'는 탈 것을, 널리 통용되는 "빵이 아니면 죽음을 달라"라는 구호에서 '빵'은 식량을 뜻한다. 환유와 마찬가지로 제유에도

4 권혁웅, 『시론』, 문학동네, 2010, 334~336면.

원관념을 떠올릴 수 있는 구체적이며 사실적인 실마리나 유추의 맥락이 숨어 있음이 확인되는 대목이다.[5]

3) 은유와 환유의 세계 인식 및 언어 능력

은유와 환유를 수사학을 넘어 인식론의 범주에서 고찰하면 더욱 흥미로운 요소가 발견된다. 야콥슨(R. Jakobson)은 실어증 환자를 관찰하면서 언어의 양가적 속성을 새롭게 규명하였다. 모든 언어는 '선택'과 '결합' 두 양식의 배합으로 세계 인식과 개념 형성, 그에 대한 표현을 수행한다는 것이다. '선택'은 대상끼리의 교환과 대체를 위주로 하는 유사성의 원리와 관련된다. '결합'은 주어, 서술어 등의 합리적 배열과 조합을 위주로 하는 인접성의 원리와 관련된다.[6] 야콥슨은 이를 수사학에 적용하여 은유를 선택 유사성의 원리로, 환유를 결합 인접성의 원리로 각각 대응시켰다. 또 선택과 결합 어느 한쪽의 우세함을 바탕으로, 시는 은유가 지배적이라면 소설은 환유가 지배적이라고 보았다. 문예 사조의 특성을 규명하면서도 은유는 낭만주의와 상징주의에서, 환유는 사실주의와 자연주의에서 우세한 것으로 판정하였다. 은유와 환유에 대한 이러

5 제유와 환유는 경계가 뚜렷한 것처럼 보인다. 그러나 원관념과 보조 관념의 관계를 어떻게 이해하느냐에 따라 제유와 환유의 범주는 서로 겹치기도 한다. 가령 퐁타뉴(J. Fontanille)는 '30개의 돛'을 '30척의 배'로 해석한다. '돛'과 '배'를 부분과 전체의 관계로 파악했으므로 '제유'에 해당한다. 이에 반해 라캉(J. Lacan)은 '돛'과 '배'의 관계를 '환유'로 본다. 독자(청자)가 '30개의 돛'에서 '30척의 배'를 연상하는 까닭은 '배'가 '돛'의 기의(시니피에)이기 때문이 아니다. 그들은 '30개의 돛'이 '30개의 돛이 달린 배'라는 구절의 생략형임을 알기 때문에 그렇게 연상한다. 요컨대 라캉은 '돛'과 '배'의 관계를 부분과 전체보다는, 야콥슨이 말한 환유, 즉 인접성의 원리에 가깝게 파악하였던 것이다. 라캉의 환유에 대해서는 김희영의 「프루스트의 은유와 환유」(『은유와 환유』, 한국기호학회 편, 문학과지성사, 1999: 147~152면) 참조.

6 로만 야콥슨, 「언어의 두 양상과 실어증의 두 유형」, 『문학 속의 언어학』, 신문수 편역, 문학과지성사, 1989, 110~116면. 이로부터 "시적 기능은 선택의 축에서 결합의 축으로 등가의 원리를 투사한다"라는 유명한 명제가 출현한다. 가령 정지용의 비유 "이놈의 머리는 비뚜른 능금"(「카페 프란스」)을 보라. "이놈의 머리"와 교체할 수 있는 대상들이 선택의 축(세로축)에 여럿 놓여 있다. 시인은 그 가운데에서 "비뚜른 능금"을 고른 뒤 결합의 축(가로축)에 놓는다. 그러면 "이놈의 머리"와 "비뚜른 능금"이 서로 대등한 관계로 서 있게 된다. 시인은 전자에 주격 조사 '는'을, 후자에 (여기서는 생략된) 서술 어미 '~이다'를 붙여 주술 관계를 갖춘 문장을 완성한다. 추상적인 피대체물(원관념) "이놈의 머리"는 구체적인 대체물(보조 관념) "비뚜른 능금"과 대비되고 결속됨으로써 그 특징과 성격이 한층 뚜렷해진다.

한 방식의 성격 규정과 분류는 어떻게 가능한가.

은유는 유추의 과정을 통해 유사성을 발견하거나 창조한다. 언어 밑바닥에 깔려 있는 심층적 논리, 자아로 친다면 내면적 감각을 기초로 연관성을 찾아내는 것이 그 방법이다. 그런 만큼 은유는 주관적이며 외부 실재와 동떨어진 비세속적이며 신비적인 성격을 내포할 가능성이 다분하다. 은유가 주체의 욕망과 이념에 맞게 대상을 폭력적이며 자의적으로 통합한다는 비판이 발생하는 지점이다. 이에 비해 환유는 특정한 맥락에서 생겨나는 연상을 기초로 의미를 생산한다. 이를 위해 구체적인 역사 현실과 실제 상황을 기초로 대상끼리의 연관 관계에 관심을 기울인다. 환유가 외부 실재와 깊이 연관되어 있다거나, 모든 현상을 객관적으로 분석하여 그 원리를 밝혀내는 사실주의적 성격을 갖는다고 평가되는 것은 이 때문이다.[7]

최근의 탈식민주의 이론이나 해체주의 이론은 이를 바탕으로 은유와 환유의 성격을 다음과 같이 구분한다. 유사성의 원리에 기초한 은유는 대상들의 차이성과 개별성을 없애 버리는 반면, 어떤 본질적인 것에 연관된 보편성과 일반성을 내세운다. 이러한 속성은 선진 문명과 힘을 바탕으로 식민지의 전통과 개성을 은폐하고 억압하는 제국주의의 지배 논리와 꽤나 상통한다. 그에 반해 환유는 대체로 현실의 실재를 지칭하거나 우발적이며 불확실한 것을 포착하는 것에 관심을 기울인다. 실재와 우연은 가상의 보편적 법칙보다 역사 현실에 대한 구체적 성찰에서 발견되는 법이다. 그렇기 때문에 환유는 세계 인식과 그 표현에서 사실성과 차이성, 타자성에 더 많은 관심을 기울인다.

> 새끼 오리도 헌신짝도 소똥도 갓신창도 개니빠디도 너울쪽도 짚검불도 가랑잎도 머리카락도 헝겊 조각도 막대 꼬치도 기왓장도 닭의 짗도 개 터럭도 타는 모닥불

7 김욱동, 『은유와 환유』, 민음사, 1999, 266~268면.

재당도 초시도 문장(門長) 늙은이도 더부살이 아이도 새 사위도 갓사둔도 나그네도 주인도 할아버지도 손자도 붓 장사도 땜쟁이도 큰 개도 강아지도 모두 모닥불을 쪼인다

모닥불은 어려서 우리 할아버지가 어미 아비 없는 서러운 아이로 불쌍하니도 몽둥발이가 된 슬픈 역사가 있다

— 백석, 「모닥불」 전문

「모닥불」에는 이해하기 어려운 관념이나 역사 현실에 대한 시인의 주관적인 느낌과 이해가 거의 배제되어 있다. 서로 대조되는 '모닥불'과 "슬픈 역사"가 전근대와 식민지 현실에 처한 민중의 고통과 슬픔, 서로를 향한 연민과 배려를 간신히 환기할 따름이다. 이러한 메시지를 구체화하는 것은 1연, 2연에 열거된 쓸모없는 것들과 그것을 모닥불에 태우며 온기를 쬐는 평범한 서민들이다. 하지만 사물이든 사람이든 그 형상과 가치, 성격에서 큰 유사성이 없어 보인다. 우연히 땔감으로 두서없이 던져지는 것들이며, 특정한 목적 없이 모닥불을 쬐러 모여든 것뿐이다. 이 장면은 인접성의 원리에 따라 사물과 사람들이 배열·조합되고 있는 환유의 현장이다.

그렇다고 시적 대상들이 아무 연관이 없는 것도 아니다. 그 모습과 지칭만으로도 버려진 사물들이며 무기력한 존재임이 저절로 환기된다. 마지막 연의 "슬픈 역사"는 우연히 모인 그것들의 슬픈 내력과 궁핍한 현실을 충실히 반영하고 또 통합한다. 하지만 이것들이 쓸모없이 버려지고 소외된 존재들인 것만은 아니다. '모닥불'은 버려진 땔감들로 인해 불타는 것이며, 가난한 서민들은 '모닥불'을 함께 쬠으로써 서로의 고통과 슬픔, 흥겨움을 함께 나누게 되는 것이다. 이처럼 「모닥불」은 별 가치 없는 사물과 존재들이 '모닥불'로 인해 환유-인접성의 원리로 배열·조합되면서도 마지막에는 "슬픈 역사"를 통해 하나로 통합되는 은유-유사성의 원리를 구현하고 있다.

2——상징

지금 우리는 상징(象徵)을 사용 중이다. 가장 넓은 의미로, 상징은 무언가를 대신하는 의미나 형상을 가진 것을 뜻하기 때문이다. 음성과 문자, 곧 기표로 구성되어 의미, 곧 기의를 환기하는 언어 행위 자체가 이미 상징 행위이므로 우리는 항상 상징의 장에 위치해 있다. 그 개념의 근원을 찾아보면, 상징은 'symbol'을 번역한 말이다. 어원은 'symballein'이며 '짝을 맞추다', '조립하다'라는 뜻을 가진다. 명사형 'symbolon'은 신표, 증표, 표상을 뜻한다. 젊은 연인끼리 사랑의 표식으로 반지를 나눠 낀다거나 고대 신화에 곧잘 등장하듯 쪼개진 신표를 맞추어 부자 관계를 확인하는 행위는 대표적 상징 행위이다.

그러나 은유처럼 원관념(A)을 보조 관념(B)으로 치환하여 새로운 의미를 생성한다고 해서 모든 것이 상징 일반으로 귀속되지 않는다. 은유는 A와 B의 결합이 일회적인 데 반해 상징은 지속적이며 반복적이기 때문이다. 그 결과 상징에서 원관념은 숨겨지고 보조 관념만 표면에 드러난다. 하지만 보조 관념은 어떤 변형을 거치더라도 결국 근원적인 원관념으로 회귀하며, 그 과정에서 다수의 의미가 파생·내포된다. 상징을 일러 '원관념이 생략된 은유'라고 하는 말은 그래서 가능하다.

다시 정리하건대, 은유는 원관념(A)과 보조 관념(B)의 유사성을 발견하고 그것들을 새로운 의미의 세계로 통합한다. 이때 A와 B는 각각의 언어적 의미를 주고받으며 새로운 의미로 전이된다. 이에 반해 상징은 구체적이며 감각적인 대상을 통해 불가시적이며 형이상적 세계와 의미를 추구한다. 이 때문에 보통 은유는 '언어로 기호화된 사물'과 더불어 사고하는 방식으로, 상징은 '대상의 본질'과 더불어 사고하는 방식으로 지칭되곤 한다. 이를테면 '십자가'는 원래 형벌의 도구였지만 예수의 죽음과 부활 이후 기독교의 상징으로, 또 희생과 사랑과 정의와 영생의 의미로 새롭게 가치화되었다. 윤동주가 "행복한 예수 그리스도에게/처럼/십자가가 허락된다면"(「십자가」) 하고 고백하였을 때, 그것은 어김없이 가치화된 '십자가'의 상징성을 포괄하며 또 그 '십자가'의 식민지 상황으로의 적용이라는 새로운 의미를 더하게 되는 것이다.

상징은 크게는 언어적 상징과 문학적 상징, 추리적 상징과 비추리적 상징, 약속 상징과 긴장 상징으로 구분된다. 언어적·추리적·약속 상징은 상호 소통과 이해에 중점을 두기 때문에 일상어나 과학어의 제도와 범주에서 크게 벗어나지 않는다. 특정한 꽃이 각 나라를, 신호등을 비롯한 교통 표지판이 교통 법규를, 지도상의 각종 기호가 특정 건물이나 지형을 나타내는 것 등이다. 여기서는 원관념과 보조 관념의 긴장과 거리가 거의 발생하지 않는다. 지시적 의미가 굳건히 약속된 기호들에 대해 사람들은 주어진 공식처럼 반응하고 행동할 뿐 새로운 의미나 가치를 굳이 찾지 않는다.

이에 반해 문학적·비추리적·긴장 상징은 그 의미가 확정된 방식으로의 이해와 소통이 쉽지 않다. 러시아 형식주의자 시클롭스키(V. B. Shklovsky)는 시어를 '일상어에 가해진 조직적 폭력'이라고 정의한 바 있다. 원관념과 보조 관념 사이의 거리를 의식적으로 벌림으로써 기존의 의미를 반성하고 뛰어넘는 '낯설게 하기'의 창조성을 뜻하는 말이다. 이와 관련된 상징의 요소들이 암시성, 다의성, 문맥성 등이다. 이것들은 기존 세계와 의미에 대해 충격과 긴장, 균열을 일으키며, 또 원관념이 이미 약속된 의미로 귀속되는 대신 세계의 심화와 확장으로 나아가도록 한다. 문학적·비추리적·긴장 상징은 이러한 요소들을 내적 본질과 방법으로 삼는다.

이들을 문학적 상징으로 대표하여 그 유형을 분류하면, 형성 과정과 성격, 원관념에 대한 환기력 정도에 따라 개인적 상징, 관습적(대중적) 상징, 원형적 상징으로 나뉜다.

먼저 개인적 상징은 한 시인의 어떤 작품에만 존재하는 단일한 상징이나 그의 시 세계에 지속적으로 출현하여 미적 특질과 개성을 구성하는 상징이다. 따라서 개인적 상징은 세계를 바라보고 표현하는 개성적 인식과 언어를 필요충분조건으로 한다. 지금은 누구나 공감하는 헌신적 사랑으로 대중화되었지만 김소월의 '진달래꽃'은 기존의 '참꽃'과 '두견화'를 뛰어넘는 개성적 상징으로 출현하였다. 이상의 '거울'이나 '꽃나무' 역시 비춤이나 아름다움을 무색하게 하는 자아 분열과 소외의 상징으로 새롭게 기호화되어 현대 문명의 폭력성과 황폐성을 널리 알렸다.

대중적 상징은 '대중'이라는 말이 암시하듯이 타인과 공유 가능한 보편적 상징을 의미한다. 개성적 상징이라도 널리 쓰이면 새로운 의미와 긴장을 잃고 평범한 구문으로 약화되기 마련이다. 속담과 금언, 사자성어 등은 최초에는 인간의 사유와 행동에 새로운 자극이 되지만, 누구나 사용하게 되면서 거의 언어적·약속 상징으로 후퇴하게 된다. 그러한 까닭에 인습적 상징, 제도적 상징, 자연적 상징, 민족적 상징 등과 같이 큰 어려움 없이 원관념이 환기되며 해석되는 상징들은 대중적 상징으로 분류된다. 강은교의 「우리가 물이 되어」에 등장하는 '물'과 '불', "부끄러운 바다"와 "넓고 깨끗한 하늘" 따위는 그 의미와 가치가 비교적 쉽게 떠오른다. 이것들은 물과 불과 흙과 공기 같은 4원소의 자장에 위치하면서 한민족 고유의 역사와 관습, 전통과 가치를 내포·반영하고 있다. 한 개인으로 귀속될 수 없는 대중의 공동 재산인 셈인데, 시인의 개성이 충만한 개인적 상징이기 전에 독자와의 소통을 먼저 고려한 대중적 상징 또는 원형적 상징에 가까운 것이다.

원형(原形)은 'archetype'의 번역어인데, 넓게는 인류 전반에서, 좁게는 특정 공동체에서 널리 공유·반복·지속되어 온 어떠한 이미지와 모티프, 기호와 주제 등을 일컫는다. 이것들을 포괄하는 원형적 상징은 개성적 의식보다 집단적 무의식이 근간을 이루는 까닭에 어떤 집단과 공동체, 종족과 민족을 대표하고 뜻하는 표상으로 곧잘 원용된다. 시적 동일성은 자아와 세계, 주체와 타자, 인간과 자연과 신 등 서로 다른 세계를 결속·통합하는 힘 때문에 여러 한계에 부딪혀 있는 우리의 소중한 양식이자 삶의 방법으로 자리한다. 원형 상징 역시 그것의 기원이자 토대를 이루는 각종 신화와 이야기, 전통성과 집단성이 보유한 긍정적 가치와 기능을 서정시의 것으로 다시 되돌려 준다. 이를테면 원형 상징은 서로 분열되고 소외되기 이전의 통합적 세계를 지속적으로 상기시킴으로써 '더 나은 삶'에 대한 유의미한 회고와 전망을 꿈꿀 수 있게 한다. 성서의 '에덴'과 동양의 '무릉도원'은 현실 저편의 이상향을 지속적으로 환기한다. 거기에 등장하는 뱀과 사과, 복숭아꽃, 계곡 들은 사전적 의미를 뛰어넘어 인간적 가치와 윤리, 미학이 투사된 원형 상징에 가깝다.

오늘은 땅심이 제일 좋은 날
달과 토성이 서로 정반대의 위치에 서서
흙들이 마구 부풀어 오르는 날

설씨 문중 대대로 내려온 농법대로
할머니는 별들의 신호를 알아듣고 씨를 뿌렸다

별과 별 사이의 신호를
씨앗들도 알아듣고
최대의 발아(發芽)를 이루었다

할머니의 몸속에, 씨앗 속에, 할머니 주름을 닮은 밭고랑 속에
별과의 교신을 하는 무슨 우주국이 들어 있었던가

—손택수, 「달과 토성의 파종법」 부분

현재의 농사는 발달된 과학 기술을 토대로 토양과 계절, 기후와 노동력의 한계를 어렵지 않게 극복하며 대량 생산의 길을 걷고 있다. 여기에 비하면 '할머니'의 파종법은 우주의 시간과 자연의 문법에 철저히 종속되어 있다. 자연의 한계를 극복하기보다 주어진 상황에 맞추어 농사를 짓는 만큼 다수확과 고수익은 기대하기 어렵다.

그러나 "달과 토성의 파종법"이라는 제목에서 보듯이 할머니는 일개 농부(農婦)가 아니라 우주의 원리와 시간을 체현한 '대지적 모성'이다. 그러니 할머니는 개인이기 전에 민족사를 관통하여 흘러온 풍요로운 생명력이자 생산력

의 주체이다. 근면한 할머니의 지혜는 가족 공동체가 농촌 일반의 궁핍을 견디며 삶의 유지와 개선에 동참하도록 하는 원동력이다. 나아가 우리 삶의 지속성과 반복성을 유지·보존하게 함으로써 존재 "최대의 발아"를 이루도록 하는 존재론적 시간의 원형이기도 하다.

그러므로 「달과 토성의 파종법」은 이제는 흙으로 되돌아갔을 할머니에 대한 추억과 애도에 멈추지 않는다. 우리 존재와 삶의 토대가 되어 온 우주와 자연, 농경 생활의 전통적 가치와 심층적 의미에 대한 진지한 반추이다. 나아가 우주의 원리가 실현되는 원형 공간의 풍요로운 상징성을 여기저기 갈라지고 메마른 일상 현실로 흘려보내려는 생명 충동이다.

이처럼 상징은 사물의 비유적 비교를 넘어 불가시적이고 형이상적인 본질의 발견과 창조에 기여한다. 탁월한 상징은, 잘된 비유가 그렇듯이, 세계 파악과 이해, 표현의 예각성과 긴장성, 대상 상호 간의 통합성과 상통성, 세계의 숨겨진 국면과 이면적 진실에 대한 투시성을 필수 요소로 한다. 이를 통해 상징은 실재와 상상의 풍요로운 통합을 넘어, 주어진 세계와 삶을 시공간상의 영원성과 무한성 속으로 끊임없이 확장해 가는 것이다. 이러한 상징의 힘과 능력은 우리 삶의 잠재성과 그것의 실현 가능성을 뜻하는 것이므로 더할 나위 없는 삶의 재보이자 기술이 아닐 수 없다.

3——알레고리

은유 및 상징과 대비되는 수사법으로 흔히 알레고리(allegory)가 거론된다.[8] 'allegory'는 그리스어 'Allos(다른)'와 'Agoreuo(말하기)'가 합성된 'Allegoria'에

8 은유나 상징과 비교할 때 알레고리가 가지는 특성은 다음과 같이 정리될 수 있다. 첫째, 은유나 상징은 단어 차원에서 성립되는 데 반해, 알레고리는 문장이나 그 이상의 차원에서 이루어진다. 둘째, 은유는 표현에서 직접 추출되는 표면적 의미 한 가지만 지니는 데 반해, 알레고리는 글자 그대로의 표면적 의미와 시인의 의도가 담긴 이면적 의미를 함께 거느린다. 셋째, 은유와 달리 알레고리는 어떤 진리를 나타내고자 한다. 더 자세한 내용은 박현수의 『시론』(예옥, 2011: 368~369면) 참조.

서 왔다. '다른 것으로 말하기'라는 그 뜻에서 보듯이, 구체적 대상(보조 관념)을 활용하여 추상적 의도나 교훈적 태도(원관념)를 지시한다는 점에서 "확장된 비유"[9]로도 정의된다. 알레고리는 무엇보다 역사적·시대적 삶의 의미를 효과적으로 표현함으로써 사회 구성원들에게 계몽적 가치와 교훈을 전달하기 위해 사용된다. 이 때문에 알레고리는 흔히 '풍유(諷諭)'나 '우의(寓意)'로 번역된다. 또한 그리스의 『이솝 우화』, 중국의 『손오공』, 오웰(G. Orwell)의 『동물 농장』 등에서 보듯이, 인간의 우매와 악덕을 풍자하고 진선미와 지혜를 권장하기 위해 의인화된 동물을 매개체로 적극 활용한다.

알레고리는 작품 내의 정서 작용보다 작품 밖의 비문학적 의미, 특히 우리 삶의 모범이 되는 교훈과 윤리, 덕목과 사상을 깨우치는 데에 초점을 맞춘다. 이러한 까닭에 알레고리는 원관념과 보조 관념 사이의 긴장이나 다의미(多意味) 생산을 거의 동반하지 않는다. 이를테면 심훈의 "삼각산이 일어나 더덩실 춤이라도 추고"(「그날이 오면」)라는 비유에서 '해방의 기쁨' 이외에 다른 것을, 김지하의 『오적』에 등장하는 괴물 형상의 다섯 인물에서 부패한 권력자 이외에 다른 무엇을 찾아내기 어렵다. 괴테(J. W. Goethe)는 이 같은 '알레고리'의 특성을 두고 "우의 속에서 의미는 완결·종결되어 있으며, 따라서 말하자면 죽어 있는" 것으로 규정하였다. 관념 위주의 구조와 의미의 명확성 때문에 알레고리는 암시성과 다의성을 특성으로 하는 상징에 비해 도식적이며 관습적인 비유법으로 가치 절하되는 경우가 적지 않다.[10]

하지만 최근 들어 알레고리는 상징의 의미론, 즉 일목요연한 전체성과 통일성에 대한 문제가 제기되면서 새롭게 주목받고 있다. 예컨대 벤야민(W. Benjamin)에 따르면 알레고리는 조화롭고 통합적인 세계에 안주하는 것이 더는 불가능한 파편화된 삶의 현실을 싸늘하게 보여준다.[11] 그럼으로써 지금-여

9 이상섭, 『문학 비평 용어 사전』, 민음사, 1976, 193면 참조.

10 괴테는 '상징'을 추상적 이성을 특징짓는 것이 아니라 사물을 이해하기 위한 직관적이고 감각적인 수법에 고유한 것으로 파악한다. 괴테 시대에는 상징의 반대편에 놓인 수사법이 알레고리였다. 이상의 괴테의 논의에 대해서는 츠베탕 토도로프의 『상징의 이론』(이기우 역, 한국문화사, 1995: 266~274면) 참조.

11 발터 벤야민, 『독일 비애극의 원천』, 최성만·김유동 역, 한길사, 2009, 247~249면 참조. 이후 벤야민의

기의 모순적인 역사 현실에 대한 재현과 비판에 성공한다는 것이다. 세계의 전체성과 통일성을 불신하는 태도는 특히 현대 문명이 낳은 삶의 성격, 이를테면 전통과 질서에 반하는 충격과 변화, 대중과 속도의 전면화에서 기인한다. 여기서 인간의 소외는 피할 수 없는 삶의 조건이 되며, 그에 따른 사물화는 인간을 허무의 심연으로 몰아가기 십상이다. 벤야민은 그 소외의 경험을 드러내고 극복하는 '파괴적 감수성'의 언어로 알레고리를 주목하였던 것이다. 이때의 파괴적 감수성은 역사의 잔해와 패배에 주목함으로써 현대적 삶의 그늘을 드러내고, 나아가 의미가 생성되기 전의 본래적 상태를 상기하는 감각의 운동을 뜻한다.

일찍이 나는 아무것도 아니었다.
마른 빵에 핀 곰팡이
벽에다 누고 또 눈 지린 오줌 자국
아직도 구더기에 뒤덮인 천년 전에 죽은 시체.

아무 부모도 나를 키워 주지 않았다
쥐구멍에서 잠들고 벼룩의 간을 내먹고
아무 데서나 하염없이 죽어 가면서
일찍이 나는 아무것도 아니었다

— 최승자, 「일찍이 나는」 부분

벤야민은 "상징에서는 몰락이 이상화되는 가운데 자연의 변용된 얼굴이 구원의 빛 속에서 순간적으로 계시되는 반면, 알레고리 속에는 역사의 죽어가는 얼굴 표정이 굳어진 원초적 풍경으로서 관찰자 앞에 모습을 드러낸다"고 보았

알레고리에 대한 개략적 설명은 문광훈의 『가면들의 병기창—발터 벤야민의 문제의식』(한길사, 2014: 149~159면), 조재룡의 「알레고리, 지금-여기를 궁리하는 현대시의 조건」(『시는 주사위 놀이를 하지 않는다』, 문학동네, 2014) 참조.

다.[12] 그렇다면 인용 시에 표현된 자아와 삶에 대한 극단적 소외감과 죽음 의식을 역사의 죽은 표정으로 해석할 수 있을까. 어쩌면 이러한 판단에 모든 독자가 동의하지 않을지 모른다. 왜냐하면 현실과의 교섭 혹은 저항 없는 소극적 허무주의가 파편적으로 제시되고 있기 때문이다. 하지만 다음과 같은 반론도 가능하므로 「일찍이 나는」의 자아 인식과 표현은 '역사의 죽은 표정'을 충실히 내포한다. 화자의 패배와 좌절은 단순히 자아 혼자만의 불안과 우울과 몽상의 결과가 아니다. "아무 부모도 나를 키워 주지 않았다"에서 보듯이, 자아의 비극은 식민지 경험과 한국 전쟁, 위로부터의 산업화와 군사 정권의 출현 등 개인과 집단의 민주적 권리와 고유한 개성을 억압하는 일그러진 근대성에 의해 강제된 것이기도 하다. 그 비극적 경험을 자아는 주어진 현실보다 더욱 파편적이며 이질적인 사물과 이미지로 병치·과장함으로써 한편으로는 현실의 폭력성과 황폐성을, 다른 한편으로는 그것을 초극하는 이상적 삶과 세계의 좌표를 더욱 또렷하게 드러내는 것이다.

알레고리는 은유나 상징처럼 모든 세계와 사물의 변형과 전이 가능성을 원리로 삼는다. 다만 세계를 통합하고 결속함으로써 의미의 충만함을 실현하는 상징과 달리 결핍을 성찰하고 폐허를 드러내는 방식으로 그 '변형(변화)'의 진정성을 추구한다. 다시 말해 은유나 상징의 초월적 보편성과 통합성을 부정하는 대신 역사 현실의 균열 지점들을 의식적으로 병치하거나 몽타주함으로써 지금-여기의 모순과 부조리를 확연히 드러낸다. 이와 같은 알레고리의 새로운 입지점을 존중한다면, 알레고리는 유한한 인간 현실을 계도하거나 징벌하기 위해 특정 진리와 교훈을 전파하는 일의적이며 계몽적인 언어에 지나지 않는다는 식의 가치 절하는 신중하게 반성되고 수정될 필요가 있다.

12 발터 벤야민, 앞의 책, 247면.

반어와 역설, 풍자와 패러디
—차이로 말하기

모란의 개화를 노래한 김영랑의 "찬란한 슬픔의 봄"(「모란이 피기까지는」)이라는 구절은 매혹적이다. 하지만 여러 느낌이 겹쳐 있는 탓에 독자들은 그 공감을 생각만큼 쉽게 펼치기 어렵다. 독자는 꽃 피고 새가 우는 봄이 찬란하다는 사실에는 즉각적인 반응을 보인다. 하지만 봄이 슬프다는 말에는 고개를 갸웃거리기 마련이다. 봄은 죽음으로 가득한 겨울을 지나 생명이 움트고 만개하는 계절이므로 아름답고 찬란하다. 따라서 오래 기다린 봄을 맞고 즐기는 시인의 마음도 덩달아 찬란해진다. 하지만 (늦)봄은 꽃이 이울고 푸른 잎이 무성해지기 시작하는 때이기도 하므로 마침내는 슬픔을 자아내는 계절이기도 하다. 지는 꽃을 보며 내년 꽃의 만개를 기다려야 하는 마음은 그래서 더욱 슬프다. 그러나 이별의 아픔을 견딘 끝에 앞으로 다시 만나게 될 꽃과 그 순간을 기다리는 나의 마음은 더더욱 황홀해질 것이다.

이와 같은 정서적 반응을 요약하면 다음과 같이 정리될 수 있다. 먼저 봄(꽃)의 변화에 따라 마음이 요동치는 자아의 모습, 곧 봄과 자아 변화의 유사성이 엿보인다. 하지만 그 이면에는 꽃의 절정에서 며칠 뒤 낙화와 내년의 개화를 동시에 예감하는, 오늘과 내일의 차이가 자리 잡고 있다. "찬란한 슬픔의 봄"은 흔히 역설의 수사학으로 설명되고 이해된다. 이 구절에 담긴 역설적 힘과 진실은 어쩌면 유사성을 빛내는 '비유적 비교'보다 차이성을 깊게 하는 '반어적 대조' 때문에 더욱 효과적일지도 모른다.[1] 결국 "찬란한 슬픔의 봄"은 차이성의 발견으로 인해 동일성이 더욱 확장·심화되는 긴장과 쾌미의 언어인 셈이다.

서정시는 무엇보다 자아와 세계 사이에 숨어 있는 유사성의 발견과 표현에 주목한다. 하지만 유사성에 대한 편협한 관심은 양자 사이의 모순과 갈등을 은폐하거나 그것들의 복잡한 관계를 건너뛰게 만들 위험성이 있다. 이러한 까닭에 현실의 모순과 자아의 분열이 더욱 심각해지는 현대 사회로 올수록 서정시 역시 유사성 못지않게 차이성에 주목하여 새로운 세계를 꿈꾸는 경향이 강화된다. 차이성을 발견하려면 현실과 대상에 대한 적절한 거리를 유지하면서 그것들의 다면적인 모습을 날카롭게 파헤칠 수 있는 객관적 시각과 태도가 필요하다. 이후 살펴볼 반어와 역설, 풍자와 패러디는 이러한 방식의 차가운 지성과 언어를 요청하는 대표적인 시의 인식 및 표현 방법이다.

1——반어

한 시인은 "보이는 것은 모두/내 눈에는 보이지 않는 것들"(오규원, 「보이는 것과 보이지 않는 것」)이라고 적었다. 맹인이 아니고서야 모두에게 보이는 사물이 안 보일 리 없으므로 이 진술은 반어의 일종이다. 시인은 "내 감수성의 모가지를" 꺾어 버린 현대 문명의 폭력성을 효과적으로 표현하고 전달하기 위해 "보이는 것"과 "보이지 않는 것"을 하나로 엮는 기지를 발휘한 것이다. 이처럼 반어는 표면적 진술과 숨겨진 의미에 균열을 가함으로써 화자의 뜻과 의지를 더욱 강조하는 언어 용법이다.

1 '비유적 비교'와 '반어적 대조'라는 말은 시어의 두 작용, 즉 이질적인 두 사물을 연결하는 유사성과 유사한 두 사물을 분리시키는 차이성을 지칭하기 위한 것으로 사용된다. 김준오, 『시론』, 삼지원, 1982(2002), 305면.

반어(反語)는 'irony'를 번역한 말이다. 아이러니는 '에이로네이아(eironeia)'에서 유래한 말로, 무언가를 은폐하거나 짐짓 모른 체함으로써 오히려 이면에 숨겨진 진실을 드러내는 반전의 효과를 발휘한다. 이러한 반전은 아이러니 개념이 출발하는 자리에 벌써 예비되어 있다. 표면상 약자인 에이런(Eiron)은 자신을 감추고 무지를 가장하는 지혜의 소유자로, 힘이 세며 과장이 심해 결국은 자신의 허구성을 폭로하는 허풍선이 알라존(Alazon)과의 대결에서 승리하게 된다. 하지만 독자는 에이런의 승리를 확인하는 데 그쳐서는 안 된다. 그의 승리를 이끈 숨겨진 진실과 의미의 맥락을 예리하게 파악할 줄 아는 능력과 지혜 또한 갖추어야 한다. 다시 말해 반어적 상황과 사건을 발생시키는 기대한 것과 실현된 것, 행위와 결과 사이의 모순과 충돌을 깊이 있게 포착하고 정확하게 분석하는 폭넓은 경험과 비판적 안목이 중요하다.

『아이러니』의 저자 무에크(D. C. Muecke)는 반어의 본질과 방법, 목적을 다음과 같이 정리하였다. 첫째, 균형감 있고 폭넓은 시야를 성취하기 위해 대립적이면서도 보충적인 시각과 욕망을 도입하는 것. 둘째, 삶과 세계의 복잡함과 부조리함, 그와 관련된 가치의 상대성에 대한 인식을 표현하는 것. 셋째, 직설법보다도 더욱 광범위하고 풍부한 의미를 발견하고 표현하는 것.[2] 이상의 규정은 아이러니가 우리의 현실과 자아를 단순 명료한 질서의 세계로 이해하기보다 모순적이며 복합적인 혼돈의 세계로 파악하는 미학적 방법임을 잘 보여준다.

물론 아이러니는 세계의 부조리함을 오로지 폭로하고 비판하기 위한 전망 부재의 행위가 아니다. 오히려 부조리한 현실 너머의 참된 가치와 이상적 세계를 도모하기 위한 가슴 따뜻한 비평의 일종이다. 그러므로 아이러니의 세계에서는 작가 못지않게 독자의 지혜와 경험, 비평적 참여가 중시된다. 표면적 진

2 더글러스 무에크, 『아이러니』, 문상득 역, 서울대학교 출판부, 1981, 44면. 무에크는 아이러니의 목적을 성취하기 위한 중요 요소로 ①'순진' 또는 '자신에 찬 무지'의 요소(에이런과 알라존의 대립과 공존), ②실제와 외관의 대조(표면적 진술과 심층적 의미의 차이), ③희극적인 요소(의도적 모순에 따른 심적 긴장의 유발), ④거리의 요소(객관성과 냉정함을 유지하기 위한 거리감), ⑤미적 요소(영향과 효과 상승을 위한 심미적 의장[儀裝]) 등을 꼽고 있다(같은 책, 44~80면 참조).

술과 심층적 의미의 대립 속에서 참과 거짓을 구분하는 지적 능력과 비평적 태도, 그렇게 파악된 진선미를 '더 나은 삶'을 향해 올바로 투사할 수 있는 열린 시선이 요구된다.

꼿꼿하게 걷는 수많은 사람들 사이에서
그는 춤추는 사람처럼 보였다.
한 걸음 옮길 때마다
그는 앉았다 일어서듯 다리를 구부렸고
그때마다 윗몸은 반쯤 쓰러졌다 일어났다.
그 요란하고 기이한 걸음을
지하철 역사가 적막해지도록 조용하게 걸었다.
어깨에 매달린 가방도
함께 소리 죽여 힘차게 흔들렸다.
못 걷는 다리 하나를 위하여
온몸이 다리가 되어 흔들어 주고 있었다.
사람들은 모두 기둥이 되어 우람하게 서 있는데
그 빽빽한 기둥 사이를
그만 홀로 팔랑팔랑 지나가고 있었다.

— 김기택, 「다리 저는 사람」 전문

"다리 저는 사람"과 "수많은 사람들"의 대비는 두 종류의 각성과 효과를 생산한다. 첫째, '저는 다리'는 '춤사위'로 치환됨으로써 "다리 저는 사람"의 '비정상'(장애)을 삭제하는 동시에 역동적인 생명 현상으로 거듭난다. 둘째, "우람하게 서 있는" 사람들은 기둥이 됨으로써 오히려 약자에 대한 배려와 양보가 없는 마음의 장애자로 타락한다. 여기서 '비정상'과 '정상'의 위치 및 가치 전환은 단순히 현대 문명 특유의 소외 현상과 이기주의에 대한 시인의 비판적 인식에서 비롯되지 않는다. 장애인의 '생명 현상'과 정상인의 '죽음 상태'는 대상의 움직임에 대한 냉철한 관찰, 그 움직임의 이면과 가치를 새롭게 생성할 줄 아는 복합과 대조의 묘사력에 의해 입체화되고 있다.

요컨대 "다리 저는 사람"은 당당하게 다리를 젊으로써, 아니 "팔랑팔랑" 춤을 춤으로써 삶의 승리를 성취한다. 그러나 "사람들"은 우람한 기둥이 됨으로써, 곧 우뚝 정지함으로써 패배자로 전락한다. 행동으로만 본다면 에이런과 알라존의 모습이 뒤바뀐 형국이다. 이는 "다리 저는 사람"의 역설적인 정상성과 들끓는 생명 충동을 극대화하기 위해 시인이 취한 의도된 장치로 이해된다. 하지만 이처럼 의도된 장치에 대한 기대와 효과는 독자의 참여와 공감이 없다면 매우 제한될 수밖에 없다. 독자가 현실의 정상과 비정상이 뒤바뀐 텍스트 내부의 부조화 현상에 대해 참된 의미와 가치를 올바르게 이해할 때 "다리 저는 사람"은 비로소 공평한 세상의 일원으로 거듭나며, 작가가 의도한 반어의 내용과 목적, 효과 역시 완성된다.

「다리 저는 사람」에서 보이듯이, 반어는 그 목적과 효과를 최대화하기 위해 다양한 변형과 미적 의장을 반어의 구성 원리로 끌어들인다. 이러한 노력은 한 텍스트를 넘어 아이러니와 관련된 동서고금의 모든 텍스트에도 똑같이 적용될 수 있다. 현재 우리가 사용하고 이해하는 반어는 그 원리를 존중하되 더욱 다양한 표현과 효과를 얻기 위한 언어와 구조의 지속적 변형 및 일탈이 축적되어 온 결과물이다. 그 과정에서 생성된 반어, 다시 말해 아이러니의 유형을 분류하면 다음과 같다.

첫째, 언어적 아이러니. 가장 일반적인 의미의 아이러니로, 보통 말이나 대화의 형태로 나타난다. 표면적 진술과 숨겨진 의미가 서로 충돌하여 갈등을 일으킴으로써 시적 긴장이 발생한다. 의미의 반전을 일으키는 상황과 맥락에 대한 이해가 무엇보다 중요하다.

둘째, 구조적 아이러니. 상황과 의미의 이중성이나 복합성을 강화하기 위해 한 작품에서 상충·대조되는 요소들이 반복적으로 얽히고 쌓일 때 발생한다. 아이러니의 일반적 특징이지만, 상황과 의미의 복합성이 일상에서 더욱 멀어질수록 구조적 아이러니의 효과가 커진다.

셋째, 낭만적 아이러니. 독일 낭만주의에서 유래한 개념으로, 근대 들어 만연한 문화적 속물주의에 대한 예술적 반항으로 성립하였다. 현실과 이상, 유한과 무한, 인간과 신 등 상호 대립물 가운데 후자, 곧 '세상에서 가장 심오하고 가장 매력 있는 것'에 대한 열정과 추구를 본질로 한다. 진선미에 대한 동경은 현실과 자아의 한계, 이를테면 생명의 불완전함과 언어의 한계, 현실의 부조리함 등에 대한 환멸과 부정 때문에 더욱 강화된다.

이제 세 가지 유형의 아이러니를 구체적인 작품을 통해 더 깊이 있고 풍요롭게 이해해 보자.

그녀는 인사를 잘한다. 안녕하셔요
그녀는 미소 띠며 속삭인다
파란 물방울 무늬 잠옷을 입고
그녀는 머리를 감아 보인다. 무지개를 실은
동글동글한 거품이 티브이 화면을 완전히
메운다. 그러면 샴푸의 요정이 속삭이는 거지
새로 나온 샴푸, 당신이 결정한 샴푸라고
향기가 좋은 샴푸, 세계인이 함께 쓰는 샴푸
아마 당신은 사랑에 빠질 거예요
라고 속삭이는 것이지

—장정일, 「샴푸의 요정」 부분

「샴푸의 요정」은 언어적 아이러니와 구조적 아이러니가 함께 나타난다. '요정'은 본래 상상의 인간형으로 현실에는 존재하지 않는다. 샴푸 광고 모델은 '요정'으로 불리지만, 그녀는 샴푸를 많이 팔기 위해 '요정'처럼 웃고 속삭이는 일종의 미학적 상품일 따름이다. 이 지점에서 '요정'끼리의 부조화와 의미의 불일치가 발생한다. 시인은 '그녀'의 상품성과 허구성을 강조하기 위해 광고와 영화 따위에 반복적으로 등장하는 '그녀'의 이미지들과 '그녀'를 향한

"욕망이 들끓는 사내"의 무기력한 일상을 반복적으로 대비한다. 소비자를 향해 위장된 '그녀'의 사랑과 상품의 기호인 '그녀'에 대한 사랑은 어느 쪽이든 허구적이다. 이런 구조적 아이러니로 인해 '그'와 '그녀' 모두를 소외시키는 소비문화의 폭력성이 적나라하게 드러난다.

> 산호도 섬도 없는 저 하늘로
> 나를 밀어 올려 다오
> 채색한 구름같이 나를 밀어 올려 다오
> 이 울렁이는 가슴을 밀어 올려 다오!
>
> 서(西)으로 가는 달같이는
> 나는 아무래도 갈 수가 없다.
>
> 바람이 파도를 밀어 올리듯이
> 그렇게 나를 밀어 올려 다오
> 향단아.
>
> — 서정주, 「추천사(鞦韆詞)」 부분

「추천사」에서의 '춘향'은 이몽룡만을 사랑하고 기다리는 열애의 표상이 아니다. "산호도 섬도 없는 저 하늘", "서으로 가는 달"이 암시하듯이, 그녀는 생명과 언어의 한계가 분명한 지금-여기의 현실을 초월하기 위해 '그네'를 뛴다. 그러므로 '춘향'은 자기 성찰의 지혜와 자기 극복의 의지를 함께 갖춘 신중한 도약의 인간형에 가깝다. 이 같은 '춘향'의 모습은 해방 이후 생명의 무한과 시간의 영원을 추구하던 서정주 자신의 모습과 유사하다. 이처럼 낭만적 아이러니는 타자와 사물을 우선 비판하기보다, 현실적 자아의 한계를 성찰함과 동시에 이상적 자아를 추구하는 상향 운동에 더 적합한 양식이다.

2——역설

역설(逆說)을 뜻하는 'paradox'는 'para(초월, 대비)'와 'dox(의견)'가 합쳐진 말이다. 무엇을 초월하고 무엇과 대비되는 의견이라는 해석에서 보듯이, 역설이라는 말 자체에 이미 표면적 진술과 심층적 의미 사이의 차이와 분열이 내포되어 있다. 이러한 성질 때문에 반어와 혼동되는 경우도 적지 않다.[3] 반어든 역설이든 세계에 대한 모순적인 진술로 숨겨진 진리의 발견에 기여하며, 이를 위해 서로 상반되는 견해를 함께 내포한다는 복잡성을 원리로 취하는 것이다.

하지만 반어의 경우 진술 자체에는 모순이 없으나 내적 상황과 언어적 맥락에 의해 표면적 진술과 심층적 의미 사이에 균열과 모순이 발생한다. 이에 반해 역설은 표면적 진술 자체에 모순을 발생시킴으로써 실제 말하고 싶은 의미나 진실을 끄집어낸다. 예컨대 이성복은 "모두 병들었는데 아무도 아프지 않았다"(「그날」)라고 표현한 적이 있다. '병들었는데 아프지 않다'라는 진술은 아주 예외적인 경우를 제외하고 거짓일 가능성이 크다. 하지만 시인은 모순 어법을 구사함으로써 물질문명의 허구성에 사로잡혀 세계의 부조리에 눈감고 있는 대중의 무지한 삶을 비판하는 데 성공한다.

휠라이트(P. Wheelwright)에 따르면 역설은 크게 세 종류로 나뉜다. 표층적 역설과 심층적 역설, 그리고 심층적 역설을 세분한 존재론적 역설[4]과 시적 역설

3 김소월의 「진달래꽃」이 그런 경우이다. 「진달래꽃」의 화자는 임과의 이별 상황을 가정한 채 그것을 성숙하게 받아들이는 가상 행동과 의지를 반복적으로 표현한다. 그럼으로써 애이불비(哀以不悲), 곧 슬프되 슬퍼하지 않는 상황을 획득하여, 오히려 사랑의 깊이를 더하는 것이다. 「진달래꽃」이 흔히 구조적 아이러니로 이해되는 것은 이 같은 전체적 구조 때문이다. 한편 마지막 행 "죽어도 아니 눈물 흘리오리다"는 겉모습과는 달리 슬픔의 극한과 사랑의 깊이를 동시에 드러내는 형용 모순에 해당하는바 역설의 일종으로 이해할 수 있다. 물론 이별할 때 눈물을 참을 것이라는 표면적 진술은 극한의 슬픔에 빠져 있을 내면(심층적 의미)과 대비되므로 언어적 아이러니 역시 성립한다.

4 존재론적 역설은 보통 종교적 진리처럼 세속적인 일상을 초월하여 우주와 삶의 본질적인 의미를 추구할 때 구사된다. 불교의 '색즉시공(色卽是空) 공즉시색(空卽是色)'과 같은 모순 어법이 대표적인 예이다. 이러한 불교 사상과 상상력을 기반으로 한 한용운의 「님의 침묵」은 그런 의미에서 존재론적이자 시적인 역설을 동시에 구현한 작품으로 이해된다.

이 그것이다.[5] 시의 수사학 대개가 그렇지만, 역설 역시 현실에서 관습적으로 통용되는 관념이나 의미에 균열을 가함으로써 의미 있는 충격이나 경이감을 불러일으키는 언어적 장치이다. 물론 그 충격과 경이감은 말들 사이의 모순 자체보다는 숨겨진 진리와 새로운 세계의 발견에서 비롯되는 것이다. 이를테면 우리는 김소월의 "오늘도 어제도 아니 잊고/먼 훗날 그때에 '잊었노라'"(「먼 후일」)라는 모순 어법에서 사랑의 깊이를 거꾸로 다지는 시적인 역설을 읽는다. 요컨대 미래의 이별을 미래 시제가 아니라 '잊었노라'는 과거 시제로 표현함으로써 임에 대한 사랑과 그리움이 더욱 극대화된다.

날이 흐리고 풀이 눕는다
발목까지
발밑까지 눕는다
바람보다 늦게 누워도
바람보다 먼저 일어나고
바람보다 늦게 울어도
바람보다 먼저 웃는다
날이 흐리고 풀뿌리가 눕는다

— 김수영, 「풀」 부분

「풀」은 반복과 대조의 리듬 운동 및 '풀'과 '바람'의 상징성이 특히 빛나는 작품이다. 이런 장점만 주목한다면 「풀」의 시적·문학사적 의미는 꽤나 감소될 법하다. '풀'의 리듬 운동과 상징성은 바람에 맞선 풀의 모습, 다시 말해 눕든, 일어나든, 울든, 웃든, 언제나 그 행동이 바람보다 빠르면서도 늦다는 모순 운동에 의해 더욱 배가되는 것이다. '풀'의 가치로 흔히 거론되는 민중적 건강함이나 대상에 구애받지 않는 자유로움은 따라서 풀의 역설적 운동에 빚진 것으

5 Philip Wheelwright, *The Burning Fountain*, Indiana University Press, 1959, 70~73면.

로 볼 수 있다. 그리하여 '풀'의 역설, 또 그와 대비되는 '바람'의 형상은 첫째, 단일한 원리나 언어로 설명하기 어려운 우주의 신비를, 둘째, 우리 현실이란 불가피하게 다양성과 모순성을 거느리는 구조라는 것을 동시에 알려 준다.

3——풍자

풍자(諷刺)를 뜻하는 'satire'는 '매우 혼잡하다'라는 뜻의 라틴어 'satura'에서 나온 것이다. 풍자는 일반적으로 윤리적 태도와 정의의 시선을 바탕으로 우행의 폭로와 사악의 징벌을 수행한다. 이것은 풍자가 존재의 교정과 삶의 개선을 목표하는 언어적 감시와 처벌 행위임을 뜻한다. 그 목적을 달성하기 위해 풍자는 위트, 조롱, 비꼼, 냉소, 욕설과 같은 차가운 시선과 어법, 어조를 복합적으로 활용한다. 원전을 비판적으로 모방하고 조롱하는 패러디가 풍자의 일부로 간주되는 것은 이러한 변형과 창조의 문법을 공유하기 때문이다.

샤를 보들레르	800원
칼 샌드버그	800원
프란츠 카프카	800원
이브 본느프와	1,000원
에리카 종	1,000원
가스통 바슐라르	1,200원
이하브 핫산	1,200원
제레미 리프킨	1,200원
위르겐 하버마스	1,200원

— 오규원, 「프란츠 카프카」 부분

커피숍의 메뉴판을 패러디하여 소비 사회에 진입한 한국의 비루한 문화 현실을 풍자한 시편이다. 유명한 원전의 비판적 모방과 공격이라는 패러디의 문법을 재치 있게 변용, 큰 가치 없는 차림표를 베낌으로써 풍자의 효과를 더욱 강화하고 있다. 화자는 말미에서 "시를 공부하겠다는/미친 제자와 앉아/커피를 마신다/제일 값싼/프란츠 카프카"라고 진술한다. 객관적으로 제시된 메뉴판은 화자의 비판적 진술을 통과함으로써 다음과 같은 의미와 가치를 새로 덧입게 된다.

첫째, 메뉴판의 인물들은 서구의 유명한 시인과 소설가, 미학자, 철학자 들이다. 이들에게 매겨진 어쭙잖은 가격은 문학 예술을 포함한 인문학적 가치가 무분별한 상업주의에 나포되었음을 뜻한다. 둘째, 메뉴판에는 한국의 예술가와 인문학자가 전혀 등장하지 않는다. 이런 자국 문화의 삭제는 외국 문물에 무비판적으로 경도된 우리 사회의 천박한 소비 경향을 역설적으로 폭로한다. 셋째, "시를 공부하겠다는/미친 제자"와 스승인 화자가 외래종 예술가로 명명된 커피를 마신다는 설정은 '시는 밥이 되지 않는다'는 경제 현실에 대한 비판과 함께 민족어와 정서의 이해와 표현에 역부족인 자신들의 한계에 대한 비판을 암시한다.

이처럼 풍자는 현상 속에 숨겨진 객관적 진실을 조리 있게 파헤치기보다 대상을 변형·왜곡·과장하는 간접적인 폭로의 방법을 취하는 경우가 많다. 이러한 까닭에 풍자는 '웃음'을 동반하기 마련인데, 대상의 부정성과 그에 대한 공격이 강조되는 까닭에 신랄한 냉소와 조롱, 비꼼과 같은 '차가운 웃음'이 전면에 부각된다.

물론 풍자와 유사하되 '따뜻한 웃음'을 유발하는 언어 장치 역시 존재하니, 해학이 바로 그것이다. 해학은 대상의 부정성을 거칠게 폭로하고 공격하기보다 대상의 한계를 감싸주거나 대상의 장점을 역설하는 유머의 생산에 집중한다. 이를테면 서정주는 『질마재 신화』에서 자신의 향토에서 명멸해 간 변두리 인생을 산문시의 형식으로 풀어낸다. 시적 대상들은 성적으로 분방한 과부,

오줌과 똥의 배설 능력이 탁월한 여성, 노동보다는 풍류와 유흥에 열중하는 남성 등 대체로 공동체에서 경원시되는 인물이다. 서정주는 이들이 공동체에 끼치는 해악과 분열을 공격하기보다 의외로 뛰어난 노래 실력과 음식 솜씨, 어려운 삶을 이끌어 가는 지혜에 주목한다. 그럼으로써 그들의 쓸모 있음과 미적 자질을 기억하고 존중할 만한 전통과 가치로 새롭게 변환하는 것이다.

4——패러디

패러디(parody)의 어원 'parodia'는 '다른 것에 대한 반대의 입장에서 불린 노래'라는 뜻을 가지고 있다. 비슷한 말로 '모방하는 것, 모방하는 가수'라는 뜻을 지닌 'paradio'가 있다.[6] 이 말들에 담긴 모방과 반대, 친밀함과 적대감의 상반된 정서는 패러디가 비교적 비유이면서 반어적 대조의 양식임을 뜻한다. 하지만 허천(L. Hutcheon)의 "비평적 거리를 가진 반복"[7]이라는 말이 지시하듯이, 패러디는 기본적으로 원작에 대한 비판과 가치 절하를 목적하며, 그럼으로써 패러디한 작품에 권위를 부여하려는 시적 장치이다. 요컨대 패러디는 원전의 모방보다는 변형과 왜곡, 신뢰보다는 비판과 부정 같은 부정 의식의 예리한 노출과 추구를 중요시한다. 이러한 이유로 정끝별은 패러디의 성패를 결정짓는 요소를 다음의 세 가지 조건에서 찾았다. 첫째, 패러디스트의 정확한 의도, 둘째, 자신의 의도에 부합하는 누군가의 원작을 선택하는 안목, 셋째, 독자의 흥미를 유발할 수 있도록 그 원작을 새롭게 드러내는 방법이다.[8] 만약 차이성의 추구와 비판 의식이 미약하다면, 패러디스트는 유명 작품일 가능성이 큰 원작에 대한 모방과 표절 혐의에 걸릴 위험성이 짙다.

6 김준오, 앞의 책, 235면.
7 린다 허천, 『패러디 이론』, 김상구 외 역, 문예출판사, 1992, 32면
8 정끝별, 『패러디 시학』, 문학세계사, 1997, 33~34면.

내가 그의 이름을 불러 주기 전에는
그는 다만
하나의 몸짓에 지나지 않았다.

— 김춘수, 「꽃」 부분

내가 그의 이름을 불러 주기 전에는
그는 다만
왜곡될 순간을 기다리는 기다림
그것에 지나지 않았다.

— 오규원, 「「꽃」의 패러디」 부분

내가 꽃에게 다가가 '꽃'이라고 불러도 꽃이 되지 않았다. 플라스틱 조화(造花)였다.

— 황지우, 「다음 진술들 가운데 버트란트 러셀 경(卿)의 '확정적 기술'을 포함하고 있는 것은」 부분

내가 단추를 눌러 주기 전에는
그는 다만
하나의 라디오에 지나지 않았다.

— 장정일, 「라디오같이 사랑을 끄고 켤 수 있다면 –김춘수의 「꽃」을 변주하여」 부분

원작인 김춘수의 「꽃」이 패러디된 까닭과 방법이 각각의 작품에 암암리에 드러난다. 김춘수는 이름 모를 '꽃'에 대한 명명을 통해 의미가 결여된 존재와 관념의 완성을 도모한다. 하지만 오규원은 대상을 완전히 포착하기는커녕 제멋대로 왜곡하는 언어의 한계를 드러내기 위해 「꽃」을 패러디한다. 황지우는 '꽃'에 대한 명명이 불가능함을, 그 원인이 조화(造花)인 '꽃'의 허구성에 있음

을 폭로한다. 이에 반해 장정일은 소비 사회의 편의적인 사랑과 그에 따른 소외의 심화를 비판하기 위해 '꽃'을 라디오로 변주하여 비판한다. 이처럼 다양한 경향은 원작 「꽃」의 변형과 왜곡이 각자가 처한 사회 현실의 모순과 부조리를 비판하기 위해 시도된 것임을 보여 준다. 그렇다고 김춘수의 「꽃」이 이들의 패러디에 의해 그 가치와 의미가 일방적으로 손상되는 것은 아니다. 오히려 패러디한 작품이 시대별로 새롭게 출현함으로써 「꽃」의 영향력과 호소력 역시 더욱 커지고 지속되는 것이다.

다음으로 물질의 소비와 재화의 욕망으로 들끓는 상품 사회에 대한 비판은 현대적 패러디의 핵심 가운데 하나이다. 대중 매체를 통해 선전되는 화려한 상품은 그에 대한 물신화된 욕망을 자극한다. 하지만 필요와 욕망에 따라 소비할 수 없는 주체와 사회의 현실은 대중을 끊임없이 소외와 억압의 구조 속으로 내몰기 마련이다. 이처럼 상품 사회 및 주체의 과잉된 욕망을 패러디하는 시편들은 일종의 문명 비판 시로 기능하게 된다. 예컨대 함민복의 「광고의 나라」는 사용 가치와 교환 가치의 전도, 물질문명에 대한 무비판적 종속, 그에 따른 가치관의 혼란에 처한 현대인들의 사물화된 삶을 광고의 현란한 조합과 차가운 굴절을 통해 인상 깊게 짚어 낸다.

> 인간을 먼저 생각하는 휴먼테크의 아침 역사를 듣는다, 르네상스 리모컨을 누르고 한쪽으로 쏠리지 않는 휴먼퍼니처 라자 침대에서 일어나 우라늄으로 안전 에너지를 공급하는 에너토피아의 전등을 켜고 21세기 인간과 기술의 만남 테크노피아의 냉장고를 열어 장수의 나라 유산균 불가리~스를 마신다 인생은 한 편의 연극, 누군들 그 드라마의 주인공이 되고 싶지 않을까 사랑하는 여자는, 드봉 아르드포 메이컵을 하고 함께 사는 모습이 아름답다 꼼빠니아 패션을 입는다
>
> — 함민복, 「광고의 나라」 부분

광고의 핵심은 상품의 내용과 그 사용법이 아니다. 상품을 소비할 때 얻어지는 이상적 가치가 제시될 따름이다. 무엇보다 인간과 기술의 따뜻한 통합과 그

에 따른 삶의 심미성과 편리성이 소비 대중의 욕망을 자극한다. 그러나 재화의 충분함이 보장되지 않는 이상, 그리고 저 가치들이 현실화되지 않는 이상 "휴먼테크"도 "함께 사는 모습"도 허구적 가상에 불과하다. 시인은 그 사실을 낱낱이 폭로하기 위해 광고의 특정 부분을 짜깁기해서 연결하는 방식으로 '광고의 나라'의 화려한 이미지를 드러낸다. 또한 그럼으로써 비인간적인 상품 사회의 모순과 부조리를 더욱 강화한다. 여기서도 패러디의 핵심, 즉 권위와 위반, 반복과 차이의 공존 현상이 뚜렷하게 드러난다. 당연히 진정한 가치의 담지자는 현실의 모순과 부조리를 드러내는 위반과 차이 쪽이다. 겉으로는 상품의 권위를 말하되 뒤로는 상품의 허구성을 전면 폭로한다는 점에서 「광고의 나라」의 발화법이 아이러니에 방불하다는 사실 역시 확인된다.

이상의 예시와 분석을 바탕으로 패러디의 원리와 효과를 정리한다면 다음과 같다. 첫째, 패러디는 원전의 단순한 모방이 아니다. 작가의 사회적·예술적 의식과 욕망을 투사하여 창조적인 차이를 생산하는 모방이다. 둘째, 패러디는 원전과 패러디한 작품을 필요충분조건으로 한다. 따라서 패러디는 원전과 패러디 작품, 원작자와 패러디스트, 그들과 독자들의 상호 개입과 영향을 원리로 취할 수밖에 없다. 이 때문에 패러디는 이들이 복합적으로 참여하는 형식이자 서로를 참조하는 상호 텍스트성의 방법으로 정의된다. 셋째, 패러디는 원전의 패러디 없이는 성립될 수 없는 형식이다. 따라서 패러디에는 원작에 대한 패러디스트의 자의식, 곧 독자이자 그것의 개변자라는 이중성이 반영된다. 패러디스트는 원작의 손쉬운 모방에 그치지 않으려면 원작에 대한 개성적 읽기와 독창적인 개작을 의식적으로 추구하여야 한다.[9]

9 이와 관련해서 흔히 '공허한 패러디'로 지칭되는 '패스티시(pastiche)', 즉 '혼성 모방'에 대한 간단한 이해가 필요할 듯싶다. 패스티시는 이미 존재하는 텍스트들을 뒤섞고 그것을 모방하여 새로운 텍스트를 제작하지만 그 의도성이 잘 드러나지 않는다. 그런 까닭에 모방된 텍스트와 모방한 텍스트는 차이성보다는 유사성이, 입체적 성격보다는 평면적 성격이 두드러지게 되므로 모방의 격이나 비판의 차원에서 패러디와 일정하게 구별된다. 포스트모더니즘에 비판적인 제임슨(F. Jameson)은 이러한 특질을 고려하여 패스티시를 풍자적 의도가 없는 죽은 모방이자 죽은 언어로, 새롭다 해도 과거에 주어진 것들을 개성 없이 조합한 죽은 스타일의 모방으로 규정·비판하였다. 패스티시의 이러한 성격은 그것이 제작한 텍스트에서 언어의 규범성과 텍스트의 개성, 캐논(정전)의 개념을 은폐하거나 삭제하기 마련이며, 그 표면에 혼성 모방의 결과

패러디의 세 가지 원리와 효과는 중등학교와 대학교에서 활발하게 이루어지는 패러디의 학습과 적용에 의미 깊은 시사점을 제공한다. 단순히 유명한 원작을 감각적 언어로 개조하는 유희적 글쓰기보다는, 당대 현실과 개인의 진보적 욕망에 부응하여 형식과 내용을 동시에 개조하는 비판적·개성적인 글쓰기로 나아가야 한다. 반어와 역설, 풍자와 패러디를 막론하고 사물과 세계, 주체 사이의 차이를 발견하고 입체화하려는 노력은 언어유희의 쾌미 못지않게 올바른 세계로의 개선과 발전을 이룩하기 위한 것이다. 맥루언(H. M. McLuhan)은 "미디어는 메시지다"라고 말한 바 있다. 미디어가 그 자체로 세상을 변화시키는 메시지를 함축하고 있다는 것을 강조하기 위한 비유이다. 이를 변주하면, 시학상의 차이 역시 메시지이다.

로서 잡다한 텍스트들의 다양한 무늬만 남기게 된다. 프레드릭 제임슨, 「포스트모더니즘과 소비 사회」, 『반미학』, 할 포스터 편, 윤호병 역, 현대미학사, 1993, 176~177면 참조.

3부

사회 변화와 현대시 교육의 맥락

다매체 시대와 현대시의 변주

1——시의 존재 조건의 변화: 타자의 인식

이른바 다매체의 시대이다. 사회를 거대한 이념적 집단으로 구성했던 시대가 지나간 후 폐허와도 같았던 곳에서 시인들이 눈을 떴을 때 인정해야 했던 것은 시각 매체의 압도적 영향이었다. 함민복은 그 현실을 다음과 같이 썼다.

티브이 속에 티브이가 있다/티브이 속의 티브이는 이중 화면 티브이다/티브이 속의 티브이 바깥에서 티브이 속의 티브이를 보고 있는 여인(엄마?)과 아해(아들?)/티브이 속의 티브이 이중 화면 중 큰 화면으로 발레 장면을 보고 있을 때 좌측 하단 작은 화면에 헬기 편대가 출현한다/(중략)

실감한다, 허구의 세계가 또 하나의 허구의 세계를 만들어
두 세계의 벽 허물기를 통해
허구와 실제의 벽 허물기 체험을 무의식에
강요하고 있는 산업 사회의 무서운 꽃 광고를. 나는
보기 싫어 리모컨을 누르다 경악한다, 이미 허물어진 벽.

티브이가 리모컨이 되어 내 머리통을 작동시키고 있었구나.

— 함민복, 「엑셀런트 시네마 티브이·2」 부분

삶의 구체적 실체는 TV로 대표되는 영상 매체의 자리로 대체되어 버린다. 1980년대를 지나온 시인들이 이러한 시적 표현을 드러낸 것은 그러나 뒤늦은 감이 없지 않다. 현실적 리얼리티를 압도해 버리는 현대 산업 사회의 매체 문화에 대해 절망적 체념을 표현하기 이전에 이미 한국의 시인들은 1980년대 후반부터 대중 매체의 위력을 실감하고 있었다. 그때는 현실 사회주의가 몰락하고 영상 문화의 위력이 주목되는 시점이었다. 이른바 포스트모더니즘의 한 징후로서 TV 광고 등의 영상 매체에 대한 관심이 시인들에게서 쏟아져 나오기 시작하였다. 『안 이쁜 신부도 있나 뭐』(유하 외, 세계사, 1991)에 수록된 시인들의 이른바 키치 시편들은 그것의 집중적 표현이었다. 이 시집은 한편으로는 즐거운 언어유희를 보여 주면서도 다른 한편으로는 왜곡된 현실에 대한 시적 언어의 무력감을 보여 준다. 그 유희와 절망에는 언어가 도달하지 못하거나 아예 극복 불가능하다고 인식되는 현대 매체의 위력에 대한 인정이 깃들어 있었다. 현대 사회의 여러 매체에 의해 시의 영역이 어떠한 변화를 겪고 있는지 고민해 보아야 할 필요성이 제기된 것은 이미 오래전의 일이다.

학생들에게 문학은 현실의 또 다른 범주로 사라져 가고 있다. 그곳에서 문학은 말이나 그림, 도표와 같은 다른 수많은 의사소통 방법들, 그리고 인쇄, 텔레비전, 라디오, 비디오, 카세트, 레코드, CD 등과 같이 정보를 효과적으로 수집하고 구성하고 전달하는 다른 수많은 의사소통 양식들 중에서 단지 글을 통한 의사소통을 위한 하나의 테크닉일 뿐이다.[1]

'문학의 죽음'이라는 상징적 해석을 통해 현대 문학의 저변을 논의하면서

1 앨빈 커넌, 『문학의 죽음』, 최인자 역, 문학동네, 1999, 270면.

커넌(T. Kernan)이 강조하는 것 역시 대중 매체에 의해 침식된 문학장의 축소이다. 그런데 이러한 변화가 문학의 존재 영역에 대한 외적 요인의 침입 때문인 것만은 아니라는 사실을 인식할 필요가 있다. 문학장의 변화는 문학이라는 텍스트 내부의 어떤 필연적 논리에 기대 있기도 하다는 것이다. 두 가지 의미에서 그렇다. 첫째, 다매체 시대의 시를 논의하기 위해서는 문자 매체를 포함하여 모든 매체가 역사적 변화의 규정을 피할 수 없다는 사실을 전제해야 한다. 현대 사회의 시각 매체가 압도적으로 문화 예술을 이끌어 간다고 해도 그것은 구텐베르크(J. Gutenberg) 이래의 문자 매체가 시대적 제약을 받는다는 것이지 문자 매체가 시각 매체에 비해 열등하다는 것은 아니다. 가령 벤야민(W. Benjamin)의 '아우라'라는 개념은 그 아우라와 연관된 예술 매체의 역사적 과정과 그 과정에 따른 새로운 연관 관계를 설명하려는 것이지 현대 사회의 예술 작품들의 위계를 설정하려는 것은 아니다.[2] 둘째, 매체 논의에서 중요한 것은 현대의 의사소통 수단들의 상호적 영향 관계를 살펴보기 위한 '작업 개념으로서의 매체'이다. 이 문제의식이 문학으로 좁혀질 때 제기되는 논점은 타 매체가 문학에 어떤 영향을 주고 있으며 그 매체는 문학의 어떤 것을 지속시키고 있는가 하는 점이다. 다매체 시대의 시의 위상을 살펴본다는 것은 곧 논의 대상이 되는 매체가 어떤 내용으로 문학적 매체의 속성을 지속시키고 있는지를 살펴본다는 말이기도 하다. 우리가 논의해야 할 것은 '시'이지 '영상'과 같은 기술적 매체는 아니다.

문학의 부르주아적 자율성과 관련된 것으로서, 20세기의 시론 속에서 '사물로서의 언어'에 대한 논의가 지배적이었던 것은 한편으로는 언어 자체의 미적 성격을 부각시키려는 의도와 관련되지만, 다른 한편으로는 언어를 사용하는 주관에 앞서서 언어가 존재하고 주관이 그 언어에 의해 구성·표현되는 상태를 가리키기 위한 것이었다. 시로 말한다면 그것은 시 자체의 내재성을 지칭하는 것이기도 하다. 언어가 주관에 앞서 존재하는 만큼이나 시 또한 논리화된

2 문광훈, 『가면들의 병기창 — 발터 벤야민의 문제의식』, 한길사, 2014, 827면 참조.

개념적 언어에 앞서 존재한다고 해야 한다. 시가 내재적으로 존재한다는 말은 그와 같은 전(前) 언어적 정동(情動)의 움직임이 시적 표현의 이면에 있음을 가리킨다. 라자뤼스(S. Lazarus)는 그것을 "개념적이고 과학적인 언어로 규정되지 않는 힘의 존재"로 바꾸어서 설명한다.[3]

이것은 시 언어의 가시적 영역 이면에 지속적으로 움직이는 어떤 규정되지 않은 힘이 있음을 의미한다. 예로부터 문학적 영역에서든 철학적 영역에서든 초월적 세계에 대한 관념론적 논의가 없었던 것은 아니지만, 가시적인 것과 비가시적인 것에 대한 새로운 논의가 이루어진 것은 20세기 이후의 정신 분석학적 담론을 통과하면서부터이다. 그런데 정신 분석학적 담론을 통해 비가시적인 것을 논의할 때, 벤야민이 현대적 매체의 출현과 함께 예술 작품의 의미화 양상이 변화하는 사태에 주목하였음을 참고할 수 있다. 그는 사진이 과거의 회화를 뛰어넘는 '마법적 가치'를 가지고 있음을 설명하면서 이렇게 썼다.

> 카메라에 비치는 자연은 눈에 비치는 자연과 다른 법이다. 다른 이유는 무엇보다 인간이 의식을 갖고 엮은 공간의 자리에 무의식적으로 엮인 공간이 들어서기 때문이다. 예를 들어 누군가 사람들의 걸음걸이가 어떻다고 대강이나마 설명하는 것은 대개 가능하지만, 그는 "걸어 나아가는" 순간순간에 사람들의 자세가 어떠한지에 대해서는 틀림없이 아무것도 모르고 있다. 사진은 고속 촬영이나 확대 등의 보조 수단을 통해 그에게 그러한 것을 밝혀 준다. 그는 충동의 무의식적 부분을 정신 분석을 통해 알게 되듯이 이러한 시각적 무의식의 세계에 관해 사진을 통해 비로소 알게 된다.[4]

사진이 보여 주는 것은 정신 분석학의 무의식에 비견되는 시각적 무의식이다. 일상의 시각으로 포착할 수 없었던 형상들이 사진 기술을 통해 포착되기

3 실뱅 라자뤼스, 『이름의 인류학』, 이종영 역, 새물결, 2002, 223면 참조.
4 발터 벤야민, 「사진의 작은 역사」, 『기술 복제 시대의 예술 작품 — 사진의 작은 역사 외』, 최성만 역, 길, 2007, 159~168면.

시작하였다는 의미의 "시각적 무의식"이라는 용어를 고려한다면, 이것은 우리 시대의 새로운 매체들에도 여전히 등장한다고 할 수 있다. "고속 촬영이나 확대"라는 기술적 수단들이 바로 그 새로운 매체들에 드러나는 마법적 가치를 가시화하는 방법이다. 이 수단들을 통해 과거의 예술들이 드러내지 않던 것을 드러낼 때, 이러한 지각 경험의 변화야말로 역사적인 제약을 받는 것임이 증명된다.

그러나 이러한 논의는 기술적인 것에 대한 맹목적인 인정을 주장하는 것이 아니다. 오히려 벤야민에게 중요한 것은 그 기술적 인지에 따른 지각 경험의 변화가 우리에게 어떤 해방을 가능하게 하는가라는 점이었다. 따라서 현대 사회의 매체 발전을 문학적 생태계의 필연적인 조건으로 고려하되, 더 중요한 것은 그 매체 기술에 순응함으로써 초래될 기술주의를 경계하면서 문학과 매체의 새로운 관계 설정으로 가능한 현실 변화 인식을 추구하는 것이다. 매체 언어에 대한 관심이라는 명분으로 문학 교육이 수시로 몰입하는 영상, 음향, 전송 등의 현대 기술이 가진 기능이 중요한 것은 아니라는 말이다. 그러므로 우리에게 지금 필요한 일은 지금 주어져 있는 매체 기술의 영역을 객관화하는 "반기술주의적 비판"[5]을 요청하는 것일지도 모른다. 벤야민은 만능적 기술주의에 연결된 정치의 심미화를 파시즘과 연결시키고 있다.

현대 사회의 대표적 시각 매체인 사진과 영화가 사물의 껍질을 벗겨 탈아우라의 정치적 차원을 실현한다는 벤야민의 주장도 널리 알려져 있다. 이때 아우라는 "공간과 시간으로 짜인 특이한 직물로서, 아무리 가까이 있어도 멀리 떨어진 어떤 것의 일회적인 현상"[6]이라고 규정된다. 이 규정을 언어의 은유적 사용에 대한 규정과 대비해 보는 것은 다매체 시대의 현대시에 대한 설명에서 특별한 의미를 갖는다. 은유는 유사성에 대한 인식을 기반으로 한다는 점을 지적할 수 있다. 이 유사성은 그런데 경험적인 유사성이 아니라 두 사물의 의미소

5 문광훈, 앞의 책, 850면.

6 발터 벤야민, 앞의 글, 184면. 이 구절은 「기술 복제 시대의 예술 작품」으로 수렴되는데, 「기술 복제 시대의 예술 작품」은 1935년에 1판이 완성되었다.

의 유사성이라고 에코(U. Eco)는 말한다.[7]

> 군중 속에서 유령처럼 나타나는 이 얼굴들,
> 까맣게 젖은 나뭇가지 위의 꽃잎들.
>
> — 파운드, 「지하철 정거장에서」 전문

파운드(E. Pound)의 유명한 단시 「지하철 정거장에서」는 "얼굴들"과 "꽃잎들"을 결합하여 은유적 표현을 만들어 낸다. 지하철역에서 쏟아져 나오고 있음 직한 군중의 얼굴이 꽃잎으로 치환될 때, 이 둘 사이의 유사성은 경험적 유사성이 아니라 의미의 유사성이다. 얼굴이 꽃잎일 수는 없다. 그러나 무채색의 지하철에 매달린 얼굴들 속의 환영과 비에 젖은 검은 나뭇가지에 핀 돌연한 꽃잎은 둘 이상의 감각을 가진 하나의 이미지로 결합되어 현대 사회의 일상적 삶이 종종 내보이는 유사한 신비 체험을 형상화한다. 은유는 경험적 차원이 아니라 의미의 차원에서 형성된다는 진술과 함께, 에코가 구약 「아가(雅歌)」의 한 구절, "너의 치아는 물놀이에서 돌아온 암양 떼와도 같구나"에 덧붙인 유사성 설명이 바로 이것이다. 벤야민이 아우라와 관련하여 "가까이 있는 것과 멀리 있는 것의 동일성"을 인식하고, 그리고 "그것의 일회적 솟구침"에 대한 인식을 보여 주는 것은, 은유를 '유사성'의 언어라고 설명하는 일반 수사학이나 '증상'이라고 설명하는 정신 분석학과 비견되는 것이다. 그는 실제로 그 유사성과 증상을 아우라에 연결하여 "어느 여름날 오후 휴식의 상태에 있는 사람에게 그림자를 던지고 있는 지평선의 산맥이나 나뭇가지를 따라갈 때 종국에 가서는 그 순간이나 그 시간이 그 현상의 일부가 되는 현상"이라고 말한다.[8]

여기에서 일반 수사학의 '유사성' 개념이나 정신 분석학의 '증상' 개념을 사용하는 것은 이 두 갈래의 학문 영역이 비가시적인 것의 가시화라는 매체 기술의 효과와 무관하지 않다고 판단되기 때문이다. 예컨대 의식의 공간을 비집

7 움베르토 에코, 『해석의 한계』, 김광현 역, 열린책들, 2009, 184면 참조.
8 발터 벤야민, 앞의 글, 184면.

고 들어오는 무의식이라든지 시각적 무의식에 대한 벤야민의 지적은 과거의 예술 작품이 드러내지 못하던 타자의 세계를 발견하고 그것을 주체의 세계와 대등하게 배열하는 관점에 의해 가능하다. 현대 기술의 매체 언어는 비가시적인 것을 가시화함으로써 현실 경험의 무의미 영역을 의미 영역으로 바꿔 놓는 은유의 수사학과 밀접하게 결합된 언어인 셈이다. 은유가 정지된 영상의 압축적 효과와 관련된다면, 환유는 영상들의 결합으로 대체되는 사물들의 배열 효과와 연관된다고 할 수 있다.

벤야민이 사진 기술의 효과를 시각적 무의식의 영역으로 설명하고 있기도 하지만, 현대 사회의 시각 매체가 주체의 시선과 타자의 응시라는 양면으로 구성되고 있다는 점을 환기하기 위해서는 정신 분석학의 원용이 필수적이다. 이것은 현대 사회의 매체론과 관련해서 매체 자체의 측면뿐만 아니라 시각과 문자가 서로 상호 규정하는 양상을 고려해야 할 인식론적 필요성이 있음을 의미한다. 은유나 환유의 오래된 문자적 속성이 현대 사회의 시각 매체에 의해 어떻게 변형·유지되고 있는지를 살펴보는 일이 그것이다. '매체'는 현대 기술 언어를 논의하기 위한 작업 개념으로서 중요하다는 앞에서의 설명도 이 때문이다. 문자 매체와 시각 매체의 차이를 인정하는 것은 현대 산업 사회의 매체가 양면적으로 구성되어 있음을 인식하기 위한 중요한 발판이면서 그 둘 사이에 지속되고 있는 것이 무엇인가를 알아보기 위한 출발점이다. 시각적인 것에 대한 논의가 이로부터 도출된다. 현대 사회의 지배적 매체가 시각적인 것이라면, 그것이 정신 분석학과 결합될 때 주체와 타자의 변증법이 부각되는 것이다.

라캉(J. Lacan)에 따르면 정신 분석학은 인간 경험의 핵심적 실재를 탐구하는 학문이다.[9] 이러한 전제 아래 라캉은 인간이라는 주체의 구성이 근본적으로 분열되어 있음을 주장하였다. 그 분열은 인간이 생존하는 한 치유될 수도 소멸될 수도 없는 존재론적 조건인데, 그것을 맨 처음 구조화하는 심리적 장이 '거울 단계'이다. 이 시기에 유아는 거울에 비친 자신의 영상을 보면서 스스로를

9 자크알렝 밀레 편, 『자크 라캉 세미나 11 — 정신 분석의 네 가지 근본 개념』, 맹정현·이수련 역, 새물결, 2008, 88면 참조.

통일된 자아로 인식하게 된다. 그런데 거울 속의 영상은 사실은 '나'를 거꾸로 되비친 모습이다. '나'와 정반대의 거울상을 보고 '나'의 자아를 구성하기 때문에 이때의 자아는 타자에게 규정되는 자아라고 할 수 있다. 그러므로 이 시기로부터 구성되어 지속되는 자아는 타자를 '나'라고 생각하는 근본적 오인(誤認)의 경로 속에서 탄생한 것이다. '나'는 거울 속의 영상이 내가 아니라 타자이며 그 '타자가 나를 응시하고 있다'는 사실을 알지 못한다. 그러나 자아는 그 타자가 '나'를 응시함으로써 형성되는 것이다. 인간은 무대 위에 올려진 배우처럼 타자의 응시에 의해 규정되는 존재이다. 그 사실이 간과된다는 것은 타자의 응시가 주체의 눈에 드러나지 않는다는 것을 의미한다. 이렇게 해서 시선과 응시의 분열이 일어나고, 이 과정이 시각적 장 속에서 일어나기 때문에 결국 자아는 타자의 응시를 가리는 스크린에 매개된 채 존재하게 된다고 할 수 있다. 스크린에 매개되는 자아가 시선과 응시가 겹쳐진 공간을 구성하는 곳에서 탄생한다면, 시적 자아 또한 마찬가지라고 해야 한다. 시적 구성체의 주관과 객관이 결합된 복수적 의미화가 가능한 것은 그 때문이다. 텍스트의 기능은 주체의 시선과 대상의 응시가 맞물리면서 형성된 시각장의 기능이고, 따라서 시적 공간은 그 시각장의 분열이 가져오는 효과이다.

이러한 시각장을 지배소로 가진 현대 사회의 여러 매체와 시의 존재 방식이 본격적으로 논의되어야 한다면, 그 매체의 특성이 가장 잘 실현되는 부분, 요컨대 시각적 운동의 장에 핵심적 관심을 두어야 할 것이다. 그 관심은 단지 시대의 변화 때문만은 아닌데, 바로 인간이라는 주체 구성이 타자와 긴밀하게 결합됨으로써 가능하기 때문이다. 하나의 텍스트는 주체와 타자가 시선과 응시의 교차점으로 얽혀 드는 장소이다. 시의 존재 조건의 변화는 바로 이러한 시각장의 상호 전환이 현실화된 하나의 사례인 셈이다. 이것은 현대 사회의 여러 기술적 매체도 그렇고, 우리의 관심사인 시도 그렇다. 이 둘은 서로가 서로를 비추는 거울일 것이다. 그 둘 사이를 관통하면서 흘러 다니는 것, 일종의 전이사(shifter)[10]와도 같은 것을 여기에서는 은유와 환유라고 상정하기로 하자. 은유와 환유는 문자의 출발기인 저 고대의 시학에서부터 정신 분석학과 기술 매체의 시대인 현대에 이르기까지 여전히 아주 오래된 문화적 핵심이다. 그것은 시의 언어 구성 방식이기도 하고 주체의 존재의 변증법을 구성하는 방식이기도 하고 문자와 시각 매체를 두루 관통하는 의미소의 배열 방식이기도 하다. 그것들은 각각 다른 방식을 압축하거나 다른 방식으로 이동한다. 현대시가 창작되고 유통되는 과정을 이해하기 위해서는 시와 연관되는 여러 매체들의 '복합 양식 문식성'을 분석하는 일이 필연적이지만,[11] 그와 함께 그 다매체를 관통하는 언어 구성 방식을 전제하는 일 또한 필수적이다.

2——다매체 시대의 은유와 환유

시를 여타의 매체와 비교해 보기 위해서는 결정적으로 작용하는 기준점 하나를 마련해야 한다. 시를 시이게끔 하는 시성(詩性)을 고려하는 것이다. 어떠한 매체에 대한 논의를 진행하더라도 그것이 시 교육과 관련되는 것이라면 바로 이 시성에 대한 논점은 항상 개입될 수밖에 없다. '시성'의 형성에 대해서는 약간의 설명이 더 필요할 듯싶다. 시 교육 현장에서 시를 지칭할 때 흔히 원용되는 것, 요컨대 '시의 언어는 사물의 언어이며 자동사적 언어이다'라는 말은 곧 시적 언어의 특이한 사용 방식을 지시하는 것이다. 야콥슨(R. Jakobson)은 이렇게 설명한다. "그러나 어떻게 시성이 스스로를 표명하는가? 시성은 언어가 언어로 느껴지고 이름 불린 대상이나 분출되는 정서의 단순한 표현이 아닌 경우에 존재하게 되며, 또한 언어들과 그 구성법, 언어의 의미, 언어의 외적 형식과 내적 형식 등이 무심하게 현실을 가리키는 대신에 그것들 나름의 무게와 가치를 획득할 경우에 존재하게 된다."[12] 시의 언어가 "그것들 나름의 무게와 가

10 메시지와 관련되지 않으면 내용이 채워질 수 없는 언어 요소를 뜻한다. 정신 분석학에서 그것은 발화의 주체와 발화 행위의 주체로 구분되지만 동일하게 표기되어야 하는 '나'와 같은 인칭대명사이다.

11 송여주, 「다매체 시대 국어 교육의 방향」, 『국어 교육, 어떻게 할 것인가』, 창비교육, 2014, 103~105면 참조.

12 로만 야콥슨, 「시란 무엇인가」, 『현대시의 이론』, 로만 야콥슨 외, 박인기 편역, 지식산업사, 1989, 18면.

치를 획득할 경우"는 야콥슨과 같은 러시아 형식주의자 그룹에서 주장하였던 '낯설게 하기'의 예를 통해 충분히 설명될 수 있을 것이다. 이 '낯설게 하기'가 언어의 일상적 사용의 어긋남을 필요로 하는 것이라면, 시인들이 사용하는 독창적 언어나 수사학도 마찬가지이다.

그런데 수사학을 언어적으로만 설명할 경우, 언어의 아우라가 갖는 힘 때문에 수사학의 논리는 다만 개념적으로만 전달될 뿐이다. 그것은 하나의 개념으로 시작해서 개념으로 끝날 공산이 크다. 가령 학생들에게 "직유란 사물들의 유사성에 기초해서 하나의 사물을 유사한 다른 사물에 빗대어 표현하는 것"이라고 설명한 후 '~처럼', '~같이'와 같은 언어를 활용하는 것이 특징이라고 교육하였을 때, 그 직유가 실제로 어떤 지각적 효과를 가져올 수 있는지는 여전히 애매한 상태로 남을 수밖에 없다. 언어는 사물과는 달라서, 언어로 전달되는 개념적 효과와 형상적 경험으로 전달되는 지각적 효과도 달라질 수밖에 없기 때문이다. 더구나 시적 언어의 특별한 용법을 개념화해 놓은 '시론'과 같은 책들은 시에 대한 이해를 더욱 개념화할 수밖에 없다. 그것은 시에 대한 논리적 설명이지 시 자체에 대한 지각적 체험은 아니다.

물론 시에 대한 개념적 설명은 1부 5장에서 이미 논의하였듯이 교육적이고 비평적인 영역에서 중요한 역할을 담당한다. 어떠한 개념이든 그것은 미래의 새로운 경험을 향해 열려 있는 상태를 전제하면서 현재에 이르기까지의 '시'라는 언어적 존재에 대해 탐색해 온 최고의 추상적 사유이다. '추상'은 구체적 실물에 뿌리를 두되 그 뿌리로부터 핵심적인 사항들을 뽑아 올려 개념화한 것이기 때문에 구체적 대상에 대한 전체적 성찰을 가능하게 한다. 이 전체적 성찰이야말로 시에 대한 능동적 수용의 터전이라고 할 수 있다. 시의 언어가 구성되고 배열되는 전체적 원리를 인식함으로써 시 자체에 대한 독자 나름대로의 이해의 틀을 가질 수 있게 되는 것이다.[13]

13 전체를 환기하는 개념이 보편성과 관련되고, 구체적인 시 한 편 한 편의 실현은 바로 그 보편성으로부터 출발한다는 사실을 시몽동(G. Simondon)과 비고츠키(L. S. Vygotsky)의 이론에 기대어 설명하는 관점에 대해서는 파올로 비르노의 『다중』(김상운 역, 갈무리, 2004: 249~271면) 참조.

그런데 시 이해의 터전인 심미안은 시에 대한 형상적 지각과 관련된다. 달리 말하면 시적 심미성을 파악하는 것은 논리적으로 설명되기 이전에 형상을 통해 전달된다고 해야 한다. 이 전달 과정에서 미적 동일화가 이루어지고 감동이 일어난다. 그러므로 시적 심미안은 시적 직관과 같은 것이라고 할 수 있는데, 이것은 언어적 해설과는 다른 차원에서 발생하는 심리적 운동과 밀접하게 연결된다. 이 심리적 운동을 야기하는 미적 대상들을 언어화한 것이 시이고, 이러한 미적 대상에 대한 수사학적 구성들이 대상의 이미지화이다. 바로 이 이미지화의 여러 방식이 우리 시대의 여러 매체에 대응한다고 할 수 있다.

드브레(R. Debray)는 이미지의 존재 방식에 따라 크게 로고스페르(logosphere), 그라포스페르(graphosphere), 비디오스페르(videosphere) 세 시대로 구분한다.[14] 로고스페르는 초월적 현전의 시대로 고대와 기독교 세계가 그에 해당한다. 그라포스페르는 재현적이고 환영적인 시대로 기독교 세계와 현대를, 비디오스페르는 가상적이며 수(數)적인 세계로 현대와 포스트 현대를 가리킨다. 이 각각의 시대에 이미지가 가지는 의미 또한 달라질 것이다. 로고스페르에서 이미지는 예견을 전달하는 주술적 기능을 한다. 그라포스페르에서 시각은 이미지만을 주시하고(자율적 이미지), 비디오스페르에서는 이미지만이 파인더를 통해 보는 것을 통제한다(가상적 이미지). 그런데 이 구분에 따른 각 시대의 정신 의학적 성향이 흥미롭다. 각각 순서대로 과대 망상적, 강박 관념적, 정신 분열적 성향을 보여 준다는 것이다. 이 성향을 고려할 경우, 분열증 시대의 시를 살펴보기 위해서는 언어를 사용하는 의식과 무의식의 주체 분열, 그리고 그 시가 야기하는 시지각과 관련된 시선과 응시의 분열을 필연적으로 검토해야 한다.

중요한 것은 이른바 비디오스페르의 시대인 현대에 시론과 시 교육이 어떻게 구체화될 수 있느냐는 점이다. 야콥슨은 언어의 두 가지 구성 원리를 은유와 환유로 구분하였는데, 정신 분석학자들 또한 이 은유와 환유를 무의식의 두 가지 운동 방식으로 논의한다. 압축으로서의 은유는 증상이고, 이동으로서의

14 레지 드브레, 『이미지의 삶과 죽음』, 정진국 역, 시각과언어, 1994, 252~253면 참조.

환유는 욕망이라는 라캉의 논의가 대표적이다. 그는 기표들의 압축으로서의 은유를 "기표들의 포개짐"이자 "하나의 기표가 또 다른 기표를 대체하는 것"으로, 기표들의 이동으로서의 환유를 기표들의 "의미 작용의 방향 전환"이자 "기표와 기표의 연결 구조 속에서 발생하는 것"으로 규정한다.[15]

시학 용어 사전에서 개념적으로 설명하는 은유는 "하나의 관념, 이미지, 혹은 상징에 싸인 압축된 언어 관계가 하나나 그 이상의 관념, 이미지, 상징 들에 의해 그 생생함과 복합성 혹은 함축된 의미의 폭을 강화하는 것"이고, 환유는 "제유와 관련된 문채(文彩)로서, 하나의 단어가 친연성 있는 또 다른 단어로 대체되는 것"이다.[16] 대학에서 주로 사용하는 시론 교재는 필자에 따라 상이한 설명을 도입한다. 대표적으로, 김준오는 야콥슨의 논의를 따라 은유와 환유를 구분하고,[17] 김용직은 도이치바인(W. Deutschbein)의 논의를 따라 주지(主旨)와 매체(媒體)의 관계 속에서 그 둘이 분리된 채 제3 비교 범주 영역(~인 듯, ~처럼, ~같이)에 의해 연결되는 것을 직유로, 분리되지 않은 채 많은 정서와 심상을 자극하면서 주체를 등장시키는 것을 은유로 설명한다. 또 환유는 "어떤 대상의 속성이나 그와 밀접하게 관련된 특징을 이용하여 그 대상을 표상, 제시해 내는 것"이라고 설명한다.[18] 이 설명들 모두 야콥슨과 라캉의 논의와 유사하다. 시학 용어 사전의 "압축된 언어"는 은유이며, "단어의 대체"는 이동으로서의 환유이다. 주체를 등장시키는 언어 사용을 은유라고 설명하는 김용직의 논의가 조금 특이한 듯하지만, 자세히 따지고 보면 기의가 기표의 표면 위로 솟아오르는 것을 은유라고 설명하는 라캉의 논의와 다른 것은 아니다. 기의는 주체의 의도를 드러내기 때문이다. 또 라캉의 환유론은 일반 수사학의 제유론과 유사하지만, 속성이나 특징은 결국 그 속성이나 특징을 가진 대상 자체의 인접 영

15 자크 라캉, 「무의식에 있어 문자가 갖는 권위(주장) 또는 프로이트 이후의 이성」, 『욕망 이론』, 권택영 편, 민승기 외 역, 문예출판사, 1994, 66~78면 참조.

16 Alex Preminger & T. V. F. Brogan ed., *Princeton Encyclopedia of Poetry and Poetics*, Princeton University Press, 1974, 499면.

17 김준오, 『시론』, 삼지원, 1982(2002), 83~86면 참조.

18 김용직, 『현대시 원론』, 학연사, 1988, 111~166면 참조.

역으로의 의미 이동을 뜻하는 것이라고 할 수 있다.

시 교육 과정에서 은유와 환유에 대한 이러한 개념적 설명은 시를 분석적으로 이해하는 데 필수적이지만, 시의 형상적 사유를 형상 그 자체로 이해하는 데에는 충분하지 않다. 형상은 항상 논리적 개념을 초과하기 때문이다. 하나의 문학 언어는 하나의 지시 대상을 넘어선다는 오래된 이론에 근거해서 보더라도 개념적 사유가 드러내는 한계는 분명하다. 물론 개념은 대상에 대한 전체적 추상화를 그릴 수 있도록 하는 논리의 유력한 자원이다. 그러나 중요한 것은 시의 언어가 가지고 있는 광범위한 공감 영역이다. 공감대가 확보되는 것은 대상을 표현하는 형상적 언어로서의 시어가 다양한 의미소를 함축하고 있기 때문이다. 이 의미소가 유사성을 보여 주는 곳에서 은유가 형성되는데, 유사성이 차이를 전제하기 때문에 논리적으로는 문학적 은유가 지속되는 표현 형식의 변이에 대해서도 인정해야 한다. 요컨대 은유적 유사성은 언어 의미의 공시적 유사성뿐만 아니라 작품들의 통시적 유사성의 방식으로도 존재하는 것이다. 이때 작품의 통시성은 바로 벤야민이 말하는 바, 매체들의 예술적 성격의 역사적 제약성을 의미한다. 시대도 변하고 기술도 변하기 때문에 그 기술에 결박된 표현 형식도 변할 수밖에 없다. 벤야민은 이렇게 썼다.

문학의 여러 형식과 장르를 오늘날 우리의 상황에 깊은 영향을 끼치는 기술적 요소의 관점에서 폭넓게 재검토해 보지 않으면 안 된다는 것을 여러분께 주지시키고 또 이로써 오늘날의 문학적 에너지를 위한 출발점을 제시해 주는 표현 형식들을 알아보기 위해서라는 점을 여러분에게 지적하기 위해서이다. 옛날부터 소설이 존재했던 것은 아니다. 또 그것이 앞으로 계속 존재해야만 한다는 이유도 없다. 비극이나 위대한 서사시의 경우도 마찬가지이다. (중략) 이러한 모든 사실을 거론하는 까닭은, 문학적 제 형식이 엄청난 변혁과 용해의 와중에 있고 또 우리가 지금까지 늘상 그렇게 생각해 왔던 여러 대립들이 이러한 용해 과정 속에서는 그 힘을 상실해 버릴 수도 있다는 점을 여러분들에게 깊이 인식시키기 위해서이다.[19]

현실 변화의 시대적 제약 속에서 문학 장르는 지속적으로 변모한다는 사실을 설명하는 내용이다. 그 일환으로 기술적 진보에 적응하여 작가들의 표현 형식이 어떻게 기술적 매체들과 결합할 수 있느냐는 특히 진보적 작가들에게는 피할 수 없는 문제였다. 벤야민은 현대 사회의 모든 매체 변화의 배경에 있는 시대적 생산 관계에 대해 급진적인 질문을 던진다. 작품이 속해 있을 수밖에 없는 생산 관계에 대해, 반동적인지 혁명적인지의 태도를 묻는 것이 아니라 생산 관계 속에 위치한 작품의 실천적 능력을 먼저 묻고 있는 것이다. 이것은 작품의 기능과 기법을 묻는 것이었고, 따라서 해당 시대의 매체들과 문학 작품들이 맺을 수 있는 관계를 통해 문학 장르와 표현 형식이 변하는 일이 요구되었다. 또한 그것은 삶의 형식과 연관될 수밖에 없다는 점에서 가장 정치적인 것이기도 하였다. 벤야민이 변화하는 시대의 예술적 존재 방식을 살펴보기 위한 '작업 개념'으로 '아우라'를 활용하였다면, 그와 마찬가지로 현대 사회의 다매체에 대해서도 예술 작업의 변모와 연관된 작업 개념의 위상을 부여할 수 있는 셈이다.

예술의 시대적 제약이 단지 매체와 아우라에만 관계된 것이 아니고 예술사 전체를 관통하는 조건이라는 사실을 전제할 때, 그 조건들을 관통해 온 또 하나의 예술적 수단이 있다. 문학의 시대적 존재 방식을 은유와 환유의 개념을 통해 살펴볼 수 있는 것이다. 그러나 여기에서 현대 기술이 초래하는 새로운 매체 언어를 일일이 탐색하지는 않을 것이다. 대신에 매체의 특이한 양상들이 시에 구현되는 사례를 살펴보고, 이로써 매체와 시적 언어들의 오래된 유사성을 확인해 볼 것이다. 이러한 방법이 시가 하나의 주체로서 타 매체들을 다루는 방법일 것이다. 타 매체가 그들의 언어를 다루는 방식도 그와 같아야 한다고 생각한다. 그것이 경계를 지키면서 주체가 타자와 융합되는 방식이다. 주체를 허물지 않고 타자와 평등하게 만나는 방법을 모색하는 일이 삶의 은유와 환유를 다루는 방식일 것이다. 이것은 은유와 환유를 '수사학의 성스러운 영

19 발터 벤야민, 「생산자로서의 작가」, 『발터 벤야민의 문예 이론』, 반성완 편역, 민음사, 1983, 257면.

원함'으로 이해하기 때문이 아니다. 문학과 예술이 정신적인 것은 물론이고 매체의 기술적인 것까지 포함하여 시대적 제약을 받는 과정에서의 오래된 표현 형식인 은유와 환유를 관철시키기 때문이다. 은유와 환유는 고대에서 현대에 이르는 표현 형식들을 이해할 수 있는 가장 중요한 '작업 개념'이 될 수 있는 것이다.

3——매체 표현 형식으로서의 은유와 환유

김정환은 시각 매체 속의 생산적 기능을 적극적으로 탐색하였던 시인이다. 그러한 탐색이 전면적으로 드러난 시집이 『텅 빈 극장』(세계사, 1995)이다. 이 시집 이후 보여 주는 것은 그가 훨씬 이전의 산문[20]에서 주장하였던 '충돌의 언어'들이다. 여기에서의 논점과 관련하여 우리가 주목할 것은 김정환의 시에 이미 오래전부터 나타나고 있는 이 '충돌의 언어'에 대한 자기 인식이다. 그것은 1990년대 이전에는 내용의 차원에서, 1990년대 이후에는 형식과 내용을 두루 포괄하는 차원에서 이루어지는 것으로 보인다. 이는 그의 '충돌의 언어'에 대한 인식이 갑자기 등장한 것이 아니라 이미 원천적인 자기 근거를 가지고 있음을 의미한다. 요컨대 그의 시는 낯선 이미지들을 결합시켜 이루어지는 비약과 지속의 형식으로 구성된다. 우선 내용적인 차원에서, 비약은 단절이지만 단절을 가능하게 하는 것은 이전 세계에 대한 끊임없는 탐구라는 점에서 지속

20 김정환, 「80년대의 시 — 이종욱·김창범·하종오의 시 세계」, 『한국 문학의 현 단계 I』, 창작과비평사, 1982, 71면. "시를 쓰는 행위는 '타자'를 의식하는 '만남'의 행위이며, '전달한 내용'과 그것이 지닌 '공동체적 최고선의 이상'에 대한 확신을 전제로 하는 진정한 '선전'의 행위이다. 이것은 비단 시에만 국한된 것은 아니다. 모든 유기체적 만남이란 그 자체로 '감명 효과'와 '충격 효과'를 지닌 혹은 주고받는 '쉬워지려는 노력'인 것이다. 우리는 이제껏 '감명 효과'를 '예술성'으로 '충격 효과'를 '메시지'로 환언, 일도양단 식으로 모든 문학 내지는 문화 행위를 이분하는 잘못을 저질러 왔다. 그러나 의식이 첨예할수록 그것이 갖는 예술성 내지 감명 효과는 더없이 큰 것이며 감명 효과는 곧 충격 효과라는 사실은 모든 진정한 예술 작품과 사회적인 행위가 증거해 주고 있는 터이다. 감명 효과와 충격 효과는 타인에게 어떤 변화를 요구(아니면 함께 바라는 것을 확인)하는 행위로서 시작 행위에 필요 불가결한, 상호 보완적이고 일체적인 요소이다."

을 전제한다. 그는 혁명의 이념에서 절망의 현실로 건너뛴다. 다음 형식적인 차원에서, 그 비약과도 같은 건너뜀은 쉼표로 형식화되지만, 정작 마침표는 나타나지 않는다. 독자들은 마침표의 기능인 문장의 단속 없이 다른 문장으로 건너가야 한다. 이것은 하나의 의미론적 단위가 종료되지 않은 채 다른 단위로 건너감으로써 제3의 의미를 만들어 낸다는 것을 의미한다. 에이젠슈테인(S.M. Eizenshtein)이 '충돌의 몽타주'라고 이야기하였던 방법을 여기에서 볼 수 있다. 그런데 이것은 이미 문학의 언어가 이미지와 사건들을 배치하는 방식으로 오래 사용해 왔던 것이다. 다만 그것이 전면화되는 시대와 잦아드는 시대의 차이가 있을 뿐이다. 이때 충돌은 은유의 긴장을 말하고, 몽타주는 환유적 결합과 이동을 뜻한다는 점을 지적해 두기로 하자.

충돌의 몽타주란 단편적 이미지 조각들의 충돌에 의해 제3의 의미가 솟아나도록 하는 편집을 가리킨다. 에이젠슈테인이 '충돌'이란 개념으로 표현하고자 한 것은 제3의 의미를 산출하는 형식적 장치라는 뜻 이외에도 그것이 포함하고 있는 시대적 의미를 드러내려는 뜻도 있다. 그는 "시대의 특정한 사회 형태에 의존해 그 시대에 맞는 양식과 형태로" 예술적 형식이 결정되어야 한다고 말하는데, 따라서 충돌의 몽타주란 사회적 변화가 급격하고 거대하게 진행되는 시대의 부조화와 비일치의 목소리를 담고 있는 것이다.[21] 에이젠슈테인이 노골적인 대위법의 영화 형식을 사용하는 것은 그 때문이다.

러시아 혁명 초기에 에이젠슈테인이 대위법의 형식을 만들기 위해 선택한 것은 '비일치의 원리'이다. 영화를 구성하는 요소들의 불협화음을 의도적으로 선택하는 것이다. 우선 그것은 시각적 충돌로 표현된다. 그는 1929년에 쓴 「영화의 원리와 표의 문자」, 「영화 형식에 대한 변증법적 접근」에서 한자(漢字)와 하이쿠의 예를 들어 몽타주의 원리를 설명한다.[22] 가령 한자에서는 '입〔口〕'과 '새〔鳥〕'가 결합해서 '울다〔鳴〕'라는 의미가 만들어지며, 바쇼의 하이쿠 "앙상한 가지 위에/한 마리 외로운 까마귀/어느 가을 저녁"에서는 각각의 개별적

21 김용수, 『영화에서의 몽타주 이론』, 열화당, 1996, 131면.
22 세르게이 에이젠슈테인, 『이미지의 모험』, 전양준 편역, 열린책들, 1990, 114면.

이미지들이 결합해서 새로운 정서적 연상을 만들어 낸다는 것이다. 이 각각의 단위나 구절을 에이젠슈테인은 "몽타주의 구이며 쇼트의 일람표"라고 적었다. 여기에서는 독자의 능동성이 강화되는 것으로 이해되는데, "하이쿠의 불완전함을 완전한 예술로 만드는 것은 독자"[23]이기 때문이다. 그런데 에이젠슈테인에게는 이 불완전한 것들의 충돌적 결합을 통해 자신의 본질을 실현하는 것이 예술이었다.[24] 왜냐하면 예술은 언제나 갈등이며, 그것은 사회적으로도 본질적으로도 그렇기 때문이다. 사회적으로 그런 것은 예술의 임무가 존재의 모든 모순을 밝히는 것이기 때문이고, 본질적으로 그런 것은 예술의 본질이 자연적 실재와 창조적 경향과의 충돌이기도 하고 자연의 유기적 관성과 의도의 독창성과의 충돌이기도 하기 때문이다.

충돌의 몽타주로 이해될 수 있는 시를 한편 보자.

> 저렇게 그대의 햇살, 쏟아지는 구나,
> 저 혼자, 나도 모른다고, 식초 냄새뿐
> 나도 모른다고, 그대도, 마구 웃는,
> 눈물겨,울 틈 없이 활활 타는, 뙤약볕
> 얼굴, 활활 타는 가을 뙤약볕
>
> — 김정환, 「얼굴」 전문

쉼표와 쉼표 사이의 거리는 의미와 의미 사이의 깊은 고랑과 같다. 이 시를 읽기 위해서는 기존의 문맥적 질서를 파괴해야 한다. 단절되어 비약을 기다리는 빈 의미들이 있고, 따라서 의미 해석의 자유를 허락하는 세계의 이미지들

23 같은 책, 114면. 에이젠슈테인은 단편적 조각들이 결합되는 과정의 의미에 대해 이렇게 진술한다. "이 과정이야말로 독립되어 있는 '입'과 또 그와는 별개의 '새'라는 상형 문자가 조합되어 '울다'라는 의미가 형성되는 표의 문자의 그것이 아니겠는가? 이것은 바로 정상적으로 연속되는 사건의 구성 비례를 이상할 정도로까지 파괴시키고, (중략) 이러한 기괴한 부조화를 결합하여 우리는 분해된 사건을 우리와 이 사건 간에 성립된 관계에 따라, 하나의 전체로 새롭게 모으는 것이다." 같은 책, 116면 참조.

24 같은 책, 130면.

이 맥락을 허락하지 않은 채 결합되어 있다. 달리 말하면, 이 시는 읽히기 위한 시가 아니라 재구성되기 위한 시이다. 사람들 앞에 있는 세계는 더듬거리고 머뭇거리면서 하나하나 짚어 가야만 하는 세계, 언어와 언어의 틈을 헤집고 들어가 무엇이든 만들어 내야만 하는 세계이다. 그 세계는 싸움의 비린내와도 같은 "식초 냄새"만 있을 뿐 "나도 모른다"고 되풀이해서 말할 수밖에 없는 장소이다. 요컨대 이 시는 무엇인가 확정적으로 말할 수 없기 때문에 환유이고, 그렇지만 의미를 구성해야 하기 때문에 은유이다. 이것이 시각 매체의 대표적 기법인 충돌의 몽타주와 관련된다면, 이 은유와 환유는 현대 기술의 결과인 매체 환경의 변화 속에서도 여전히 문자 구성과 같은 방식으로 작동하는 핵심이고, 이 핵심들이 비가시적인 의미의 가시화를 수행하는 과정에서 타자의 응시를 동반하기 때문에 존재의 변증법을 드러내는 언어이다.

시의 언어들이 충돌을 통해 의미를 구성해 가는 과정은 사물들이 병치되어 의미를 구성하는 과정과 유사하다. 나아가 사물이 충돌한다는 것은 사물들이 의미의 핵심을 구성하기 이전에 사물 자체로서 결합된다는 것을 뜻한다. 의미가 충돌하는 것이 아니기 때문이다. 이 언어 사용이 곧 은유와 환유의 과정이다. 은유가 충돌과 선택을 통해 의미를 솟구치게 만드는 언어 형식이라면, 환유는 결합을 통해 의미를 유예시켜 나가는 과정이다.

사물 언어로서의 시적 언어 운동이 은유와 환유로 구성된다고 할 때, 그 은유와 환유는 시지각을 직접 자극하는 매체에 의해 더 잘 이해될 수 있을 것이다. 이 말은 은유와 환유를 설명할 때 언어 구성체인 시와 그 시의 수사학에 대한 개념적 설명 이외에 직접적 시지각을 자극하는 시각 매체를 활용하는 것이 효율적이라는 사실을 알려 준다. 이를 알아보기 위해 독자들에게 임성용의 「발」과 최하림의 「의자」를 읽힌 후 그 느낌을 이미지로 그려 보도록 하였다.[25]

25 시에 이어지는 그림들은 시를 읽고 그것을 은유와 환유의 이미지로 표현한 시각 디자인 전공 대학생들의 작업 결과이다. 학생들에게는 시의 수사학이 은유와 환유 중 어디에 해당하는지 설명을 듣지 않고 그림을 그려 이미지의 배치를 표현해 보도록 하였다. 그림의 수사학과 관련하여 다매체 시대의 은유와 환유를 포함한 수사학적 원리에 대해서는 리처드 자키아의 「수사학」(『시지각과 이미지 — 사진으로 본 시지각 원리·지각 심리』, 박성완·박승조 역, 안그라픽스, 2007)을 참조할 수 있다. 물론 이 원리를 알아보는 데 있어

그는 장화를 벗으려고 했다
비명 소리보다 먼저 복숭아뼈가 신음을 토하고
으드득, 무릎뼈가 튀어 올랐다
부러진 홍두깨처럼 아무런 감각도 없는 발을
어떻게든 장화에서 꺼내려고
그는 안간힘을 썼다
하늘에서 벼락이 치듯 고함을 질렀다
그러나, 발은 꿈쩍도 않고 대못처럼 박혀 버렸다
숨을 아주 깊이 들이마시고
핏발 선 눈을 천천히 감고
털썩, 엎드려 가늘게 떨다가
그는 비로소 죽은 듯이 투항했다
그러자 너덜너덜 허벅지만 남기고
저 혼자서 롤러 밑으로 걸어가는 발
끝까지 그의 장화를 신고 가는 발!

— 임성용, 「발」 전문

한눈에도 '발', '롤러'가 의미의 중심이 되는 시임을 알 수 있다. 그것은 공장 노동자가 처한 조건의 최종적 압축이다. 압축이라는 점에서 그것은 은유이다. 만일 시사적 감각이 있는 독자라면 발과 롤러의 관계가 노동과 자본의 관계라는 사실을 알아볼 것이고, 그렇지 않더라도 언어 감각이 있는 독자라면 최소한 발의 은유나 롤러의 은유 정도는 잡아낼 수 있을 것이다. 이 시를 보고 이미지 작업을 한 독자는 다음과 같은 〈그림 1〉을 보여 주었다.

〈그림 1〉은 발을 강조하면서 그 배면에 롤러를 배치한 모습이다. 시의 은유

서의 전제는, 이 수사학이 다매체 시대에 비로소 등장한 것이 아니라 그 이전에 이미 형성되어 있다는 사실을 고려하는 것이다.

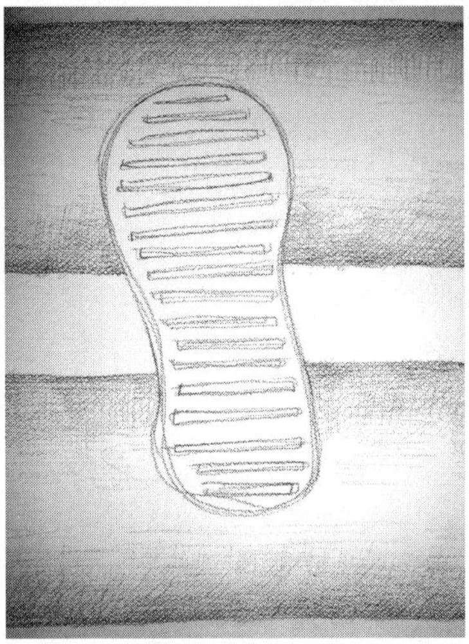

그림 1

적 의미를 명확하게 파악하고 있는 셈이다. 시사적 감각을 보여 주지는 않지만, 발과 롤러의 압축적 의미를 감각적으로 제시한다는 점에서 시의 의미와 수사학에 대한 개념적 이해와 형상적 이해가 충실히 이루어진 경우라고 하겠다.

이러한 이미지 작업에서 눈여겨볼 것은 발과 롤러가 사회적 세력 관계를 압축한다는 사실이다. 그것은 자본의 지배와 지배당하는 노동의 숨 막히는 대립적 관계를 표현한다. 의미를 확장한다면, 그것은 시간 속에 있는 세계의 모든 존재들이 운명적으로 맞이하게 되는 소멸의 순간을 형상화한다고 할 수도 있다. 모든 삶은 벌거벗은 상태(원 시의 '발'이 상징하는 그 상태), 요컨대 의도와 무관하게 끌려가고 빼앗기는 삶의 상태와 관련된다는 생각이 여기에 있다. 더구나 시적 주체의 전도가 발생하는 구절 "그는 비로소 죽은 듯이 투항했다"는 그 주체의 비참의 정도를 압축적으로 확인해 준다. 장화의 바닥을 중심에 배치하여 이 의미의 상징적 중심을 만들어 놓은 〈그림 1〉은 바로 그 은유적 집중과 압축을 잘 드러내면서도 은유적 추상도를 거느림으로써 독자의 해석 영역을 적극적으로 유인하는 효과를 갖는다.

이러한 이미지 작업이 단시 시각적 형상에 대한 느낌만으로 가능할 리는 없다. 시에 대한 최초의 반응이 형상 자체에 대한 감각적 느낌이라고 해도 그것을 이미지화하기 위해서는 일정한 추론과 삭제, 추가, 대체 등이 이루어져야 하는 것이다. 이 과정에 필요한 것이 바로 수사학에 대한 개념적 이해이다. 이 개념이 항상 전제되지는 않는다고 해도 작업 과정에서 은유적 추론과 삭제, 추가, 대체 등이 작용해야만 시 전체를 포괄하는 이미지가 완결된 형태로 주어질 수 있다.

다음에 주어진 시는 최하림의 「의자」이다.

유리창 앞에
의자가 하나 있고
서너 권의 책들이 있고
난로가 바알갛게 불을 켜고
있다 벽시계도 있다
거실에는 겨울 햇빛이 들어와
의자 위에서 흘러내리고
벽시계에서는 똑. 딱. 똑. 딱.
초침 돌아가는 소리 간단없이 울린다
나는 책들과 일정한 거리를 두고 있다
난로와도 거리를 두고 있다
나는 책들과 다르고
난로와도 다르고
벽시계와도
햇빛과도
다르다
거실에는 서로 다른 것들이
용케도 어울려 굴뚝을 타고 오르는
담쟁이덩굴처럼 시간 속으로 한없이
뻗어 가고 있다
밤새 마당엔 눈이 내려
마당과 머위나무는 눈에
덮이고 마당과 머위나무는 지금
눈 속에 하얀 빛과 소리로
있다 하얀 시간으로 있다

오오, 나의 너인 의자여
빛이 어둠 속으로 함몰되어 가듯이
나는 네 속에서 하얀, 어둠이
내리는 마당을 보고 있다
머위나무를 보고 있다

— 최하림, 「의자」 전문

임성용의 시와는 달리 시적 대상들이 하나의 언어에 집중하지 않고 계속 다른 대상으로 미끄러져 가는 상태에 있음을 알 수 있다. 환유는 차이성에 기초해 있는 수사학이다. 실제로 「의자」에는 상이한 사물들이 논리적 절차 없이 제시되어 있다. 더구나 시인 스스로 "나는 책들과 다르고/난로와도 다르고/벽시계와도/햇빛과도/다르다/거실에는 서로 다른 것들"이라고 진술함으로써 거실 속 사물들의 차이성을 강조한다. 그 상이한 사물들이 시인의 시선을 따라 인접한 사물로 고요하게 이동하는 과정(정확히 말하면 시선이 이동하는 과정)을 묘사한 시인데, 이동하는 시각에 포착되는 사물들의 의미가 표면화되지는 않는다. 요컨대 이 시는 환유의 시이다. 시의 주제는 존재들의 환유적 역학 관계 정도가 될 것이다. 이에 대해 한 독자는 다음과 같은 이미지 작업을 하였다.

최하림의 「의자」를 읽고 표현한 그림에서는 사물들의 환유적 배치가 두드러진다. 화면은 특정한 사물을 중심으로 설정하고 나머지를 주변화하는 구성이 아니다. 그 사물을 바라보는 시선조차 하나의 사물이 되어 화면 하단에 놓여 있다는 것은 주체 중심주의 시선을 초월한다는 사실을 뜻할 것이다. 원근법이 약화되어 있다는 점에서도 이러한 사실은 의미심장하다. 하나의 사물을 중심에 놓고 그 외의 사물들을 주변화하는 위계 구조가 없기 때문이다. 이 점

그림 2

이야말로 「의자」의 언어에서나 〈그림〉의 이미지에서나 공통적으로 엿보이는 자질이다. 드러나는 사물들은 인접한 다른 사물들과 평등한 관계로 맺어져 있다. 다매체 시대의 시라고 해도 그것의 기계적 표현 수단보다 더 기본적으로 전제해야 하는 것이 바로 그 관계 표현의 수사학이다. 표현 매체가 다양해지면 표현의 효과가 다양해지는 것은 당연하다. 그렇지만 그 표현을 구성하는 기초적 수사학이 유사하다는 사실은 계속 강조되어 마땅하다. 이른바 다매체의 시대에 은유와 환유가 더 잘 살펴져야 한다는 이 글의 논리는 이로부터 나온다.

시대의 흐름에 따라 이미지의 의미와 역할이 달라진다면, 대상에 대한 이미지 형상화를 통해 의사소통하는 시가 지금 이 시대에 이르러 어떻게 존재하고 의미화되는가 하는 점을 고찰해 보아야 하는데, 드브레는 비디오스페르로서의 지금 시대에 시각 이미지가 현실 속에서 차지하는 위치를 구경거리와 상표로고로 자리매김한다. 이는 로고스페르에서의 마법적 집단성(종교성)이나 그라포스페르에서의 천재적 예술가의 개인성(개별성)과 달리 경제적 역할이 강조되고 있음을 의미한다. 이미지는 상품의 세계에서 더 빛을 발한다. 파인더를 통해 구성되는 시각 이미지의 부상도 이와 무관하지 않다. 상품 광고의 이미지가 대표적이다. 그것은 모종의 가상을 상품에 덧입혀 관객들에게 선보인다. 비디오스페르에서 이미지의 위치는 이렇게 존재한다. 그럼에도 그 이미지 의미론을 규정하는 것은 바로 은유와 환유이다.

지금은 환유의 시대이다. 다매체 시대라는 말은 바로 이 환유의 시대라는 말과 잘 대응한다. 하나의 기표가 의미를 드러내지 않고 다양한 장소들로, 혹은 다양한 방식으로 그 기표 자체가 흘러가는 양상이 더 부각되는 시대이기 때문이다. 기표에 의해 형성되는 이미지들은 그러므로 시적 대상으로서의 사물이나 관념 자체를 소통을 위한 의미로 압축·요약하지 않는다.

또 다른 독자의 이미지 작업이 보여 준 예를 제시하면, 은유적 수사학에 집중하는 임성용의 시를 직접 이미지 형태로 변화시킬 때에는 추상도가 높은 그림을 그렸고(그림 3), 환유적 수사학을 보여 주는 최하림의 시에 대해서는 사물 형태를 원형 그대로 그려 보여 주었다(그림 4). 이것은 은유적 시의 경우 추상도

그림 3

그림 4

가 높은 의미의 해석에 성공하였다는 말이 되고, 환유적 시의 경우 사물들의 결합적 흐름 자체를 통해 미지의 의미를 환기하려 하였다는 말이 된다.

환유적 시에 부각되는 것은 그 대상들이 서로 결합하거나 밀어내면서 미지의 의미를 향해 나아가는 흐름의 과정이다. 이것을 언어로 표현하려 할 경우와 직접적인 시각 이미지로 표현하려 할 경우의 차이를 살펴볼 수도 있다. 언어를 통해 의미를 전달할 경우 명확한 개념화라는 덫에 걸릴 가능성이 높다. 실제로 독자들은 자신들이 지각하게 된 시적 효과를 논리적인 언어로 표현하지 못하는 경우가 많다. 대상들의 의미는 대상들 자체에서 나오기보다는 그 대상들의 상호 관계에서 주어지는 것이기 때문에 시 전체의 언어 구성 관계를 파악해 보려는 의도적인 노력과 훈련이 없다면 시는 다만 알쏭달쏭한 언어 구성체에 지나지 않는 것이 된다. 직접적인 시각 이미지가 적절하게 활용되기 위한 통로는 바로 이곳에서 열린다. 대상들의 관계에서 의미가 출현한다면 그 대상들이 서로 밀어내고 결합하는 과정에 대한 이미지가 필요한데, 바로 시각 이미지의 구성이 그 일을 담당할 수 있을 것이기 때문이다. 시에 대한 언어적 설명은 빈약해도 형상적 의미 구성은 풍부하다는 사실이 의미하는 것이야말로 시지각이 시적 의미를 위한 은유와 환유의 이해에서 담당하는 역할을 잘 설명해 준다. 시의 본질과 시성이라는 문제 또한 그 과정에서 형상적으로 이해될 수 있을 것이다.

그런데 시각 매체의 편에서 보면 문자 언어가 타자이고, 문자 언어의 편에서 보면 시각 매체가 타자라는 사실을 인정하는 일이 필요하다. 총괄적으로 보면, 타자로서의 이미지에 의해 인간이 구성되는 시대가 또한 지금이기도 하다. 인간은 그 깊이를 알 수 없는 타자에 의해 구성된다.

타자로서의 (상품) 이미지를 통해 자아를 형성하는 (탈현대의) 인간들에게 대상에 대한 개념화의 작업이 필요한 것은 바로 이 때문이다. 이미지에 지배되는 인간은 전체에 대한 논리적 인식에 취약할 수밖에 없다. 그렇지만 그 전체를 인식하는 것과 하나의 예술 작품을 전체로 인식하는 것 사이에 만리장성이 쌓여 있는 것은 아니다. 심미성의 교육적 기능이 있다면, 바로 이 경우를 말하는 것이다. 최근의 한국 문학이 "감각적인 것의 분배"라는 말로 강조하고자 하는 것도 바로 이와 관련될 것이다. 그리고 이 감각적인 것에 대한 교육에서 문자 매체의 감각과 시각 매체의 감각이 서로 동떨어진 것일 수는 없다. 그 둘은 서로 상호 작용하면서 전체의 부분에 대한 인식으로 나아갈 것이다.

탈서정의 경향과 현대시의 확장

"책임 의사"를 자처한 이상은 환자의 용태(容態)를 "•0987654321/0•98 7654321/(중략)/0987654321•/진단 0·1"(「오감도—시 제4호」)이라 기록하였다. 일반적 상식에 비춰 보자면 거울에 비친 역상(逆像)의 숫자를 쓴 까닭도, 그 의미도 알아차리기 어렵다. 바른 모양의 숫자를 적었을 뿐 시 형식과 내용이 동일한 「진단(診斷) 0:1」을 참조해도 사정은 마찬가지이다. 이상은 왜 이런 시를 썼을까. 우선 건축 기사로도 일한 이상의 삶을 고려하면, 첨단의 기술과 의학 등 과학 문명에 대한 관심의 반영으로 읽힌다. 하지만 질병의 원인을 찾아내고 알맞은 치료법을 구하는 '진단'의 속성을 생각하면, 의미도 불분명한 두 종류의 숫자표를 제시하는 태도는 어딘지 모순적이다. 두 작품은 그래서 객관적 사실이나 주관적 서정을 노래한 시편으로 해석되지 않는다. 보통은 자아의 분열과 전도된 세계에 대한 내면의 불안과 왜곡된 감각을 표현한 것으로 이해된다.

그렇다면 문명이 고도로 발달한 현대 사회에서 자아와 세계를 하나로 통합하고 또 그들에게 '충만한 현재'를 제공하는 시적 동일성의 파탄은 왜 일어날까. 기술 문명과 도구적 합리성의 과잉, 그로 인한 신이나 자연과의 소통 불가, 황량한 대도시의 삶이 부과하는 소외와 고독, 그것이 강제하는 통합된 개성의 불가능성 등이 주요인으로 꼽힌다. 생명력이 결핍되고 금전이 중시되는 문명 현실은 자연과 타자로 스며들려는 인간의 꿈을, 다른 사물로 변신하려는 사물의 꿈을 실현 불가능한 주관적 상상으로 밀쳐 내곤 한다. 이는 자아와 세계가 자신들의 특수성을 버림으로써 오히려 새로운 동일성의 차원으로 통합되거나 도약할 기회를 빼앗기게 되었음을 의미한다.

현대의 시인들은 이러한 세계 상실에 맞서 다음과 같이 대응함으로써 시와 존재의 위기를 돌파하고자 한다. 하나는 현실과 분리된 절대미의 추구를 통해 개인적 감정의 피난처를 마련하는 태도이다. 다른 하나는 세계와 자아의 불협화음, 그에 따른 삶의 파편화와 개인의 단자화를 더욱 부각시키는 방법이다. 전자는 시의 이상을 순수 리듬과 이미지의 발현에서 찾는 경우가 많으므로 오히려 서정시의 절대성 강화와 연결된다. 이러한 순수시 추구와 달리, 후자는 내면의 불안과 우울, 기존 시 형식의 파괴와 해체, 주체와 대상의 낯설게 하기 등을 통해 주어진 현실의 부조리와 모순을 더욱 첨예하게 폭로한다. 이 작업에 수반되는 자아와 세계의 분열과 해체는 인간적 감정과 시적 서정 역시 파편화시킨다는 점에서 예술의 비인간화를 초래한다. 여기서 시와 인간의 동시적 소외 혹은 이화(異化)에 해당하는 '탈서정' 현상이 발생한다.

'탈서정'의 현대시는 현실과 꿈, 주체와 객체, 인간과 자연을 하나로 통합하고 서로의 경계를 지우는 내면의 시간을 거부한다. 이를 위해 시인들은 돌연한 환상과 이질적인 정서의 채용, 익숙한 것에 대한 낯설게 하기, 기존 언어와 의미에 대한 파괴 등을 새로운 시 문법으로 삼았다. 물론 '탈서정'의 시편은 기존 서정시에 대한 극복만을 목표하지 않는다. 그를 통해 황폐한 현실을 비판함과 동시에 폭력적 세계에서 해방되기를 희원한다.

한국 현대시사에서 '탈서정'의 경향은 이상 이래 현재까지 지속되는 구체적인 문학 현상이자 운동이다. 이러한 흐름은 시대를 넘나들며 한국 시의 외연과 내포, 그 변화를 앞장서서 추동해 왔다. 소통 불능의 현실을 아이러니한 언어와 내면의 부조로 각인한 시인이 있는가 하면, 사물의 다면성을 뒤섞어 전시하며 그 이면적 진실을 톺아 낸 시인도 있다. 기존 서정시와 언어를 해체함으로써 현실과 자아의 황폐한 내면을 동시에 고발한 시편이 있는가 하면, 종래의 인간성과 자아의식 일체를 파편화시켜 현대인의 허구성과 폭력성, 소외성과 무력함을 남김없이 파헤친 시편도 있다. 하지만 이것들은 내용과 형식은 서로 다를지언정 타락한 문명과 폭력적 현실에 맞서 더 나은 삶을 구축하려는 미적 모험이자 언어적 실천이라는 공통점을 갖는다.

1——자아의 분열과 세계의 전도

서구 문학에 강력한 파문과 변화를 몰고 온 초현실주의는 다음과 같은 선언문을 내걸었다. "이성에 의해 작용되는 모든 통제가 없는 곳에서, 그리고 모든 미학적 혹은 도덕적 통제 밖에서, 사고가 행사되는 것이다".[1] 우리는 이 구절에서 현대 문명의 기축이 된 이성 중심주의와 더불어 기존의 미학과 윤리, 다시 말해 인간의 자유로운 상상력과 세계 인식을 저해하는 단단히 고착된 진선미에 대한 비판을 읽는다. 특히 '미(美)'의 경우, 근대 이전에는 예술적 제재와 표현, 의미 전달에서 특정한 법칙의 규제를 받았다. 이를테면 소설과 희곡에서 장르, 등장인물과 행위, 문체와 어투 등이 서로 조화를 이루어야 함을 강조한 데코럼(decorum)의 법칙이나 서정시는 질서와 균형을 갖춘 명료성과 순수성, 완벽성 등을 아름다움의 질료와 형식으로 삼아야 한다는 규칙의 강조가 그렇다.

하지만 정해진 원칙의 강조는 자유분방한 상상력의 분출이나 일상어로 포착되지 않는 내면적 세계의 표현 등에 위험한 제약을 초래하기 마련이다. 기성 예술에 대한 순응은 부조리한 문명 현실, 윤리적 위선과 파탄, 심각한 인간 소외에 대한 무관심을 강화한다. 그 결과 세계의 숨겨진 진실과 새로운 삶의 가능성을 추구하는 예외적 영혼의 소실 상태, 곧 예술의 타락이 본격화된다. 이

1 크리스토퍼 빅스비, 『다다와 초현실주의』, 박희진 역, 서울대학교 출판부, 1987, 53면.

에 맞서 예술의 변혁을 통해 감정과 언어의 해방을 도모하는 현대 시인들이 속속 출현하였던 것이다. 그들은 정감보다는 중성적인 내면성을, 실제 현실보다는 상상력을, 세계의 통일성보다는 파편화된 세계를, 순수성보다는 이질적인 것들의 혼합을, 익숙한 것보다는 낯선 것을 시적 충동의 주축으로 삼았다.[2]

이러한 전위적 현상은 식민 상황에서 초현실주의를 한국화한 것으로 고평되는 이상의 시에서도 예외는 아니었다. 그의 시가 매우 낯설고 충격적이었다는 사실은 「오감도」 연재 당시 독자의 비난과 반발이 속출하였으며, 결국 연재가 중단되었다는 해프닝에서 충분히 짐작된다. 그는 봉건적 유습이 여전히 맹위를 떨치고 이상적인 현대성에는 미달하였던 1930년대 현실을 "실낙원", 그러니까 "천사는 아무 데도 없"고 "파라다이스는 빈터"(「실낙원」)인 타락한 세계로 파악하였다. 이상적인 삶과 예술의 희망이 거세된 현실 속에서 자아의 분열과 세계의 전도는 숙명적인 것이었고, 이상은 그 비극적 세계와 내면을 시의 대상으로 삼았다.

> 벌판한복판에 꽃나무하나가있소 근처에는 꽃나무가하나도없소 꽃나무는제가생각하는꽃나무를 열심으로생각하는것처럼 열심으로꽃을피워가지고섰소. 꽃나무는제가생각하는꽃나무에게갈수없소 나는막달아났소 한꽃나무를위하여 그러는것처럼 나는참그런이상스러운흉내를내었소.
>
> — 이상, 「꽃나무」 전문

이상이 출현하기 이전, 근대시에서 한국을 대표하는 '꽃'이라면 서민의 정한을 담뿍 담은 김소월의 '진달래꽃'과 김영랑의 '모란'이 손꼽힌다. 하지만 이상의 '꽃'은 익명인 동시에 미적 찬탄의 대상도 아니다. "꽃나무"는 "제가생각하는" '꽃'을 "열심으로" 피웠으나 아이러니하게도 "제가생각하는꽃나무에게갈수없"는 비극적 존재이다. 화자 '나' 또한 "꽃나무"의 열망을 충족하고

2 후고 프리드리히, 『현대시의 구조』, 장희창 역, 한길사, 1996, 45면.

자 노력하지만 "이상스러운흉내"에 그칠 뿐이다. '나'와 "꽃나무"는 각각의 주체로부터 소외되어 있으며 또 자기 이상을 거부당하고 있다는 점에서 패배와 타락에 더 가까운 존재들이다. 이상은 그에 따른 자아의 분열과 세계의 전도를 드러내기 위해 상반된 이미지의 "꽃나무"를 임의적으로 병치시키며 "꽃나무"를 그것에 어울리지 않는 "벌판한복판"에 위치시킨다.

이처럼 「꽃나무」는 사물과 배경의 불협화음, 현재의 "꽃나무"와 이상적 "꽃나무", 그리고 '나'의 돌연한 병치 등을 콜라주하는 방식으로 현실의 모순과 자아의 한계를 동시에 드러낸다. 이 같은 비극적 상황에는 정제된 리듬과 질서 잡힌 이미지보다 자유로운 상상력과 불협화의 리듬, 돌발적이며 그로테스크한 이미지가 훨씬 효과적이다. 시의 기본이 되는 리듬과 이미지가 낯선 만큼 독자의 미적 감응 역시 전혀 새로운 것일 가능성이 크다. 이상의 초현실주의적 상상력과 독자의 충격적 반응이 만나 그 "꽃나무"는 매우 독창적이며 쉽게 잊히지 않는, 그래서 후세대에게 "영향에 대한 불안"[3]을 끊임없이 환기하는 이상한 "꽃나무"로 높고 깊게 자라났다.

그러면 전자 문명의 시대로 통칭되는 오늘날 진정한 "꽃나무"를 향한 시적 탐구는 어떤 모양을 띠고 있을까. 토플러(A. Toffler)는 『제3의 물결』에서 현재의 후기 산업 사회를 고도의 전자 문명이 주도하는 '정보화 사회'로 정의하였다. 그것은 대량 생산의 산업 사회에서 벗어나 개인화된 상품과 서비스, 경험의 창출을 가능하게 하는 수평적 사회를 구성할 것으로 기대되었다. 하지만 각종 SF 영화나 애니메이션에서 보듯이, 정보화 사회는 지식과 정보의 독점, 그에 따른 정보 제국과 식민지의 고착화, 기계적 삶의 도래에 따른 인간성 말살의 위험성을 나날이 증대시키고 있다.

몸속에 웹 브라우저를 내장하게 되었어. 야금야금 제 속을 파먹어 들어가는 달.

3 후배 시인이 독창적인 시인으로 성장하기 위해서는 선배 시인의 '영향'에 그치지 않고 '영향'을 넘어서는 시 세계를 성취할 때야 가능하다는 이론으로, 블룸(H. Bloom)이 입론하였다. 해럴드 블룸, 『영향에 대한 불안』, 양석원 역, 문학과지성사, 2012, 26~27면 참조.

신이 몸속에 살게 되었어. 신은 이제 몸속에서 키울 수 있는 존재야. 몸속에는 사철나무. 산. 목이 잘린 불상. 금칠이 벗겨진 십자가. 당신이 보낸 천년에 한 번 우는 새. 당신이 내게 올 때 걸었던 최초의 오른발과 왼발. 기어이 제 살을 다 파먹은 달. 그물로 된 달. 그물에 걸린 신들의 꼼지락거리는 손가락들과 발가락들을 생각해 봐. 몸속이 점점 비좁아지고 있어. 십계명을 새긴 돌이 자궁 속을 굴러다니고 있어. 사막을 건너 아버지가 찾아와. 내 몸이 신전이니 죽은 아버지가 새벽마다 기도해. 몸속은 무덤이 아니야. 방금 네가 날 검색했잖니.

— 이원, 「몸이 열리고 닫힌다」 부분

이원은 '달빛이 온 세상을 비춘다(月印千江)'는 불교적 진리를 패러디하여 "야후!의 강물에 천 개의 달이 뜬다"라고 적었다. '달빛'이 붓다의 진리라면 '야후'는 전자 문명의 진리, 곧 신이다. '달빛'과 '야후'는 시공간을 넘나들며 진리와 지식(정보)을 전달한다는 공통점이 있다. 하지만 붓다의 진리와 포털의 정보는 결코 동일시될 수 없는 결정적인 차이점이 있다. 붓다의 진리는 만인에게 보편적이지만 하나의 언어와 형상으로 정렬하고 복제할 수 있는 대상이 아니다. 이에 반해 '야후'의 정보는 여전히 자본과 기술에 의해 독점적 생산과 소비가 가능한 복제품의 한계를 벗어나지 못한다.

「몸이 열리고 닫힌다」는 세계와 인간의 본원성이 삭제되고 그 자리를 기계적 삶이 대체하게 되었을 때 발생할 묵시록적 현상을 무미건조하게 묘사한다. "웹 브라우저를 내장하게 되었"다는 것은 신의 은총과 인간적 대화가 더는 불가능하며, 신과 인간 모두 프로그래밍 된 대중의 '클릭'에 의해 가상의 이미지로 깜빡거릴 수밖에 없는 운명임을 암시한다. 이제 신도, 자아도, 타자도 세계를 구성하고 변화하는 역동적 주체가 아니라 필요에 따라 언제든지 대체할 수 있는 무성의 칩(chip)으로 전환된 것이다. 자아와 세계의 허구성은, '달'과 '몸'의 형상이 지시하듯이, 스스로를 파멸과 불임의 존재로 타락시키며, '아버지', 곧 '신'이 '야후', 곧 "웹 브라우저를 내장"한 '나'를 경배하는 신성 모독의 현실을 전면화한다. 이 시가 보편적인 문명 비판, 곧 물신 숭배가 빚어낸 (신의 소멸을 포함한) 극한의 인간 소외에 대한 비판 역시 수행하고 있다는 평가는 이 때문에 가능하다.

불가해한 진리와 대체 불가능한 원본이 파멸된 현실 속에서 우주의 비밀을 엿듣고 자연과 인간의 소통을 촉진하는 서정시 본래의 목적과 운동은 이제 가능하지 않다. 이러한 불협화음의 가상 현실에 맞서 시인이 제공할 수 있는 언어의 모험은 그렇게 풍요롭지 않다. 크게 보아, 이미 추방된 진리와 자연의 충만함을 조화로운 리듬과 이미지로 노래하거나, 폐허의 문명 현실을 더욱 비인간적이며 황폐한 시공간으로 일그러뜨리는 방법이 주어질 따름이다. 전자가 시 본래의 서정과 감각을 더욱 파고드는 일이라면, 후자는 시에 주어진 외연을 파괴함으로써 시의 내포를 더욱 넓혀 가는 일이다. 그러한 의미에서 이 작업들은 심화든 파괴든 기존의 '서정'을 넘어섬으로써 오히려 새로운 '서정'의 잠재성과 가능성을 탐문하는 서정시의 자기 갱신 행위라 할 만하다.

2——의미의 균열과 증식

'탈서정'의 경향은 타락한 현대 문명에 대한 거부에서만 발생하지 않는다. '존재의 집'을 이루는 언어의 변화와 범주 확장에 의해서도 우리의 일상과 지식은 크게 달라진다. 주어진 세계의 변화나 인간의 지적 능력의 확장은 서정과 함께 시의 개념적 지지(地誌)에도 변동을 요청한다. 언어와 사물을 일치와 불일치의 관계로 보느냐, 의미의 체계를 집중과 분산 가운데 어디에 두느냐에 따라 시와 서정의 내용과 형식은 꽤나 큰 변화를 수반한다.

가령 김춘수는 「꽃」을 통해 명명(命名) 행위가 세계를 향한 의미와 가치 부여에 결정적인 역할을 담당한다는 사실을 밝혔다. 그러나 1960년대 들어 주어진 의미보다는 말을 둘러싼 리듬 자체가 시의 핵심이라는 '무의미 시'를 주창하기에 이른다. '무의미 시'는 기존의 타락한 역사와 현실에 오염된 언어로는 그것들을 초월한 '순수시'의 생산이 불가능하다는 부정적 사유에서 말미암은 것이다. 하지만 세상의 언어는 언중(言衆) 모두의 것이며, 따라서 어떤 언어도 사적이며 단일한 의미로 귀속될 수 없다는 입장에 서면 '무의미 시'는 주관적 가상과 관념의 소산으로 좁혀질 수밖에 없다. 물론 그 대안으로 독자의 리듬 충동이 중요해지겠지만, 그렇다고 시적 의미가 일상어의 범주에서 완전히 분리될 수는 없다. 그러한 연유로 기존 의미와 불연속적인 관계를 맺으며 시적 의미의 독립성과 복합성을 더욱 늘려 가는 시 쓰기가 중요해진다.

김수영 역시 시적 진리를 드러내는 방법으로 '꽃'을 불러들였다. 김수영 시의 핵심어를 꼽으라면 단연 '자유'일 텐데, 이것은 단순히 정치·경제·문화에서의 그것에 그치지 않는다. 비유컨대 그것은 "복사씨와 살구씨가/한번은 이렇게/사랑에 미쳐 날뛸 날"(「사랑의 변주곡」)을 대비하고 성취하는 어떤 운동으로서의 '자유'이다. 그에게 '자유'의 실천은 무엇보다 세계의 '광언(狂言)'에 대한 반성과 추방을 의미한다. 그러므로 주어진 의미의 성찰과 극복, 내포의 확장은 필연적이다. 그의 후기작「꽃잎」 연작은 이와 같은 '자유'의 운동을 '꽃잎'의 다면성과 역설을 통해 역동적으로 밀어 올린 시편이다. 예컨대 "노란 꽃을 주세요 금이 간 꽃을/노란 꽃을 주세요 하얘져 가는 꽃을/노란 꽃을 주세요 넓어져 가는 소란을"(「꽃잎 (2)」)이라는 구절을 보자. "노란 꽃"은 미와 생명의 대명사는커녕, 금이 가고 하얘지고 시끄러운 것, 즉 죽음과 균열, 환란의 표상이다. 이 부정적 요소들은 그러나 시적 사유와 상상력의 긍정적 계기로 작동한다. "우리의 고뇌"와 "뜻밖의 일"과 "아까와는 다른 시간"(「꽃잎 (2)」)을 꿈꾸고 실천하는 원동력을 부여하기 때문이다.

이상의 '꽃'이 분열과 소외를, 김춘수의 '꽃'이 명명 행위와 의미 생산의 관계를 현대시에 각인하였다면, 김수영은 부정적 지평에 던져짐으로써 '사랑의 변주곡'을 완성하는 "노란 꽃"을 현대시에 새로이 착근시켰다. 기존의 '꽃'에 대한 이질성과 차이성을 새롭게 포착한 이들의 시편은 단순히 소재의 확장과 주제 의식의 심화만을 뜻하지 않는다. 또한 자연과 인간, 주체와 타자, 현실과 이상 등 서로 다른 것의 동일성을 접속하고 통합하는 '서정'의 발견과 확보에만 그치지 않는다. 기존의 '서정시'에 대한 거절은 '서정시'의 새로운 지평, 다시 김수영을 빌린다면, "원수를 지우기 위해서", "우리가 아닌 것을 위해서", "거룩한 우연을 위해서"(「꽃잎 (2)」) 수행되는 다성적(多聲的) 목소리의 생산 행위이다. 이러한 메타 시의 창작은 기성의 것에 대한 '탈서정'의 실천이다. 나아가 고착된 '서정'의 지평에 새로 발견된 것, 또는 아직 아닌 것을 새로 써넣는 개방적 구성 행위이다.

> 오, 이것은 존재치 않는 짐승.
>
> 사람들은 알지 못했으면서도 그것을 사랑했다.
>
> —라이너 마리아 릴케, 「오, 이것은 존재치 않는 짐승」

> 시의 첫 구절에 무엇이 들었는지 우리는 모른다. 무심코 지나가는 말이거나 심심풀이로 해 본 말, 우리가 말하기 전에 말은 제 빛깔과 소리를 지니고 있었다. 시의 둘째 구절은 무염수태(無染受胎), 교미도 없이 첫 구절에서 나왔지만 빛깔과 소리는 전혀 다른 것. 시의 셋째 구절은 근친상간, 첫 구절과 둘째 구절 사이에 태어났으니, 아들이면서 손자, 딸이면서 손녀. 눈먼 외디푸스를 끌고 가는 효녀 안티고네. 말들의 혼례가 끝나는 시의 마지막 구절에서도, 우리는 정말 무엇을 말하고 싶었는지 모른다.
>
> —이성복, 「1 무엇을 말하고 싶었는지 모른다」 전문

인용 시편의 구성은 단순하다. 릴케(R. M. Rilke)의 시구에 대한 감상과 사유를 산문시의 형식으로 적은 것이다. 하지만 그 감상은 자기 시, 나아가 시 일반에 대한 메타적 비평의 일환이다. 발화 이전의 '말'은 빛깔과 소리 모두 명징하였지만, 점차 시의 꼴을 입으면서 불투명한 무엇이 되어 간다. 드디어는 '말'들의 결속과 통합이 오히려 발화와 의미의 목적을 소실케 하는 아이러니한 결과를 낳기에 이른다. 독자가 최소한의 의미 맥락을 파악하려면 릴케의 시와 『성경』, 소포클레스(Sophocles)의 비극 『오이디푸스 왕』에 대한 앎과 상징성을 겹쳐 읽어야만 한다.

그렇다고 독자의 의무가 마무리되지는 않는다. 그것을 다시 시의 지평에 올려놓고 그 정서와 감각을 내면화하는 과제의 해결이 중요하다. 이 때문에 메타시의 핵심은 앎의 질량과 축자적 해석에 기댄 기존의 시에 대한 비평보다 그것 이후의 미적 충동과 감각의 갱신 같은 시적 지평의 확장에 주어진다. 그럴 때 "무엇을 말하고 싶었는지 모른다"는 제목은 단순히 시 쓰기의 어려움에 대한 슬픈 고백에 그치지 않고, 끊임없이 변성(變性)하는 주체와 세계, 언어와 의미에 대한 시적인 앎의 욕망으로 더욱 심화된다.

> 나는 또 내가 모두 등장인물인 그런 소설도 지을 수 있지. 실연당하고 미친 듯이 농약을 구해 온 열아홉 살 나와 네가 싫어 그랬다고 우리 집 담을 도끼로 부수던 남자를 바라보는 스무 살의 내가 함께 나오는 그런 소설도 지을 수 있을 거야. 이런 소설은 어때? 열 살의 나와 예순 살의 나에게 겸상으로 우리 엄마가 밥상 차려주는 그런 소설. 결혼 전의 내가 공원에 앉은 지금 나의 뺨을 때리고, 일흔 살의 내가 뺨 맞은 나를 위로해 주는 그런 소설 말이야.
>
> — 김혜순, 「내가 모든 등장인물인 그런 소설 1」 부분

근대적 주체는 합리적 이성을 토대로 세계를 계량하고 예측한다. 그럼으로써 '탈주술'의 시대를 건설하고 인간적 삶의 합리성을 제고한다. 계몽의 대상은 비합리적이거나 불가지한 것들, 선진 문명에 의해 각성되어야 할 군상(群像)들로, 미신과 마법, 자연과 여성, 하층 계급과 식민지인들이 주요 대상이었다. 변방에 놓인 타자들을 스스로 생각하고 말할 수 있는 주체들로 거듭나게 하는 것이 계몽의 핵심이다. 하지만 계몽주의는 제국주의 및 사회 진화론과 결합하면서 세계를 문명과 야만, 지배와 피지배, 제국과 식민지, 서양과 기타 세계로 양분하고 서열화하였다. 물론 이 서열 관계에서 대체로 긍정적 가치는 남성에게, 부정적 가치는 여성에게 주어졌다. 문명이 현저한 현대 세계에서도 가부장제적 권력이 국가와 집단, 가정과 개인의 삶을 조직하고 통제하는 핵심 장치로 기능하는 까닭도 이와 무관하지 않다.

「내가 모든 등장인물인 그런 소설 1」은 '시에 대한 시'라는 메타 시의 문법과 큰 관련이 없어 보인다. 하지만 시적 동일성과 주체의 문제를 살펴보면 메타 시의 본질이 뚜렷하게 드러난다. 시적 동일성은 자아와 세계의 유사성 발견을 핵심으로 한다. 이러한 유추(類推)의 상상력은 자아와 세계의 이질성을 지우는 한편 자아를 중심으로 세계를 동일화하는 것을 뜻한다. 그런 까닭에 서정시에서는 타자나 대상보다 주체가, 대립항의 이질성 확산보다 동일성의 수렴이 중요해진다. 거꾸로 말해 이것은 세계를 구성하는 또 다른 축이 소외되고 배제된다는 것과 크게 다르지 않다. 자아를 중심으로 세계와 타자를 지배하고 서열화하는 태도와 방법은 모든 권력과 가치를 기꺼이 독점하려는 가부장제의 문법과 어딘지 모르게 닮아 있다.

이러한 정황을 주목한다면, 「내가 모든 등장인물인 그런 소설 1」은 가부장제와 닮은꼴의 시적 동일성에 맞서 여성으로 대표되는 타자성과 이질성을 입체화하기 위한 시편으로 이해된다. 시의 제목은 언뜻 '나'를 세상의 중심에 두어, 타자를 지배하고 배제하는 권력적 욕망의 발현인 것처럼 읽힌다. 그러나 '나'는 하나가 아니라 복수(複數)로 존재한다. 동일한 '나'들이지만 각각의 '나'는 나이도 다르고 성질도 다르고 모습도 다르다. 물론 현실의 '나'가 서로 다른 모습으로 여럿 존재할 리 없다. 따라서 복수의 주체는 내면의 환상이거나 주관적 상상력의 소산일 수도 있다. 여기에 주목한다면, 여럿인 '나'의 출현과 병치는 "현실 세계 속에서 드러나는 낯설고 이질적인 것들과의 충돌로 야기되는 기이함 혹은 모순을 안고, 그 모순 안에서 불가능해 보이는 통일성"[4]을 구축하고 표현하기 위한 미적 전략일 수 있다.

이러한 효과를 충분히 인정하면서도 우리는 과연 '나'는 오로지 변함없는 '나'로만 구성되는 단일한 존재인가라고 물을 필요가 있다. 적어도 문학적 지평에서의 답을 말한다면, 전혀 그렇지 않다. 현재의 '나'는 과거와 미래의 '나에 대한 관계 속에서, 또 타자와의 관계 속에서 그 실체가 끊임없이 변환하고

4 로즈메리 잭슨, 『환상성 — 전복의 문학』, 서강여성문학연구회 역, 문학동네, 2001, 240면.

조절되는 '나'로 존재할 따름이다. 요컨대 '나'의 동일성은 복수의 '나'와 타자들의 참여 없이는 그 구성과 유지가 불가능한 어떤 것이다. 따라서 "내가 모든 등장인물인 그런 소설"의 진정한 의미는 '나'의 단일성과 중심성을 강조하기보다 '나'의 타자성과 이질성을 더욱 넓히는 글쓰기에 대한 욕망으로 해석될 필요가 있다. 주체인 '나'의 지속적 분산과 증식은 타자인 '너'를 자꾸 늘려가는 행위나 마찬가지이다. 이러한 타자성의 구현은 '나'와 '너'의 자율적 독립과 함께 서로를 억압하지 않는 연대를 존중한다.

「내가 모든 등장인물인 그런 소설 1」은 이 관계를 여성인 '나'들의 대립과 갈등, 그리고 위로 행위로 표상하였다. 이와 같은 다차원의 감정 구성은 다른 '나'와 타자의 지속적 참여가 자아를 유지하고 보존하는 제일 원리임을 드러내기 위한 미적 장치의 일종이다.[5] 타자화의 경험은 '나'만이 아니라 '너'를, '중심'만이 아니라 '주변'을 세계의 동등한 주인공이자 참여자로 이끌어 간다. 그럼으로써 세계는 서로의 목소리를 억압하기는커녕 서로의 목소리에 귀 기울이는 다자성의 지평으로 거듭난다. 이것이 앞서 말한 "모순 안에서 불가능해 보이는 통일성"의 새로운 모습 가운데 하나이자 '탈서정'의 궁극적 목적 가운데 하나일 것이다.

3—— '비시적인 것'의 도입과 활용

한국 현대시에서 '탈서정'의 경향은 억압적 현실에 대한 비판적 성찰 또는 저항과도 깊이 연관된다. 특히 산업화 시대 이후 군사 독재와 독점 자본의 전면적 지배는 정치·경제·문화의 다방면에서 부조리한 현실을 더욱 심화시켰다. 대표적인 예로 기본적 인권 및 민주주의적 권리의 제한, 빈부 격차의 심화,

5 서로 다른 시공간의 '나'들이 무리 없이 병치될 수 있는 제일 요인은 과거에서 미래로 흐르는 직선적 시간관을 거부하고 과거와 현재, 미래가 서로 순환하거나 동시적인 것으로 넘나드는 원환적(圓環的) 시간관을 취했기 때문이다.

저속한 대중문화의 범람 등이 흔히 거론된다. '더 나은 삶'을 저해하는 부조리의 만연은 자아와 세계의 상응, '너'와 '나'의 행복한 결속을 지향하는 본래적 서정의 추구를 부끄러운 행위로 뒤바꿔 버린 면이 없지 않다.

황지우는 이 같은 "끔찍한 모더니티"에 맞서 개척한 '형태 파괴의 시'의 목적과 의미를 다음과 같이 진술하였다. 첫째, 부조리한 현실에 '훼손당한 삶'에 대한 거울. 둘째, 파시즘에 강타당한 개인의 '내부 파열'에 대한 창(窓). 셋째, 의미를 박탈당한 언어의 난센스, 즉 지배 이데올로기에 대한 교란. 넷째, 검열의 장벽 너머로 메시지를 넘기는 수화(手話)의 문법.[6] 현실 모순에 대한 비판과 저항 의식을 기본항으로 설정할 때, 그것을 실현하는 가장 유의미한 요소는 본래의 의미를 박탈당하거나 친체제로 돌아선 언어에 대한 반성과 비판, 기성 언어를 넘어서기 위한 의미 맥락의 재구성과 형식 파괴의 의지이다.

이러한 반성적 태도는 '서정시' 자체보다 시적 욕망을 유발하고 넘어서는 '시적인 것'에 대한 새로운 추구를 불러들였다. 황지우는 부조리한 현실이니만큼 '시적인 것'을 오히려 '비시적인 것', 이를테면 별 의미와 가치 없는 광고와 낙서, 전단지, 신문 기사, 대중문화 등에서 찾았다. 물론 이것들은 긍정적인 가치 부여와 존중의 대상이 아니라 부조리한 현실을 비판하고 그에 저항하기 위한 전략적인 매개물이었다. 하지만 서정시에 비시적인 것들이 도입됨으로써 발생한 변화는 적지 않았다. 무엇보다 기존의 서정시에 대한 외연과 내포가 확장·심화되었다. 또한 부조리한 현실에 대한 시적 저항이 특정 이념과 그것의 실천뿐만 아니라 왜곡된 언어와 의미, 형식에 대한 비판적 성찰에도 있음을 새롭게 깨우쳤다.

1983년 4월 20일, 맑음, 18℃

토큰 5개 550원, 종이컵 커피 150원, 담배 솔 500원, 한국일보 130원, 짜장면

6 황지우, 「끔찍한 모더니티」, 『문학과 사회』, 1992년 겨울호, 1514면.

600원, 미스 리와 저녁 식사 하고 영화 한 편 8,600원, 올림픽 복권 5장 2,500원.

(중략)

(11) 제 10610 호

▲일화 15만 엔(45만 원) ▲5.75캐럿 물방울 다이아 1개(2천만 원) ▲남자용 파텍 시계 1개(1천만 원) ▲황금 목걸이 5돈쭝 1개(30만 원) ▲금장 로렉스 시계 1개(1백만 원) ▲5캐럿 에메랄드 반지 1개(5백만 원) ▲비취 나비형 브로치 2개(1천만 원) ▲진주 목걸이 꼰 것 1개(3백만 원) ▲라이카엠5 카메라 1대(1백만 원) ▲청자 도자기 3점(시가 미상) ▲ 현금(2백50만 원)

너무 거(巨)하여 귀퉁이가 안 보이는 회(灰)의 왕궁에서 오늘도 송일환 씨는 잘 살고 있다. 생명 하나는 보장되어 있다.

—황지우, 「한국생명보험회사 송일환 씨의 어느 날」 부분

기존의 서정시에서 떠올릴 법한 세계와 자아의 동일성도, 그것을 발견하는 유추의 상상력도, 유려한 리듬도, 조화로운 이미지도 찾아보기 어렵다. 인용 부분은 크게 두 국면으로 구성된다. 송일환 씨의 하루치 용돈과 체포 당시 대도(大盜)라 불렸던 조세형이 훔친 부잣집 재물 목록이 그것이다. 시인은 대상을 향한 정서의 발산과 조작 없이 냉정한 관찰자의 시선으로 서민과 부자의 경제적 차이를 대조적으로 제시할 따름이다. 하지만 상식적 판단이 가능한 독자라면 빈부 격차에 따른 계급의 고착화와 권력의 차별성을 어렵지 않게 읽어 낼 것이다. 이와 같은 모순의 인지는 결국 주권과 법 앞에서 평등한 국민들의 차별화를 방조하거나 조장하는 국가 권력에 대한 비판과 저항을 환기하기에 이른다.

물론 이러한 비시적인 현실의 객관적 제시는 단지 지배 권력의 폭력성에 대한 인식과 비판의 효과만을 거두지 않는다. 현실에 무반성적으로 편승한 언어

와 시, 대중들에 대한 비판과 각성의 효과 역시 이끌어 낸다. 이에 대한 표현이 "송일환 씨"는 "생명 하나는 보장되어 있다"는 아이러니한 진술이다. 그의 안전은 국가도, 치안과 법률 제도도, 주변의 이웃도 아닌, "한국생명보험회사"에 다니기 때문에 보장되는 것이다. 이때 '생명'의 보장은 "송일환 씨"에 대한 존중 자체보다 치밀하게 계산된 보험금의 지불에 의해 성립되는 것이므로 허구적이며 폭력적인 성격을 면치 못한다.

더욱 심각한 문제는 이러한 환금의 법칙에서 자유로운 국민이 어디에도 존재하지 않는다는 사실이다. 실상을 따지면 화이트칼라 "송일환 씨"는 직업과 삶의 안전성 면에서 비교적 단단한 지위를 차지하고 있다. 여기서 환기되는 하위 주체들의 궁핍한 현실을 고려한다면 "송일환 씨"의 "생명 하나"는 지배 권력에 강타당한 국민들의 파열된 내부가 아닐 수 없다. 또한 존재의 위기에 맞서 절박한 구조 신호를 보내는 은밀하고도 역설적인 집단적 수화(手話)의 일종이다. 이 같은 복합적 국면은 '탈서정'이나 '비시적인 것'이 주어진 현실에 대한 차이와 모순을 극대화한다는 것, 그럼으로써 오히려 이상적인 삶에 대한 욕망을 더욱 극대화하는 미적 장치일 수 있음을 실감나게 보여준다.

상품과 이윤 중심의 소비 사회 역시 시의 탈서정화에 일정한 영향을 끼친다. 대중은 한편으로는 소비 욕망을 충족하기 위한 물신화의 주체로, 다른 한편으로는 자본의 이윤을 보장하는 상품화의 대상으로 소외되는 경향이 있다. 이러한 소외 현상은 자아와 세계의 충만함을 지향하는 서정시와 대립적인 관계를 형성할 수밖에 없다. 다음의 인용 시는 여러 광고에 출현, 대중의 소비 욕구를 자극하는 여배우의 상품화 과정을 짚어 봄으로써 소외의 본질을 입체적으로 조감하고 있다.

삼성 에이 에프 오토 줌 카메라를, 해태 화인쥬시껌을 사고 싶어지는 내 눈알, 나는 본다 저 알몸 위로 오버랩 되는……

온 산을 갈아엎는 사람들을 세상을 온통 콜라 빛 폐수로 넘실대게 하는 사람들을 이 땅을 온갖 욕망의 구매력으로 가득 채우는 사람들을 그리하여

이 지구의 허(虛)를 말살시키고 있는 사람들을 아아 하나뿐인 인격, 하나뿐인 지구
라오쯔의 말씀대로 빈 그릇만 쓰임이 있는 것
또한 갖가지 색과 음과 맛이, 사람을 질주하는 미친 말처럼 만드는 것
수많은 심혜진들이 허를 상실당하고 반짝별로 사라지는 충무로

— 유하, 「콜라 속의 연꽃, 심혜진론(論) — 난 느껴요 - 고구고래(苦口苦來)」 부분

콜라를 광고하는 여배우 '심혜진'은 이중적 형상을 지닌다. 그녀는 "콜라 빛 폐수" 속에서 피어나는 아름다운 "연꽃"이다. 화자는 그녀에게 매혹된 상태이며 그녀에 대한 가치 부여에도 적극적이다. 그러나 다국적 자본의 생산품 "콜라"와 "욕망의 구매력"으로 가득 찬 대중들은 "허(虛)"로 상징되는 심혜진의 '자연미'를 오염·타락시키는 악마적 군상에 가깝다. 이에 맞서 화자는 소비 욕구에 달뜬 대중을 '코카콜라'를 음차(音借)한 "고구고래(苦口苦來)"라는 말로 비판한다. '고구고래', 즉 '입맛에 맞지 않아 고통스럽다'는 표현은 '코카콜라'를 음차한 중국어 '커코우커러(可口可樂)', 즉 '입맛에 맞아 즐길 만하다'는 의미를 전도시킨 것일 가능성이 크다. 이와 같은 대조적 명칭은 소비 사회를 만끽하는 사람들에게 상품은 즐거운 것인 데 반해, 거기서 소외되거나 비판적인 사람들에게는 고통스러운 것임을 효과적으로 암시한다.

그러나 반성과 절제 없는 대중의 소비 욕구에 대한 화자의 비판에는 일정한 한계가 있다. 여배우를 '자연미'의 주체로 내세우는 방법은 타락한 소비 사회의 부조리와 그와 밀착된 지배 권력의 폭력성을 노골적으로 폭로하는 장점을 가진다. 하지만 모든 것이 상품 가치로 환원되는 소비 사회의 특성상, 그리고 그 환금 가능성이 치밀하게 개입되는 대중문화의 문법상, 그녀가 대중의 인기나 부와 명예의 획득에 초연한 존재일 가능성은 거의 없다. 그녀는 이윤의 취득과 배분의 구조에 참여함으로써 "콜라 속의 연꽃"의 이미지를 얻게 된 것이지, 객관적인 미와 윤리의 관점에서 그렇게 호명된 것이 아니다.

이러한 점에서 시인 유하는 대중문화에 대한 매혹과 비판을 동시에 수행하

는 양가적 존재라 할 수 있다. 소비 사회의 비판과 '탈서정'의 경향이 부조리한 현실에 대한 리얼리즘적 관찰과 묘사보다 요설적인 풍자와 패러디, 가벼운 말놀이와 음성 유희로 집중되는 현상은 이와 무관하지 않다. 물론 엄격하고 반듯한 세계 인식과 표현만이 시의 진실성과 독서 효과를 상승시키는 것은 아니다. 부조리한 현실의 이면에 감춰진 진실과 쾌미를 위해서라면 반시적(反詩的) 효과와 시적 위반의 기능은 적극적으로 허용되어 마땅하다. 하지만 어떤 자의적 태도와 욕망이 시인의 쓰기와 독자의 읽기에 지속적으로 개입될 경우 부조리한 현실에 맞선 반시(反詩)의 전략은 상당히 위축될 수밖에 없다. '서정'이든 '탈서정'이든 그것들의 진정성과 효과는 세계의 억압은 물론 시인 자신의 그것으로부터도 자유로워질 때 더욱 강화되어 가는 법이다.

삶의 구체성과 시적 재현의 자유

1——시적 현실의 연산식

한국 시의 현실이 상상적 놀이의 장에 압도되기 시작한 것은 얼마 전부터이다. 이른바 '미래파' 논의가 전형적인 예이다. 실제로는 시인들 자신의 논의라기보다는 시 해석을 둘러싼 비평가들의 논쟁인 듯한 면모가 더 두드러지는 것이었지만, 이 논의가 야기한 풍부한 논점들은 시의 앞날과 관련하여 시사하는 바가 적지 않다. 최근 한국 시단의 젊은 시인들에게 쏟아진 찬사와 비난은 그것 자체로서 시적 현실이 창조되고 소비되는 방식을 범주화한 사건으로 이해될 수 있을 것이다.

시인들의 창작이 어떤 방향으로 이루어지는가 하는 문제는 전적으로 시인의 것이다. 그것은 차라리 시인의 권리에 해당한다. 그럼에도 젊은 시인들의 작품에 대해 이러저러한 쟁점이 형성되었던 것은 여전히 시적 현실이 문제이기 때문이다. 한국 시의 흐름에서 현실을 가장 잘 드러내 주는 비유가 '자연'인 시대가 있었다. 아니, 그 시대는 특정한 시대라기보다는 한국 시의 전체 시대라고 불러도 될 것이다. 김소월의 "보습 대일 땅"(「바라건대는 우리에게 우리의 보습 대일 땅이 있었다면」)이나 이상화의 "빼앗긴 들"(「빼앗긴 들에도 봄은 오는가」)을 예로 들 필요도 없이 한국 서정시가 가장 많이 포착하고 전유한 공간이 자연이라는 사실에 대해서는 그다지 많은 말이 필요하지 않다. 그것을 총괄해서 '대지의 상상력'이라고 이름 붙일 수도 있을 것이다. 대지는 언제나 여기저기에 있고, 시인은 그곳에서 한 점 구성물이거나 관찰자이거나 하였다. 독자들은 들판 앞에 선 시인의 두 가지 모습을 경험할 수 있다. 첫째, 구성물일 때, 시인은 들판에 의해 탄생하는 힘의 구현자이거나 들판과 함께 소멸하는 존재들의 정서적 등가물이다. 둘째, 관찰자일 때, 시인은 현실의 직접적인 진술자가 되고, 그 현실의 길을 객관적으로 알려 주는 존재가 된다. 당연히 이 두 계열 중의 어느 하나에 우선권을 부여할 수는 없다. 시란 대개 섬광과 같은 감성을 맥락화하는 것이어서, 그것을 표현하는 언어 선택의 방향과 분위기를 시인조차 충분히 설명할 수 없기 때문이다. 그것은 다른 말로 하면 다분히 무의식적이다. 그렇지만 이렇게 말할 수는 있다. 언어 선택과 그것의 방향은 시인에게는 아직 충분히 인식되고 있는 것은 아니지만 이미 강렬하게 지각되고 있는 것들의 총체로서 나타나는 것이다. 총체라는 말은 시의 주관과 객관이 동시에 실현되는 사태를 뜻한다. 시가 객관성의 편향에서 벗어나는 것은 언제나 내 몸의 감각에서 출발하는 지각 작용 때문이고, 주관화의 위험에서 벗어나는 것은 그 지각을 객관화하는 인식의 영역 때문이다. 그리고 그것의 출발점에 지각과 인식의 근원인 현실이 있다. 시인의 개성은 바로 그 현실을 포착하는 특이한 방식을 통해 드러나야 한다. 여기서 아주 단순한 공식 하나를 제출할 수 있겠다. 시적 개성이란 시인 각각의 방식이 실현되는 언어라는 의미를 드러내는 공식이다.

현실 + 언어 실현 방식 = 시적 개성

이때 현실은 당연히 고정되어 있지 않다. '들판'을 노래할 때, 김소월의 "보습 대일 땅"과 이상화의 "빼앗긴 들"을 떠올린 독자들은 그다음에 이육사의 '광야'가 있으며, 한국 전쟁 이후의 구상의 '초토'도 있고 군부 독재 시대의 고은의 '전원'도 있다는 사실을 알고 있다. 이 변모의 최근 양상으로 농민 시인

이중기의 다음과 같은 시편을 한번 읽어봄 직하다.

나는 논과 밭을 경전으로 삼았다
물소리 바람 소리 다 말라 버린 가뭄을 건너
슬픈 남루를 액자에 담아 거는 극지의 노을까지
농사짓는 일이 명부전 같다
나는 그것이 분하다
탁란을 마친 뻐꾸기는 어딜 갔는가
파란만장의 책, 경(經)아, 사무치면 고요에 닿는가
나는 이제 나의 경전을 얼음 감옥에 가두어야겠다
신(神)에게 들키지 않을 꽃 한 송이 불끈 피우겠다

— 이중기, 「나의 경전」 전문

이것은 세계의 대지가 항용 상징하기도 하는 어떤 기원에 대한 노래가 아니다. 차라리 "명부전"으로 바뀐 농사의 비극을 넘어 "꽃 한 송이 불끈 피우"려는 자기 다짐의 노래라고 할 만하다. 시인에게 농사는 그대로 삶의 구체이며, 그 구체로서 시는 삶의 확장에 반향한다. 이것은 이를테면 행동에 대한 모종의 계시이다. 여기에는 시적 자의식 이전에 현실적 삶의 자의식이 흘러넘친다. 시인은 지금에 이르러 "나의 경전을 얼음 감옥에 가두어야겠다"라고 말하는데,

이와 함께 이미 오래전부터, 정확히는 1990년대 이후부터 '농민 시'라고 할 만한 시의 영역이 침묵 속에 가두어져 버렸다는 사실을 독자들은 알고 있다. 시인이 "나는 그것이 분하다"라고 말할 수밖에 없는 시절을 살아온 것은 다만 그의 생업과 관련된 것만은 아니다. 그는 그 감옥을 헤쳐 불끈 솟아 나올 꽃 한 송이를 기다린다. 그 꽃이 세계에 대한 분노의 또 다른 이름이며, 그 분노가 사람들의 삶을 어수선하게 할지라도 별로 할 말이 없는 시대를 지금 사람들은 건너가고 있다.

그러나 이러한 사실을 삶의 치열성이라는 말로 단순화하고 고무시키는 데에서 끝나는 것은 시의 편에서 보면 그다지 옳은 일이 아니다. 왜냐하면 삶 혹은 그것의 밑바탕을 이루는 현실이 시의 영역으로 넘어오기 위해서는 그 현실을 시로 만드는 언어의 특이한 방식이 매개되어야 하기 때문이다. 단순화해서 말한다면, 현실(과 그것의 의미)은 그 자신을 넘어섬으로써만 시가 될 수 있다. 언어는 이미 운명적으로 '사물들 그것 자체'를 살해하는 것이다. 철학에서 언어는 사물 자체와는 무관한 주관적 인식의 표현이고, 정신 분석학에서도 언어는 사물 자체로서의 언어를 무의식의 저편에 가두어 놓는 상징 언어의 작용이다. 문학은 사물 자체를 언어로 바꾸어 지시하고자 하였으나 이제 그 사물 지시어를 또 다른 언어로 바꾸어 환기해야 하는 비유들의 총체가 되었다. 그러므로 초점이 되어야 할 것은 시인들 모두가 어느 정도는 기여하고 있는 그 살해의 과정을 어떻게 각자의 방식대로 완성하느냐는 것일 수밖에 없다. 여기에는 두 개의 살해가 있다. 하나는 현실을 넘어서는 것으로서의 사물 살해이고, 다른 하나는 그 살해를 수행하는 기존의 방식을 넘어서는 살해이다.

2——시적 자유와 현실적 자유

살해가 문학의 운명적 통로일 때, 문학은 1987년을 거치면서 그 운명을 한 번 실현했다고 할 수 있다. 1987년 이전과 이후는 그러한 의미에서 가장 뜨겁게 육화된 문학의 이전과 이후이다. 1987년 6월 항쟁의 영향을 문학에서 찾는다면, 그것은 이제 시인이나 소설가들이 눈치 보지 않고 언어를 선택할 수 있게 되었다는 사실일 것이다. 이 사태는 최소한 두 가지 의미를 동반한다. 첫째, 언어적 자유가 문학의 필요조건이라는 생각이다. 언제나 옳을 수밖에 없는 이 생각은 그러나 이면적 맥락을 가진다. 1980년대 이후 폭발하였다가 이른바 거대 서사의 몰락과 함께, 나아가서는 소수자 담론의 등장과 함께 문학의 정론적 기능이 비판된 국면이 그것이다. 문학의 현실이 사람들에게 공통적 삶의 지평을 형성하며 그 현실을 소통 가능한 코뮌(commune)의 차원으로 상승시켜야 한다는 실천적 의제는 이 국면과 함께 소멸해 버린다. 둘째, 언어학적 전환이라는 포스트모더니즘 담론의 전면화가 있다. 실재에 대해서는 정답을 말할 수 없으며, 가능한 것은 그 실재를 향한 언어 놀이라는 인식이 그것이다. 언어에 대한 이러한 방식의 이해가 이른바 탈주체론의 등장과 맥락을 함께한다는 점에 대해서는 많은 논의가 있었다. 그러나 언어 놀이가 문학 속에서 실현된 방식은 실천을 통한 보편적 현실 구성이라는 의제를 망각하도록 하였다. 남은 것은 단지 자본의 지배로 적나라해진 현상들의 파편과 그 파편에 괴로워하는 존재들의 놀이이다.

이때 시인들이 들판을 바라보는 행위는 그 들판의 역사를 좀 더 우선적으로 인식되기 시작한 언어 놀이로서의 시의 특이한 내부로 들여와서 현실화한다는 의미를 가질 것이다. 그것은 실제 들판이 겪고 있는 사태일 뿐만 아니라 문학적 상징의 차원에서도 그렇다. 모든 삶은 들판에서 시작되고 들판에서 끝난다. 도시도 이미 정보 네트워크의 들판이라는 점에서 2000년대의 들판은 이미 도시화된 사람들에게 정보 소통의 행위를 상징하는 거의 공통적인 경험이다. 그것은 단지 사물이 아니라 경험 자체이다. 자본주의 세계 체제의 운동 방식에 무관심한 사람이라고 할지라도 이제 소박했던 공동체로서의 들판이 겪게 될 운명에 대해서는 한마디쯤 할 수 있는 시대가 된 것이다. 이 운명을 인식하는 것은 그러므로 현실적 삶에 책임감을 갖고 있는 사람들 모두의 의무(보편성)이지만, 의무를 시의 형식으로 제출하는 것은 의무가 아니다. 의무가 아니기 때문에 여기에는 현실을 언어화하는 개별적 권리(특이성)가 펼쳐진다. 언어를 선택하고 다루는 방식은 개성적이어야 하지만 이 개성은 특수한 것이 아니라 특이한 것이다. 이 개성이 모두 보편성의 영역에 포괄되지는 않기 때문이다. 이것을 시적 자유라고 할 수 있다면 앞에서 제시한 공식은 다음과 같이 다시 쓰일 수 있다.

현실 + (시적 자유 + 특수한 맥락) = 시적 개성

당연히 시적 자유는 현실적 자유를 환기할 수밖에 없다. 이것의 알고리즘은 그런데 생각만큼 단순하지 않다. 위의 공식에서 괄호는 '잠재성'을 뜻하기도 하는 동시에 '우선성'을 뜻하기도 한다. 현실성(reality)은 잠재성(virtuality)과 현재성(actuality)을 동시에 지니는 것이다.

첫째, 잠재성의 차원은 특수한 자유의 존재론적 맥락을 환기한다. 가령 모든 존재는 자유로워야 하며 따라서 억압받지 않아야 한다는 인식과 같은 것이다. 이와 관련해서는 이미 한국 현대시사의 수많은 저항시들이 그 존재 방식을 보여 준 바 있다. 도래할 시간들을 향한 존재들의 활력과 그것을 감당할 수 있는 역능의 저장고가 바로 잠재성이기 때문이다. 한국의 저항시들은 바로 그 활력적 역능으로써 억압이 사라진 사회를 꿈꾸며 살아왔다. 이 잠재적 역능이 있기 때문에 시인들은 아직 감각할 수 없고 확정할 수 없는 저 앞에 놓인 시간들을 주체적 행위로써 예감하고 미리 구성할 수 있었던 것이다. 이와 함께 이른바 언어적 자유는 특수한 맥락에 놓인 이 주체적 행위의 시간 구성 행위와 밀접하게 연동될 수밖에 없다. 한 편 한 편의 시의 의미가 이러한 현실적 지평을 통해 획득되어 왔던 것이다.

이중기의 시는 잠재성과 현재성의 경계선에 서 있다고 할 만하다. '꽃을 피우는 것'은 잠재적이지만 '논밭의 경전'과 '분노', '얼음 감옥'은 현재적인 것이기 때문이다. 시는 현재의 상처를 지배적으로 배치한다. 시인이 붙들려 있는 것은 현재의 상처이다. 그래서 '꽃'은 가능한 앞날들의 상상이지만 현재의 상처에 압도된다.

둘째, 우선성을 뜻할 때 시의 언어들은 자신의 개별성을 강조하면서 구성된다. 자유가 시의 편에서 현재화되는 양상이 이때 자각된다. 모든 시는 다른 시와 다른 것이고 달라지려고 하는 노력의 산물이다. 따라서 시에 포착된 대상들도 그럴 수밖에 없다. 그런데 시는 그 다름에 대한 욕망을 특이하게 실현하는 언어 구성체이다. 저간의 많은 들판들과 달리 류외향에게서 부각되는 '들판 시편'들이 그렇다. 최근의 그가 집중적으로 형상화하고 있는 이 시편들 곳곳에서 무수하게 많은 들판을 '들판'이라는 언어 하나로 표현하는 것은 모종의 역설을 동반한다. 그의 시에서 들판은 모든 존재들이 수렴·확산되는 공간의 바탕을 이룬다. 각각의 다른 들판들은 하나의 들판으로 수렴되면서 개별적 존재로 확산된다.

들판의 묵시록을 보았다
썩은 물웅덩이에 뿌리를 담그고 몸을 누이다 못해
머리까지 거꾸로 처박은 채
여름 지나고 가을 지나고
겨울의 초입에서 들판은 통째로 갈아엎혔다

너무 오래 서 있었다
이제 더는 버틸 수가 없다
미안하다 내 몸이여
식어 버린 저 바람에 한 점 한 점 흩어져
우리 살아온 흔적조차 남기지 말아야 하리
우리에겐 거듭날 이승이 남아 있지 않으니
시큰거리는 무릎을 내던지고
전언 없는 하늘에 제를 올리리

지뢰밭으로 변해 버린 지 오래인 하늘
더욱 많은 뇌관들이 떠다닐 것이다
아, 이 빈 들의 꺼져 가는 숨인 듯
새들 먼 공중을 가뭇가뭇 날아가고
서둘러 떠나는 그 길마저 어지럽히며
미군 헬기 밤낮으로 떠다닌다

들판은 이제 생각을 멈추었다
언젠가 먼 후손들이 살비듬 내 풍기는
낟알들의 퇴적암을 발견할 것이다
스스로 제 몸을 풍장시킨 이 들판의
최후의 생각 한 줌 보게 될 것이다

—류외향, 「빈 들」 전문

류외향의 들판에는 이름이 없다. 들판은 들판일 뿐이다. 명명하지 않는 것이 분류하고 구획하는 대상 지배의 행위에서 벗어나는 일이라는 점을 염두에 둘 때 들판을 다만 들판으로만 호명하는 행위의 의미가 드러난다. 시인에게 들판은 수많은 존재들이 모여 있는 공간일 뿐이지 주체의 의지대로 지배되는 공간이 아니다. 들판은 존재들의 이름 붙일 수 없는 거처이다. 이때 시적 현실은 시인의 관념에 의해 명명되기 이전의 현실 자체로 살아남는다. 「빈 들」은 그러므로 인간적 의미화의 방향을 거슬러 거꾸로 나아가는 의미의 저장고가 된다. 첫 행의 "들판의 묵시록"을 마지막 연 "들판은 이제 생각을 멈추었다"와 함께 읽을 때, 이 진술들이 "스스로 제 몸을 풍장시킨 이 들판"의 비인간적 면모를 드러낸다는 사실을 알 수 있다. 시인의 들판은 날것 그대로의 삶과 죽음을 희구하는 시적 대상이 된다. 우리의 논지인 '시와 현실'이라는 범주로 치환해서 말한다면, 이 특이한 들판으로서의 시적 대상은 따라서 특이한 언어와 특이한 자유를 환기하는 것이다. 앞의 공식에서 '시적 자유 + 특수한 맥락'이라고 부른 항의 우선성이 이렇게 해서 드러난다. 그것은 대상이 특수한 맥락 속의 대상 자체로 살아남으려는 욕망을 표현하는 동시에 그것을 표현하는 언어의 특이성을 실현하려는 욕망을 표현한다. 언어적 자유는 그러므로 그것의 의미론과 대립하는 것이 아니다. 그렇다면 그 자유란 인간적 삶의 의미론과 분리될 수 있는 것 또한 아니다. 「빈 들」은 대상을 대상 자체로 놓아두면서 그것을 세계 속에 있는 생명들의 의미로 확장시키고, 그 결과 삶의 의미론을 형성하는 시이다.

3——소거될 수 없는 현실

시에는 시적 내면과 외부가 있다. 시는 시대로 구심적으로 언어의 특이성을 실현하고(의미를 형성시키는 방식이 그렇다), 의미는 의미대로 원심적으로 인간을 포괄하는 세계의 존재 방식을 형상화한다. 그러므로 이 경우에 현실이 삭제된다고 할 수는 없다. 들판이 묘한 방식으로 살아남는 것처럼 오히려 현실은 더 강하게 자신을 주장한다. 언어적 자유라는 원군을 얻어 더 오롯해진다고 할 수 있다. 연산식을 고려하였을 때도 마찬가지이다. 앞의 등식으로 시를 이야기하는 자리에서 '시'라는 항목을 따로 둘 필요가 없다면, 양변의 '시'는 서로를 삭제하는 결과를 가져올 수밖에 없다. 좌변의 '시적 자유'와 우변의 '시적 개성'이 서로를 지우고 나면 그 나머지를 드러내는 공식은 이렇게 표현된다.

현실 + (… + 특수한 맥락) = …

그러니까 이 경우에도 남는 것은 시가 지워진 후의 현실 자체이다. 이 자명한 사실이 무시된 채 언어적 자유가 강조될 때, 독자들이 보는 것은 '언어학적 전환'의 포스트모더니즘 증후군이 야기하는 언어 놀이 혹은 그것의 변주이다. 이것이 1987년 이후의 문학의 운명이라면, 지금은 그 운명의 기호론적 지배를 통해 자본주의 세계 체제가 움직이고 있다는 사실을 돌아볼 때가 되었다. 기호론 자체가 문제 되는 것은 아니다. 오직 기호만이 살아남아서 실천적 구성물로 공통적 현실을 형상화하고 코뮌을 구성하는 과정이 망각된다는 사실을 주목할 필요가 있다. 실제로 사람들이 살고 있는 시대가 자본의 현대적 운동 방식인 기호 체계에 의해 지배되고, 시인과 작가들이 그 기호의 운동 방식을 고스란히 받아쓰는 방식이 문제이다. 앞의 공식 속에서 끝내 살아남는 현실을 자각할 수 없을 때 독자들은 허망할 수밖에 없다. 이때 시는 허망과 비극의 파노라마이다.

그 반대로, 시에는 없지만 오히려 더 강렬하게 현실이 존재한다는 사실을 독자들은 긍정할 수밖에 없다. 특수한 맥락의 구체성으로 현실이 현현하기 때문이다. 이때 시 혹은 시의 자유는 알리바이일 뿐이다. 시적 언어의 자율성은 이렇게 시의 현실성을 최후까지 남겨 놓는 역설을 실현한다. 현실보다 언어적 자유에 집중하는 시의 운명도 이 등식을 크게 벗어날 수는 없다.

끝까지 살아남는 것은 현실이라는 것, 그 현실은 충분히 공통적인 것이어야 한다는 것, 그것은 지금-여기를 살아가는 사람들의 삶으로 귀환하는 것이며, 역설적으로 문학의 개별적 자유를 가능하게 하였던 역사적 경험으로 귀환하는 것이고, 그것이 1987년 이후 공론화된 체제 전환의 교두보가 될 수 있으리라는 것이다. 최근의 한국 시와 관련해서 현실을 언급하는 것은 이렇게 결여된 공통적 현실을 다시 찾아오는 일을 언급하는 것과 같다. 지금 한국 문학의 많은 경우는 그 현실을 상실한 상태이다.

현실을 상실하였다는 말이 시의 표면에 전면적으로, 투박한 현실 환기의 언어를 가져오자는 요구로 이어지는 일은 시의 편에서 보면 항상 옳은 것은 아니다. 물론 새 삶을 개척하는 일이 혁명이라는 단어와 결합되던 1980년대가 있었다. 그러나 지금 혁명을 이야기하는 일은 이제 의심과 질타의 대상이 되었다. 문학인들은 현실에 여전히 불만을 느끼면서도 그 불만을 혁명적 방식으로 해결하자는 언어를 사용하지 못한다. 혁명이라는 말이 다수자의 언어 속에서는 환상이며 형이상학이고 나쁜 폭력이라는 의미로 계열화되어 버렸기 때문이다. 그런데 현실 또한 정말로 그렇게 되어 버린 것일까? 이것은 좀 고려해 볼 만한 문제이기는 하다. 실제로 현실은 예전과 같지 않다. 분명한 것이 있다면 여전히 자본이 현실을 지배하되 불투명한 방식으로 지배한다는 사실뿐이다. 불투명한 현실과 함께 문학적 담론의 경우 범텍스트주의가 대두되었다. '텍스트의 바깥은 없다'라는 말로 대표되는 이 사유 경향이 근대적 재현론의 한 편향을 지적함으로써 투명한 현실을 전제하는 역사적 낙관론이 지닌 파시즘적이고 형이상학적인 위험 요인을 경계하게 해 주었다.

그런데 실제로 텍스트의 바깥이 없었는지는 다시 고찰해야 할 문제이다. 두 가지 차원에서 그렇다. 첫째, 작품 생산의 차원에서, 작가들이 텍스트 내부에서만 언어 놀이를 하는 경우가 있겠다. 그러나 이것은 실제로는 불가능한 일이다. 작가들은 언제 어디서나 맥락적이고 상호 텍스트적인 글쓰기를 할 수밖에 없기 때문이다. 혹시 논리 실증주의자 러셀(B. A. W. Russell)과 화이트헤드(A. N. Whitehead)의 『수학의 원리』 같은 책이 문학에서 기획될 수 있을는지 모른다. 그러나 그것은 리얼리티를 구성하는 잠재성의 차원에서만 가능할 것이다. 둘째, 작품 이해의 차원에서, 비평가들이 이 문제를 집중적으로 물고 늘어졌다. 1980년대적 현실이 무너지고 그 빈자리에 이념적 공백을 대신할 대체물로 텍스트주의가 나타난 것이다. 그런데 이것은 작가들이 현실에서 내면으로 전회한 것과 유사하게 텍스트 외부에서 텍스트 내부로 전환한 것에 다름 아니었다. 문제는 텍스트 내부로의 전회가 실제로는 별 성과 없이 이론으로만 존재한다는 데 있다. 이러한 이론적 전제하에 비평가가 시 텍스트를 분석할 경우 시의 구조, 언어 형태, 음소와 음운과 음절들의 절합(節合), 이로써 나타나는 문학성 등등이 그 귀결일 것이다. 그런데 그 결과들의 집적물이어야 할 문학성의 역사로서의 한국 문학사는 존재하지 않았다. 이것은 비평가 중에서 언어학 전공자가 없다는 사실과 깊이 관련될 것이다. 더구나 한국 문학사의 강한 계몽주의적 전통 속에서 문학은 스스로 텍스트 외부로 지향되는 수순을 다시 걷곤 하였다. 또한 한국 문학의 텍스트주의의 형성은 동북아시아 변방에 대한 미국식 패권주의의 문화적 지배 결과라는 사실이 고려되어야 할 것이다. 그런데 정작 문제는 텍스트주의의 실패가 사실은 여건 형성의 부족 때문이라기보다는 기획의 불가능성 때문이라는 점이다.

그러나 불가능성이 때로는 새로운 가능성을 열어 놓기도 한다. 특히 시의 언어는 불가능성을 살면서 현실과 대면하는 존재이다. 요컨대 시는 망각의 시간을 되돌려 놓는다. 시간을 되돌리는 것은 실제 현실 속에서는 불가능한 일이지만, 시는 그렇게 한다. 이 말은 시가 과거의 어떤 시간을 되짚어 그 시간 속으로 들어간다는 것을 뜻하지 않는다. 과거로 돌아간다는 것은 과거의 기억 속에 머문다는 사실을 가리키지만, 시는 그 시간을 과거로 놓아두지 않는다. 실제로 과거로 돌아갈 수 있는 사람이나 사물은 존재하지 않는다고 해야 할 것이다. 과거를 떠올리는 것은 과거의 기억을 다시 끄집어냄으로써 그 기억을 현재적인 사건으로 만드는 행위이다. 모두가 기억력을 가지고 있다는 점에서 이것은 누구나 할 수 있는 행위이다. 그러나 시가 망각의 시간을 되돌린다는 것은 단순히 과거를 현재화하는 일을 넘어서서 그 과거를 현재적 감각으로 충만한 실재로 만든다는 것을 뜻한다. 서정시가 추체험의 양식적 특징을 지니고 있다면, 시가 시간을 되돌릴 수 있는 힘을 가지게 되는 것 또한 긍정될 수 있을 것이다. 시는 추체험을 통해서 시간을 거꾸로 돌리고 감각적 현재를 만들어 내며 그 되돌려진 시간을 통해 미래를 선취하는 예술이다. 이 점에서 시는 근본적으로 시간의 불가역성을 거슬러서, 다른 말로 하면 현실 속에서 현실의 시간 흐름을 거슬러서 생존해 나가는 미적 양식이다. 시가 독자에게 낯선 충격을 주는 것은 그 때문이다. 그 되돌림이 언어를 통해 시도되고, 그로써 어떤 성취가 있다고 믿어질 때 사람들은 시의 비현실성을 현실성으로 긍정한다. 가령 다음과 같은 언어를 사람들은 시 속에서 실제적 감각으로 긍정하게 된다.

> 오늘이 환멸이듯이
> 그리운 과거는 환멸
> 다음에 보이는 미래일 거라고
> 나는 낡은 지도 위에 적었다
>
> — 함성호, 「죽음의 기하학」 부분

일상적인 시간의 흐름을 거꾸로 만들어 놓는 진술 앞에서 사람들은 낯선 감각을 경험한다. 과거가 '환멸(=오늘) 다음의 미래'라는 말은 아주 엉뚱한 것이다. 이 엉뚱함이 그대로 용인되는 것은 시의 내재성이 인정되기 때문이다. 다시 말해 이것은 시적 진술에서나 허용될 수 있는 말이다. 이 비논리성이 무리 없이 수용되는 데에는 감각의 움직임이 크게 작용하는데, 감각은 논리를 포함하면서 논리를 뛰어넘어 존재하기 때문이다. 그 감각의 지반은 "낡은 지도"라는 구절로 표상되는 '오래된 것'이지만 시적 진술의 층위에서 그것은 날마다 새롭게 탄생하는 지반이다. 가령 감각을 가능하게 하는 인간의 살은 오래된 것이지만 살에 부딪치는 사건과 사물들의 감각 경험은 날마다 새로운 것이다. 시는 언어적 감각 경험으로 어떤 기억을 현전시키고, 오래된 새로움으로 망각의 시간을 되살려 낸다. 이로써 과거는 현재가 된다. 그런데 현재는 언제나 미래가 다가와서 자신을 드러내는 순간의 현재이다. 흘러가지 않는 사물은 없기 때문이다. 그것이 사람들을 놀라움으로 흔드는 것이다. 이 놀라움은 언제나 현재적일 수밖에 없고, 현재는 언제나 새로운 시간의 경험이다. 「죽음의 기하학」이 보여 주는 시간의 비시간성은 일상적 시간의 경험을 뒤집어서 그 일상을 새로운 시간의 감각으로 만들어 놓는다.

이 새로운 감각이 주어진 현실을 넘어서려는 의도나 넘어서는 과정과 관련된다고 생각하는 것은 어려운 일이 아니다. 서정시가 추체험의 양식으로 자아의 현실을 탐구하고 그와 함께 과거에 체험된 현실과는 다른 현실을 감각적 구체로 드러내는 과정이 펼쳐지는 것인데, 여기에서 시는 자신의 근대적 출발에서부터 부여받았던 모습을 간접적으로 재확인한다. 현실과 불화하면서 주어진 현실의 밖을 꿈꾸는 자의 모습이 그것이다. 현실과의 불화가 언제나 현실과의 직접적 갈등으로 한정되는 양상으로만 나타나지는 않는다. 현실과의 불화는 한편에서는 갈등하고 다른 한편에서는 갈등 너머의 낯선 세상을 동경하는 일로 통한다. 그 둘은 따로 나타날 수도 있고 동시에 나타날 수도 있다. 그런데 망각된 시간을 되돌림으로써 여러 모습으로 구체화되는 감각이 왜 낯선 현실로서 충격을 주는 것일까. 다시 말해 불화의 한 기제로서 망각된 것을 현전시키는 작업이 왜 놀라움을 가져오는 것일까.

> 우리는 망각한 것을 결코 완전하게 되찾을 수 없다. 그러나 되찾을 수 없다는 점은 어쩌면 좋을 때도 있다. 잊어버린 생각을 다시 환기시킨다는 것은 너무나 충격을 가져다주므로, 우리는 그 순간 우리가 바라는 바를 중단해야 할지 모른다. 그러나 그러한 쇼크를 위해서 우리는 무언가를 동경하는지 모른다. (중략) 우리가 잃어버린 것은 아마도 모든 것을 잊게 만든 우리의 전 생애에 의해서 가혹할 정도로 압박을 당하고 있는 것 같다.[1]

벤야민(W. Benjamin)이 "망각한 것을 결코 완전하게 되찾을 수 없다"고 말할 때 그가 염두에 두는 것은 우리로 하여금 무엇인가를 망각하도록 하는 어떤 억압이다. "우리가 잃어버린 것"은 "압박을 당하고 있는 것"이라는 그의 말은 그 잃어버린 것이 되돌아올 때 충격을 동반하는 이유를 설명해 준다. 망각된 것이 되돌려짐으로써 우리는 우리 삶이 그토록 억압당하고 있었음을 비로소 확인하게 되는 것이다. 앞의 경우에 대비시킨다면 부정적인 경험이지만, 이러한 경우도 시로 구체화된 과거의 시간이 놀라움의 현전을 보여 준다는 사실에는 변함이 없다. 그 과거는 억압을 알아채지 못했던 과거가 아니라 억압을 인식시켜 주는 현실이다.

과거를 통해 활력을 얻는다는 시의 언어는 비현실적인 언어이다. 추체험적 서정 양식으로서의 시가 현실을 잡아 놓으려는 시도를 하면 할수록 현실은 더욱더 낯선 것이 되기 때문이다. 그러나 그 '낯설게 하기'의 시도가 곧 현실을 새롭게 볼 수 있도록 하는 근거라는 점을 주목한다면, "시의 언어는 불가능성을 살면서 현실과 대면하는 존재"라는 앞에서의 말이 또 다른 의미를 갖게 된다. 시는 '낯설게 하기'를 통해 새로운 형식의 가능성뿐만 아니라 새로운 삶의 내

1 발터 벤야민, 『베를린의 유년 시절』, 박설호 편역, 솔, 1992, 82면.

용의 가능성을 타진하는 것이다. 어떠한 방식으로든 시는 이렇게 현실을 끝까지 유지한다. 모든 심미적 유희는 끝내 현실로 돌아갈 수밖에 없는 유희이다.

4——시적 현실의 미학적·정치적 가능성

현실의 갱신을 가능하게 하는 것이 세계의 '흐름'이라는 사실을 알 때 우리는 곧바로 음악과 본질적으로 연결된 시의 본성으로 넘어가게 된다. 소리의 청각적 기능은 영원성과 고정성과 불변성을 넘어서서 덧없이 사라지고 소멸하는 흐름의 세계로 사람들의 감각을 이끌어 간다. 이 흐름의 세계, 고정된 것은 없으며 영원한 흐름만이 있는 세계, 그래서 현실을 넘어서도록 하는 세계, 이것을 음악은 개념화하지 않고 지각하도록 한다. 그래서 시의 음악은 그 자체로 고정시키고 규율화하고 묶어 두는 힘을 비판하는 움직임이다. 흐름이라는 존재 양식이 고정된 것에 대한 비판이라는 의미 내용을 가질 때 그 고정된 것의 너머에 있는 새 세계가 열린다. 이것은 일단 감각의 차원에서 그렇다. 사람들은 흐름으로써 무엇인가가 새로 만들어진다는 것을 직감적으로 경험하게 된다. 이로써 사람들의 감수성이 변하고 그다음에 세계 인식이 변할 수 있다. 이것은 천천히 일어나는 변화이기는 하지만 시간이 지나 보니 어느덧 일어난 거대한 변화이기도 할 것이다. 삶의 감각이 세계를 변화시킬 수 있다면 바로 이와 같은 경우일 텐데, 시는 정치가 아니지만 정치로 연결될 수 있는 것도 이와 같은 경우이다.

음악이 규율화된 미학의 영역을 넘어서서 현실을 비판하고 파괴하는 것으로서의 심미성의 영역을 구성하는 것은 그 때문이다.[2] 이러한 의미에서 시의 음악은 그 근본에서는 미학주의가 아니라 비판주의의 구성물이다. 당연히 이것은 현실에 대한 부정과 맥락을 같이하는 것이다. 아도르노(T. W. Adorno)의 말

2 미학과 심미성(심미적인 것)의 차이에 대해서는 노명우의 『계몽의 변증법을 넘어서—아도르노와 쇤베르크』(문학과지성사, 2002: 48~49면) 참조.

을 보자.

> 창문 없이, 즉 사회를 의식하지 않고 그리고 사회에 대한 의식이 동반되지 않은 상태에서 작품은, 그리고 개념에서 멀어진 음악은 사회를 표상한다. 작품들이 사회를 덜 쳐다보면 볼수록, 작품은 사회에 더 깊숙이 관련된다.[3]

라이프니츠(G. W. Leibniz)의 모나드론을 전유하는 아도르노에게 음악은 그 자체로 폐쇄적인 것이다. 이것은 음악이 사회에 오염되지 않는 내재적 심미성으로 이루어진다는 사실을 뜻한다. "개념에서 멀어진 음악"이라는 말이 가리키는 것이 그것이다. 음악은 그 자신에게는 외적인 개념으로 규정될 수 있는 것이 아니다. 음악은 현실을 거울처럼 반영하지 않고 스스로의 규칙으로 재현한다. 고정된 것에 대비되는 흐름의 세계가 그중 하나인데, 이 흐름은 현실의 고정성이나 현실을 고정된 것으로 묶어 두려는 노력이 실은 그릇된 것에 불과하다는 사실을 깨닫게 한다. 흐름의 세계를 재현하는 미적 감각이 고정된 세계를 비판하는 심미성으로 나아가는 것이다. 동시에, 흐름으로 사회를 표상하는 일은 시를 읽는 사람으로 하여금 결국은 그 자신마저 넘어서는 움직임으로 새 세계를 예감하게 한다. 흐름으로 이루어져 있기 때문에 결국 세계는 변화될 수밖에 없다고 우리는 생각하게 된다. 여기에 시의 정치와 관련하여 동경의 세계상이 만들어지는 이유가 있다. 시가 외부의 규정을 받지 않으면서 흐름을 표상할 때 그 운동의 목적이 나타나게 되는 것이다. 김수영의 「풀」을 이 경우로 상정할 수 있을 것이다.

그런데 음악적 감각이 세계를 흐름으로 표상하도록 하지만, 그것은 단순한 음악적 감각을 넘어서는 것이며, 감각을 넘어선다는 것은 이념을 지향한다는 사실을 뜻한다. 이를테면 시는 감각으로 그쳐서는 안 된다. 시가 감각에만 그친다는 것은 어쩌면 시가 이성에 의해 조절되던 일방적 상태를 거꾸로 구부려

3 같은 책, 168면.

감각만을 자신의 구성 원리로 삼는다는 사실을 의미하는 것은 아닐까? 그러나 이것은 실제로 가능한 일이 아니다. 시는 감각에 의해 촉발되지만 이성에 의해 혀를 얻어 말한다. 한 편 한 편의 시가 각각의 개별적 흐름을 실현하는 곳에 시의 운명이 있는 것이다. 이것을 우리는 시의 이데아라고 부를 수 있다. 감각은 길을 내지만 이성은 종착지를 만든다. 덧붙여서 말한다면, 그 종착지는 다시 감각을 구성하고, 감각은 다시 종착지로 향할 것이다.

그런데 모든 시적 음악이 그런 것은 아니다. 때로 음악은 강렬한 형식성 때문에 표적으로 삼고 있는 대상들의 의미를 알아채지 못하도록 한다. 정형률의 시가 고착되기 쉬운 함정이 바로 그 형식성이다. 사람들은 음악 자체의 재미에 심취하고 그것의 낯익음에 고무되어 흐름이 도달하려고 하는 현실 너머의 세계를 지나쳐 버리는 것이다. 브레히트(B. Brecht)가 우려하는, "익숙한 세계에 안주하는 경향"[4]이 이와 관련된다.

익숙한 리듬이 갖는 장점은 독자들을 수월하게 시의 표면으로 불러들일 수 있다는 것이지만 그 수월성만큼이나 시의 깊이를 지나쳐 버리게 한다는 단점도 갖는다. 시가 외적 규정으로만 살아남을 경우에 겪게 될 문제가 여기에 있다. 외적 규정 자체가 시와 무관하게 성립된 것들의 총체일뿐더러 익숙한 리듬 또한 시적 현실로부터 추상된 것이 아니라 그 현실과 무관한 관념형으로 차용되는 것이기 때문에 형식과 내용이 분리된 채 '리듬—형식', '현실 비판—내용'의 이원성이 도드라지는 것이다.

시가 정치로 연결될 수 있다는 사실을 다시 고려해 보면 외적 규정에 지배받는 시의 자기 부정성을 더욱 주목할 필요가 있다. 시는 '내재적 보편성의 개별적 발화'이기 때문에 시를 외부에서 규정하는 힘은 시를 타율적으로 만든다. 시가 타율적이 된다는 것은 그 시가 자율적 운동의 정치로부터 멀어진 채 자신의 내재성과도 분리된다는 사실을 가리킨다. 요컨대 시는 자기 충족적이지 않고 외재적인 것이 되어 버린다. 이것이 저간의 부르주아적 정치 영역에서 실재

4 베르톨트 브레히트, 『시의 꽃잎을 뜯어내다』, 이승진 편역, 한마당, 1997, 111면.

적 주체의 현실적 비주체화라는 현상과 관련된다고 할 수 있다. 그렇지만 시인에게 정치는 내재적인 것이어야 한다. 이 말은 시인이 현실 정치가여야 한다는 것을 뜻하지 않는다. 시인의 정치는 무엇보다도 외적 규정성을 물리치고 내재적으로 살아남는 시 자체의 생존 방식과 관련된다. 시가 새 삶의 감각을 실현하는 힘을 갖고 있다고 말할 근거가 여기에 있다. 시는 새 삶의 가능성을 미적 감각으로 드러내면서 사람들로 하여금 그것의 실제적 가능성을 인식하도록 만든다. 새 삶이 누구도 경험해 보지 못한 영역에 속해 있으리라는 점에서 시는 그 가능성을 주장하지 않고 환기한다. 그리고 이것이 시의 현실적 진리를 구성할 것이다. 그 진리는 외적 총체성으로 실증되어야 할 진리가 아니라 각각의 내재적 보편성이 개별적으로 발화되면서 스스로의 내부에 억압되어 있는 것들을 찾아내어 구성해야 하는 진리이다. 실로 지금까지 시적 진리는 외적인 실증의 차원으로 이해되어 왔던 듯하다. 과연 그 진리는 얼마나 객관적인가라는 질문이 이로부터 나타났던 것인데, 애초에 불가능한 질문이었음이 드러난 지금, 다시 시적 진리를 말해야 한다면 그것은 내재적 보편성이 탐구하는 개별적 기획의 영역에 존재하는 것임이 분명하다. 그리고 이것이 낯선 감각으로 낯선 진리를 환기함으로써 낯선 가능 세계를 실제적인 것으로 전환시키려는 시의 정치일 것이다.

청소년의 발견과 사건으로서의 시 경험

1——청소년의 발견

언젠가부터 '청소년'이라는 단어가 문학 교육의 새삼스러운 화두로 떠오르고 있다. 청소년에 대한 개념이나 연령 규정은 다양하지만, 일반적으로는 학교 교육의 제도에 따라 주로 중고등학생을 가리키는 말로 사용된다. 그렇다면 청소년은 중등 교육에서 '학습자'라고 지칭해 왔던 대상과 그 외연이 대체로 겹친다고 볼 수 있다. 그럼에도 청소년이라는 용어가 문학 교육 논의에서 새롭게 부각된 것은 두 용어가 사용되는 맥락의 차이 때문이다. '학습자'는 교육의 장 안에 고정된 채 사용되는 반면, '청소년'은 그들의 삶이나 문화를 강조하는 적극적 맥락에서 사용된다. 문학 교육이 학습자에게 교육의 주체로서 능동적 의미를 부여한다 하더라도 살아 움직이는 청소년 자신의 삶은 공백으로 처리되기 십상이다. 그러니까 청소년이라는 용어는 문학 교육이 그동안 간과해 왔던 공백의 영역을 각성하고 호출하는 맥락에서 다시 발견된 것이라 할 수 있다.

물론 여기에는 청소년을 둘러싼 다양한 담론이나 청소년 문화 운동들의 영향도 있다. 청소년 '문제'에서 청소년 '존재'에 대한 질문으로 나아가야 한다는 사회적 담론이나 십 대를 위한 대안 공간 및 문화 프로그램의 필요성에 대한 인식과 제도적 지원 등 청소년을 둘러싼 이론적·사회적·제도적 움직임이 1990년대 후반부터 활발하게 일어났다.[1] 이와 함께 청소년 문학 시장에 대한 출판계의 관심이 높아지면서 아동 문학과 성인 문학 사이의 틈새시장이 활짝 열리게 되었다. 이로 인해 청소년의 생활 세계를 그들의 눈높이에서 다룬 문학이 '청소년 문학'이라는 새로운 장르로 급부상하였다. 청소년 문학은 교과서 정전에 대한 대안(대항) 정전으로 여겨지다가 2007 개정 교육과정 이후에는 몇몇 작품이 교과서 안으로 편입되기도 하였다. 이러한 양상들은 문학 교육의 목표가 텍스트의 일방적 전달과 전수에서 텍스트와의 소통으로, 나아가 학습자 자신의 텍스트 생산을 지원하는 방향으로 변화하고 있음을 보여 준다.

이처럼 문학 교육과 출판 시장에서 청소년을 호출하는 움직임이 활발하게 일어나고 있는 반면, 이에 대한 청소년의 응답은 그만큼 적극적이지는 않은 것 같다. 교육의 장에서 의도적으로 이루어지는 것 외에, 청소년의 삶에서 자발적으로 일어나는 문학 활동은 거의 찾아보기 어려운 것이 현실이다. 오늘날 대부분의 청소년에게 문학은 학교에서 의무적으로 공부해야 하는 교과목 중 하나일 뿐인지도 모른다. 청소년의 삶과 문화는 다른 것들로 채워져 있다. 그들의 생활은 학원이나 아르바이트에 얽매여 있고, 그들의 여가는 소비문화와 대중문화, 게임과 소셜 네트워크에 지배당하고 있다. 이러한 청소년의 현실을 반영하여 그들에게 친숙한 매체를 활용한다고 해서 문학의 한 귀퉁이에 청소년의 자리가 마련되는 것은 아닐 것이다. 이 글에서는 청소년을 위한 문학, 청소년에 의한 문학, 청소년 문학이라는 다양한 자장 안에서 변화의 움직임과 양상을 살펴보고, 청소년의 삶에서 사건으로서의 시 경험이 어떻게 가능한지, 그것이 어떤 회로를 통해 발생하는지 고민해 보고자 한다.

1 1999년 개관한 '서울시립청소년직업체험센터'(하자 센터, www.haja.net), 2000년 청소년 미디어 특성화 시설로 개관한 '서울시립청소년미디어센터'(스스로넷, www.ssro.net), 그리고 청소년과 교사들이 함께 창립한 '21세기청소년공동체 희망'(희망, www.heemang21.net) 등이 대표적이다. 최근에는 문화체육관광부와 지방 자치 단체들이 청소년 문화 공간(청소년 수련관, 청소년 문화 센터 등)을 세워 청소년 문화 활동을 지원하고 있으며, 교사들이 주축이 되어 운영 중인 '청소년문화연대 킥킥'은 청소년 문화 웹진 발간, 문학 강좌, 청소년 문학 축제 등 다양한 활동을 펼치고 있다.

2——시 교육의 변화와 청소년의 자리

문학 교육에서 청소년의 자리가 확보되는 양상을 살펴보기 위해서는 '청소년을 위한 문학'과 '청소년에 의한 문학'이라는 구분을 잠시 전제하는 것이 유용할 것 같다. 청소년을 위한 문학은 청소년에게 전수되어야 할 문학이라는 정전 중심의 관점에서 청소년에게 바람직한, 청소년이 즐겨 읽을 만한 문학이라는 학습자 중심의 관점으로 변화해 왔다. 전통적인 자연 서정이나 민족주의적 경향의 시가 주류를 이루었던 기존의 교과서 정전이 학습자의 삶이나 정서, 혹은 오늘날의 시대감각과 지나치게 동떨어져 있다는 비판이 1980년대 후반부터 현장 교사들 사이에서 제기되었다.[2] 이러한 비판은 비판에 그치지 않고 청소년을 위한 교육 시집과 시 선집, 청소년들의 글 모음집 등을 출판하는 적극적인 움직임으로 이어졌다.[3] '청소년을 위한' 시 선집은 무엇보다도 시에 대한 학습자들의 고정 관념, 가령 시는 우리의 현실과 동떨어져 있다, 시는 어렵다, 시는 재미없다는 생각을 깨뜨리는 데 초점을 맞추었다. 시를 제대로 해석할 줄 아는 능력 이전에 시를 제대로 즐길 줄 아는 능력이 필요하다는 인식이 폭넓은 공감대를 형성하였기 때문이다.

이처럼 '청소년이 읽어야 할'이라는 당위를 '청소년이 즐길 수 있는'이라는 매혹으로 대체해야 한다는 생각은 시 교육과 교과서에도 반영되었다. 정전

2 문학교육연구회 편, 『삶을 위한 문학 교육』, 연구사, 1987.

3 1980년대 참교육의 이념과 실천이 교육 문예 운동의 흐름을 만들어 내면서 '교육문예창작회'가 창립되고 교육 출판이 활성화되었다. 김진경, 윤재철 시인이 중심이 된 '교육출판기획실'에서 펴낸 『내 무거운 책가방』(실천문학사, 1987)은 교육 시 선집이라는 최초의 기획물이었다. 이후 임길택, 김종인, 배창환, 정영상, 조재도, 도종환 등의 교육 시집(실천문학사), 중고등학생들의 글 모음집 『갈 곳 없는 우리들』(사계절, 1988)과 『밥 먹으며 시계 보고 시계 보며 또 먹고』(사계절, 1989), 학생들의 교육 창작집 『불량 제품들이 부르는 희망 노래』(동녘, 1989), 청소년 무크지 『푸른 나무』(푸른나무, 1988) 등이 출간되었다. 당시의 교육 시 선집이나 교육 시집은 주로 교육 제도의 모순을 비판하거나 상처받은 아이들을 어루만지는 어른의 시선으로 쓰인 것이어서, 청소년의 시선으로 그들의 일상과 정서에 초점을 맞춘 오늘날의 청소년 시와는 경향이 달랐다. 한편 2000년대 들어 '전국국어교사모임'에서 펴낸 『국어 시간에 시 읽기』(나라말)와 『문학 시간에 시 읽기』(나라말) 시리즈는 청소년들이 즐기고 공감할 만한 시라는 관점으로 묶어 낸 시 선집으로, 여기에 소개된 시들이 대거 교과서에 수록되면서 교과서의 정전을 변화시키는 데 기여하였다.

에 대한 엄숙주의가 일정 부분 완화되면서 청소년의 경험이나 정서와의 교감 가능성을 중시하게 된 것이다. 이에 따라 교사 시인이나 동시 작가의 작품 혹은 현재 활동 중인 시인들의 최근 작품 중에서 청소년이 읽을 만한 시가 새롭게 발굴되었다. 새로운 시에 대한 요구는 무엇보다도 청소년의 주체적인 시 읽기, 즉 참고서나 해설에 대한 의존 없이 스스로 읽고 느끼고 상상하는 경험이 중요하다는 인식에서 비롯된 것이다. 여러 종의 중학교 교과서에 수록된 황인숙의 시는 그러한 면모를 잘 보여 준다.

> 기분 좋은 말을 생각해 보자.
> 파랗다. 하얗다. 깨끗하다. 싱그럽다.
> 신선하다. 짜릿하다. 후련하다.
> 기분 좋은 말을 소리 내 보자.
> 시원하다. 달콤하다. 아늑하다. 아이스크림.
> 얼음. 바람. 아아아. 사랑하는. 소중한. 달린다
> 비!
> 머릿속에 가득 기분 좋은
> 느낌표를 밟아 보자.
> 느낌표들을 밟아 보자. 만져 보자. 핥아 보자.
> 깨물어 보자. 맞아 보자. 터뜨려 보자!
>
> — 황인숙, 「말의 힘」 전문

이 시는 그 자체로 폭발하는 말의 힘을 보여 준다. 가만히 생각해 보다가, 조금씩 소리 내어 보다가, 급기야 온몸의 기관(손, 발, 혀, 이, 피부 등)을 마음껏 동원하게 하는 이 시의 속도감 있는 전개는 고스란히 읽는 이의 몸의 반응으로 전이된다. 그러므로 시를 읽는 아이들은 "기분 좋은 말"을 생각해 보고 소리 내어 보면서 말의 감각과 말의 힘을 체험하게 된다. 시의 진술을 그대로 따라갈 수도 있고, 시어를 마음대로 바꿔 보면서 나만의 감각을 만들어 낼 수도 있다.

한 행으로 처리된 "비!"에서 빗방울의 모양과 느낌표가 닮았다는 것을 눈치채고 나면, 머리에 비를 맞는 것과 머릿속에 느낌들이 살아나는 것은 동일한 경험으로 치환된다. 그리하여 마지막에 나열된 청유형의 진술들, 밟고 만지고 핥고 깨물고 맞고 터뜨리자는 시인의 말은 우산 없이 비를 맞는 것처럼 일종의 해방감을 맛보게 한다. 이처럼 어떤 학습 활동을 설계하는가 못지않게 어떤 시를 제시하는가에 따라서도 시 읽기는 크게 달라질 수 있다.

그러나 문학의 경험은 작품에 대한 감동만이 아니라 자신의 삶을 문학으로 표현하는 것까지 포함해야 한다. 제7차 교육과정 이후 우리의 문학 교육은 지속적으로 문학의 생산과 창작 활동을 강조해 왔다. 그리하여 2007 개정 교육과정부터 '청소년에 의한 문학', 즉 청소년 자신이 생산 주체가 되어 창작한 문학이 교과서에 실리게 되었다.[4] 정전에 대한 열린 태도가 학생의 창작 작품을 수용하는 데까지 나아간 것이다. 청소년에 의한 문학은 지면의 제한과 작품의 완성도 때문에 소설보다는 시 장르가 우세를 이루었다. 청소년 창작 시는 처음에는 교사들이 엮은 단행본에서 선정되다가, 청소년의 문학 창작을 제도적으로 지원하는 청소년 문학상이나 청소년 전용 문학 사이트 등이 만들어지면서 다양한 경로가 열리게 되었다.[5]

매일 함께 하는 식구들 얼굴에서
삼시 세끼 대하는 밥상머리에 둘러앉아
때마다 비슷한 변변찮은 반찬에서
새로이 찾아내는 맛이 있다

4 교과서에 학생 시가 수록된 것은 획기적인 변화라 할 수 있는데, 여기에는 교과서 체제의 변화가 한몫하였다. 특히 중학교 교과서가 『국어』와 『생활 국어』로 이원화되면서 『생활 국어』의 과목 특성상 학생 시를 적극적으로 수용하였고, 고등학교 『문학』 교과서는 Ⅰ·Ⅱ 두 권 체제로 작품의 양적 확보가 가능하였기에 학생 시를 수용할 수 있었다. 그러나 2009 개정 교육과정에서 중학교 『생활 국어』가 『국어』와 통합되고 고등학교 『문학』이 한 권으로 축소되면서 학생 시의 수록 비중은 확연히 줄어들었다.

5 대표적인 예로 '대산 청소년 문학상'과 '글틴'의 온라인 공모전을 들 수 있다. 대산 청소년 문학상은 매회 수상작들을 단행본으로 엮어 출간하고 있으며, 한국문화예술위원회에서 만든 청소년 온라인 문학 사이트 '글틴'(teen.munjang.or.kr)은 4개 부문(시, 비평 및 감상 글, 생활 글, 이야기 글)에 걸쳐 온라인 글쓰기 공모전을 진행하고 있다.

간장에 절인 깻잎 젓가락으로 집는데
두 장이 달라붙어 떨어지지 않아
다시금 놓자니 눈치가 보이고
한 번에 먹자 하니 입속이 먼저 짜고
이러지도 저러지도 못하는데
나머지 한 장을 떼내어 주려고
젓가락 몇 쌍이 한꺼번에 달려든다

이런 게 식구이겠거니
짜지도 싱겁지도 않은
내 식구들의 얼굴이겠거니

—유병록, 「식구」 전문[6]

유병록의 시는 매일 반복되는 밥상머리의 일상에서 '새로운 맛'을 찾아낸다. 깻잎 한 장을 떼어 주겠다고 식구들의 젓가락이 동시에 달려드는 것은 평범한 일상의 한 장면이다. 하지만 이 사소한 경험을 통해 "짜지도 싱겁지도 않은" 것이 바로 가족의 맛임을 발견하게 된다. 이처럼 시적인 것은 현실과 멀리 떨어진 곳에 따로 있는 것이 아니라 우리의 일상 한가운데에서 발견되는 것임을 이 시는 보여 준다. 청소년 창작 시는 청소년 자신의 목소리로 청소년 집단의 문화 안에서 그들만의 고민과 감성을 시라는 형식에 담아낸다. 이러한 동료 학생의 시를 감상하고 공감하면서 학습자들은 시라는 것이 죽은 형식이 아니라 살아 있는 삶의 매체임을 경험하게 된다. 그러나 청소년 창작 시를 교과서에 수록하는 데에는 여전히 교과서적인 검열이 작동한다. 예컨대 청소년들의

6 2007 개정 교육과정에 따른 중학교 『생활 국어』(디딤돌)에 수록되어 있다. 이 시는 2010년 『동아 일보』 신춘문예로 등단, 2014년 첫 시집 『목숨이 두근거릴 때마다』(창비)를 출간한 유병록 시인이 고등학교 때 쓴 시로 알려져 있다.

생생한 현실과 솔직한 고뇌를 선호하지만 건전한 청소년상이나 긍정적인 성장의 서사를 벗어나지 않는 선으로 제한되고, 청소년 또래 집단의 고유한 말법은 국어 교과서의 위상에 맞게 다듬어진다. 결국 교과서에서 만날 수 있는 청소년 창작 시는 가족, 자연, 순수한 감성 등 특정한 주제로 한정된다는 한계가 있다.

3——청소년 문학의 확산과 청소년 시의 자리

청소년을 위한 문학은 발굴을 넘어 새롭게 창작될 필요가 있다는 생각이 확산되면서, 처음부터 청소년 독자를 상정하고 창작된 문학, 즉 '청소년 문학'이라는 적극적인 장르 개념이 생겨났다. 청소년 문학이 활발하게 창작되고 독자들의 반응을 얻은 것은 특히 소설 분야였다. 청소년 소설은 성장 소설의 연장선에서 서사적 전통을 갖고 있을 뿐 아니라 우리나라에서는 1980년대 교육 운동이 낳은 교육 소설의 선례도 가지고 있다. 이러한 배경이 출판 시장의 논리와 만나면서 2000년대 이후 청소년 소설이 봇물처럼 터져 나와 독서 시장을 장악하였다. 이는 학교 현장에도 적극 반영되어 독서 수업이나 블록 수업, 동아리 활동, 창의적 체험 활동 등에서 학습자의 호응을 이끌어 낼 수 있는 교육 자료로 환영받았다.

그러나 청소년 문학의 급부상은 소설 장르에 한정된 것이었고, 그나마도 초기의 환영 분위기가 가라앉자 청소년 소설의 한계가 드러나면서 독자들의 반응도 주춤한 상태이다. 이러한 와중에 청소년 시는 그 이름 자체가 낯설 정도로 미답의 영역에 머물러 있다. 그럼에도 청소년 시의 본격적인 물꼬를 열었다고 할 수 있는 박성우의 청소년 시집 『난 빨강』(창비, 2010)은 단 한 권의 존재감으로 청소년 시의 필요성과 효용성을 입증하였다.[7] 시라면 고개를 흔드는 자

7 이 시집에 실린 몇 편의 시(「꼭 그런다」, 「신나는 악몽」, 「아직은 연두」)가 2009 개정 교육과정에 따른 중고등학교 교과서에 수록되었다.

녀에게 이 시집을 던져 주었더니 앉은 자리에서 다 읽어 버렸다는 부모들의 고백담이나 박성우 시인을 초대한 강연장에서 학생들이 눈을 반짝이면서 질문을 쏟아 냈다는 뒷이야기는 이 시집에 대한 반응이 예사롭지 않은 것임을 보여 준다.

> 엄마 말이 안 들리니? 들려요
> 너 요새 무슨 일 있지? 없어요
> 너 요새 누구랑 노니? 그냥 놀아요
> 너 요새 무슨 생각 하니? 아무 생각 안 해요
> 쉬는 날 식구들끼리 놀러 갈까? 싫어요
> 너 요새 진짜 왜 그래? 뭐가요
> 엄마랑 말하기 싫어? 고개만 끄덕끄덕
> 대충대충 설렁설렁 대답하고는
> 내 방으로 휙 들어가 버린다
> 제발 신경 끄고 내버려 두라고
> 신경질을 내기도 한다
> 엄마든 아빠든 다 귀찮아서
> 방문도 틱 잠가 버린다
>
> 넌 안 그러니?

—박성우, 「사춘기인가?」 부분

시집에 실린 시의 면모를 보면 청소년들의 반응에 고개를 끄덕이게 된다. 이 시집에는 십 대라면 누구나 공감할 만한 일상의 경험뿐 아니라 시의 소재가 될 것이라고는 상상도 하지 못했던 은밀한 자신들의 이야기가 속속들이 쟁여 있다. 그 이야기들은 재치 있는 입담과 활기찬 리듬, 감각적인 비유와 묘사, 청소년 또래 집단 사이에서 통용되는 은밀한 용어를 타고 청소년의 삶으로 자연스럽게 흘러 들어간다. 시를 읽는 청소년들은 그러한 시적 요소들에 대한 분석과 이해 이전에 공감과 눈물과 웃음부터 경험하게 된다. 교훈적이거나 계몽적인 성인의 태도를 버리고 오롯이 청소년의 눈높이로 내려가 그들의 목소리에 시적 화자를 일치시켰기 때문이다. 이 시집에서 다루고 있는 주제는 자신에 대한 애정과 불만, 반항과 동정, 우정과 사랑, 학교생활과 공부, 사춘기적 상상력과 성적 호기심, 자기 몸의 변화에 대한 놀라움과 두려움 등 그 폭도 넓고 다양하다. 그러나 박성우의 시는 삶의 구체성과 경험 세계에 대한 밀착성만이 청소년 시의 무기가 아님을 보여 준다.

> 엄마, 사다리를 내려 줘
> 내가 빠진 우물은 너무 깊은 우물이야
>
> 차고 깜깜한 이 우물 밖 세상으로 나가고 싶어
>
> —박성우, 「보름달」 전문

이 시는 청소년 소설이 아닌, 청소년 시가 할 수 있는 것이 무엇인지를 생각하게 한다. 시의 함축성과 상징성에 대해 운운하지 않더라도 이 시가 갖는 힘이 무엇인지는 알 수 있다. 어느 누구도 나에게 사다리를 내려 줄 수 없을 것 같은 우물 속에서 자기 자신을 찾아 헤매는 것이 청소년기이다. 이 시는 구체적인 정황이나 스토리도, 해결책이나 위로도 제시하지 않지만 청소년기의 상황과 심리를 상징적인 장면으로 압축하고 있다. 시의 텅 빈 공간과 그 공간 사이의 울림은 오히려 자기 삶의 구체적 상황을 대입하도록, 자기 내면의 소리를 듣도록, 스스로 자기 위로를 이끌어 내도록 사유의 시간을 길게 연장해 준다. 이러한 시 읽기의 경험은 이야기의 매력과는 또 다른, 시의 강렬한 힘이 무엇인지를 알게 해 줄 것이다. 박성우 시인은 탄탄한 시작법과 적절한 힘 조절을 통해 청소년 시의 수준과 가능성을 보여 주었다. 시집의 말미에 실린 「시인의 말」을 보면 황량한 불모지에 청소년 시집을 내놓으면서 시인이 하고 싶었던 것이 무엇이었는지 엿볼 수 있다.

'얘들아, 우리들이 시래. 우리들 얘기가 시래.' 하면서
그저, 신나고 재미있게 읽어 주시길.
눈시울이 빨개졌다가도 금시 행복해지시길.
시 앞에서 쩔쩔매던 지난날에게 한 방 먹여 주시길.
아주 가끔은 곰곰, 내가 꿈꾸는 색깔이 뭔지 생각해 보시길.[8]

박성우 시인의 말은 청소년 시로 무엇을 하려고 하는지, 청소년 시가 무엇을 할 수 있는지를 보여 준다. 시를 지루하고 재미없게 읽었다는 것, 시를 읽으면서 울거나 웃어 본 경험이 없었다는 것, 그저 시 해석의 정답을 찾아 쩔쩔매기만 했다는 것, 시 읽기는 나의 현재나 미래의 삶과 무관하였다는 것이 지금까지 청소년들의 시 경험이었다면, 이러한 시 읽기에 변화를 일으키는 데에 청소년 시의 역할과 의미가 있다는 것이다. 문학 교육의 패러다임이나 교과서 및 교수·학습 방법이 변화하고 있음에도, 정해진 의미나 명료한 주제 의식을 추출해 내려는 태도가 텍스트와 청소년 주체 사이의 거리를 좁히지 못하고 있는 것이 현실이다. 청소년 시가 목표로 하는 것은 무엇보다도 이러한 시 읽기 관행의 변화, 나아가 시를 읽고 즐기는 청소년 문화의 창출이라 할 수 있다.

박성우의 청소년 시집이 첫발을 내디딘 이후, 몇몇 출판사에서 다양한 청소년 시집들이 나왔고 청소년 시집 시리즈도 간행되기 시작하였다. 청소년 시집은 무엇보다도 청소년 독자에 의해 한 권의 단행본 시집으로 읽힌다는 데 의의가 있다. 청소년 시는 교과서라는 틀과 형식 속에 학습 자료로 제시되는 시가 아니라 청소년의 문화 현상 속에서 소비·향유되는 시가 되기를 희망한다. 그러나 문학이 대중을 꿈꿀 때 딜레마에 빠지게 되듯, 청소년 시가 청소년을 꿈꿀 때에도 마찬가지 위험이 도사리고 있다.[9] 청소년 시가 청소년의 생활 세계

8 박성우, 『난 빨강』, 창비, 2010, 124면.

9 벌써 일시적 흥행을 지나 침체기에 빠졌다는 진단이 나오는 청소년 소설의 경우에서 그러한 위험을 감지

에 대한 주제적 접근이나 쉽고 친근한 표현으로 청소년의 반응을 얻어 내고자 할 때, 자칫 일정한 소재를 반복·재생산하면서 오히려 시적인 것을 왜소화할 우려가 있다.

청소년 시는 이제 막 싹이 트기 시작하는 단계라 할 수 있다. 오늘날의 청소년들은 영상 세대나 디지털 원주민이라고 명명할 만큼 이전 세대와는 다른 생활 방식과 감각 세계를 가지고 있다. 그러나 겉으로 달라 보이는 청소년들의 행동과 표현 방식의 이면에는 여전히 '입사식', '질풍노도', '주변인'이라는 청소년기의 특성이 잠재되어 있다. 그러므로 청소년들의 달라진 생활 패턴, 언어 방식, 또래 문화 등 외적인 변화를 반영하는 것도 중요하겠지만, 더 근본적으로는 그들의 정신 활동과 의식 구조의 섬세한 변화 속에서 청소년기의 특성을 들여다보려는 노력이 필요하다. 특히 청소년 시의 위계를 고려한다면 동시에 가까운 쉽고 담백한 시부터 청소년 고유의 형이상학적·존재론적 의문이나 환상과 모험의 상상력에 이르기까지 청소년 시의 스펙트럼이 다양해져야 한다.[10] 물론 얼마나 좋은 작품이 다양하게 창작되느냐 못지않게, 청소년 스스로 시집을 읽고 감상할 수 있는 문화를 만들어 나가려는 노력도 병행되어야 할 것이다.

4——청소년의 삶, 그리고 사건으로서의 시 경험

시는 과연 청소년의 삶과 어떻게 소통할 수 있는가. 시는 청소년에게 재미있는 것, 즐거운 것, 의미 있는 것이 될 수 있는가. 독자 반응 이론의 제안자로 알려진 로젠블랫(L. M. Rosenblatt)은 시를 "독자와 텍스트가 화합해서 서로 영향을

할 수 있다. 선정적이거나 극단적인 소재주의, 비슷한 소재를 비슷한 방식으로 다루는 패턴화, 청소년 현실의 표피적 반영과 기록, 손쉬운 해결책과 위로의 제시 등은 청소년 문학이 장르 문학화될 수 있다는 것을 보여 준다.

10 청소년 시는 중학교 교과서의 많은 자리를 차지하는 동시를 대체해 나가면서 중학교와 고등학교 사이의 급격한 격차를 완화시키는 데에도 기여할 수 있을 것이다.

미치는 동안에 일어나는, 시간 속에서의 사건"[11]으로 정의한다. 그에 따르면 '텍스트'는 독자가 가져올 내용을 기다리는 공란이며, '시'는 독자의 능동적이고 자기 지시적인 과정을 통해 창조되는 것이다. 텍스트와 시의 이러한 구분은 다소 극단적인 것으로 보일 수 있지만, 청소년 문학을 사유하는 데에는 시사하는 바가 크다. 시가 독자를 통해 창조된다는 생각은 텍스트 중심의 분석적 읽기에서 벗어나 능동적이고 주체적인 읽기로 나아가게 해 준다. 다음 학생의 감상문은 그러한 사건으로서의 시 읽기 경험을 보여 준다.

> 아마도 중학교 2학년 교과서에서 봤던 시였을 게다. 소리 없는 아우성이 역설이고, 해원은 이상향이며 어쩌구저쩌구 — 줄을 그어가며 필기했던 생각이 난다. 그땐 그저 그런 시였는데, 좀 더 나이가 먹어 이 시를 보니까 기분이 새롭다. 아마 내가 한창 내 앞날에 대해 고민해야 할 때이기 때문인 것이다. 나에게도 어렴풋이 해원은 있다. 그렇지만, 경제적 사정이니 뭐니 여러 현실적 핑계 거리의 깃대에 내 몸이 묶여 있는 것만 같다. 나는 그 깃대에 묶여 펄럭이고 있는 것일까? 이 시에 나오는 깃발에 비하면 나는 더 부끄러워질 것만 같다. 그래도 저 깃발은 바람에 나부끼고 있지 않은가. 해원을 향해 계속해서 펄럭이고 있건만 나 자신은 펄럭일 용기도 없이 우두커니 있는 것이다.[12]

유치환의 「깃발」은 정전의 반열에 올라 있는 작품이자 중고등학교 학생들에게 널리 알려져 있는 작품이다. 그런데 위 학생의 감상문은 특별한 독자와 특별한 텍스트가 특별한 시간과 특별한 장소에서 만날 때 사건으로서의 시 경험이 발생한다는 것을 보여 준다. 앞날에 대한 구상과 현실적 장애 사이에서 갈등과 고민에 빠져 있는 학습자가 독서 공책에 쓸 시를 선택하기 위해 여러

11 루이스 로젠블랫, 『독자, 텍스트, 시—문학 작품의 상호 교통 이론』, 김혜리·엄해영 역, 한국문화사, 2008, 23면.

12 조향미, 「어떻게 아이들을 시의 세계로 이끌까」, 『함께 여는 국어 교육』 제59호, 전국국어교사모임, 2004, 37~38면.

시집들을 뒤적거리다가 「깃발」이라는 텍스트를 발견하였다. 바로 이 맥락과 상황이 '특별한' 시 경험을 가능하게 하는 회로이다. "내 앞날에 대해 고민해야 할 때"라는 학습자의 고유한 상황은 '깃대―깃발―해원'의 구도를 삶의 차원에서 완전한 자신의 것으로 만들어 주었다. 이처럼 일방적으로 주어진 텍스트보다는 스스로 찾아낸 텍스트와 만났을 때 문학 경험의 회로는 훨씬 자율적으로 작동하게 된다. 시에서 자신의 삶을 발견하는 순간, 혹은 시를 통해 삶의 감각과 사유가 움직이기 시작하는 순간, 시 읽기는 독자에게 하나의 고유한 사건이 된다. 글자로 이루어진 객관적 텍스트를 특별한 사건으로 변환시키는 것은 바로 읽고 있는 그 주체 자신이다.

한편 청소년 문학을 바라보는 우리의 시선은 항상 '읽기' 활동에 한정되어 왔다. 문학 교육에서든 청소년 문학 시장에서든 청소년을 적극적인 주체로 호출한다 하더라도 그들은 '읽어야 하는' 주체이거나 '읽기를 즐기는' 주체이다. 그러나 시 읽기의 경험이 로젠블랫의 말처럼 '작가가 제시한 일련의 기호 안으로 독자 자신의 삶을 가져오는 사건'이라면, 시 쓰기의 경험 또한 '시라는 일련의 형식 안으로 독자 자신의 삶을 가져오는 사건'이 될 수 있다. 청소년을 읽는 주체에서 쓰는 주체로 호출할 때 청소년이 바라보는 청소년, 그들의 날것의 삶이 표현될 수 있다. 그동안 국어 교육이 글쓰기의 중요성을 강조하면서도 문예 창작에 대해서는 난색을 표하거나 외면해 온 것이 사실이다. 가르치는 사람에게나 배우는 사람에게나 문예 창작은 전문가의 영역이라는 고정 관념이 지배적이기 때문이다. 하지만 시라는 장르는 오히려 청소년이 자신의 삶과 정서와 감각을 표현하는 유력한 형식이 될 수 있다. 시를 읽을 때에는 어렵기만 하던 비유, 상징, 이미지, 리듬, 반어, 풍자 등의 시적 특성이 자신의 삶을 표현할 때에는 자연스럽고 효과적인 수단이 된다.

할 일이 없어 싸돌아다니는 것도
날마다 먹고 싸고 자고 하는 것도
사고 치고 잽싸게 도망가는 것도

먹을 것 주는 사람 좋아하는 것도
똥개와 나는 닮았다

하지만 이것만은 닮고 싶지 않다
전봇대에 자기 영역 표시를 하고
아무 데나 똥을 싸는 것
이런 것들은 닮지 않았다
아니 닮지 않을 것이다

— 윤희범, 「똥개와 나」 전문

마음속 깊은 곳 — 숨긴 파일 1323개
바꿀 수 없는 기억 — 읽기 전용 파일 3486개

아직 풀리지 않은 숙제 — 확장자 .zip 21322개
내 마음 어디에도 연결 프로그램이 없는 — 확장자 .lbx 3521개

영원히 복구 불가능 — 깨진 파일 4262개

그래도
여유 공간 — 무한대! 기가바이트

— 오가영, 「무한대! 기가바이트」 전문

두 편의 학생 시를 놓고 이것이 시냐 아니냐를 묻거나 미학적 수준을 따진다면 할 말이 별로 많지 않을 것이다. 하지만 똥개와 나, 컴퓨터 파일과 나의 삶 사이의 유사성을 발견해 가는 과정은 그 자체로 시적인 비유에 닿아 있다. 비유를 고민하는 과정은 단순히 수사법의 문제가 아니라 자신의 감정과 생각을 확인하고 정리하는 계기가 된다는 것을 알 수 있다. 윤희범 학생은 자기 자신

에 대해 유머 섞인 차가운 인식을 보여 주면서도 진짜 똥개 같은 삶은 살지 않겠다는 최소한의 자기 윤리를 찾아가고 있다. 오가영 학생은 파일의 종류와 확장자명을 재치 있게 활용하여 지나간 시간과 다가올 시간에 대한 사유의 흐름을 보여 준다. 우리는 이러한 시적 인식에 도달하기까지 학생들의 마음에서 일어난 일에 주목할 필요가 있다. 시라는 형식의 쓰기가 주어졌을 때 청소년들의 사유와 감각, 관찰과 인식에는 유의미한 변화가 일어난다. 기본적으로 짧다는 것이 창작으로의 진입을 수월하게 해 준다면, 시의 함축적 형식과 비유적 표현은 자신의 삶을 새롭게 발견하고 드러내도록 해 준다. 감추면서도 드러내고 설명하지 않으면서도 폭로하는 시의 표현적 특성은 청소년 스스로 자신의 감성과 지성을 적극적으로 운용하도록 자극하는 장치가 된다.

오늘도 내 마음속에서는
하나의 내가 또 다른 내게
소리를 치고 있다
시키는 대로 하지 말고
하기 싫다고 소리쳐라
그냥 맞서 싸워라
가만히 있지 말고 화를 내라
내 마음속에서 그런 소리들이 들린다

화를 내다 보면 잘했다
그렇게 하기만 하면 된다 하는 소리
그런 소리가 들릴 때마다
내가 하는 일들이 잘하는 일이 맞나
생각이 들어 무섭다

나는 내 마음속에서 소리 지르고 있는

이 소리가 정말 무섭다
나를 뒤흔들어 버린 이 소리가
나를 잡아먹을까 봐 무섭다

— 최명철, 「나와 내 마음의 소리」 전문

소리치고 반항하고 싸우고 화내는 것은 거의 습관이 되어 버린 일상적 행동일 것이다. 최명철 학생은 이러한 자기 행동을 시로 옮겨 쓰면서 '또 다른 마음의 소리'를 발견한다. '시키는 대로 하지 마라', '그냥 맞서 싸워라', '가만히 있지 마라'라고 부추기는 내면의 욕망을 '마음의 목소리'로 형상화하면서 자기 합리화와 두려움 사이의 갈등을 대면하게 된다. "나를 뒤흔들어 버린 이 소리가/나를 잡아먹을까 봐 무섭다"라는 진술은 정직한 자기 대면이자 시를 통해 도달한 새로운 인식이기도 하다. 일상에서 함부로 쓰던 말을 종이에 끄적인 것이 시가 된다는 놀라움을 넘어, 시를 쓰는 과정에서 자기도 모르던 자신의 내면을 발견하는 경험은 표현의 카타르시스와 사유의 도약을 가능하게 해 준다.

짐을 쌌다
겉옷 한 벌 속옷 한 벌
새벽 두 시 집을 나갔다
해 뜰 때까지 돌아다녔다
아는 형이랑 부산에 갔다
찜질방에서 시간을 때우다가
피시방에서 시간을 때우다가
노래방에 가서 또 시간을 때웠다
가출도 반복된 일상
학교처럼 지겨워졌다

— 김부찬, 「가출」 부분

다섯 살, 두 살 아이를 두고
짐 싸들고 집 나갔다가
6개월 만에 돌아온 이 여자
8년 넘게 남편과 각방 쓰고
남편더러 돈 못 번다며
이혼하자고 칼을 든 이 여자
중학교, 고등학교 다니는 자식을
남편한테 맡긴 채 이혼해 버린
이 여자
그래도 하나뿐인 우리 엄마…….

—박지훈, 「이 여자」 전문

이 시들은 아무런 검열 의식 없이 자신의 삶을 날것 그대로 드러내고 있다. 행갈이만 되어 있을 뿐 줄글로 쓴 일기에 가깝다 해도 할 말이 없다. 하지만 이 학생들에게 시를 쓴다는 의식은 여타 종류의 글쓰기와는 다른 인식에 도달하게 해 주고 있다. 김부찬 학생의 시에서 "시간을 때우다가", "시간을 때우다가", "또 시간을 때웠다"라는 연속된 행의 반복적 표현은 "가출도 반복된 일상"이라는 진술을 낳게 한다. 학교만 지겨운 게 아니라 일탈도 지겨워진다는 것, 모든 것이 일상에 잠식된다는 것은 시를 쓰는 과정에서 표면화된 깨달음일 것이다. 박지훈 학생의 시에서 밝히기 힘든 불행한 가정사를 낱낱이 드러내게 해 준 것은 엄마를 지칭하는 "이 여자"라는 단어이다. 이 단어는 신문 기사의 문체를 빌려 온 방식으로 자신의 엄마를 객관화하게 해 준다. 엄마에 대한 원망과 분노를 저 차가운 스트레이트 문장에 모두 밀어 넣고 나서야 "그래도 하나뿐인 우리 엄마"라는 운명을 힘겹게 껴안게 된다. 이처럼 누구에게 보여 주거나 인정받기 위한 시 쓰기가 아니라 시라는 형식을 통해 자신의 삶을 표현하는 과정으로서의 시 쓰기는 쓰는 사람 자신에게 하나의 의미 있는 사건이 된다.

> 학생들에게도 시를 쓰게 했다. 미래가 없는 것처럼 행동하고, 그때그때 욕구를 내뱉듯 살아가는 학생들의 삶에 제동을 걸어보고 싶었다. 잠시 멈추고 습관처럼 무뎌진 자신의 모습을 거울에 비춰 보자는, 그래서 지금 도대체 뭘 하고 있는지 알아차려 주길 바라는 마음이었다. 긴 글쓰기는 엄두도 못 내던 학생들도 일단 짧다니까 써 보려고 했다. (중략) 시 쓰기는 자신도 어쩌지 못하는 속도로 달려만 가는 삶 위에서 '일시 정지' 버튼을 누르는 일이며, 욕에 기대지 않고도 자신의 속내를 드러낼 수 있다는 가능성이기도 하다.[13]

공업 고등학교에서 학생들과 시 쓰기 수업을 해 온 교사의 고백이다. 청소년들의 삶에서 시 쓰기가 '일시 정지' 버튼의 역할을 할 수 있다는 것은 또 다른 사건으로서의 시 경험이다. 이러한 시 쓰기는 시라고 생각되는 형식을 흉내 내거나 말의 가공에 힘쓰는 것이 아니라 자신의 삶과 고민, 자신들의 세계를 자기 말로 정직하게 표현하는 활동이 된다. 그 결과물이 거칠고 미숙하고 못났다 할지라도 자신의 삶을 시의 형식과 표현에 기대어 형상화하는 과정은 그 자체로 자기만의 성장 서사를 만들어 가는 과정이고, 일상이면서 일상이 아닌 세계와 만나는 기회의 장이라 할 수 있다.

5——문학 '하는' 삶의 발견

김진경은 "젊은 세대는 의식 구조에서 이성의 지위가 낮아지고 몸의 지위가 높아져 있기 때문에 이성에 의한 몸의 통제를 제도화한 학교 교육 시스템을 받아들이기 어렵다"[14]라고 말한다. 이는 변화하는 청소년들과 학교 교육 시스

13 정윤혜, 「에이-씨 선생」, 『내일도 담임은 울 삘이다—공고 학생들이 쓴 시』, 김상희·정윤혜·조혜숙 편, 나라말, 2011, 47~49면.
14 김진경, 「아이들의 변화와 문학 교육」, 『문학의 교육, 문학을 통한 교육』, 윤영천 외 편, 문학과지성사, 2009, 368면.

템의 충돌에 대한 분석이지만 문학 교육의 관점에서도 고려할 만한 요소가 있다. 오늘날 청소년들이 이성이나 논리보다 몸의 욕구에 충실하다는 것은 부정적으로만 볼 현상이 아니다. 어쩌면 변화해야 하는 것은 이성에 의한 몸의 통제를 고집하는 교육 제도인지도 모른다. 문학 교육의 변화를 위해 다양한 교수·학습 방법이 개발되고 있지만, 여전히 학습자와 텍스트가 만나는 물리적 상황은 일정한 틀 안에 통제되어 있다. 정해진 수업 시간에 교사와 모든 학습자에게 동일한 텍스트가 주어지는 상황, 학습 목표–학습 활동–삽화로 구성된 교과서의 지면이나 학습 자료로 가공된 낱장의 인쇄물로 텍스트를 접하는 상황, 고정된 자리에 앉은 채 문자 자료(텍스트)–청각 정보(교사)–필기구(학습자)로 규격화되는 상황 등이 그러하다.

물론 청소년에게 권장할 만한 텍스트, 청소년이 공감하며 즐겨 읽을 만한 텍스트에 대한 고민과 선별과 창작의 노력은 중요하다. 그러나 더 적극적인 의미에서의 청소년 문학은 어떤 특정한 텍스트들의 집합체가 아니라 청소년이 '하는' 문학, 즉 청소년의 주체적인 문학 활동을 가리키는 개념이 되어야 할 것이다. 이를 위해서는 무엇보다도 텍스트와 청소년 사이의 고정된 관계, 관습화된 접근 방식의 변화가 이루어져야 한다. 텍스트의 종류와 질도 중요하지만 텍스트가 제시되는 방법이나 환경을 변화시킴으로써 텍스트와의 관계를 역동적으로 바꿀 수 있다. 특히 시라는 형식 안에 자신의 삶을 가져오는 창작 경험은 시 자체에 대한 고정 관념, 시 읽기의 관행까지도 바꾸어 놓을 수 있다. 문학 지식을 활용한 시 해석이나 미적 수준을 성취한 그럴듯한 시 창작 이전에 자신의 삶의 절실한 것들을 동원한, 그렇게 동원하게끔 하는 시 읽기나 시 쓰기가 바로 문학 '하는' 삶일 것이다.

다시 강조하자면, 시 경험은 '시간 속에서의 사건'이다. 무엇보다 필요한 것은 시간이다. 청소년의 삶은 학습 자료로 조직해서 제공할 수 있는 것이 아니라 청소년 스스로 읽고 있는 시에 가지고 들어오도록, 혹은 쓰고 있는 시 안에 불러들이도록 격려받아야 하는 주체이다. 그러므로 청소년과 시의 만남에는 기다림이 필요하다. 문학 교육은 바로 그 기다림을 설계해야 하는 것인지도 모른다. 청소년이 주체가 되어 스스로 느끼고 사유하고 움직이도록, 즉 문학을 '하도록' 하는 섬세하고 정교한 설계와 다양한 지원이 필요하다. 이제 청소년 시에 대한 고민은 시의 내용과 주제에 대한 모색을 넘어 시의 표현과 형식, 시를 제시하는 형식과 환경, 시를 읽고 쓰는 청소년 문화에 대한 고민으로 확장되어야 할 것이다.

4부

현대시 교육의 방법과 실천

'질문 만들기'와 대화 중심의 시 수업
—중학교 교실에서 시 읽기

1——시 교육의 문제점: 주체성의 실종

우리 시 교육의 문제점을 표현하는 말들은 많다. '밑줄 쫙 긋는 것'에서부터 '시를 쪼개어 분석하는 것', '단순 지식의 주입', '앵무새처럼 되새기는 문학 교실' 등은 시 교육의 문제점을 극명하게 드러내는 표현이다. 무엇이 문제일까. 그것은 '밑줄'도, '분석'도, '지식'도 아니고 학생들을 배움의 주체로 세우지 못하는 데 있다고 하겠다. 학생들이 주체적으로 시를 감상한다면 중요한 부분에 '밑줄'을 긋고, 전체 속에서 작은 것을 '분석'하고, 단순한 '지식'이라도 습득하는 것은 바람직한 모습이다. 주체적이라면 그것들은 메모하기가 되고, 꼼꼼히 읽는 것이 되고, 시 감상의 기본 지식을 갖추는 것이 되지 않을까.

학생들이 주체적으로 시를 읽는 활동을 펼치지 못하다 보니 시는 따분한 것, 어려운 것, 단지 시험 점수를 올리기 위해 공부해야 하는 것으로 인식되고 있다. 시 고유의 아름다움과 가치, 인문적 자질을 향수하는 즐거움은 교육 현장에서 사라지고 만다. 그래서 대부분의 학생들은 교과서 시를 벗어나면 더는 시를 찾아 읽지 않는다. 읽기 과목이 집중 분석 대상이었던 'PISA 2009 보고서[1]'는 읽기에서 주체성이 사라진 우리 교실 모습의 현주소를 잘 보여 준다.

성적은 최상위권이지만, 우리나라 학생들의 학습 흥미도는 여전히 낮은 것으로 조사됐다. 이번 평가의 집중 분석 과목인 읽기 영역에서 흥미·즐거움 지수가 65개 나라 가운데 28위에 그쳤다. 또 읽기 성취도에 영향을 주는 학습 전략 가운데 '암기 전략'은 OECD 평균을 웃돌아 37위로 나타났지만, '통제 전략'(자기 학습 관리 능력)은 최하위권인 58위를 기록해 남의 가르침 없이 스스로 공부하는 능력이 현저히 떨어지는 것으로 나타났다.[2]

2——대화 중심 시 읽기란 무엇인가

교실 현장에서 통용되는 시 읽기 이론에는 크게 세 가지가 있다. 작품의 내재적 원리에 집중하는 분석주의, 현실과의 연관성에 집중하는 반영론, 독자의 반응에 집중하는 독자 반응 이론이다. 신비평이 대표하는 분석주의는 '이미지는? 운율은? 비유와 상징은? 어조는? 시적 화자는?' 등의 질문으로, 리얼리즘이 대표하는 반영론은 '시인의 삶은? 작품의 배경은? 작품의 시대적 가치는?' 등의 질문으로, 독자 반응 이론은 '시의 느낌은? 시의 인상적인 표현은? 이와 비슷한 경험은? 표현에서 궁금한 부분은?' 등의 질문으로 작품의 의미를 탐색한다.[3] 실제 교실 현장에서는 어느 한 가지 입장의 질문으로만 시 감상이 이루어지는 경우는 드물 것이고, 대부분 두세 가지 입장의 질문이 적절히 포함된 상태에서 감상이 이루어질 것이다.

그런데 이러한 질문이 교사 위주로 진행될 때 학생들은 시 교육 현장에서 수

1 'PISA(Program for International Student Assessment)'는 경제협력개발기구(OECD)에서 실시하는 국제 학업 성취도 평가이다. 각국의 만 15세 학생을 대상으로 읽기(글 이해력)·수학·과학 능력을 평가하며, 보통 3년마다 진행된다.

2 「성적 좋은 한국 15살, 스스로 공부할 줄 모른다」, 『한겨레』 2010년 12월 8일. 몇 년이 지났지만 지금도 이 문제 제기는 여전히 유효하다고 생각한다.

3 독자 반응 이론과 관련하여 독자의 경험과 삶을 주된 질료로 삼는 시 읽기 수업을 정리한 책으로 안석재의 『문학 수업의 길 찾기』(나라말, 2010)와 이계삼의 『삶을 위한 문학 교육』(나라말, 2010)이 있다.

동적인 존재로 있을 수밖에 없다. '대화 중심 시 읽기'란 학생 스스로 질문을 던지고 그 답을 찾는 과정을 통해 시의 의미를 자신의 것으로 만드는 활동을 말한다. 이러한 읽기가 교실 현장에서 이루어질 때 학생들은 주체적인 시 감상력을 쌓아 가게 될 것이다. 2009 개정 교육과정에서도 주체적인 관점에서 시 읽기를 성취 기준으로 제시하고 있다.

(8) 자신의 주체적인 관점에서 작품을 평가한다.

독자가 자신의 주체적인 관점에서 작품을 해석하고 평가할 수 있도록 한다. 이 때 자신의 생각을 무조건 내세우기보다는 적절한 근거를 들면서 해석하고 평가하는 활동을 강조한다. 또한 다른 사람의 생각도 존중하는 가운데 자신의 해석과 평가를 설득력 있게 표현하도록 지도한다. 작품에 대한 글쓴이의 주체적인 평가가 분명하게 드러난 비평문을 활용할 수도 있으며, 평소에도 자신의 관점에서 작품을 평가하는 태도를 지니도록 지도한다.

교육 전반에서 학생을 수동적인 존재에서 주체적인 존재로 서게 하는 핵심은 학생이 스스로 '말(언어)'을 만들고 타인과 대화하게 하는 것이다. 교육 이론에서 대화가 중요시되고 있음을 비고츠키(L. S. Vygotsky)의 철학에 대한 논의에서도 알 수 있다.

비고츠키는 자기 조절 사고 활동의 본질을 '대화'로 파악을 하였다. 그는 사고는 내적인 대화이며 이것은 사회적인 활동에 참여한 결과이므로 고차원적인 사고 활동들은 교사나 동료와의 사회적 대화를 통해서 습득되어 개인의 의식 속으로 전이된다고 하였다. 이러한 관점에 의하면 학습자는 학습 전략에 대한 분명한 이해가 없어도 사회적인 대화를 통해서 문제를 해결하는 능력을 습득하게 된다. 그들은 공동체 구성원들과의 반복적이고 공유된 대화를 통해서 자신보다 유능한 학습자나 교사가 펼쳐 내는 언어적 사고 행위를 관찰한 다음 전문가의 안내된 도움을 받아 독자적으로 과제를 수행할 수 있게 된다. 학습자는 이러한 책임 이양의 틀 속에서 이루어지는 사회적인 대화를 경험하면서 획득한 '내적인 대화'를 통해서 자신의 인지와 행동을 조절하게 되는 것이다.[4]

자신에게 말을 하고, 타인과의 대화에 참여하고, 타인의 말에서 자신의 말의 가치를 생각해 보는 과정은 주체적인 배움의 경험이라 할 수 있다. 국내의 국어 교육 이론서에서도 '대화'를 중요시하여 '대화'가 중심이 되는 수업 방법을 제시하고 있다.

대화 중심 문학 교수·학습을 위한 수업 절차와 주요 학습 활동의 예[5]

절차	주요 학습 활동의 예
시를 이해하는 데 필요한 지식 이해하기	• 해당 시와 관련 있는 문학적 지식 이해하기 • 대화 중심 읽기 방식에 대한 안내
시 낭송하기	• 시의 분위기나 어조 파악하기 • 낭독자의 목소리를 선택하여 시에 맞게 낭송하기 • 시의 의미 예측하기
대화 1 –독자 개인의 내적 대화	• 시 텍스트에 근거하여 시 이해에 필요한 질문을 스스로 생성하고 답하기 • 상호 경쟁적인 읽기 중 스스로 가장 타당한 근거를 제시할 수 있는 읽기(지배적 읽기)를 선택하기 • 독서 스토리 작성하기
대화 2 –독자와 독자들 간의 대화	• 타당한 근거를 내세울 수 있는 시의 해석과 다른 독자의 근거를 비교하며 대화 나누기 • 타당한 근거와 관련 있는 내용 찾아보기 • 애매한 내용을 명료화하고 각 근거의 설득력을 비교하여 타당한 해석 내용 판단하기
대화 3 –교사(전문가)와 독자의 대화	• 그동안의 대화 과정에서 제시되지 않은 새로운 관점 제시하기(교사) • '대화 2'에서 오독이 발생한 경우 수정하기 • 여러 관점 간의 경쟁적 대화를 통해 좀 더 근거 있는 해석의 가능역 설정하기
시의 의미 정리하기	• 가장 타당하다고 생각되는 시의 의미 정리하기 • 모작, 개작, 모방 시 창작하기 • 독서 스토리 완성하기

4 박태호, 「상호 교수법의 이론적 기반—사회 구성주의 관점을 중심으로」, 『읽기 수업 방법』, 초등국어교육학회 편, 박이정, 1999, 142~143면.

5 최미숙 외, 『국어 교육의 이해』, 사회평론, 2008, 344면.

자기 조절 사고 활동의 본질인 '대화'는 학생들의 배움 그 자체라고 할 수 있다. 그래서 대화가 중심이 되는 수업의 모습으로 '질문 만들기'를 제안한다. '질문 만들기'는 텍스트에 대해 의문을 품어 보는 활동을 함으로써 작품을 꼼꼼하게 따져 읽는 습관을 키워 주고, 자신이 알고 있는 것과 모르고 있는 것을 구별하게 만들어 대화와 탐구를 촉진시키는 역할을 한다. 꼼꼼하게 따져 읽는 습관을 키워 주는 '질문 만들기'는 개인의 질문에서 모둠의 질문으로, 다시 학급의 질문으로 차원이 확대되어 나의 앎을 객관화하고 타인의 앎을 평가해 보면서 하나의 전체적인 앎을 구성해 나가는 것이다.

3——대화 중심 시 읽기의 과정

교실 현장에서 이루어지는 시 읽기 활동의 단위는 개인의 활동, 모둠(학급)의 활동, 교사와의 활동으로 이루어진다. 배움 중심의 주체적인 시 읽기라고 해서 자기 마음대로 감상해 버린다면 '감상(해석)의 무정부주의'에 빠지기 쉽다. 자신의 감상과 이해는 '해석의 공동체'에게 인정받아야 한다. 학생의 내적인 대화(감상과 해석)는 모둠(학급)이라는 공동체와 전문가인 교사와의 대화를 통해 사회적인 대화를 경험하는 동안 더욱 풍부해져서 학생이 자신의 인지와 행동을 새롭게 조절하게 할 것이다.

대화 중심 시 읽기의 과정은 아래와 같다.

사전 활동	기본 활동						사후 활동
준비하기 →	시와 만나기	'나'의 질문 만들기	모둠의 질문 만들기	발표	학급의 질문	교사의 질문 →	내면화하기

위 표에서 '기본 활동'은 한 시간(45분) 안에 이루어지는 수업 활동을 말한다. '사전 활동'과 '사후 활동'은 교사의 의도와 수업 상황에 따라 한 시간 안에

이루어질 수도 있고 다음 시간에 이루어질 수도 있다.

'준비하기'에서는 해당 시와 관련 있는 지식을 설명하고, '질문 만들기'의 중요성과 '대화 중심 시 읽기 수업'의 절차에 대한 안내를 한다. '수업에 대한 안내'는 아래와 같은 내용을 이용할 수 있다.

> 시(문학)를 감상하는 힘은 스스로 느끼고 생각하고 그것을 다른 사람들과 나누는 과정에서 생깁니다. 스스로 느끼고 생각하게 하는 수업에는 여러 가지가 있지만 선생님은 '대화와 질문 만들기'라는 수업을 여러분에게 추천합니다.
>
> 질문 만들기는 시를 감상할 때 질문을 만들고 스스로 답을 해보는 것입니다. 그럼 어떤 질문을 해야 할까요? 자신이 볼 때 시를 이해하는 데 필요한 질문들을 만드는 것입니다. 수준 높은 감상을 한다면 수준 높은 질문[6]을 만들게 됩니다.
>
> ● 수준 낮은 질문의 예: 몇 연인가, 몇 행인가, 시인은 누구인가 등.
>
> ● 수준 높은 질문의 예: 운율이 느껴지는 이유는 왜일까, 시어의 함축적 의미는 무엇인가, 화자는 어떤 처지에 있는가, 시인이 시에서 말하고자 하는 바는 무엇인가, 가장 아름다운 표현은 어느 것인가, 이 부분의 표현 방식은 무엇인가, 이해되지 않는 부분은 없는가, 시의 분위기는 어떤가, 이 시는 좋은 시라고 생각하는가 등.

'시와 만나기'는 시 읽기의 가장 기본적인 활동으로, 낭송과 묵독을 하면서 시 내용을 마음속에 그림으로 그리는 활동이다. 낭송을 하면서 시어의 운율감을 느끼고, 묵독을 하면서 시각적인 형상을 그려 보는 것이다. 시를 읽으면서 그림으로 떠올려 보는 활동은 화자를 중심으로 한 시의 상황과 맥락을 구성해 보는 데 효과적이다. 몇몇 학생에게 마음속 그림을 발표시켜 서로의 느낌을 비교하는 시간을 갖는다.

''나'의 질문 만들기'는 낭송과 묵독을 하면서 막연하게 떠오르던 질문을 구체화하는 활동이다. 세 개 정도의 질문을 만들고 답을 하는 것이다. 답은 틀

6 이희정, 「반응 중심의 문학 토의 학습 모형」, 『읽기 수업 방법』, 322~323면. 질문을 '정보 추출적 질문'과 '심미적 질문'으로 나누고 '심미적 질문'에 대한 자세한 설명을 하고 있다.

려도 좋으니 반드시 하도록 한다. 너무 당연한 질문은 피하고 좋은 질문을 만들 수 있도록 해야 한다.

'모둠의 질문 만들기'는 모둠의 대화를 활성화하여 자신의 질문에 대해 반성적 대화가 일어날 수 있게 하기 위한 것이다. 각 구성원들의 질문 가운데 좋다고 생각하는 것을 선택하거나 새롭게 만들거나 해서 B4 용지에 적도록 한다.[7] 모둠 구성은 4명 기준으로 하되, 담임의 좌석 배치에 따라 이질 집단으로 자연스럽게 하면 된다. 질문의 개수는 3~4개 이상 만들도록 한다. 이 과정에서는 모둠원의 질문을 하나씩 선택·조립하여 '모둠의 질문 만들기'를 기계적으로 하는 것이 아니라 충분한 대화 속에서 좋은 질문을 선별하고 발전시켜 나갈 수 있도록 지도하는 것이 중요하다.[8]

'발표'는 모둠의 질문을 전체가 공유하는 과정이다. 45분 수업에서 30분경에 이 활동에 들어가면 알맞다. B4 용지를 제출한 순서대로 칠판에 붙여서 모둠의 질문을 비교하게 한다. 학급 인원이 32명이면 8장의 발표지가 붙는 것이다. 교사는 모둠의 대화 활동 정도와 질문 만들기 수준을 보고 두 모둠 정도에게 발표시킨다. 발표할 때는 왜 이것이 답인지를 시의 문맥, 사회·역사적 상황, 자신의 경험에서 근거를 댈 수 있어야 한다. 대표적인 질문을 하나씩 적어서 제출한 경우에는 같은 유형의 질문을 모아서 발표하도록 하여 서로의 감상을 비교할 수 있게 한다. 동일한 질문이지만 답이 다른 경우에는 어떤 해석이 더 나은지를, 특이한 답을 한 경우에는 이 해석이 제대로 된 것인지를 학생들에게서 답이 나올 수 있도록 대화를 가져간다.

'학급의 질문'은 발표가 끝난 후 모둠마다 질문을 서로 비교·분류하면서 좋은 질문 한두 개 정도를 전체 학생이 공유하는 시간이다.

7 B4 용지 대신에 실물 화상기(또는 OHP)와 같은 학습 기자재를 사용할 수 있다면 A4 용지(OHP 필름)를 8등분하여(8개 모둠인 경우) 사용하면 좋다. B4 용지에 모둠의 질문을 모두 적으면 글씨가 작아져서 보기가 힘들므로 대표적인 질문 하나씩만 적어서 제출하도록 하는 것도 좋다.

8 '모둠의 질문 만들기' 대신에 '발전된 '나'의 질문 만들기'를 할 수도 있다. 발전된 '나'의 질문 만들기는 대화를 통해 자신을 되돌아보면서 자신의 질문을 새롭게 발전시켜야 하는 높은 차원의 활동이다. 이 경우 교사와 학생이 준비가 되어 있지 않으면 발전은 없고 반복된 질문만 만들게 되므로 질문 만들기에 어느 정도 숙련이 된 경우에 적용하는 것이 좋다.

'교사의 질문'은 학생들이 미처 파악하지 못한 사항을 교사가 질문을 하면 학생들이 다시 모둠별로 답을 알아보는 활동으로, 학생들의 시 감상을 한 단계 성장시키는 과정이다. 교사는 시에 대한 충분한 이해를 바탕으로 다양한 질문을 준비해 두었다가 학생들의 활동 결과를 보면서 적절한 질문을 해야 한다. 교사의 질문 내용은 학생들이 만든 질문 내용과 교사가 작품에서 중점을 두고 싶은 내용에 따라 달라진다.

'내면화하기'는 교육과정에서 제시하는 성취 기준의 달성을 강화하는 활동을 펼치는 것이다. 시 엮어 읽기, 시 감상문 쓰기, 시화 그리기, 모둠별 시 낭송(암송)하기 등의 활동을 하면 된다.

여기서는 중학교 1학년 대상으로 진행하였던 대화 중심 시 읽기의 사례를 근거로 하여 글을 전개한다. 시를 읽고 질문을 만들고 모둠별로 대화를 하는 수업 형태가 학생들에게는 낯설기 때문에, 처음에는 그렇게 어렵지 않은 시(정지용의 「해바라기 씨」, 피천득의 「꽃씨와 도둑」 등)를 가지고 수업 방식을 익히는 것이 좋다. 그런 다음 교과서 시나 그것과 엮어 읽을 수 있는 시를 대상으로 학습을 해 나가면 된다.[9]

4——대화 중심 시 읽기의 실제

대화 중심 시 읽기 수업에서 핵심은 ''나'의 질문 만들기'를 바탕으로 해서 '모둠의 질문 만들기'로 발전해 가는 과정이다. 학생들의 활동지를 수합해서 검토해 보면 이 양상을 네 가지 정도로 정리할 수 있다. 얕은 감상[10]이 교정된

9 교과서에 수록된 시인 경우 선행 학습이 이루어지면 수업에 장애가 될 것 같은데 반드시 그렇지만도 않다. 자신이 생각하는 답을 반드시 근거를 대어서 발표를 해야 하고, 시에 대한 지식이 있는 학생과 그런 게 없이 새롭게 감상하려는 학생이 조화를 이룰 수도 있기 때문이다. 오히려 처음 접하는 학생이 더 신선하게 감상하는 경우가 많다. 수업이 끝나면 활동지를 철해 두었다가 다음 시를 감상하는 시간에 그 활동지의 대화를 참고하면 시 감상이 더 깊고 주체적으로 이루어진다.

10 여기서 '얕은 감상'이라고 표현한 것은 시에 대한 표피적인 이해나 단순 감상에 머물러 있는 경우, 또는 시어나 문장에 대한 기초적인 해석에 오류가 있어 잘못된 방향으로 나아간 경우를 말한다.

경우와 교정 안 된 경우, 잘된 감상이 반영된 경우와 반영 안 된 경우이다. 이러한 네 가지 양상에 따라 세 편의 시에 대한 대화 중심 시 읽기의 사례를 살펴보고자 한다.

1) 정지용의 「해바라기 씨」

이 시는 중학교 1학년 학생들이 시 읽고 질문 만들기 학습을 맨 처음 시작할 때 적용하기 좋은 작품이다. 이 시는 어려운 표현이 없어 맥락이 쉽게 와 닿는다. 학생들이 해바라기의 성장 과정을 표현한 시라는 것은 쉽게 잡아낸다. 이것을 실마리로 해서 해바라기 씨의 성장 과정에는 많은 도움이 필요하다는 것, 그리고 해바라기 씨를 일반화해서 생명의 탄생과 성장에는 많은 도움이 필요하다는 것으로 이해를 확장하는 데에는 약간의 도움만 주면 된다. 엄마가 임신을 하였을 때 엄마 손만 배를 마사지하는 것이 아니라 아빠도 귀를 대어 듣고 할머니도 언니도 배를 만지며 태아가 잘 자라기를 바란다는 예를 들어 주면 좋다.

어느 모둠이 질문으로 '시에서 시약시와 청개구리의 함축적 의미 관계?'를 만들어 그 답으로 '시약시는 양반댁의 시약시이고 청개구리는 시약시를 좋아하는 청년'이라는 내용을 발표한다. 이 내용을 바탕으로 생명은 많은 사람의 도움 속에서 태어나 성장하고 나중에는 사랑을 하게 된다는 것으로 시의 의미를 확장시키면 감상이 더 깊어진다.

2) 기형도의 「엄마 걱정」

이 시는 시적 화자와 관련해서 감상하기 좋은 작품이다. 화자의 뜻만 이야기해 주어도 학생들은 화자에 대한 질문을 중심으로 시를 감상해 간다. '교사의 질문'으로 학생들에게 2연 2행의 "내 눈시울을 뜨겁게 하는"과 관련해서 질문을 던지면 재미있다. 화자가 성인이 되어도 눈물이 맺히는 것은 어린 시절의 어려움을 극복하여 뿌듯한 마음 때문인가, 아니면 어려움에 계속 시달리기 때문인가? 그 답의 근거를 시의 표현에서 찾으라고 한다. 학생들은 '어려움을 극복하여 뿌듯한 마음 때문'의 근거를 "아주 먼 옛날", "그 시절"이라는 표현에서, '어려움에 계속 시달리기 때문'의 근거를 "지금도"에서 찾아낸다. 어떤 학생은 시의 표현을 떠나 시인이 젊은 나이에 죽었으므로 그 원인이 어려움 때문이라고 유추하기도 한다.

「엄마 걱정」 학생 활동지

<table>
<tr><td rowspan="8">엄마 걱정

기형도

열무 삼십 단을 이고
시장에 간 우리 엄마
안 오시네, 해는 시든 지 오래
나는 찬밥처럼 방에 담겨
아무리 천천히 숙제를 해도
엄마 안 오시네, 배추 잎 같은 발소리 타박타박
안 들리네, 어둡고 무서워
금 간 창 틈으로 고요히 빗소리
빈방에 혼자 엎드려 훌쩍거리던

아주 먼 옛날
지금도 내 눈시울을 뜨겁게 하는
그 시절, 내 유년의 윗목

* 유년: 어린 시절.
* 윗목: 온돌방에서 위쪽 방바닥.</td><td>시와 만나기</td></tr>
<tr><td>1. 시를 낭송하며 운율을 느껴 보자.
2. 시를 묵독하며 마음에 그림을 그려 보자.</td></tr>
<tr><td>'나'의 질문 만들기</td></tr>
<tr><td></td></tr>
<tr><td>모둠의 질문 만들기</td></tr>
<tr><td></td></tr>
<tr><td>선생님의 질문</td></tr>
<tr><td></td></tr>
</table>

얕은 감상이 교정 안 된 경우

<table>
<tr><td>'나'의 질문 만들기</td><td>모둠의 질문 만들기</td></tr>
<tr><td>• A 학생
1. 이 시에서 "내 유년의 윗목"이 의미하는 것은?
어린 시절 주인공이 윗목에서 엄마를 기다리는 것을 의미한다.
2. 이 시에서 사용한 의태어는?
타박타박
3. 이 시에서 사용한 직유법은?
찬밥처럼, 배추 잎 같은</td><td rowspan="3">1. (……)
2. 이 시에서 주인공이 "그 시절, 내 유년의 윗목"이라고 말한 의미는?
어린 시절 주인공이 윗목에서 엄마를 기다리는 것을 의미한다.
3. (……)</td></tr>
<tr><td>• B 학생 (……)</td></tr>
<tr><td>• C 학생 (……)</td></tr>
</table>

이 시를 가르치면서 시어의 뜻으로 활동지에 제시된 내용 외에는 어떤 설명도 하지 않았다. 그러니까 우려한 대로 '윗목'의 함축적 의미를 오독하는 질문이 나왔다. 이러한 경우에는 '윗목'을 제대로 파악한 모둠과의 비교를 통해 교정한다.

얕은 감상이 교정된 경우

'나'의 질문 만들기	모둠의 질문 만들기
• A 학생 1. "내 유년의 윗목"의 함축적 의미는? 어린 시절 소박하고 따뜻했던 기억 2. "해는 시든 지 오래"의 의미는? 이미 저녁이 되어 버림.	1. '찬밥'의 함축적 의미는? 따뜻한 밥이 아닌 찬밥이라 비유한 이유는 쓸쓸하고 외로운 혼자를 나타내기 위해 2. '배추 잎'의 함축적 의미는? 배추처럼 겉으로는 단단해 보이지만 속은 여리고 고단한 엄마의 지친 발걸음을 표현했다. 3. 해가 저물어도 엄마가 돌아오시지 않는 이유? 열무를 다 팔지 못했기 때문
• B 학생 1. 엄마는 왜 안 돌아오실까요? 열무를 다 팔지 못하여 돈을 벌지 못했기 때문이다. 2. "배추 잎 같은 발소리"라고 한 이유는? (배추 잎의 함축적 의미) (……) 3. 어린 시절을 "내 유년의 윗목"이라고 한 이유는? 따뜻하고 소박했던 어린 시절을 윗목에 빗대었다.	
• C 학생 1. '찬밥'의 함축적 의미는? 혼자 있다. 2. 어린 시절을 "내 유년의 윗목"이라고 한 이유는? 따뜻하고 소박했던 어린 시절을 빗대었다.	
• D 학생 1. 엄마가 안 오시는 이유는? 오시다가 사고를 당해서 2. 운율이 느껴지는 이유는? 얘기하는 말투여서 3. "배추 잎 같은 발소리"라고 표현한 이유는? (……)	

위 활동도 앞과 같이 '나'의 질문 만들기'에서 '윗목'을 오독한 경우이다. 모둠 활동에서 자신들이 오독하고 있다는 것을 확인하였지만 올바른 해석을 내리지 못하였다. 세 학생이 오독하였음에도 모둠 질문에 반영이 안 된 것은 다른 학생의 지적보다는 이웃 모둠에서 '윗목'에 대한 이야기를 하는 것을 듣고 자신의 잘못을 확인하였기 때문이다. 모둠별 대화 활동은 모둠 구성원끼리만

영향을 주고받는 것이 아니라 이웃 모둠과도 영향을 주고받고 있음을 보여 준다. 그리고 이 모둠의 바람직한 경우는 '나의 질문 만들기'에서 답을 하지 못한 '배추 잎의 함축적 의미'를 모둠 활동을 통해서 답을 만들어 내고 있는 것이다.

B 학생의 3번 질문·답과 C 학생의 2번 질문·답이 일치하는 것, 그리고 B 학생의 2번 질문·답과 D 학생의 3번 질문·답이 일치하는 것은 '나의 질문 만들기' 과정에서 옆 학생의 질문·답을 참고해서 적었기 때문이다. 이 모둠에서 B 학생이 중심 역할을 하고 있음을 알 수 있다.

잘된 감상이 반영 안 된 경우

'나'의 질문 만들기	모둠의 질문 만들기
• A 학생 1. 시에 나오는 아이의 심정은? 외롭다, 무섭다 2. 지금도 눈시울을 뜨겁게 하는 이유는? 그때는 많이 외로웠지만 나중에 다시 생각해보니 그것도 한 추억인 것 같기 때문이다.	1. 시의 어떤 부분에서 비유적 표현이 사용되었는가? '찬밥처럼'과 '배추 잎 같은'처럼 직유법을 사용하였다. 2. 시에 나오는 아이의 심정은? 무섭다, 외롭다 3. 글쓴이는 어두운 방에 담겨 있는 자신을 어떻게 비유하였나? 찬밥에 비유하였다.
• B 학생 1. 이 시에서 글쓴이는 왜 엄마를 걱정하는가? 열무를 이고 시장에 간 엄마가 돌아오지 않았기 때문이다. 2. 엄마의 발소리를 무엇에 비유하였나? 배추 잎 같은 발소리 3. 글쓴이는 어두운 방에 담겨 있는 자신을 무엇에 비유하였나? 찬밥에 비유하였다.	
• C 학생 1. 시의 어떤 부분에서 비유적 표현이 사용되었는가? 찬밥처럼, 배추 잎 같은 2. 이 시의 화자가 말하고자 하는 것은? 자신의 유년 시절에 대한 회상 3. 이 시는 좋은 시라고 생각하는가? 그렇다. 그 어렵던 부모님의 시절을 우리가 느낄 수 있게 하기 때문이다.	

위 활동에서 A 학생의 2번 질문, C 학생의 3번 질문은 좋은 내용인데 모둠의 질문에는 나오지 않는다. 대신 모둠의 질문에는 수사법을 묻는 질문이 1번과 3번에 중복된다. 왜 이럴까. 이것은 표현 수사법을 이해하는 것이 시 감상의 주

된 것이라고 생각하고 있기 때문이다. 모둠 질문을 3~4개 만드는데 수사법 질문은 1개면 충분하다. 이러한 미흡함은 모둠 발표에서 찾아낼 수 없다. 활동지를 회수해서 학생들의 질문을 검토하는 과정에서 찾을 수 있고, 그 내용을 다음 시간에 알려주면 '모둠 질문 만들기'의 수준을 한 단계 높일 수 있다.

얕은 감상이 교정된 경우, 잘된 감상이 반영 안 된 경우

'나'의 질문 만들기	모둠의 질문 만들기
• A 학생 1. 지금 이 시는 무엇을 쓴 것인가? 지은이가 어릴 적에 겪었던 경험을 쓴 것이다. 2. 이 시에서 비유가 쓰인 문장과 비유법을 말하시오. 배추 잎 같은 발소리, 직유법 3. 이 시에서 화자는 왜 유년을 '윗목'이라고 했는가? 그만큼 자기의 유년 시절이 힘들었던 것을 말하는 것이다.	1. 화자는 자신의 유년 시절을 왜 '윗목'에 비유했을까? 윗목은 아무리 데워도 따뜻해지지 않는 것처럼 화자의 유년 시절이 쓸쓸했기 때문이다. 2. 이 시에서 비유가 쓰인 문장과 비유의 종류를 쓰시오. 배추 잎 같은 발소리. 직유법 3. 시인이 시에서 말하고자 하는 것은? 유년 시절 집에 혼자 있는 것이 무서웠다. 4. 나는 왜 '찬밥'이라고 표현했을까? 밥통에서 밥이 보온되지 않는 것처럼 엄마의 관심을 받지 못해서
• B 학생 1. 운율이 느껴지는 이유는? 1행과 2행에서 음수율이 느껴져서 2. 시인이 시에서 말하고자 하는 것은? 유년 시절 집에 혼자 있는 것을 무서워했다. 3. 화자는 어떤 처지에 있는가? 혼자 집에 있는데 어두워도 엄마가 안 오는 상황	
• C 학생 1. 화자는 자신의 유년 시절을 왜 '윗목'에 비유했을까? 윗목은 아무리 불을 때도 따뜻해지지 않는 것처럼 화자의 유년 시절이 외롭고 쓸쓸했기 때문이다. 2. 화자는 왜 자신을 '찬밥'으로 표현했는가? 사람들에게 외면당하는 찬밥처럼 자신도 가족들에게 관심을 받지 못한다고 생각했기 때문이다. 3. 이 시에 나타난 의성어와 의성어의 뜻을 쓰시오. 타박타박, 소리를 표현하는 말	
• D 학생 1. '해가 진 지는 오래'라고 하면 되는데 왜 "해는 시든 지 오래"라고 했을까? 햇빛이 지는 것이 열무가 시든 것 같아서 2. 나는 왜 '찬밥'이라고 표현했을까? 밥통에서 밥이 보온되지 않는 것이 꼭 자신처럼 엄마의 사랑에 보온 받지 못해서 3. 이 시에서는 어떤 표현이 사용됐을까? 의인법	

위 활동에서 B 학생은 1번 질문에서 운율이 느껴지는 이유로 '1행과 2행에

서 음수율이 느껴져서'라고 말하고 있다. 아마 이 학생은 '4·4/4·4'를 생각한 듯한데 음수율이 의미에 따른 띄어 읽기나 호흡 단위로 이루어진다는 것, 그리고 시의 일부가 아닌 전체적인 맥락에서 이루어져야 한다는 것을 모르고 판단한 것으로 짐작된다. 이러한 내용을 중학교 1학년 학생이 알 수는 없는 일이다. 그렇지만 학생들은 이것은 음수율이 아니라는 것이 시 낭송을 통해 느낌으로 와 닿았기 때문에 모둠의 질문으로 선택하지 않았다. 이 모둠은 개인의 감상 오류는 잡았지만 시인의 표현 의도를 탐구하는 좋은 물음인 D 학생의 1번 질문은 선택하지 않았다. 질문 개수를 4개 정도 만들라고 하였던 교사의 안내 때문에 4명에게서 하나씩 질문을 기계적으로 선택해서 일어난 일일 수도 있다. 그렇지만 시어의 의미를 풍부하게 감상하고 있는 모둠이다.

3) 박목월의 「산도화」

이 시는 중학교 2학년 어느 교과서에 실려 있다. 이 시를 중학교 1학년 학생들에게 읽혔는데 시의 깊은 의미를 파악하는 것을 힘들어하였다. 시어가 압축적이고 이미지의 상태에 머물러 있어서 시의 표현적 특성과 관련한 질문 만들기를 많이 하였음을 알 수 있다.

「산도화」 학생 활동지

산도화	시와 만나기
박목월 산은 구강산 보랏빛 석산 산도화 두어 송이 송이 버는데 봄눈 녹아 흐르는 옥 같은 물에 사슴은 암사슴 발을 씻는다.	1. 시를 낭송하며 운율을 느껴 보자. 2. 시를 묵독하며 마음에 그림을 그려 보자. **'나'의 질문 만들기** **모둠의 질문 만들기**

* 산도화(山桃花): 산에 피는 복숭아꽃. * 구강산(九江山): 현실에 없는, 시인이 만들어 낸 산 이름. * 석산(石山): 돌산. * 송이 벌다: 꽃송이가 벌어지다.	선생님의 질문

얕은 감상이 교정 안 된 경우

'나'의 질문 만들기	모둠의 질문 만들기
• A 학생 1. 직유법이 사용된 곳은? 옥 같은 물에 2. 이 시의 분위기는? 좋다 • B 학생 1. 직유법이 사용된 부분은? 옥 같은 물에 2. 이 시의 색깔적 분위기는? 핑크 빛 • C 학생 1. 1, 2연과 3, 4연의 장면 차이는? 1, 2연은 산도화가 피는 장면이고 3, 4연은 암사슴이 발을 씻는 모습이다. 2. 이 시의 의미는? 없는 산을 만들고 암사슴이라 한 이유를 보아 한 여자와의 존재하지 않는 사랑, 이루어질 수 없는 사랑을 의미하는 듯하다. • D 학생 1. '사슴'과 '암사슴'이 의미하는 것은? 남자와 여자 2. "보랏빛 석산"인 이유는? 이것은 상상이며, 싱그러운 색을 표현하기 위해	1. 이 시에서 시인이 말하고자 하는 것은? 현실이 아닌 산을 만들고, 암사슴이라 한 이유를 보아 존재하지 않는 사랑, 혹 짝사랑인 것 같다. 2. "보랏빛 석산"이라 한 이유는? 이것을 상상하며 몽환적이고 현실이 아닌 것을 표현하기 위해 3. 직유법이 사용된 곳은? 옥 같은 물에 4. 이 시의 색깔적 분위기는? 핑크 빛(분홍)

위 활동에서 C 학생의 2번 질문과 D 학생의 1번 질문의 답은 오독이다. 시의 어느 곳에도 사랑을 읽을 수 있는 장치가 없으며, '사슴'과 '암사슴'은 서로 다른 주체도 아니기 때문이다. A 학생의 2번 질문은 물음은 좋은데 답은 모호하다. '좋다'의 근거를 제시하지 않았기 때문이다. 모둠 활동에서 학생들은 A 학생의 2번 질문은 선택하지 않았지만 C 학생의 2번 질문과 D 학생의 1번 질문을 교정이 안 된 상태에서 더욱 발전시켜 모둠 질문의 1번과 같이 시와 관계없는 감상을 계속 만들어 내고 있다. '사슴'과 '암사슴'을 다른 주체로 이해하는 오류를 저지르는 경우는 다음의 사례에서도 나타난다.

모둠의 질문 만들기
• 사슴이 암사슴 발을 씻는다고 한 이유는? 자신도 자신에게 도움을 줄 누군가가 필요해서

이 모둠은 수사슴이 도움을 주어 암사슴이 발을 씻는 것으로 해석하고 있다. 이러한 오독은 아래 모둠의 3번 질문과 대비를 통해 어느 것이 더 나은지를 따지면 된다. 그리고 시의 1연과 4연이 비슷한 문장 구조로 대립하면서 운율이 생긴다는 사실을, 그래서 산은 구강산을 말하는 것이고 사슴은 암사슴을 말하는 것이라는 사실을 학생들에게 파악하라고 하면 어렵지 않게 수행한다. 이를 통해 시에서 단어 하나하나의 의미를 이해할 때에는 시의 전체 구조 속에서 이루어져야 한다는 것을 알도록 한다.

바람직한 경우

'나'의 질문 만들기	모둠의 질문 만들기
• A 학생 1. 산은 초록색으로 거의 대부분 이루어져 있는데 왜 "보랏빛 석산"이라고 했을까? 봄이 오면 구강산에 꽃이 피어 보라색 꽃들이 돌 틈을 감싸서 2. 왜 암사슴이 발을 씻을까? 봄이 오면 꽃들이 예뻐서 자신도 예쁘게 꽃단장 꾸미기 위해 3. '산도화'라는 시를 쓴 이유는? 예전에 가상 세계라도 복숭아를 먹고 싶어서	1. 돌산은 거의 검은색으로 이루어져 있는데 왜 "보랏빛 석산"이라고 했을까? 구강산에도 봄이 오면서 보라색 꽃들이 피어 돌 틈을 감싸서 보랏빛으로 보였기 때문이다. 2. 화자가 구강산에 산도화가 피었다고 한 이유는? 옛날에는 복숭아가 귀했기 때문에 상상 속에서라도 복숭아나무를 심고 싶었을 것이다. 3. 암사슴이 왜 발을 씻었을까? 봄이 오면 꽃들이 피면서 자신도 예쁘게 꾸미기 위해서 꽃단장하는 것이다.
• B 학생 1. 시인이 말하고자 하는 것? 자유로움 2. 이 시에서 쓰인 비유법과 그 문장을 쓰시오. 옥 같은 물에, 직유법 3. 이 시에서 운율이 느껴지는 까닭은? 비슷한 문장 구조의 반복	
• C 학생 1. 여기서 운율이 느껴지는 부분은? 음보율, 1연과 4연 2. 시인이 말하고자 하는 것은? 구강산 3. 이 화자는 왜 '구강산'이라고 표현? 복숭아를 먹다 생각나서	

• D 학생 1. 이 시의 계절과 그렇게 생각한 이유는? 산도화가 두어 송이 피고 봄눈이 녹아 흐른다는 것을 보아 봄일 것이다. 2. 화자가 구강산에 산도화가 피었다고 한 이유는 무엇일까? 옛날에는 복숭아가 귀했기 때문에 상상 속에서라도 복숭아나무를 실컷 보고 싶었을 것이다. 3. 암사슴은 왜 발을 씻었을까? 봄이 오면 산에는 예쁜 꽃들이 피기 때문에 자신도 봄처럼 아름답게 꾸미고 싶었을 것이다.	

위 활동에서 B 학생의 1번 질문은 오독('평화로움'을 '자유로움'으로 표현했다면 오독이 아닐 수 있다)이어서 모둠의 질문으로 반영이 안 되었다. 표현 수사법과 운율에 치중된 B 학생과 C 학생의 질문은 모둠의 질문으로 하나도 반영이 안 되었고, 표현 의도와 내용 감상 위주인 A 학생과 D 학생의 질문이 모둠 질문으로 반영되었다. 모둠 질문의 답을 보면 생기발랄한 중학교 1학년 여학생들의 감상이 잘 드러나 있다.

잘된 감상이 반영 안 된 경우

'나'의 질문 만들기	'모둠'의 질문 만들기
• A 학생 1. "보랏빛 석산"의 의미는? 보라색 꽃이 많이 피어 있는 돌산 2. 3연의 "옥 같은 물에"의 표현은? 직유법 3. 시인은 이 시를 통해 무엇을 전해 주고 싶었을까? 자연의 모습 • B 학생 1. 3연에서 사용된 표현 방식은? 직유법 2. 이 글을 쓴 시인이 이 시에서 말하고자 하는 것은? 자연 • C 학생 1. 시에서 가장 기억에 남는 부분은? "사슴은 암사슴 발을 씻는다"-사슴이 발을 씻는 모습이 생생하게 그려진다. 2. 3연 2행에서 사용된 표현 방식은? 직유법(~ 같은)	1. 3연에서 표현된 표현 방식은? 직유법 2. 시에서 가장 기억에 남는 부분은? 사슴은 암사슴 발을 씻는다. 3. 이 글을 쓴 시인이 이 글에서 말하고자 하는 것은? 자연의 아름다움

위 모둠 활동에서 아쉬운 것은 모둠 전체로 보았을 때 그나마 괜찮은 질문인 A 학생의 1번 질문이 빠진 것이다. 한 명당 한 개의 질문을 기계적으로 모으다

보니 제외될 수 있다. 바람직한 것은 A 학생의 3번 질문의 답과 B 학생의 2번 질문의 답을 발전시켜 모둠 질문 3번의 답을 만들고 있는 것이다.

5——대화 중심 시 읽기에서 교사의 역할

다시 한 번 강조하자면 학생을 수동적인 존재에서 주체적인 존재로 서게 하는 핵심은 학생이 스스로 '말(언어)'을 만들고 타인과 대화하게 하는 것이다. 교사는 이러한 활동을 할 수 있는 여건을 마련해 주는 위치에 있게 된다. 교사는 학생들이 모둠 토의를 할 때 여러 모둠에서 동시에 조용히 오고 가는 말을 새겨듣는 능력과 학생들의 질문 만들기 내용을 이야깃거리로 삼아 수업을 진행하는 능력을 키워야 한다. 또한 텍스트의 수준이 학생들의 수준보다 한 단계 높은 내용일 때 학생들은 수준 높은 질문을 다양하게 하게 되므로 유용한 텍스트를 마련하는 노력도 기울여야 한다.

시를 다양하게 해석하게 되는 것은 일상적 담화를 벗어나는 시적 표현과 구조에 대한 독자들의 반응이 서로 다르기 때문이다. 따라서 학생들의 경험과 관심의 차이를 시의 다양한 해석으로 수용하기 위해서는 무엇보다도 시적 표현과 구조에 대한 교사의 폭넓고 깊은 이해가 전제되어야 한다. 예를 들어 윤동주의 「서시」를 읽고 ''밤'과 '별'과 '바람'이 무엇을 말하는지 생각해 보고, "오늘 밤에도 별이 바람에 스치운다."의 의미를 말해 보자'는 활동을 지도한다고 해 보자. 이 활동을 지도하는 데에서 다음의 해석을 알았을 때와 그렇지 않았을 때의 차이는 클 것이다.

> 인용 시의 마지막 행(—오늘 밤에도 별이 바람에 스치운다.)은 정상적인 사고와 관찰로는 성립될 수 없는 표현이다. 지구를 떠나 아득히 먼 곳에 떠 있는 별에 어떻게 이 지구상의 바람이 스칠 수 있겠는가? 따라서 여러 평자들은 이 구절을 사실적 묘사로 파악하지 않고 일제하의 시대적 상황과 결부시켜 시인의 관념적인 의식의 일

단이 표출된 시적 상징으로 해석한다. 김흥규, 이남호, 최동호의 풀이는 이러한 관점에 입각하여 이 구절을 적절히 풀이한 대표적인 해석에 속한다. 우선 김흥규는 이 구절의 의미를 '이 별의 암시적 의미는 어둠과 바람 속에서도 결코 꺼지거나 흐려질 수 없는 외로운 양심'을 표출한 것으로 해석하며, 이남호 역시 같은 맥락에서 '별로 표상되는 아름다운 세계가 위협당하는 가혹한 시대임을 뜻한다'고 풀이한다. 한편 최동호는 '바람'이 동적인 심상을 가지며 시인을 정화시켜 주는 힘을 내포하는 뜻을 지니고, '별'은 자아 완성을 상징하는 천체 심상으로 해석된다면서, '바람과 별'의 의미를 시인의 이상을 별처럼 높고 투명하게 정화하여 밤하늘에 결정시키는 역할을 하는 것으로 풀이하며 해석상의 미세한 차이를 보인다.[11]

대화 중심의 시 읽기 수업에서 교사의 꼼꼼한 시 읽기는 반드시 선행되어야 할 일이다. 그 방법은 시를 여러 번 읽으면서 시의 의미와 시의 체험을 자신의 것으로, 또는 학생의 것으로 전환해서 생각하는 것이다. 작가 김훈은 기자 시절에 시에 대한 평을 쓰기 위해 한 편의 시를 백 번 읽었다고 한다. 꼼꼼한 시 읽기와 함께 시 해설, 평론 글을 찾아 읽으며 전문가들의 의견을 정리해 두어야 한다. 그래야 학생들의 질문 수준을 구분할 수 있는 감식력을 가질 수 있으며, 다양한 학생들의 질문에 맞추어 적절한 교사의 질문을 만들어 낼 수 있다.

질문을 만들고 대화를 통해 시를 해석하는 과정은 적절한 근거를 들면서 주체적인 관점에서 작품을 해석하고 평가할 수 있는 효율적인 방안이다. 이 과정에서 30명의 학생들로부터 30개의 다양한 해석이 나올 수 있다. 이 다양한 해석을 효율적인 학습 자료로 활용하면서 타당한 감상을 이루기 위해서는 시에 대한 깊은 이해가 필수적이다.

_김규중

11 고형진, 「시의 난해성—난해한 시적 표현과 해석상의 논란에 대하여」, 『시를 어떻게 만날 것인가』, 작가, 2000, 300~301면. 여기에는 「서시」 외에 이상화의 「나의 침실로」, 이육사의 「광야」와 「절정」, 서정주의 「자화상」, 이용악의 「오랑캐꽃」에 대한 다양한 해석을 정리하고 있다.

시 창작 수업의 5단계 과정
—중학교 교실에서 시 쓰기

1——시 창작 수업은 왜 하는가

시 교육의 문제점으로 많은 것이 거론되지만 그중 가장 심각한 것은 시 창작 교육이 거의 이루어지지 않는다는 사실이다. 학생들을 시인으로 만드는 것이 시 교육의 목표는 아니기 때문에 시 창작 교육은 따로 필요하지 않다는 생각이 널리 퍼져 있다. 그러나 시 창작이 없는 시 수업은 절름발이 수업에 불과하다. 시의 감상과 이해에서 시작한 수업은 시 창작으로 결론지어져야 한다. 시 창작 교육의 목표는 창작 경험을 통해 시를 제대로 이해하도록 하는 것이다. 시 창작을 통해 재능을 발견하는 것은 그다음 일이다. '시란 무엇인가'에 대한 이론을 배우는 것보다 시를 한 편 써 보는 것이 시를 이해하는 데 훨씬 효과적일 수 있다. 시를 쓰다 보면 화자, 정서, 어조 등 다양한 이론을 자신의 글쓰기 과정에서 체득할 수밖에 없다. 절실하면 더욱 알게 된다는 말이다. 시를 써 보는 것은 시를 이해하는 시작이자 마지막이다. 그러므로 시 창작 수업은 시 수업의 선택이 아니라 필수가 되어야 한다. 그러기 위해서 시 창작 수업은 별도의 특별한 수업이 아니라 평소 국어 수업에서 이루어지는 모든 글쓰기와 소통하면서 전체 국어 교육과정의 계획 속에 녹아 들어가야 한다.

시 창작 수업의 구체적인 목표는 언어 교육의 목표와 예술 교육의 목표 사이에서 아슬아슬하게 줄타기하는 것이어야 한다. 시는 언어의 예술이라는 점에서 시에 사용되는 언어에 대한 교육이 이루어져야 하고, 동시에 예술의 한 분야라는 점에서 예술 교육의 효용도 함께 고려되어야 한다. 언어 교육의 측면에서 시 창작 수업은 언어의 세련된 사용을 통해 모국어의 풍성함을 맛볼 수 있게 하고, 언어의 리듬을 통해 감각적으로 표현되는 정서를 이해할 수 있게 한다. 다음으로 예술 교육의 측면에서 시 창작 수업은 상상력을 키울 수 있게 해 주며 사물에 대한 관찰력을 높여 준다. 시가 세계에 대한 새로운 사유의 실험이라면 그 실험은 상상력을 통해 가능해진다. 또한 그 실험은 기존의 사물에 대한 인식을 넘어서는 관찰을 가능하게 해 주며 그로 인해 사물에 대한 애정이 깊어진다. 나아가 세상에 대하여 애정을 가지게 되고 삶을 사랑하게 되는 힘이 생긴다. 시 창작 수업의 효용과 가치는 여기에 있다.

시 창작 수업을 하다 보면 학생들의 글쓰기 수준은 정말 다양하다는 것을 알게 된다. 그 다양한 수준을 고려하여 다양한 모습을 함께 공유하는 것이 중요하다. 일정 수준까지 이끌어 가야 한다는 생각에 몰두하는 순간, 시 창작 수업의 본래 의미를 잃어버리게 된다. 시 창작 수업의 의미는 시를 사랑하고 느끼고 즐기게 하는 데 있다. 그렇다고 무턱대고 수준 향상을 포기하라는 말이 아니라, 그 과정이 자연스럽게 이루어져야 한다는 것이다. 교사의 도움과 첨삭은 최소화하되, 학생들이 자신의 마음을 최대한 솔직하게 드러내도록, 자신들 스스로 만족하는 최선의 작품을 만들도록 해야 한다는 뜻이다. 조금 미숙하고 아쉬운 작품이라도 자신들의 감성을 최대한 살리는 방향으로 최선의 작품이면 된다. 물론 그중 시인이 되려는 꿈을 꾸는 학생이 있다면 다른 시간에 도와주면 될 것이다. 이 글에서는 시 창작을 위한 분위기 형성과 물밑 작업의 다양한 사례와 함께 구체적인 시 창작 수업의 단계에 대해 말하고자 한다. 그러나 시 창작 수업은 교사가 처한 환경이나 창작자 개인의 상황에 따라 많은 변수가 있으므로, 여기서 제시하는 단계들은 유연성 있게 운영되어야 할 것이다.

2——시 창작 수업은 어떻게 이루어지는가

시 창작 수업은 백일장이나 시 축제처럼 일정한 기간에 집중적으로 이루어지기도 하지만, 바람직한 것은 연중 국어 수업의 과정 속에서 지속적으로 이루어지는 것이다. 이 글에서는 정규 국어 수업 시간에 이루어지는 시 창작 수업의 사례를 5단계로 제시하고자 한다. 물론 시간적 여유가 없는 경우 몇 단계를 생략할 수도 있고 단계별로 한 가지씩만 선택하여 활동할 수도 있다. 월별로 시간을 정해서 5단계 수업을 집중적으로 할 수도 있고, 단계들 중 하나를 선택해서 심화된 프로젝트 수업으로 진행할 수도 있다. 또한 모둠을 어떻게 구성하느냐, 창작 시를 몇 편으로 하느냐, 참가자의 범위를 어디까지 하느냐 등에 따라 수업의 양상은 여러 가지로 달라질 수 있다. 시 창작 수업은 학교와 수업의 상황, 교사의 열정과 준비도, 학생들의 관심과 흥미 등에 따라 융통성 있게 진행되어야 한다. 시 창작 수업의 5단계 과정은 다음과 같다. 각 단계별로 구체적인 수업 방법 및 사례를 이야기하고자 한다.

시 창작 수업의 5단계 과정

준비 운동	1단계	2단계	3단계	4단계	5단계
상상력 키우기 게임	시 즐기기	시 느끼기	기대어 쓰기	본격적인 시 쓰기	다듬기
–낱말 연상하기 –자유롭게 연결하기 –자유롭게 상상하기	–시 낭송하기 –시화 그리기 –시 모음집 만들기	–시 제목 찾기 –시 구절 채우기 –시어 채우기	–삼행시 쓰기 –모방 시 쓰기 –시 이어 쓰기 –줄거리로 시 쓰기	–정서적인 시 쓰기 –이미지로 시 쓰기 –사상적인 시 쓰기	–시 구분하기 –운율 다듬기 –시어 다듬기 –흐름 다듬기

0) 준비 운동: 상상력 키우기 게임

먼저 1단계로 들어가기 전에 준비 운동이 필요하다. 시 창작 수업의 기본은 상상력이다. 시 창작 수업을 하기 전에 머릿속에서 새로운 생각을 자유롭게 떠올릴 수 있도록, 몸과 마음을 부드럽게 풀고 몰입할 수 있도록 분위기를 만드는 것이 필요하다. 이를 위해 준비 운동 단계에서 상상력을 자극하는 게임을 한다. 이 게임을 진행할 때에는 '절대 질문하지 말 것'이라고 하며, 준비된 연습지가 있으면 나눠 준 다음에 하면 좋다. 연습지에 학생들이 자신의 이름을 쓰고 나면 게임의 주제를 직접 말하거나 칠판에 적은 후 바로 '시작'이라는 구호를 외친다. 매우 엄한 표정으로 학생들이 수군거리거나 의아해하더라도 개의치 않고 진행한다.

'낱말 연상하기'의 경우 특정 낱말을 주제어로 제시한 후, 이 낱말과 관련하여 생각나는 것을 30가지 이상 1분 안에 적어 보도록 한다. 그러면 다양한 답이 나온다. '학교'라고 하면, 학교와 관련된 선생님의 이름을 나열하기도 하고 책상, 걸상 등 교실의 풍경을 자유롭게 적기도 한다. 정답은 없다. 무조건 30가지를 1분 안에 적도록 하면 된다. 다음으로 '자유롭게 연결하기'는 전혀 무관한 것처럼 보이는 두 가지 사태를 마음대로 연결해서 문장을 만들어 보는 게임이다. 예를 들어 '학생들이 사랑을 하면 학교가 문을 닫는다.', '영화를 자주 보면 친구가 결혼을 한다.' 등의 엉뚱한 문장을 만들 수 있다. 여기서 중요한 것은 반드시 그 이유를 적도록 하는 것이다. 한 사람이 세 가지 문장을 1분 안에 만들고 그 이유를 적도록 한다. 상황에 따라 시간과 가짓수는 얼마든지 조절할 수 있다. 마지막으로 '자유롭게 상상하기'는 교사가 재미있는 주제를 제시한 후 학생들로 하여금 마음껏 상상하도록 하는 게임이다. '빵집에 빵이 없는 이유 20가지', '헤어드라이어로 할 수 있는 일 30가지', '학교에 가지 않는 40가지 방법' 등이다. 이 활동 역시 2분 혹은 3분 정도의 시간제한을 두고 수행하도록 한다.

이러한 상상력 키우기 게임은 준비 운동 단계이므로 가벼운 게임 형식으로 진행한다. 정해진 답이나 활동 의도에 얽매일 필요 없이 묻거나 따지지 않고 자유롭게 상상하도록 한다. 문제는 철저한 시간제한 속에서 엄숙하게 제시하되, 학생들의 답은 최대한 자유롭게 풀어 놓는 데 이 활동의 핵심이 있다. 이 게임을 너무 오래 끌면 본격적인 단계로 넘어가기 어려우므로 시간 조절을 잘 해야 한다. 이 활동의 목적은 시는 논리가 아니라 자유롭게 상상하는 데에서 시작된다는 것을 몸소 체험하게 하는 것이다.

1) 1단계: 시 즐기기

시 창작을 위해서는 학생들이 시를 즐길 수 있어야 한다. 시를 즐길 수 있도록 하는 쉽고도 효과적인 방법은 시를 낭송해 보는 것이다. '시 낭송하기'는 시를 이해하기 위해서도 필요하지만 시를 즐기기 위해서도 필요하다. 시를 낭송하다 보면 시의 분위기가 느껴지기도 하고 시의 의미가 다가오기도 한다. 소리 내어 읽는 활동을 통해 시에 친근하게 다가갈 수 있고 시를 좋아하게 될 수도 있다. 시 낭송 수업을 위해서는 교사가 미리 학생들의 수준이나 수업 상황을 고려하여 여러 가지 다양한 시 작품을 준비하는 것이 중요하다. 감각적인 시, 지적인 시, 생활 시, 재미있는 시 등으로 준비할 수도 있고 사랑, 우정, 가을 등 주제별로 준비할 수도 있다. 좀 더 본격적인 시 낭송 수업을 하고자 한다면, 학생의 2배수만큼 시집을 준비하여 학생들이 직접 자신이 좋아하는 시를 찾아 옮겨 적고 낭송하도록 하면 좋다.

시 낭송의 방법은 다양하다. 학생들이 자신의 방식으로 낭송할 수 있도록 분위기를 열어 놓되, 최소한 시의 운율, 감정, 내용을 알고 그것을 표현할 수 있도록 해야 한다. 학생들은 배경 음악을 준비해 오기도 하고, 컴퓨터로 배경 그림, 음악, 시 구절을 넣어 준비해 오기도 한다. 학생들의 시 낭송 모습을 동영상으로 녹화한 후 다 함께 영상을 보면서 시 낭송 평가회를 가져도 좋다. 이 모든 활동을 종합하여 학기 말에 '시 낭송 축제'를 열어 반별 시 낭송 사진과 시화를 전시하고 우수 작품 시상식을 하면서 시를 읽고 즐기고 시와 함께 노는 분위기를 한껏 고조시킬 수 있다.

시 낭송에 그치지 않고 시 감상을 좀 더 내면화하여 시화를 그리는 활동으로 나아간다면 더욱 효과적이다. 학생들이 선택한 시를 옮겨 적고 시화를 그린

후에 그것을 낭송하는 식으로, '시 낭송하기'와 '시화 그리기'를 통합할 수도 있다. 학생들의 시화 작품을 모아서 전시를 한다면, 병풍 모양에 시화를 붙여서 '시 병풍'이라는 학급 공동체의 작품으로 발전시킬 수도 있다. 이때 계절별, 주제별, 시대별 등으로 시를 모아 모둠별 시 병풍으로 전시해도 된다.

시 병풍 만들기를 발전시켜 '시 모음집 만들기'를 할 수 있다. 모둠별로 주제를 정하고 그 주제에 맞는 시를 여러 시집에서 찾는다. 주제에 맞는 종이 모양, 예컨대 가을이면 낙엽 모양, 사랑이면 하트 모양 등으로 종이를 잘라서 준비하고, 거기에 시를 옮겨 적거나 프린트하여 배경 그림이나 시화 속에 배치한다. 이렇게 준비된 시를 모아 일반적인 시집 형식을 갖추어 묶도록 한다. 예를 들어 시 모음집의 제목, 엮은이, 출판사, 출판 연도는 물론이고 차례, 들어가는 말, 해당 시의 작가와 출처, 시 선정 이유, 엮은이의 후기, 겉표지(이 시집의 특성, 추천사, 가격) 등을 모두 집어넣어 한 권의 완벽한 단행본을 제작하도록 한다. 시 모음집 만들기는 그 자체로 하나의 새로운 프로젝트가 된다.

2) 2단계: 시 느끼기

시를 즐기고 시와 함께 놀 수 있는 분위기가 형성되었다면, 시 작품을 통해 본격적으로 시어의 특성과 재미를 느껴 보는 단계가 필요하다. 기존의 시 작품에서 제목 또는 일부의 시어나 구절을 괄호 안에 감춘 뒤 학생들로 하여금 자

시 병풍 전시

유롭게 연상하여 맞혀 보도록 하는 것이다. 이 활동은 시적인 상상력이 시어나 구절 등 구체적인 언어로 표현되는 과정을 간접적으로 느껴 보게 하기 위한 것이다. 여기서 중요한 것은 시 작품의 원문만을 유일한 정답으로 삼지 않는 것이다. 학생들의 다양한 답을 통해 원래의 작품과는 다른 상상력으로 또 다른 의미나 주제를 창출해 낼 수도 있고, 학생들의 답과는 전혀 다른 방향으로 나아간 원문을 확인하면서 발상의 차이나 개성을 발견할 수도 있다. 이때 학생들이 제시한 답에 대해서는 반드시 그 이유를 밝히고 시어의 적절성과 효과에 대해 친구들을 설득하도록 한다.

사례 1. 시 전체의 내용을 아우를 수 있는 시 제목 찾기

(   )

정현종

나무 옆에다 (   ) 하나 심어 놓고
꽃 옆에다 (   ) 하나 피워 놓고
새소리 갈피에 (   ) 구르게 하고
여자 옆에 (   ) 하나 벗겨 놓고

슬픔 옆에는 (   ) 하나 울려 놓고
기쁨 옆에는 (   ) 하나 웃겨 놓고
나는 거꾸로 된 (   ) 꼴로
휘적휘적 또 걸어가야지

* 시 원문: 느낌표

사례 2. 시의 제목과 인용문을 고려하여 적절한 시 구절 채우기

인식의 힘

최승호

절망한 자들은 대담해지는 법이다 — 니체

도마뱀의 짧은 다리가
(   ) 도마뱀을 태어나게 한다

* 시 원문: 날개 돋친

사례 3. 자유롭게 상상하여 연쇄되는 시어 채우기

이 세상에 아이들이 없다면

안도현

(①   )도 없을 것이다
(①   )이 없으므로 (②   )도 없을 것이다
(②   )이 없으므로 (③   )도 없을 것이다
(③   )가 없으므로 (④   )도 없을 것이다
(④   )이 없으므로 (⑤   )도 없을 것이다
(⑤   )가 없으므로 (⑥   )도 없을 것이다
(⑥   )가 없으므로 (⑦   )도 없을 것이다
(⑦   )가 없으므로 (⑧   )도 없을 것이다
(⑧   )가 없으므로 (⑨   )도 없을 것이다
(⑨   )이 없으므로 (⑩   )도 없을 것이다
(⑩   )을 타고
매일매일 하늘에서 내려오는
눈부신 (⑪   )을 본 사람은 아무도 없을 것이다

* 시 원문: ①어른들, ②교육, ③교과서, ④시험, ⑤대학교, ⑥고등학교, ⑦중학교, ⑧국민학교, ⑨운동장, ⑩미끄럼틀, ⑪하느님

3) 3단계: 기대어 쓰기

본격적인 시 쓰기에 들어가야 하지만, 학생들은 여전히 어디서부터 어떻게 시작해야 할지 막막할 것이다. 따라서 자신의 창작 시를 쓰기에 앞서, 기존의 시에 기대어 자신이 표현하고자 하는 바를 드러내는 연습이 도움이 될 수 있다. '삼행시 쓰기'나 '모방 시 쓰기'는 잘 알려져 있는 방법이다. 이 활동은 자칫 유치한 말장난이나 무의미한 흉내 내기로 끝날 수 있으므로 몇 가지 잘된 사례를 보여 줌으로써 활동의 목표와 수준을 높게 잡을 수 있도록 하는 것이 필요하다. 삼행시는 TV 프로그램 등에서 많이 보던 것이라 학생들의 흥미와 관심을 끌어내기 쉽다. 다만 단순한 말장난에 그치지 않도록 삼단 전개나 정반합의 방법, 마지막 행에서의 반전 효과 등 말의 흐름과 묘미를 느낄 수 있도록 지도할 필요가 있다.

모방 시의 경우에는 목표를 정확하게 해야 한다. 교과서 시를 이해하기 위한 활동인 경우에는 시의 의미와 형식을 준수하는 방향으로 지도해야 하지만, 창작을 위한 활동인 경우에는 형식을 자유롭게 열어 놓고 주제의 변주를 다양하게 하는 등 열린 태도가 필요하다. 또한 똑같은 한 편의 시를 제시하고 모방하도록 하기보다는 다양한 작품을 제시한 후 학생 스스로 자신에게 맞는 한 편을 골라서 모방하도록 하는 것이 좋다.

사례 1. 모방 시 쓰기 (중 1 수준)

정지용의 「호수 1」		학생의 모방 시 「양심」
얼굴 하나야 손바닥 둘로 폭 가리지만, 보고 싶은 마음 호수만 하니 눈 감을밖에.	→	도둑질한 거야 입 꾹 다물고 있으면 폭 가려지지만, 씁쓸한 마음 바다만 하니 훔친 물건 돌려줄밖에.

사례 2. 모방 시 쓰기 (중 3 수준)

김기림의 「바다와 나비」		학생의 모방 시 「동생과 나」
아무도 그에게 수심을 일러 준 일이 없기에 흰나비는 도무지 바다가 무섭지 않다. 청무우밭인가 해서 나려갔다가는 어린 날개가 물결에 절어서 공주처럼 지쳐서 돌아온다. 삼월달 바다가 꽃이 피지 않아서 서거픈 나비 허리에 새파란 초승달이 시리다.	→	아무도 나에게 동생의 고집을 일러 준 일이 없기에 나는 도무지 동생이 밉지 않다. 착한 아이인가 해서 놀아 주었다가는 온몸이 매운 손에 맞아서 병든 닭처럼 비실비실해져서 도망간다. 매일 동생이 언니를 따라 주지 않아서 처량한 내 손등에 시뻘건 상처가 아리다.

'시 이어 쓰기'는 기존 시 작품의 앞부분, 중간 부분, 뒷부분 중 하나를 삭제하여 제시한 후, 다양하게 시를 이어서 써 보도록 하는 활동이다. '줄거리로 시 쓰기'는 뮤직 비디오나 신문 기사를 본 후에 자유롭게 이야기를 만들고, 그것을 토대로 행갈이 등을 통해 운율을 살리고 가다듬어 시를 만드는 활동이다. 이처럼 기존의 시 작품이나 다른 텍스트에 기대어 자신의 시적 모티프를 발전시키고 시의 표현과 형식을 연습해 보는 것은 본격적인 시 창작에 들어가기에 앞서 막막함을 없애 주고 창작 의욕을 북돋워 줄 수 있다.

4) 4단계: 본격적인 시 쓰기

시의 이해와 감상 수업을 할 때 김소월의 「진달래꽃」처럼 정서적인 시에서 시작하여 김광균의 「와사등」 같은 이미지 중심의 시, 마지막으로 김수영의 「폭포」 같은 지적인 시의 순으로 진행하는 것이 수월한 것처럼, 시 쓰기 수업도 이러한 순서에 따라 진행하는 것이 좋다. 학생들이 가장 쉽게 잘 쓸 수 있는 시부터 시작하여 높은 사고와 창의력을 필요로 하는 시로 서서히 시 쓰기의 수준과 단계를 높여 나가는 것이 필요하다.

본격적인 시 쓰기의 1단계로 '정서적인 시 쓰기'부터 시작할 수 있다. 모든 일은 내가 잘하는 것에서부터 시작하는 것이 쉽다. 소설의 경우에도 나 자신의 이야기를 중심으로 쓰는 것이 쉽듯이, 시 쓰기의 경우에도 나 자신의 이야기부터 시작하는 것이 쉽다. '나'에 대한 시 쓰기를 할 때, 먼저 '나'에 대하여 생각하는 시간을 가지도록 한다. 자신의 장점과 단점, 자신과 관계된 주변 이야기, 자신을 떠올리면 생각나는 낱말들이나 사람들, 자신이 죽었을 때 가장 슬퍼할 사람들 등 다양한 형태로 자신과 관련된 것을 적어 보도록 한다. 시간이 흐르면서 친구들과 이야기를 나누기도 하고 친구들이 적은 것을 살펴보기도 하면서 조금씩 자신도 몰랐던 '나'에 대하여 깊이 생각하게 된다. 10분 정도 시간이 지나면 각자 자신에게 몰입하여 글을 써 보도록 하고, 그것을 바탕으로 '나'에 대한 시를 쓰도록 한다.

'나'에 대한 시 쓰기를 시작으로, 자신의 정서와 마음 상태를 관찰하고 그것을 바탕으로 정서적인 시 쓰기를 발전시킬 수 있다. 하지만 막연히 정서적인 시를 쓰라고 하면 학생들은 아무 생각도, 마음도, 느낌도 없다고 하기 십상이다. 따라서 다음과 같은 학습지를 통해 정서를 세부적으로 분류하여 제시하고, 구체적인 상황에 따른 정서를 떠올릴 수 있도록 하는 것이 좋다. 한 편의 시를 쓰기 위해 무엇보다 중요한 것은 어떤 사실이나 정황, 마음이나 상태에 대해 깊이 사유할 수 있도록 시간과 분위기를 만들어 주는 것이다.

학습지 1. 정서적인 시 쓰기

---

1. 자기 자신에 대하여 시를 써 보자.
   –나의 어린 시절, 나의 중학 생활, 나의 처지, 나의 꿈, 나의 미래 등.
2. 자신이 직접 경험한 그리움의 정서를 바탕으로 시를 써 보자.
   –친구와의 헤어짐, 아버지의 실직, 선생님의 떠남, 어머니의 눈물 등.
3. 계절에 따라 느끼는 정서를 바탕으로 시를 써 보자.
   –봄, 여름, 가을, 겨울, 봄비, 무더위, 가을바람, 겨울비 등.
4. 과거의 경험을 돌이켜 보면서 연상되는 정서를 바탕으로 시를 써 보자.
   –즐거움, 괴로움, 무서움, 놀라움, 갈등, 울분, 불안감 등.
5. 상황에 따라 자신이 느끼는 정서를 바탕으로 시를 써 보자.

—아침 등굣길에서, 친구와 헤어져 돌아오는 골목길에서, 꾸중을 듣고 혼자 교실에 앉아서 등.

6. 자신의 생활에 대하여 느끼는 정서를 바탕으로 시를 써 보자.

—수업, 청소, 체벌, 용의 검사, 시험, 소풍, 체육 대회, 환경 미화, 입학, 졸업 등.

본격적인 시 쓰기의 2단계는 '이미지로 시 쓰기'이다. 그림이나 사진을 보여 주고 자신과 관련된 장면이나 이야기를 떠올리도록 하거나, 그것이 쉽지 않으면 그림이나 사진과 관련된 낱말을 마구잡이로 적어 보고 다시 이야기를 만들어 보도록 한다. 다양한 사진이나 그림을 여러 장 학생들에게 제시하고, 이것저것 보면서 자신의 마음에 드는 것을 하나 고르도록 한다. 하나의 이미지를 자기 앞에 두고 다음과 같은 순서에 따라 시를 쓰도록 지도한다. 물론 모든 학생들의 창작 과정이 이 순서대로 이루어지는 것은 아니다. 사진을 보는 순간 바로 한 편의 시가 나오기도 하고, 나오다가 사라졌다가 다시 써지기도 한다. 다만 이 순서는 쉽게 시가 써지지 않는 경우를 고려한 디딤돌일 뿐이다. 중요한 것은 흐름을 유지해야 한다는 것이다.

학습지 2. 이미지로 시 쓰기

---

1. 사진을 뚫어져라 쳐다본다.
2. 사진을 보면서 자신의 이야기, 친구의 이야기, 세상의 이야기 등을 떠올려 본다.
3. 사진을 보고 떠오르거나 생각나는 낱말을 마구 적어 본다.
4. 낱말을 연결하여 이야기를 만든다.
5. 행갈이(행 바꾸기, 줄 바꾸기)를 하면서 시를 만든다.
6. 운율을 고려하여 시를 계속 읽어 보면서 바꾼다.
7. 친구의 작품과 서로 바꿔 보고 조언을 해 준다.
8. 시를 수정하여 완성한다.

영화를 보거나 음악을 들으면서 하는 시 쓰기는 한 시간 이상 걸리기도 한다. 영화의 경우 영화의 한 장면을 10분 정도 보여 주고 그 장면과 자신의 삶을 연결하여 쓰게 할 수도 있고, 한 편의 영화를 감상한 후 가장 기억에 남는 장면으로 쓰거나 전체 서사를 바탕으로 쓰게 할 수도 있다. 음악의 경우 종류에 상관없이 다양한 음악을 들려주고 음악을 들으면서 떠오르는 장면이나 생각을 중심으로 시를 쓰게 한다. 어떤 음악을 들려주고 그것을 계기로 사진을 찍어 오도록 해서 음악과 이미지를 구체적으로 연결하는 단계를 마련할 수도 있다. 이러한 활동은 하나의 주제에 몰입하도록 하는 시간을 줄 수 있고, 이질적이고 충돌하는 것들을 자신의 정서와 생각으로 이어 붙이는 계기를 제공할 수 있다.

마지막 3단계는 '사상적인 시 쓰기'이다. 국내외 사건을 다룬 뉴스나 신문기사를 보여 주면서 자신의 생각을 바탕으로 시를 쓰도록 해도 되고, 역사적인 문제에 대하여 주제 토론을 하고 난 뒤 논설문을 쓰고 그것을 시로 발전시키도록 해도 된다. 한편 사회적인 문제를 다룬 시를 가지고 토론할 수도 있다. 사실 '사상적인 시 쓰기'는 사회적인 현상에 대한 관심과 문제의식이 전제되어야 하는 만큼 쉽지 않은 활동이다. 따라서 친구들과 좀 더 깊이 있는 이야기를 나누고 의견을 공유하거나 다양한 자료와 논평들을 조사하고 비판적으로 분석한 후 자신의 생각이 정리된 상태에서 쓰는 것이 필요하다. 중학교 수준에서는 쉽지 않겠지만, 시가 정서나 이미지만을 다루는 것이 아니라 우리의 삶과 사회 문제에 대해서도 민감하게 반응한다는 것을 아는 것만으로도 충분하다.

시 쓰기는 번갯불처럼 일어나기도 하고, 오랜 정신노동 후에 나오기도 한다. 처음에는 힘들게 연습을 해야 하지만 어느 순간 생활이 되기도 한다. 앞에서 제시한 시 쓰기의 단계나 방법들이 학생들의 생활 속에 자연스럽게 스며든다면, 자신의 이야기나 평소의 사유와 관찰 속에서 시가 저절로 솟아난다는 것을 느끼게 될 것이다.

5) 5단계: 다듬기

백일장에서 학생들이 쓴 시를 보면 시에 대한 잘못된 고정 관념이나 자주 반복되는 실수들이 드러난다. 따라서 자신의 시를 다듬기 전에 시와 시 아닌 것, 잘된 시와 어설픈 시, 좋은 시와 좋지 않은 시를 구분하는 눈을 갖는 것이 중요하다. 학생들이 자주 하는 실수를 중심으로 몇 가지 사례를 보여 주고, 다양한 시를 읽으면서 좋은 시와 좋지 않은 시를 구분하는 연습을 하도록 한다. 좋은 시에는 진실한 마음이 담겨 있고, 삶의 모습이 구체적으로 드러나 있으며, 새로운 삶에 대한 깨달음이 있다. 반면 좋지 않은 시는 상투적인 표현으로 식상한 느낌을 주거나, 지나친 감상에 치우쳐 독자가 시 속에 빠져들지 못하게 하거나, 시어나 시구의 단순 반복을 운율로 착각하거나, 자신의 생각이나 주장을 늘어놓고 설명하려 한다. 이처럼 좋은 시와 좋지 않은 시를 구분하는 연습은 시를 보는 안목을 높여 줄 뿐 아니라 자신의 시를 비판적으로 검토하고 발전시킬 수 있도록 해 준다. 이를 위해 시, 시적인 산문, 설명문, 행갈이만 된 줄글 등을 모아 제시한 후 '내가 시라고 생각하는 것과 그 이유 쓰기', '내가 시가 아니라고 생각하는 것과 그 이유 쓰기' 등의 활동을 한다. 또는 다양한 습작 시와 기성 시를 제시한 후 자신이 좋은 시라고 생각하는 것의 순위를 매기고 그 이유를 밝히는 활동을 한다.

이렇게 시에 대한 안목과 평가 기준을 갖추었을 때 자신의 시를 다듬고 고쳐서 발전시키는 것이 가능해진다. 시 창작의 마지막 과정인 '다듬기'는 교사와 동료 친구들의 도움이 많이 필요한 부분이다. 다듬기 단계에서는 학생들끼리 작품을 서로 바꿔 읽고 조언해 주는 과정을 거친다. '좋다', '나쁘다' 식의 결론보다는 구체적인 느낌을 말해 주도록 한다. '시를 읽어 본 전체 느낌이 어떠한가'로 이야기를 시작해 '시의 어떤 부분이 읽다가 걸린다' 등으로 나아간다. 한편 자신이 쓴 시를 혼자서 혹은 친구들 앞에서 낭송해 보는 것도 다듬기에 도움이 된다. 흔히 '나는'이라는 표현이나 '은/는', '을/를', '의' 등의 조사가 시의 흐름과 리듬을 방해하는 경우가 많다. 낭송하기에 거슬리는 부분은 빼거나 줄이거나 하면서 다듬어 나간다.

시의 전체 흐름을 다듬는 일은 시의 일관성과 관련된 일이다. 이 이야기 하다가 저 이야기 하는 식으로 오락가락해서는 시에 몰입할 수 없다. 이야기끼리 연관성이 있고 흐름이 있어야 좋은 시가 된다. 하지만 시 첨삭 지도에서 교사가 일방적으로 시를 고쳐 주는 일은 피해야 한다. 먼저 학생들이 시를 쓴 의도와 이야기를 듣고 여러 가지의 수정 가능성과 사례를 제시해 준다. 특히 표현하고자 하는 적절한 낱말을 찾는 경우에는 스스로 상상해서 자신의 시어를 만들어 내도록 하는 것이 중요하다. 도움을 주어야 할 상황이라면 전체적인 시의 분위기가 이러하니까 이런 시어면 어떨까 정도의 제안이나, 시의 흐름상 순서를 바꾸거나 일부 내용을 없애고 한번 읽어 보라고 하거나, 어떤 내용을 추가하면 시의 느낌이 어떻게 달라질 것인지 생각해 보라고 하는 등의 조언이면 적당하다. 조언이 결론이 되어서는 안 된다. 모든 선택은 학생 스스로 하도록 해야 한다. 그 과정이 시간이 걸리고 힘들겠지만, 어려운 과정을 거쳐서 써낸 시에 대해 학생들의 만족감과 자신감은 그만큼 높아진다.

학생들은 자신의 감정의 흐름이 흐트러지지 않는 범위 안에서 시를 다듬는다. 모든 다듬기 과정은 학생 스스로 수용할 때 가능한 것이다. 시 창작은 자신의 마음에 와 닿을 때 의미 있는 것이고, 그것은 개인에 따라 다르다. 따라서 자신의 시를 깨끗한 종이에 다시 쓰고 읽어 보면서 몰입할 수 있도록 해야 한다. '좋은 시'라는 결과물을 얻겠다는 지나친 욕심보다는 자신의 감정과 사유가 시의 전체 흐름 속에서 잘 녹아나도록 바꿔 가는 과정을 즐기도록 하는 것이 중요하다.

3——시 창작 경험의 교육적 효용과 가치

'창작'이라고 하면 새로운 것을 만들어 내는 것을 의미하지만, 국어 수업에서의 창작의 의미는 단순히 문학 작품을 만들어 내는 것만은 아니다. 창작의 결과보다 창작을 하기 위해 '왜', '어떻게'라는 질문을 내고 스스로 답을 찾으려는 과정이 창작 교육의 본질이 아닌가 싶다. 예술 교육을 제대로 하는 나라에서는 학생들이 어떤 재료를 가지고 어떻게 표현하든 그 결과로 점수를 매기지 않고, 왜 그런 작품이 나왔는지를 묻는다. 결국 창작 수업은 평소 국어 수업 시간에 공부한 것을 스스로 완성적인 형태로 정리하여 자연스럽게 배우는 활동이며, 작품의 완성도를 떠나 사물에 대하여 생각하는 힘을 키우는 과정이다.

아이들이 가장 관심을 갖는 것은 자신과 친구들의 이야기이다. 아이들은 좋은 내용이나 멋진 표현이 떠오르면 친구들에게 자랑하거나 그것을 가지고 장난을 치기도 한다. 그러한 과정에서 시 속에 점점 빠져들게 되고, 생각하는 일이 쉽지만은 않다는 것을, 그러나 생각하고 상상하는 일이 매우 즐겁기도 하다는 것을 깨닫게 된다. 이처럼 자신과 친구들의 이야기로 시를 창작하는 경험은 시가 멀리 있는 것이 아니라는 점을 깨닫는 시간이자, 공부라는 울타리를 넘어 자신들의 정서 생활 공간으로 시를 끌어들이는 시간이다. 그러므로 시를 쓰는 과정은 친구와 노는 시간과 구별되지 않는, 풀려 있는 공간이며 삶 속에서 공부하는 공간이 된다. 한 편의 시를 써 본 경험은 삶을 풍성하게 해 준다. 시로 인해 세상의 모든 것에 관심을 갖게 되고, 나아가 자신의 삶도 아름답고 풍성한 것으로 느끼게 된다. 이것이 아마도 문학 교육이 궁극적으로 지향하는 삶, 즉 문학을 즐기는 삶, 예술을 즐기는 삶일 것이다. 마지막으로 시 창작 수업을 하고 난 학생의 소감문으로 글을 맺고자 한다.

> 평소에는 사물에 대하여 멍하니 생각했었는데 좀 더 깊게 고민할 수 있었다. 사물에 대하여 자세히 보면서 작은 새나 나뭇잎, 벌레, 뿌연 색에 내 마음대로 의미를 부여하고 상상하는 것이 제일 좋았다. 우선 어려웠다. 처음에는 '멍'해져서 아무 생각이 안 났을 때 막막했던 것 같고, 생각이 나도 어떻게 쓸까 막막했었다. 하지만 처음에만 그랬지 막상 계속 시 창작 연습을 해보니까 재밌었다. 그냥 나만의 순수한 생각을 가지고 한 장의 종이에 글을 줄줄 쓸 때, 솔직한 나의 심정을 표현할 때, 또 다른 친구들의 작품을 볼 때 역시 재미있었다. 시 작품을 하나하나 쓰면

서 다 쓰고 검토까지 하고 나니 뿌듯했고 보람을 느꼈다. 시 쓰기는 매우 즉흥적이지만 많은 생각을 하고 있어야 가능한 일인 것 같다. 상황에 맞는 표현이 '딱!' 생각났을 때 쾌감 같은 것을 느꼈고 그 점에서는 굉장히 재미있었다.

_주상태

시 수업에서 시적인 수업으로
—고등학교 교실에서 시 읽기

1——교사 스스로 찾아가는 시 수업의 목표

교과서를 잠시 접어 두자. 참고서나 문제집은 책꽂이에 꽂아 두든가 아예 서랍 안에 넣어 두고 생각해 보자. 교실이라는 공간과 학생과 함께 있는 그 시간만을 떠올리며, 과연 '시'와 함께 무엇을 하려 하는지 잠깐 생각해 보자. 교사는 왜 시를 가르치고, 학생은 왜 시를 배우는 것일까? 이상한 답이 될지 모르지만 시 수업에 할당된 많은 시간 동안 교사는 시를 가르치지 않고, 학생은 시를 배우지 못한다. 특히 고등학교에서는 대학 입시와 평가를 위한 문학 교육이 당연시되는 상황이어서 '시'를 가르치기보다 시와 관련된 문제를 잘 풀 수 있는 '스킬'을 가르치고 배운다. 시가 지닌 고유의 울림을 교사나 학생 모두 공감하지 못하기에 진짜 시를 가르치거나 배우는 것이 아니라고 말한다면, 교사는 명쾌한 언술로 시를 정리하려 하지만 매양 가르치는 것은 시험을 위해 해체된 '상한 새'에 지나지 않는다고 말한다면 너무 지나칠까.

가장 먼저 따져 봐야 할 문제는 '시'란 무엇이고, '시'를 왜 가르쳐야 하는가에 대한 물음에 교사 스스로 답을 찾아야 한다는 점이다. 시 교육의 목표를 학생이 습득하고 경험해야 하는 것만으로 치부해 버리고 교사 자신을 배제하는 순간 아무리 적절하고 필요한 목표라 할지라도 시 수업은 겉돌 수밖에 없다고 생각한다. 시를 왜 읽고, 시를 왜 좋아하는지, 어떨 때 감동받고, 어떨 때 이런 저런 생각에 골몰하게 되는지 교사 스스로 따져 볼 때 어설프더라도 시 수업의 목표가 자연스럽게 가다듬어지리라. 그것은 공감이나 감동일 수도 있고, 상처받은 마음을 향한 위로일 수도 있다. 때로는 위선의 세상을 향한 외침일 수도 있고, 억압하는 권력을 향한 저항의 몸부림일 수도 있다. 아무리 읽어도 알 수 없었던 시구의 의미를 같이 탐색해 가는 과정 그 자체일 수도 있고, 다채로운 표현 기교를 배워 자신의 넋두리를 한 편의 시로 가꾸어 가는 과정일 수도 있다. 어쨌거나 시 수업의 목표가 무엇이든지 간에 그것의 범주는 교사가 알고자 하고, 느끼고 싶어 하는 만큼을 벗어나기 어렵다.

2——'시적 태도'를 이해하기 위한 다섯 가지 질문

실제 시 수업이 이루어지는 교실에서 시를 가르치고자 하는 교사는 종종 서럽다. 교사를 서럽게 하는 것은 교사를 외면하는 학생들의 태도와 문제 풀이에 매몰된 수업이다. 아니면 숨이 막힐 듯한, 교실 안팎을 둘러싸고 있는 여러 상황들이기도 하다. 이러한 현실 속에서 아무 일 없다는 듯이 시 작품 하나를 경전 해석하듯 대하고 공부하기란 쉽지 않다. 얽히고설킨 교사의 마음을 외면한 채 무색무취의 시 수업이 가능하기나 할까. 시 작품의 요소요소가 지식적으로 쏟아져 학생들의 시적 감흥을 덮어 버리는 현실에서 교사는 쉽게 지쳐 버린다. 그래서 시 수업 교실에서 먼저 짚어 봐야 할 문제는 교사와 학생 모두가 공감할 수 있는, 작품을 대하기 이전의 '시적 태도'이다. 그동안의 수업에서 학생들과 함께 나누고자 애써 왔던 문제를 간추려 본다.

1) 시의 언어는 왜 모호한가

시에 대한 학생들의 첫인상은 '어렵다', '추상적이다', '모호하다' 등이다. 시를 꾸준히 접하며 읽어 왔던 게 아니라면 교사 또한 낯선 시를 볼 때마다 어렵고 모호하다고 느낀다. 시가 추상적이고 어렵다며 짜증 내는 학생들에게 딱 맞춤인 문제가 있다. 명료함과 단순함에 대한 학생들의 편견을 잠시 깨뜨려 볼 수 있는 문제이다. 자칫하면 아주 썰렁한 분위기로 흐를 수 있으므로 끝까지 진지함을 잃지 말아야 한다.

칠판에 적당한 크기의 정육각형을 그린다. 그리고 학생들에게 질문을 던진다. '하나의 직선을 그어 이 육각형을 삼각형 두 개로 만들어 봐라. 제한 시간 1분.' 교사의 진지함을 의심하는 학생들이나 이미 답을 알고 있는 학생들을 적절하게 달래며 1분의 시간을 꽉 채우는 게 좋다. 그러고 나서 답을 알려 준다. 그림처럼 기다란 분필의 측면으로 육각형의 정중앙에 직선(?) 하나를 관통시키면 된다.

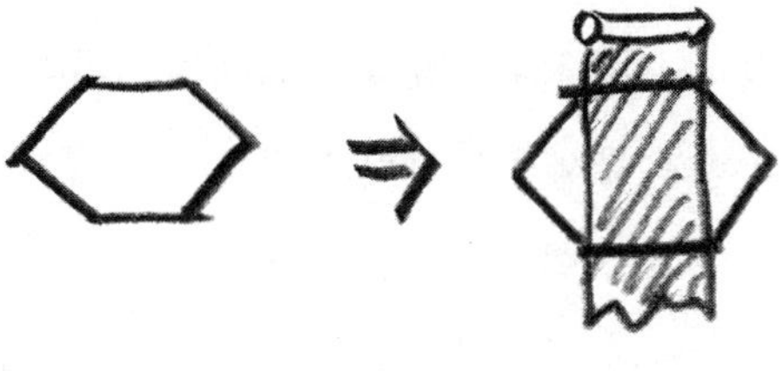

어느 학생은 감탄을, 어느 학생은 멀뚱거리는 눈빛을, 대부분의 학생은 야유를 보낸다. 야유가 많이 나올수록 성공이다. 교사는 학생들의 야유와 원성이 곧 편견에서 비롯되었음을 설명한다. 이 모든 것은 학생들의 관심을 환기하고 자신의 편견을 잠시나마 반성하게 하는 퍼포먼스이다. 여기서 학생들이 확인하는 것은 '직선'은 실재할 수 없다는 것이고, 가장 구체적이고 명료하다고 생각하는 수학이 가장 추상적이고 비현실적이라는 점이다. 반대로 시는 낯설고 모호하기 때문에 오히려 삶의 진실에 더 가까이 다가설 수 있다. 익숙해진 일상의 언어를 거부하는 순간 현실의 적나라한 민낯이 드러나기 때문이다.

2) 시의 이해에는 정답이 있는가

강의식 수업을 주로 하는 교사는 시 수업에 매력을 느끼기도 한다. 짧은 길이도 좋고, 어려워하는 학생들에게 아는 척하며 정리해 주기에도 딱 좋은 텍스트이다. 그렇게 표현상의 특징을 정리하는 수업에만 몰두하다 보면 이해하기 어려운 시구의 의미를 간과하는 경우도 많다. 가령 백석의 「여승(女僧)」을 떠올려 보자. 서사적 구조, 역순행적 구성, 화자의 태도, 비유, 백석 시인의 삶과 일제 말기의 시대상 등등이 수업의 내용으로 다루어진다. 그런데 정작 "나는 불경(佛經)처럼 서러워졌다"라는 시구에 대해서는 쉽게 다가가지 못한다. 시를 이해하는 데 결정적인 구절이 아니기에 그냥 넘어가도 되는 것일까? 시적 화자의 태도가 이 시를 이해하는 데 매우 중요한 요소라는 점을 인정한다면 이 시구 또한 화자의 태도를 집약적으로 보여 준다는 점에서 간과할 수 없는 구절이다. "불경처럼"이란 비유가 어렵다고 해서 그냥 넘어가서는 안 된다. 오히려 이 시구가 수업의 중심 내용이 될 수 있다. 답에 대한 강박증을 교사가 먼저 버려야 한다. 답을 아는 것만 가르치는 수업은 자칫 '시'를 더 멀리하게 만들 수 있다. 하나의 답을 정리하는 식의 시에 대한 이해는 시적 태도를 기르는 데 오히려 방해가 되는 것이다. 학생들과 함께 시의 의미를 찾아 나가는 탐색과 골몰의 과정이 '시적 태도'를 경험하는 지름길이다.

3) 화자의 정서는 화자만의 것인가

연민은 불쌍하다고 여기는 감정이다. 윤리적이고 도덕적인 감정이기 전에 원초적이고 본능적인 감정이다. 누군가에게는 전혀 느껴지지 않는 것이 시인에게는 애처롭게 다가오고 마음 아프게 다가온다. 그렇게 다가오는 것들은 아주 작고 쓸모없다 여겨지는 것들이기도 하고, 보이지 않고 들리지 않는 것들이기도 하다. 때로는 초라하게 여겨지는 시인 자신이기도 하다. 시 속에 담겨 있는 애잔하고 마음 아픈 속삭임은 함께 마음 아파할 줄 아는 이들에게만 들리는 법이다. 세상과 자신을 불쌍하게 여기는 마음은 어느 때에는 손을 오그라들게 하고, 지나친 자조에 불편한 마음이 들게도 하지만 그러한 마음 없이 어떻게 시를 읽을 수 있을까. 방 안에 들어온 작은 거미를 향한 백석의 시선(「수라(修羅)」)이나 고궁을 나오며 자신에게로 향하는 김수영의 시선(「어느 날 고궁을 나오면서」)을 좇아가기 위해서는 교사 먼저 그런 마음을 지녀 보고, 자신의 마음처럼 느껴 볼 줄 아는 체험이 필요하다. 교사가 시적 화자의 감정과 그가 처한 상황을 온전히 함께 공유하는 마음을 지닐 때, 그것이 가식이 아닌 진심 어린 마음으로 비칠 때 학생들은 그제야 '왜 저러지?' 하는 관심을 보인다. 진심 어린 마음을 쉽게 접할 수 없는 세상이기 때문에 더욱 그렇다. 세상과 사람을 향한 시선이 연민의 마음을 가질 때 시에서 만나게 되는 누군가의 삶을 자신의 것으로 받아들인다.

4) 시의 비유는 수사법에 불과한가

시를 이해하기 위해 시인의 시선과 같은 방향을 바라보다 보면, 가장 낯설고 신선한 것이 바로 '비유'이다. 학생들은 비유적 표현을 종잡을 수 없다고 느낀다. 직설적인 표현에 길들여진 학생들에게 비유는 생뚱맞고 낯설기만 한 복잡한 수사법에 불과하다. 그러한 선입견 때문에 교과서의 시 작품 위에는 어김없이 밑줄이 그어지고 '비유법'이라는 깨알 같은 필기가 적힌다. '비유'는 시 세계로 들어가는 문이자, 시적 태도로 세상을 볼 때 꼭 필요한 핵심이다. 음악가는 세상에 귀를 열어 악상을 떠올리고, 화가는 세상의 이미지 위에 선과 색을 더해 그림을 그리며, 시인은 상상력을 통해 사물과 또 다른 사물을 연결시키고 마음을 담아 시적 세계를 그려 낸다. 한 편의 시는 곧 시인의 비유이자, 시를 감상하는 우리들의 비유가 되기도 한다. 시를 감상하는 교사와 학생은 비유의 망 속에 들어가 한 부분이 된다. 학생들은 이미 시 속에 참여하고 있는 셈이다. 비유를 이해하고 자신의 것으로 체험하면서 고통 끝에 자신만의 비유를 발견해 낼 때의 희열은 학생들에게도 신선한 기쁨이다. 비유를 시적 태도의 핵심으로 이해하는 일, 그것은 학생들에게 시를 더욱 폭넓은 관점으로 이해하게 하고 능동적으로 시를 감상하게 하는 데 결정적이다.

5) 시를 왜 읽는가

'시를 왜 읽는가'라는 질문에 짧게 대답한다면 '자유로움을 경험'하기 때문이라고 말하고 싶다. 욕을 입에 달고 사는 학생들에게서 욕은 늘 금기의 대상이지만 시라는 테두리 안에 들어오는 순간 금기의 꼬리표를 떼고 시가 된다. 시의 리듬을 살려 자신만의 운율로 노래할 수 있다면 시는 음악적 자유를 선사하고, 시선이 머물지 않았던 세상의 한 단면을 시를 통해 접하게 된다면 시야가 트이는 자유를 경험하게 한다. 시를 통해 자유로움을 경험한다는 것은 너무 낭만적이고 사치스러운 생각일까, 아니면 시에 지나치게 막중한 책임과 의무를 부과한 것일까? 오해의 여지가 많을 수 있다고 본다. 그래서 조심스럽다. 하지만 은밀하게나마 이 자유에 대한 낭만을 잃지 않는다면 시 수업의 기본은 갖춰지리라 믿는다.

3——시 수업의 실제: 시적 태도의 구체화

대부분의 고등학교 학생들은 시 수업과 관련해 시험에 대한 부담감을 먼저 토로하는 경우가 많다. 시를 시답게 감상하고 자신의 것으로 내면화하는 경험을 즐겁게 수행하던 학생들도 지필 평가 점수에 울상이 되고 만다. 감상보다는 분석적인 수업, '밑줄 쫙 긋고' 식의 정리하는 수업을 바란다. 이처럼 시험을 전제로 한 수업을 당연시하기에 제대로 된 시 감상과 내면화의 과정을 교실에서 기대하기란 쉽지 않다. 어떻게 하면 학생들의 요구를 충족하면서도 시에 대해 세밀하고도 열린 감상을 도모할 수 있을까. 어떻게 하면 수능 시험과 대입 준비에 매여 있는 학생들에게 시를 시답게 가르칠 수 있을까.

많은 교사들은 다양한 매체를 활용하여 시를 더욱 쉽고 즐겁게 접할 수 있는 방안을 마련하기도 한다. 그러나 노래가 된 시를 음악으로 부르며 경험하는 것처럼 밀착된 수업 형식[1]을 찾는 것은 생각처럼 쉽지만은 않다. 하지만 학생들 입장에서는 EBS 문제집이나 시험 문제에서 늘 시 작품을 접하고 있으니 문제 풀이를 넘어서 시적인 수업을 도모하려는 교사의 노력은 더욱 소중하다. 다양한 예술 분야와 여러 매체를 활용한 시 수업 외에 시적 태도를 구체화하기 위한 방안을 제시해 보고자 한다.

1) 야외 수업: 시 수업의 동기 유발

어느 국어 교과서에 윤동주의 「길」이라는 작품이 나온다. 이 작품을 통해 작가의 개성을 이해하고 학생들의 개성이 담긴 문학 활동을 꾀하고자 하는데,[2] 실제 수업은 작품에 대한 분석과 이해만을 중심으로 전개된다. '개성'을 말하기 위해서는 어떤 기준점이나 비교할 수 있는 잣대가 필요하고, 그것을 중심으로 자신만의 특성을 감별해 내는 경험이 전제되어야 한다. 그러한 차원에서 더욱 적극적으로 자신의 개성을 확인하고 이를 시 수업의 동기로 활용하는 소박한 방안이 '야외 수업'이다.

학생들은 우선 교과서를 덮어 두고 교실을 벗어난다는 것에 약간은 흥미를 가질 수 있다. 물론 만사가 귀찮아 시큰둥한 학생들도 있다. 이런 학생들도 모둠별 활동이 전제된 상황이라면 다른 친구들에게 피해를 주는 것이 싫어 마지못해서라도 따라 나간다. 교실을 나가기 직전이나 직후에 학생들에게는 개별 과제 및 모둠 과제가 제시된다. 과제의 주제나 내용은 아래 표처럼 교정을 둘러보며 접할 수 있는 가장 일반적인 경험도 좋고, 연관된 작품이나 당시의 상황에 맞춰 다양하게 구성할 수도 있다. 예를 들어 시 작품이 나무와 관련된 내

1 음악과 관련된 수업 모델은 전국국어교사모임 매체연구부가 지은 『삶의 시 삶의 노래』(나라말, 2004)를 참고하면 좋다.

2 이숭원 외, 『국어 I』, 좋은책 신사고, 2014.

용이라면 '교정 안에서 가장 마음에 드는 나무 찾기'에서 시작해 '자신만의 짝꿍 나무 찾기', '나무에게 이름 붙여 주기', '나무의 진짜 이름 찾아보고 특성 알아보기' 등등의 과제를 구성해 볼 수 있다. 이때 중요한 것은 학생들의 과제 수행 과정이 추상적이고 막연했던 것에서 구체적이고 생생한 것으로 진행되게끔 구성한다는 점이다.[3]

개별 과제		모둠 과제		함께 하기
• 교정을 돌며 관심 가는 사물 열 가지 이상 적기 • 자신이 적은 사물에 관심을 갖게 된 이유를 생각해 보기	➔	• 모둠 친구들의 개별 과제 내용을 옆 친구와 교환해 발표하기 • 잘 이해할 수 없는 내용에 대한 질의응답	➔	각 모둠에서 개성이 잘 드러난 과제를 발표하고 공감하기

학생들 한 명 한 명은 비슷하면서도 조금은 다른 것들을 시선에 담아내고 기억한다. 그렇게 다른 곳으로 향한 시선에서 개성이 드러난다. 학생들이 자신의 개성을 확인하고 자신의 시선이 머무는 자리를 확인한 뒤에 시를 읽게 되면 시가 또 다른 개성의 표현이라는 것에 공감한다. 자신을 먼저 알아야 시인의 개성을 바라보고 이해할 수 있는 것이다. 학생들과 함께 수업해야 할 시들을 앞에 놓고 생각해 보자. 어떤 경험이 학생들에게 자신을 알아 가는 기회를 만들어 줄지. 그 행동이나 경험이 아무리 사소하다 해도 일상을 비켜 가는 순간의 경험은 깊이 각인된다. 볕도 바람도 좋아 무심코 옥상 위에서 펼쳐진 수업이나 '낙화'를 이해하기 위해 벚나무 둑길을 걷던 수업은 비록 치밀한 계획 아래 정리되지 않더라도 더할 나위 없이 훌륭한 시 수업이 된다.

2) 노래에서 시 찾기: 시적 표현의 이해와 내면화

학생들은 시를 절대적인 텍스트로 보고 지식화하려는 경향이 강하다. 그래

3 너무 낭만적인 내용이라 학생들의 몰입도에 의구심이 드는 상황이라면 '싫어하는 것'을 찾아보는 방법도 있다. 야외 수업의 주제와는 거리가 있지만 세상에서 가장 싫은 것을 찾아보자고 하면 냉소적인 학생들의 관심을 끌어내는 데 제격이다. 김수영의 시를 이해하는 데 어울리는 활동이다.

서 시가 아닌 가요의 노랫말을 이용한 시적 표현의 이해가 시를 이해하고 시적 언어를 내면화하는 데 유용할 수 있다. 학생들이 어려워하는 비유와 상징, 역설과 반어, 이미지 등의 표현을 이해하는 데 가요의 노랫말은 훌륭한 수업 자료인 셈이다. 아이유가 리메이크한 산울림의 「너의 의미」에는 "슬픔은 간이역에 코스모스로 피고"라는 구절이 나온다. 무슨 뜻일까? 음악을 듣고 따라 부르다, 학생들 스스로 이 구절의 의미를 탐색하게 된다면 그 과정 자체가 비유를 이해하기 위한 시 수업이 된다. 그러고 난 뒤 백석의 「여승」을 접하게 되면 자기 식대로 생각하는 일에 겁내지 않는다. "나는 불경처럼 서러워졌다"라는 모호한 시구를 접하게 되더라도 서로서로의 의견에 자신의 생각을 덧붙여 그럴듯한 의미를 생성해 내기도 한다. 대중가요의 노랫말에서 시적 표현을 접한 학생들은 우선 '시'라는 생각을 하지 않기에 겁을 먹지 않고 표현 자체를 절대시하지도 않는다. 이런저런 그럴듯한 이야기들이 마구 쏟아져 나오는 경우도 있고, 말은 많지만 그럴싸한 이야기는 없는 경우도 있다. 어느 쪽이든 이러한 과정을 통해 학생들의 말랑말랑해진 머리는 교과서의 시를 읽을 때에도 자유롭게 자신의 생각을 드러낼 수 있도록 해 준다.

대중가요와 시 구절에 대한 학생들의 감상

대중가요		시 작품
"슬픔은 간이역에 코스모스로 피고" (아이유, 「너의 의미」)		"나는 불경처럼 서러워졌다" (백석, 「여승」)
• 무슨 의미일까? – 슬픔은 아름다워요. – 슬픔이 코스모스래요. – 슬픔이 간이역에 있다고 하니까 오래 머물지 않을 거 같아요. – 슬픔이 곧 사라진다는 뜻이에요. – 짝사랑해서 슬퍼해요. – 하지만 그런 짝사랑도 코스모스처럼 예뻐요. – 다음 구절에 "스쳐 불어온 넌 향긋한 바람" 이란 말이 있는 걸 보니, '넌 바람, 난 꽃' 뭐 그런 말이에요. – 너를 사랑하는 마음은 코스모스처럼 예쁜데, 그 마음이 힘들어 흔들린다고 표현했어요. – 이런 짝사랑을 끝내고 고백하고 싶어 해요.	→	• 무슨 의미일까? – 나는 서러워해요. – 여승의 슬픈 과거에 함께 슬퍼하고 있어요. – 불경이 나온 걸 보면 종교적 태도와 연관된 거 같아요. – 여승이 된 여인은 불경을 읽으며 슬픔을 극복해요. – 불경은 늘 여인의 슬픔을 지켜봐야만 해요. – 하지만 아무것도 할 수 없어요. – 슬프다고 하지 않고 서러워졌다고 표현한 걸 보면 뭔가 억울함도 느껴져요. – 여인의 아픈 인생에 억울함과 원통함을 느껴요. – 마치 누군가가 잘못했다고 말하는 거 같아요.

위와 같이 유행하는 노래의 노랫말을 제시하고 학생들의 관심을 끌기에 성공하였다면 다음 차시 수업을 위해 학생들이 다양한 학습 자료를 수집·조사해 오도록 한다. 학습 목표에 따라 제시되는 과제는 하나의 주제일 수도 있고, 여러 가지일 수도 있다. 가령 시의 비유적 표현을 이해하는 것으로 학습 목표를 제한한다면 학급 전체 과제로 하나만 제시한다. '비유적 표현이 들어간 노랫말 찾아오기'를 예로 들 수 있다. 여러 차례의 시 수업 이후 시의 다양한 표현을 종합적으로 이해·적용하는 단계라면 여러 과제를 각 모둠 구성원별로 나누어 수행할 수 있도록 구성하는 것이 바람직하다. 예를 들어 학습 목표를 '비유적 표현 이해하기', '역설적 표현 이해하기', '반어적 표현 이해하기', '감각적 이미지 이해하기'의 네 가지 항목으로 설정한 경우, 각 항목에 대한 과제를 각각 제시하고 각 모둠의 구성원이 네 가지 항목의 과제를 나누어 수행할 수 있도록 안내하는 것이다. 이렇게 하면 모든 모둠이 네 항목의 과제를 모두 수행하고 모둠별 협의 시간을 통해 네 가지 과제를 상호 검토하면서 자연스럽게 시적 표현의 특징을 이해할 수 있게 된다.[4]

물론 앞의 아이유의 노래처럼 교사가 예시로 들 만한 것을 미리 찾아 놓고 적절하게 제시할 수 있도록 준비해 놓는 게 필요할 수도 있다. 이때 학생들이 쉽게 공감할 수 있는 노래가 좋을 거라 판단하고 최신 유행 가요만을 찾다 보면 워낙 직설적인 노랫말에 낙담할 수도 있다. 그러나 학생들은 몇몇 음악 방송 프로그램의 힘 때문인지 7080 세대가 알 만한 가수들의 노래들도 비교적 잘 알고 있다. 유재하, 김광석, 이문세, 산울림 등이 부른 노래를 살펴보자. 서정성이 돋보이고 시적 표현이 풍부한 노래는 요즘 아이들에게도 공감을 얻을 수 있다.

4 학생들의 모둠별 과제는 늘 수업 전 미리 걷어 살펴보는 게 좋다. 그래야 학생들이 어려워하는 시적 표현이 무엇인지 파악하여 수업 방향을 어느 쪽으로 이끌어 가야 할지 가늠할 수 있다. 실제 수업에서는 '비유'를 찾기 어려워하고, '역설'과 '반어'의 차이를 구분하기 어려워하여 이 부분에 많은 시간을 쏟아붓게 된다.

'노래에서 시 찾기' 모둠별 학습지 예시

모둠별 과제 학습장

___학년___반 모둠명________

과제 내용	노랫말	해당 곡	조사자
1. 비유적 표현 찾기			
2. 역설적 표현 찾기			
3. 반어적 표현 찾기			
4. 감각적 이미지 중심의 표현 찾기			

3) 생각 나누기: 주체적 감상과 내면화

2009 개정 교육과정 문학 과목에는 "작품은 내용과 형식이 긴밀하게 연관되어 이루어짐을 이해하고 감상하며 창작한다."라는 성취 기준이 나온다. 이를 위해 어느 교과서에는 김소월의 「산유화(山有花)」를 바탕글에 제시하고, 연관성과 관련된 학습 활동이 나온다. 그런데 이 문항들 중에 내용과 형식의 '연관성'에 관한 문제는 한 문항에 그치고 나머지는 형식의 특징을 묻거나 각 연별로 내용을 파악하는 수준에 머물고 있어 어떻게 내용과 형식을 연결시켜 이해해야 할지 난감해진다. 감상의 내면화 과정이 없는 형식적 특성에 대한 분석은 학생들을 작품에 대한 제한적 지식에만 머물게 한다. 학생들이 다른 낯선 시를 볼 때 적용할 수 있는 감상의 내공은 생성되지 않은 채 말이다. 형식적 특성에 대한 문제를 학생들의 자유로운 발표에 맡기면 시구와 시어의 반복, 반복 속의 변주, 짧은 행의 길이와 잦은 행갈이, 운율, 시어의 반복과 변주, 어조 등 형식적 특성에 대한 다양한 의견이 쏟아진다. 물론 잘 정리되지 않은 거친 표현으로 나오지만 학생들의 시선은 교사 한 사람의 시선보다 더 예리하다. 그처럼 다양한 의견을 정리해 주고 내용과는 어떤 관계가 있을지 다시 논제화해서 제시하는 일, 그것이 교사의 몫이다.

앞서 아이유의 노랫말과 백석의 시로 학생들 스스로가 여러 의견을 나누어 보았듯이 '생각 나누기'는 교실 안의 모두가 자유롭게 발표하고 반박하는 자유 토론의 방식이 이상적이지만 학급이나 학년의 상황, 또 교사의 선호에 따라 여러 방안을 생각해 볼 수 있다. 시에 대한 학생들의 선입견이나 매사에 시큰둥한 태도에서 어떻게 해서든지 벗어나게 해야 하는 상황이라면 친절한 안내와 적절한 장치를 마련해 주는 것이 바람직하다. 예를 들어 「산유화」를 통해 '내용과 형식의 연관성'을 이해하는 수업인 경우 모둠을 나누어 각 모둠에 구체적인 논제가 담긴 유인물을 미리 배부하고 정리하게 한 다음 모둠별 토론을 하게끔 구상해 본다. 이때 시 작품에 대한 분석과 이해를 넘어 학생들의 일상이나 우리의 삶이 결국 내용과 형식의 어우러짐 속에서 표출되는 과정임을 내면화할 수 있도록 한다면 좋을 것이다.

이를 위해 학생들 스스로 영화감독이나 소설가, 사진가, 만화가 등의 예술가 중에서 하나를 선택하여 더욱 구체적인 형식을 생각해 보게끔 하고, 자신이 의도한 주제나 내용에 가장 적합한 형식인지를 다른 모둠원들과 토론하고 공유하는 과정을 경험하게 한다. 분위기가 안 잡히면 수행 평가와 연관시켜 모둠별 과제 학습장의 내용을 보충하여 제시해 보자. 가령 학습지 뒷면에 다른 모둠 친구들의 평가표를 덧붙이고 자신을 제외한 다른 모둠원들이 자신의 과제 학습을 살펴보고 평가하게 하는 방식이다.

'모둠별 생각 나누기' 학습지 예시

모둠별 생각 나누기

____학년 ____반 모둠명__________ 이름__________

김소월, 「산유화」

형식적 특징	내용과의 연관성	연관성의 이유
시어의 반복		

우리의 일상에서 살펴보는 형식과 내용

형식	내용	이유
	나의 진정한 사랑	
	친구에 대한 우정	

내 영화(소설/사진/만화)의 주제

구체적인 형식	내용	이유
강풀 식의 웹툰	대한민국 청소년의 우울한 일상	대중적 공감과 위로를 느끼고 싶어서

위의 예시에서 특히 '내 영화(소설/사진/만화)의 주제' 항목을 중심으로 '잘했다/못했다'의 평가보다는 다른 친구의 삶의 형식과 내용을 엿보고 감상하는 내용으로 평가할 수 있도록 안내하는 것이 좋다. 각 모둠에서 한두 명만이라도 세심하게 살펴보고 배려할 줄 아는 학생이 있으면 모둠원 전체가 다른 친구의 과제를 정성껏 읽어 주고 꼼꼼하게 평가해야 한다고 생각하게 된다. 학생들은 친구의 생각을 보고 느끼는 과정 속에서 자신의 생각을 정돈해 나가고, 이 과정을 통해 시 작품 또한 자신의 관점으로 감상하기 시작한다.

4) 사진과 그림 분석: 다른 매체를 활용한 시의 종합적 감상

사진이나 그림을 직접적으로 시와 연관하여 시 수업의 자료로 삼는 경우 보통 두 가지 유형을 보인다. 하나는 사진이나 그림을 모티프로 삼아 창작된 시 작품을 공부할 때 시와 함께 그 작품을 곁들여 놓아 시의 이해를 높이는 경우이다. 김혜순의 「납작납작–박수근 화법을 위하여」를 이해하기 위해 박수근의 「세 여인」을 비교하며 감상하고, 문정희의 「자화상 부근」을 그 모티프가 된

고흐의 「파이프를 물고 귀에 붕대를 한 자화상」과 함께 감상하는 식이다. 이와 같이 몇몇 시에서 그림에 대한 이해는 시를 이해하기 위한 필수적 조건이 되기도 한다. 그 밖에 대부분의 경우 시 작품에 대한 이해보다는 시에 대한 감상 이후 이를 확장하여 다른 표현 활동을 하는 데 이용된다. 이러한 작품들은 시와의 연계성이 직접적이기보다 다소 겉돈다는 느낌이다. 그래서인지 실제 수업에서는 진도가 바쁘다는 핑계로 사진이나 그림을 살펴보는 일을 번거롭다고 생각하는 경우가 허다하다. 이는 시 작품과의 연관성을 따질 때 내용적인 측면만을 살피기 때문이다.

사진이나 그림은 그 자체로도 매우 시적이다. 시는 일상의 언어를 기본 형식으로 취하고 있으나 그 일상을 늘 벗어나려 하고, 사진이나 그림은 빛이나 선과 색이라는 익숙한 시각 정보와 형식을 기본 재료로 삼고 있지만 그 익숙함을 늘 넘어서려 한다는 점에서 서로 닮아 있다. 사진이나 그림을 통해 시적 발상과 표현 속에서 느낄 수 있는 미적 충격과 재미를 느낀다면 에둘러 가더라도 시의 본질에 다가가는 수업이 될 수 있다. 유진 스미스의 「사이판 섬의 아기」[5]는 이용악의 「풀벌레 소리 가득 차 있었다」에서 나타난 비극적 아이러니를 이

유진 스미스, 「사이판 섬의 아기」

앙리 카르티에 브레송, 「아테네, 그리스」

5 최민식의 『사진이란 무엇인가』(현문서가, 2005)에서 인용한 것을 참고함.

해하는 코드를 제공하고, 앙리 카르티에 브레송의 「아테네, 그리스」[6]는 비유가 지닌 핵심 고리를 보여 준다. 이 사진을 보고 난 뒤라면 박재삼의 「추억에서」를 읽으면서 "달빛 받은 옹기전의 옹기들"이 자연스럽게 달빛 속으로 밤늦게 귀가하는 어머니의 실루엣과 겹치게 됨을 간파하게 된다. 르네 마그리트의 그림 「붉은 모델」을 보면서 송찬호의 「구두」를 읽는다면 시 속의 상징과 이미지의 중첩을 이해하는 데 중요한 열쇠를 갖게 될 것이다. 시가 갖는 장르적 특성을 이해하고 일상적 언어 표현을 넘어서는 시적인 수사와 표현에 공감하기 위해서, 시와 그 특성을 공유하고 있는 인접 예술의 특성을 활용하는 것이 효과적일 수 있다. 시를 어렵다고 밀어내는 학생들에게 '그래도 중요하니까 봐야 돼' 하는 식의 당위적 접근은 시를 더 싫어하게 만들 수 있으므로 그림이나 광고 등의 다른 매체를 통해 시적 언어를 에둘러 이해하는 일은 생각보다 중요하다.

5) 낭송하기: 시적 화자의 어조와 운율

문제집 풀이로 진행되는 고등학교 3학년 교실에서 시를 통해 삶의 깨달음과 울림을 얻고자 하는 시 교육 본연의 모습을 잃지 않는 것이 가능할지 모르겠지만, 그래도 소박한 원칙을 일관되게 실천해 나가는 것마저 소홀히 여길 수는 없다. 문제집에서 문제로 다루어지지 않는 내용을 학생들에게 묻고 답하게끔 유도하는 과정을 통해 주어진 틀을 넘어 학생 스스로 질문을 찾아내고 생각하는 훈련을 하게 하는 것도 좋다. 수업 시간을 이용하는 것이 부담스럽다면 학생들이 일주일에 한 번씩 자신이 좋아하는 시를 교실에 붙여 놓고 모두가 자연스럽게 감상하게 하는 것도 좋다. 이도 저도 어렵다면 가장 단순하면서도 실천하기 쉬운 것 중 하나가 '낭송하기'이다. 수업 시간에 문제를 풀기 전 시적

6 앙리 카르티에 브레송 재단의 홈페이지(http://www.henricartierbresson.org)와 조승래의 '현대 사진의 수사법'이라는 블로그(http://blog.naver.com/PostView.nhn?blogId=photomac&logNo=10067313427)를 참고함.

정황과 화자의 태도에 대해 충분히 이해한 뒤 시를 낭송하게 해 본다. 건너뛰는 학생이 없도록 각 반마다 규칙을 정해 놓고 일관되게 적용해 나가면 좋다. 낭송을 통해 자신의 목소리를 느끼면서 시를 체험하는 일은 시적 화자의 심정을 자신의 것으로 경험하는 데 유용하다. 자신의 영어 발음을 녹음하였다가 다시 들으며 교정하는 것처럼 화자의 태도를 자신의 육성으로 재현해 보는 것은 시에 가까이 다가가기 위한 효과적인 방법이 될 수 있다. 또 소리를 내거나 듣는 행위는 시를 감각적으로 체험하게 하는 효과도 있다.

4——시를 좋아하는 교사에서 시작되는 수업의 혁명

의례적으로 나누는 대화를 보고 흔히들 '영혼 없는 말'이라고 하며 핀잔을 주곤 한다. 가르쳐야 하기에 억지로 준비한 시 수업은 아무리 정교하고 많은 준비가 되어 있어도 영혼 없는 수업일 가능성이 높다. 돌이켜 보면 준비를 엄청 해 놓고 기대하던 수업도 무슨 이유인지 맥이 빠져 더 어려워지는 경우가 있고, 별 기대 없이 시작한 수업인데 우연한 몇몇 요인들로 어느 때보다 학생들과 밀착하고 융화되면서 기분 좋은 수업으로 마무리되는 경우도 있다. 물론 수업의 여러 성공 요인 중 준비에 들인 공은 거의 절대적이다. 하지만 그것이 전부가 아닌 것도 분명해 보인다. 사실 그것이 무엇인지 늘 궁금하였다. 예측하기 어렵고 준비하기 어려웠던 그 무엇. 아주 미미하지만 없으면 안 되는 결정적인 그 무엇. 그것은 문학에 대한, 시에 대한 교사의 태도가 아닐까. 물론 모든 수업의 성공 여부를 개인의 영역으로 환원하는 것에는 반대한다. 다만 학생들에게 피부로 느껴지는 교육과정과 재구성되어 제시되는 교과서가 한 명의 교사에게서 비롯된다는 점은 분명하다. 교사는 교사 스스로 시 수업의 교육과정이자 교과서이다. 그리고 '시'는 기성의 시 작품과 학생들로부터 발현되는 다양한 변주의 정서 사이에 있는 그 무엇이라는 점을 강조하고 싶다.

학생들과 부딪치고 뒤섞이는 살벌한 수업에서 교사와 동떨어진 교육과정과 교과서는 생색내기에 불과할지도 모른다. 더욱이 예기치 못한 수많은 변수 앞에 놓인 교사가 아무리 고도의 훈련을 받는다 해도 일목요연하게 교과서의 교육 목표라는 나침반을 가지고 정글 같은 수업 시간을 무사히 헤쳐 나가기란 만만치 않다. 이럴 때일수록 기본이 중요하다. 정글을 헤쳐 나갈 수 있는 가장 기본적인 요건은 정글을 헤쳐 나가는 일 자체를 좋아해야 한다는 것이고, 시 수업의 기본은 교사가 시를 좋아해야 한다는 점이다. 시를 분석하고 수능형 문제를 잘 푸는 것이 시를 좋아하는 일보다 더 중요할 수는 없다. 시 수업이 어렵다면, 문학 수업이 힘겹다면, 반문해 볼 일이다. 내가 과연 문학을 좋아하고 시를 좋아하는가. 시 수업 교실의 혁명은 이러한 성찰에서부터 시작될 것이다.

_표영조

시의 이해에서 시 창작에 이르기까지
—고등학교 교실에서 시 쓰기

1——'시란 무엇인가'로 시작하기

몇 년 동안 한 고등학교에서 운영된 시 창작 수업을 담당한 적이 있다. 이 수업을 신청한 학생들을 파악해 보니, 장래 희망으로 문학과 관련된 일을 원하는 학생들도 있었지만 단순히 문학에 대해 막연한 호기심을 가진 학생들이나 다른 교과에 흥미를 가지지 못해 자신의 진로를 모색해 보자고 선택한 학생들도 있었다. 그만큼 '문학'이나 '시'를 깊이 이해하거나 창작에 익숙한 학생들의 수는 상대적으로 적었다. 정규 교과목에 쫓기는 현재의 고등학생들을 생각한다면, 시 창작 수업은 그들에게 색다른 기회와 경험을 제공한다는 측면에서 긍정적인 평가를 받을 수 있을 것이다. 그러나 대학 입시 위주로 진행되는 수업 때문에 학생들과 '시'를 통해 소통한다는 것은 그리 쉽지만은 않은 일이기도 하다.

시 창작 수업에서 학생들에게 처음 던진 질문은 "시란 무엇일까?"였다. 세상에서 완벽하게 정의된 문장은 존재하지 않지만 정의는 대상을 개념화하고, 이 개념화 속에는 핵심적인 부분과 생략된 부분이 공존한다. 그 핵심과 생략을 이해한다면, 즉 시가 왜 시일 수 있는지에 대한 조건들과 드러나지는 않지만 시가 지닌 자장을 이해한다면 서서히 시라는 장르에 친숙해질 수 있으리라는 기대감이 있었다. 한편으로 그것은 시를 얼마나 알고 있는지 파악하기 위한 가장 현실적인 질문이기도 하였다.

학생들은 여러 가지 대답을 내놓았다. '은유'나 '직유', 또는 '리듬'이나 '이미지'처럼 단어를 던지는 학생들도 있었고, '함축하여 쓰는 글'이란 표현처럼 자신만의 정의를 꾸려 가는 학생들도 있었다. 그러나 중요한 것은 '시는 어렵다'는 생각과 '시는 친숙하지 않다'는 생각을 대다수가 가지고 있었다는 것이다. 더욱이 '시집'의 형태나 '시인'의 존재에 대해서는 거의 무감각하였다. 이러한 결과는 교과서에 나오는 작품 외에는 좀처럼 시를 접할 기회가 없었던 데다가 영화나 음악과 같은 장르보다 접근성이 떨어지기 때문에 빚어진 당연한 현상일 것이다. 그래서 시 창작 수업의 기본 방향을 시에 대한 고정 관념을 버리게 하고 창작의 횟수보다는 창작에 접근하는 태도에 중점을 두기로 하였다. 무작정 시를 쓰게 하는 것보다 자신이 쓰려는 글이 어떤 글인지 알아 가는 과정을 체득한다면, 시 창작 수업이 고정 관념과 압박으로부터 벗어나면서 창작에 다가갈 수 있는 기회가 될 수 있다고 생각하였기 때문이다.

상황에 따라 수업 방식을 조금씩 바꾸긴 하였지만 이 수업의 큰 맥락을 정리하면 다음과 같다.

접근 과정		준비 과정		창작 과정
–고정 관념에서 벗어나기 –시와 예술적 상상력 연계하기	→	–사물을 다르게 바라보기 –시적인 문장 써 보기 –시적 진술 연습하기 –시적 묘사 연습하기	→	–내용을 구상하여 산문으로 쓰기 –산문을 시로 써 보기 –동료들과 시 감상하며 토론하기 –소리 내어 읽어 보고 퇴고하기

2——시에 접근하기

1) 시의 주제와 고정 관념

시 창작의 첫걸음은 비교적 우리에게 익숙한 시의 구성 요소를 예로 들어 문학의 한 장르로서 시가 가진 특징에 대해 토론하는 것이었다. 관점에 따라 따르겠지만 일반적으로 시는 운율, 심상, 주제로 이루어졌다고 가정해 보기로 하였다. 운율과 심상은 상대적으로 학생들이 잘 이해하고 있었다. 이 용어들을 리듬과 이미지라는 말로 바꾸어 설명하자 더 친숙하게 받아들였다. 그러나 주제에 대해 토론하기 시작하였을 때 학생들이 어떤 강박에 갇혀 있다는 것이 느껴졌다. 학생들은 시가 가진 주제를 문장으로 요약하고 설명해야 하는 것으로 알고 있었다. '주제'를 시험 문제의 답처럼 인식하였고, 또 주제가 어느 정도 드러나야 읽기가 편하다고 여기는 것 같았다. 그래서 시에서 '주제'라는 말은 흔히 알고 있는 요약된 문장이 아니라 더 포괄적으로 쓰일 수 있는 말임을 강조하면서, 시의 주제는 어떤 가르침이나 지시에 한정되는 것이 아니라 분위기, 의미, 자극, 통찰력이라는 말로 대체 가능하다고 설명해 주었다. 주제는 쉽게 통칭하기 위한 편의상의 용어로 여기면 되고, 좀 더 크게 보면 '느낌'으로 불러도 된다고 하였다. 시에서 시인이 자신의 생각과 관점을 드러내는 일은 당연하지만 그것이 꼭 명확한 주제로 한정될 필요는 없을뿐더러 독자는 시를 읽으면서 내용을 파악하는 것이 아니라 자신에게 다가오는 감정과 감각을 느끼는 것임을 알려 줄 필요가 있었다.

또 이러한 점이 예술의 한 분야로서 문학이 가지는 특징임을 설명하려고 노력하였다. 요컨대 문학은 어떠한 현실이나 상상력에 대해 언어로 표현하는 행위이지만 문학 자체가 반드시 해결책이나 대안이 되지는 않는다, 문학은 세계를 자극하고 경계하고 작가만의 방식으로 바라보는 것일 수 있으며 그러한 글쓰기가 읽는 사람들의 사고를 자극하고 격려하는 것 자체로 의미를 지닐 수 있다고 말해 주었다. 무엇보다 시는 시만이 지니는 형식으로 이러한 점들을 더 함축해서 언어로 나타내는 장르임을 강조하였다.

시에 대한 이해의 시간을 충분히 가진 후에는 학생들과 함께 작품을 감상하고 토론하는 시간을 가졌다. 대상 작품에는 기성 시인의 작품과 고등학생이 쓴 작품을 두루 포함시켰다. 작품 감상의 일차적인 목적은 단순하였다. 시의 전체적인 윤곽을 이해하고 주제 의식에서 벗어나게 함으로써 시를 읽을 때 주제를 찾아야 하고 명확한 의도를 알아야 한다는 강박증에서 풀어 주고 싶었다. 작품 감상은 여러 번 낭독을 하고 주제라는 말 대신 '느낌'이라는 말로 해당 작품이 어떤지를 각자 말해 보기로 하였다. 학생들은 처음에는 '좋다', '슬프다', '어떤 이야기 같다'는 식의 막연하지만 단순한 말들로 시의 느낌을 표현하였다. 그러한 느낌을 좀 더 구체적으로 표현하도록 하기 위해서 시에서 가장 마음에 드는 문장을 고른 뒤 그 문장이 왜 좋은지에 대해서 말해 보자고 제안하였다. 한 편의 시를 보는 관점은 다양하게 나타났고, 그런 느낌들이 모두 시의 느낌이 될 수 있으며 느낌은 한정적이거나 동일하지 않다는 사실을 서로 공감하기 시작하였다.

2) 시와 예술적 상상력

이후에 시와 좀 더 친해지기 위해 다른 예술 장르와 시의 연계성을 살펴보았다. 예술의 한 장르로서의 시와 다른 예술 장르와의 공통점과 차이점을 생각해 보면 시가 가지는 특징을 더 잘 이해할 수 있고 친근하게 시에 다가갈 수 있으리라 여겼기 때문이다. 이 단계는 크게 '시와 음악', '시와 영화', '시와 미술' 세 부분으로 나누어 수업이 진행되었다.

(1) 노래로 들어보는 시

시에서 음악성은 상당히 중요한 역할을 한다. 크게는 연과 행, 세부적으로 보면 문장의 호흡과 긴장감 모두 시의 운율과 관련된 것이고, 이는 시가 가진 음악적인 요소들이다. 그러므로 시의 음악성을 잘 이해하기 위해 노래로 만들어진 시를 듣고, 시를 읽을 때와 노래로 들을 때의 느낌에 대해 함께 이야기해 보았다. 이 과정에서 학생들은 시를 소리 내어 읽거나 묵독할 때 시의 가장 기본적인 형식인 행과 연의 분할, 어절과 문장의 길이 등이 중요한 요소가 된다는 것을 이해하였고, 음악으로 들을 때는 시의 내용에 맞는 음악의 분위기와 가수의 목소리가 중요하다는 결론에 이르렀다. 이에 따라 시의 기원이 음악과 맥락을 같이하지만 시의 리듬과 노래의 리듬이 다르다는 것을 느낄 수 있었다. 시는 노래가 아님에도 어떻게 언어를 통해 리듬을 만들어 낼 수 있는지에 대해 생각해 볼 기회를 가진 것이다. 대상 작품은 『노래로 만나는 시』라는 음반*에 담긴 신경림의 「눈 온 아침」, 곽재구의 「누런 똥」, 그리고 『시와, 커피』에 「인사」라는 노래로 탄생한 김선재의 「마지막 들판」 등이었다.

(2) 영화로 바라보는 시

시인의 삶이나 시와 관련된 영화를 함께 감상하고 토론하는 시간을 가졌다. 영화 감상에서는 영화라는 매체가 가진 친숙성 덕분에 학생들의 집중력을 높일 수 있었으며, 시인의 삶이나 시에 대해 조금 더 구체적이고 현실적으로 접근하는 과정이 되었다. 또한 영화 속에서 인상 깊었던 대사와 장면을 각자 뽑아 보고 자신이 상상하였던 시인 및 시 창작과 영화 속에 나타난 그것들의 차이점을 생각해 보았다. 대상 작품은 마이클 래드퍼드 감독의 「일 포스티노」, 이창동 감독의 「시」였다.

특히 인상 깊었던 대사와 장면을 꼽을 때 학생들이 가장 많이 이야기한 부분은 「일 포스티노」에서 마리오가 네루다에게 시가 무엇인지 묻는 장면이었다. 네루다는 "시란 설명을 하면 진부해지고 말아."라고 말하면서 메타포에 대해 마리오에게 알려 주는데, 학생들은 그 대사가 함축하는 의미가 무엇인지 궁금해하였고, 이 부분에 대해 큰 틀에서 '왜 시는 메타포인가?'를 두고 함께 토론

* 가수이자 작곡가인 신재창이 윤동주, 이용악, 신경림, 도종환, 나태주 등 한국 대표 시인들의 시를 노래로 작곡하여 발표한 음반으로 현재 3집까지 발매되었다.

하는 시간을 가졌다. 이 과정을 통해 시를 창작할 때 직설적인 토로보다 대상을 다른 사물이나 관념에 비유해서 표현하는 것이 얼마나 효과적이고 읽는 사람들에게 다르게 다가오는지를 알아보았다.

(3) 그림으로 바라보는 시

미술 작품에서 모티프를 얻은 시나 시에서 모티프를 얻은 미술 작품을 살펴보고 그 작품들 사이에 어떠한 유사성이 있는지에 대해 토론하였다. 이 수업은 시가 언어로 이루어진 예술이지만 그 속에서 회화성이 상당히 중요한 몫을 차지하는 장르이며, 미술과 시 장르 간에 교섭이 이루어질 수 있다는 사실을 알아 가기 위해 진행한 것이다. 이 과정을 통해 대상이 언어화되는 지점에서 상상력은 주요한 밑천이 되며 또 그 상상력의 형상화 방식에 따라 다양한 표현이 나타날 수 있다는 것을 파악하였다. 대상이 된 미술 작품과 시는 아래와 같다.

미술 작품	시
한기창, 「뢴트겐의 정원」	권오영, 「뢴트겐의 정원」
이중섭, 「부부」	함민복, 「부부」
샤갈, 「나와 마을」	김춘수, 「샤갈의 마을에 내리는 눈」
김환기, 「어디서 무엇이 되어 다시 만나랴」	김광섭, 「저녁에」

위의 시들을 낭독하고 또 그림들을 감상한 후 학생들은 시에서 문장으로 만들어진 분위기와 이미지가 색과 선으로 구성된 그림의 형상화 방식과는 다르다는 것을 알았으며, 문장은 시각에 의존하는 그림과 달리 묵독과 낭독을 통한 청각에 의존해야 한다는 사실에 접근하였다.

3——시 창작 준비하기

1) 사물을 어떻게 바라볼 것인가

글을 쓸 때 처음으로 부딪히는 문제는 아마 '무엇을 쓰느냐'일 것이다. 창작 경험이 많지 않고 또 주어진 글감이나 방향에 따라 글을 써 온 학생들에게 무턱대고 시를 쓰라고 하는 것은 오히려 거부감을 일으킨다. 한편으로는 많은 학생들이 시는 거창한 내용을 이야기하는 분야이며, 자신들의 생활과는 동떨어진 세계라고 생각하기 쉽다. 쓰고 싶은 내용을 구상하기는 하였으나 그것을 어떻게 발전시켜 나가야 하는지에 대해 어려움을 호소하는 것이다. 그래서 글을 쓰기 시작하는 순간부터 상당한 압박감을 느끼곤 한다. 결국 좋은 시를 쓰기 위해서는 글감의 문제도 중요하지만 대상을 '어떻게 바라볼 것이냐' 또한 중요한 문제라 할 수 있다. 아주 사소한 사건이나 순간, 고민, 기분 등도 시로 이어질 수 있고, 그러한 부분들을 해석하고 구체화하는 방법이 시를 쓰게 만드는 중요한 요소가 되는 것이다.

이 점을 조금 더 쉽게 풀어 가기 위해 사물과 관념을 다른 시각으로 바라보고 토론을 진행해 보는 시간을 가졌다. 예를 들어 하나의 사건이나 사물을 정해 학생들이 그것을 생각해 보고 자신이 바라보는 관점을 정리해서 말해 보는 것이다. 만약 '의자'라는 사물이 중심이 된다면, 의자를 보고 곧바로 떠오르는 각자의 관점을 말해 보도록 하였다. 처음에 나온 의자에 대한 학생들의 반응은 다음과 같았다.

-의자는 앉는 것이다.

-의자는 책상이 필요하다.

-의자는 딱딱하다.

이렇게 정리된 의자에 대한 직선적인 시선에 변화를 주기 위해 의자의 모양이나 기능을 의인화하거나 직유화하는 작업을 진행하였다. 그러자 다음과 같은 반응이 나왔다.

–의자는 앉아 있는 사람 같다.

–온몸으로 누군가를 받아 주는 의자는 품이 넓은 엄마다.

–서 있는 책상과 앉아 있는 의자는 마치 부부처럼 다정하다.

이 과정을 통해 사물을 조금씩 다르게 바라본다면 다르게 이해할 수 있다는 사실을 학생들이 공감하기 시작하였다. 또 의자가 소재가 된 시나 산문을 읽어 보고 작가는 의자를 어떻게 바라보고 있는지 공유하면서 관찰이 문학적인 사유로 이어지는 과정을 체험해 보았다. 특히 시인이 한 가지 사물에 대해 자신의 생각을 쓴 『시인의 사물들』(강정 외, 한겨레출판, 2014)을 함께 읽어 보고 사물에 대해 자신이 생각하고 있는 시선과 시인이 생각하고 있는 시선이 어떻게 다른지를 살펴보면서 표현과 상상력의 중요성에 대해 의견을 나누었다.

2) 시적인 문장을 어떻게 쓸 것인가

시라는 장르와 다른 예술과의 연관성에 친숙해질 즈음, 시 창작을 위한 본격적인 과정에 들어갔다. 창작에 익숙하지 않은 학생이 대다수였으므로 곧바로 한 편의 시를 쓰는 것보다 시적인 문장을 알아 가기 위해 함께 수업을 듣는 친구들에 대한 느낌을 한 문장으로 적어 보는 것으로 수업을 진행하였다. 그리고 아래와 같은 조건을 붙였다.

● 친구에 대한 느낌을 문장으로 써 보기

– 'A는 B이다.', 'A는 B 같다.', 'A는 B처럼 C하다.'의 형식을 활용할 것.

예) 내 친구 철규는 바위다. / 내 친구 철규는 문틈으로 들어오는 바람 같다. / 내 친구 철규는 운동장처럼 쓸쓸하다.

시적인 문장의 기본은 함의와 암시를 통해 지시적인 의미에서 벗어나 대상이나 사고를 확장하는 문장일 것이다. 그러나 사실 이러한 지점을 날카롭게 표현하기는 쉽지 않으며, 특히 시를 처음 접하는 학생들은 시적인 문장을 써야 한다는 의식 때문에 불필요한 수식어를 붙이거나 수사법에 의존하는 경향이 있다. 그래서 우선 친근한 사람이나 대상에 대해 자신만의 관점으로 짧은 문장을 써 보고 왜 그렇게 썼는지를 부연해 보는 것이 문장에 대한 거부감을 덜 수 있는 방법이리라 생각하였다. 또 이것은 직유와 은유 같은 비유법에 대해서도 차츰 접근해 가면 그것이 어떨 때 효과적으로 쓸 수 있는지 알아 갈 수 있는 과정이라고 믿었다.

친구들의 인상이나 장점, 그리고 매력에 대해 생각하는 시간을 가진 후 위와 같은 형식으로 글을 써 보고 각자의 글을 서로 교환해서 읽어 보았다. 예를 들어 A라는 학생이 친구 B에 대해 제시한 문장은 다음과 같다.

B는 외로울 때 꺼내서 보는 앨범 같다.

이 문장을 토대로 B에 대해 왜 그렇게 썼는지, 무엇을 특히 바라보았는지, 문장이 어떤 느낌들을 환기하는지에 대해 A를 중심으로 자세히 이야기를 나누었다. 무엇보다 자신의 문장에 대해 지시적인 의미보다 암시적이고 함축적인 의미를 포함했느냐에 중점을 두고 토론을 진행하였다. A는 B와 오랫동안 알고 지낸 친구였으므로 B를 보면 함께한 추억이 떠올라 '앨범'이라는 단어로 비유하였으며, 앨범을 볼 때는 그 속에 담긴 장면들로 인해 외로움을 잊기 때문에 "외로울 때 꺼내서 보는"이라는 수식 구절을 썼다고 말했다. 이에 대해 다른 학생은 '앨범'을 추억에 비유하는 것은 바람직해 보이지만 쉽게 생각할 수 있는 비유라는 의견을 내놓았고, 이를 통해 상투적인 표현이나 생각이란 무엇이며 상투적인 문장이 독창적인 글을 쓸 때 효과적이지 않을 수 있다는 의견에 대해서도 이야기를 나누었다.

이 과정이 진행될수록 자신의 글을 남에게 보여 주기를 꺼리던 학생들도 글쓰기에 대한 거부감을 조금은 더는 것 같았다. 이와 같은 방식으로 주변 사람이나 사건, 고민 등을 문장으로 만들어 함께 이야기해 보는 수업을 자주 진행하면서 문장에 대한 관심과 적응력을 조금씩 높여 나갔다.

3) 시적 진술과 시적 묘사 연습하기

문장에 담긴 의미를 이해할 때 중요하게 생각한 것은 시의 언술 방식이었다. 그래서 오규원의 『현대시 작법』(문학과지성사, 1991)에 기술된 '시적 진술'과 '시적 묘사'의 개념을 중심으로 시의 문장이 어떻게 의미나 이미지를 획득하는지 실제 작품을 예로 들면서 수업을 진행하였다. 시를 읽을 때 어떤 지점이 독자에게 감각과 사고를 유발하며 그것이 왜 시의 특징이 될 수 있는지를 시적 진술과 시적 묘사의 개념 및 예를 통해서 함께 파악한 것이다. 시적 묘사는 심상을 시각화하고 언어를 회화적인 방향으로 가시화하는 일이고, 시적 진술은 청각을 통한 설득과 관련이 있으며 깨달음과 사고를 자극하는 일이라는 큰 개념을 전제로 기존 작품과 지금까지 학생들이 쓴 문장에서 시적 묘사와 시적 진술로 구분해 보았다. 그런 뒤에 그것들이 어떤 차이점과 효과를 지니는지 이야기해 보았다.

예를 들어 서정주의 「자화상」을 낭독한 후 "파뿌리같이 늙은 할머니와 대추꽃이 한 주 서 있을 뿐이었다."라는 구절과 "나를 키운 건 팔 할이 바람이다."라는 구절이 어떤 식으로 읽는 사람에게 전달되는지, 읽고 나면 어떤 생각이 드는지를 각자 말해 보는 방식이었다. 앞 구절을 시적 묘사, 뒤에 있는 구절을 시적 진술로 나눌 수 있다고 한다면, 엄격하게 의식하거나 분류할 필요는 없을지라도 시를 쓸 때에도 이러한 언술 방식을 적용해 형상화하거나 의미화할 수 있다고 조금 더 쉽게 학생들에게 설명해 주었다.

그 이후에는 하나의 단어를 제시하고 이것에 대해 시적 묘사와 시적 진술을

2~3줄로 직접 기술해 보는 시간을 가졌다. 시적 진술은 「자화상」의 구절을 활용하여 "나를 키운 건 (　　)이다."라는 문장 형식으로 빈칸을 채워 보기로 하였고, 시적 묘사는 매일 학생들이 접할 수 있는 '낙서'에 대해 기술하기로 하였다. 학생들이 쓴 문장을 대표적으로 제시하면 다음과 같다.

- 시적 진술

  A: 나를 키운 건 엄마의 잔소리였다.

  B: 나를 키운 건 무수히 이어진 골목이었다.

- 시적 묘사

  A: 교실로 들어서자 칠판에 복잡한 낙서들이 엉켜 있었다.

  B: 담벼락에는 몰래 버린 쓰레기처럼 낙서가 가득했지만 누구도 그 낙서를 수거해 가지 않았다.

위의 문장들을 토대로 좋은 시적 진술과 시적 묘사에 대해 토론을 가졌다. 우선 시적 진술 A는 문장을 접했을 때 곧바로 그 의미를 파악하게 되어 생각할 폭이 좁다는 데 모두가 동의하였고, 시적 진술 B는 부연할 내용이 필요하지만 문장을 읽었을 때 상상력이 생기므로 A보다는 좋은 시적 진술이 될 수 있다고 의견을 모았다. 비슷한 방식으로 시적 묘사에 대해서도 토론하였다. 시적 묘사 A는 엉킨 낙서에 대해 단순히 설명하는 느낌이 강하게 다가왔고, 시적 묘사 B는 '몰래 버린 쓰레기'가 연상시키는 이미지와 쓰레기와 낙서가 가지는 '보잘것없을 수 있는 것', '무겁게 다가오지 않는 것' 등의 공통 의미가 주는 느낌이 잘 어울린다는 데에 동의하였다.

학생들은 시적 묘사를 쓸 때에는 비교적 적응을 잘하였지만, 의미가 농축된 시적 진술을 쓸 때에는 다소 힘든 기색이었다. 이 점은 단기간에 쉽게 해결될 수 없는 문제라고 여겨져서 많은 경험과 독서를 통해 그들의 사유를 확장할 필요가 있다는 생각이 들었다.

4——시 창작하기

마지막 단계는 지금까지 진행된 수업을 토대로 학생들이 한 편의 시를 창작해 보는 것이었다. 창작 과정은 '내용을 구상하여 산문으로 쓰기', '산문을 시로 써 보기', '동료들과 시 감상하며 토론하기', '소리 내어 읽어 보고 퇴고하기' 등 네 단계로 진행되었다.

1) 내용을 구상하여 산문으로 쓰기

어떤 내용을 쓸 것인지 고민하고 산문으로 직접 써 보는 과정이다. 곧바로 시를 쓰는 것보다 비교적 익숙한 산문으로 본인이 구상한 내용을 써 본 뒤, 그 내용 중 핵심적이거나 발전시킬 수 있는 부분을 조금 더 예각화하는 것이 시 창작의 사전 단계로 적합할 것이라 생각하였다. 기성 시인이나 자주 시를 쓰는 사람에게는 순간적인 감각이나 사고가 시로 이어지는 경우가 빈번하겠지만, 수업 특성상 시 창작을 어렵게 여기는 학생들이 많았으므로 자신이 쓰고 싶은 것을 큰 틀에서 정리하는 차원에서 산문을 먼저 쓰기로 하였다. 그러나 엄격하게 완성된 산문을 쓰는 것보다 스케치하듯 간략하게 자신의 생각을 정리하는 것이 부담이 적을 것 같아 분량에 제한을 두지는 않았다. 한 학생이 실제로 쓴 글을 예로 들면 다음과 같다.

욕조

김○○

욕조에 들어갈 때마다 나는 편안해진다. 물을 채워 놓고 있으면 엄마의 품처럼 따뜻하고 엄마의 배 속에 있을 때의 느낌을 조금씩 알아 가는 것 같다. 물속은 왜 이렇게도 포근할까? 중력에서 벗어난 듯 몸이 가벼워진다. 아마도 지구가 만들어질 때 가장 필요했던 것은 물일지 모른다. 미약한 한 생명이 물속에서 자라고 육지로 걸어 나와 인간으로 진화했을 테니까.

---

2) 산문을 시로 써 보기

직접 쓴 산문을 시로 써 보는 과정이다. 지금까지 경험한 시의 특징과 시적 문장에 대해 고민해 보고 산문을 토대로 한 편의 시로 완성해 보았다. 그러면서 자신이 쓴 산문의 핵심적인 내용이 무엇인지 파악하고, 가장 하고 싶은 말에 대해서 고민하는 과정을 가졌다. 위에서 김○○ 학생이 쓴 글은 '욕조'가 소재가 되지만 욕조에 물을 채웠을 때 느끼는 감정, 즉 인간의 출생과 지구의 탄생에서 물이 한 역할 등이 중심적인 내용이었다. 김○○ 학생과 시 구상에 대해 이야기를 나눈 뒤 이 점을 중점으로 시를 창작해 볼 것을 권했다. 또 이 과정에서 직설적이고 지시적인 문장들을 되도록 배제하고 시 한 편의 구조와 함축적인 문장을 고려하면서 창작에 집중할 것을 주문한 후 행과 연을 나누는 데에도 초점을 두고 다 쓰고 난 뒤에는 직접 낭독해 볼 것을 권했다.

욕조

김○○

나는 욕조에 앉아 태초의 지구를 떠올린다
잠기는 다리 사이를 뛰어들었을 첫 파도
이 웅덩이는 생명의 잔재를 이끌고 도착했다
지구라는 소행성에서 숨 막힌 나에게
탯줄 같은 물줄기가 감겨 온다
세월을 멈추지 않고 출렁이던 물
이곳에선 잠잠해지는 중력

나는 양수의 일각 안에서 때를 벗기며
정지한 물이 밑바닥부터 꿈틀거렸던 소리를 듣는다
창백해진 지구 표면
과거는 여전히 참방거리고
나는 또 다른 행성이 된 것만 같다

3) 동료들과 시 감상하며 토론하기

자신의 작품과 동료들의 작품을 한데 모아서 토론을 진행하였다. 시 창작의 핵심은 독창성 있는 작품을 쓰는 데 있겠지만 남의 작품을 비판적인 시각으로 바라보는 것 또한 중요할 것이다. 창작 시에서 상투적인 시각과 문장, 긴장감이 부족한 구조, 감정의 과잉 등 여러 문제가 발생하였지만, 우선 직접 창작을 해 보았다는 데에 큰 의의를 두고 향후 여러 번 퇴고하면서 작품을 다듬기로 의견을 모았다.

김○○ 학생의 작품을 함께 읽었을 때 내용이 구체적이지 못하고 무슨 말을 하려는지 조금 모호하다는 의견이 다수였다. 또 제목이 단순하고 "양수의 일각"이라는 구절에서 '일각'이라는 말을 빼도 좋겠다고 여러 학생이 말했다. 이후 김○○ 학생은 이러한 의견들을 중심으로 시를 조금 더 구체화하고 제목에 대해서도 고민하는 시간을 가졌다.

4) 소리 내어 읽어 보고 퇴고하기

함께 시를 감상하는 시간에서 제기된 문제점과 의견 등을 수렴하여 학생들은 자신의 작품을 반복해서 퇴고하였다. 시를 쓰는 것만큼 왜 시를 고치는 것이 중요한지 스스로 체험하면서, 시의 전체적인 분위기와 완결성에 중점을 두며 퇴고가 이루어졌다. 이렇게 시를 고치는 동안 자신의 문장을 여러 번 크게 읽어 보고 시의 호흡과 리듬에도 감각을 익히는 시간을 가졌다. 또 자신의 시를 다른 친구들이 낭독해 봄으로써 시를 쓸 때 생각한 호흡이 읽는 사람에 따라 다를 수 있다는 사실을 경험하며 시의 리듬감을 익히는 연습을 하였다.

이 과정을 통해 나온 김○○ 학생의 최종 결과물은 아래와 같다.

욕조의 원시

김○○

갓 태어난 행성은 목젖을 부르르 떨다가
앙 — 하고 앳된 울음을 내뱉었다
낭떠러지의 무중력 가운데 반듯한 육지가
존재도 없는 항수를 불러왔을 테지
살갗이 익어 붉게 달아올랐을 즈음에
역사가 될 비는 휘몰아쳤다
맨 지각을 몸으로 쓸어 버린 아픔을 느끼기도 전
잠기는 다리 사이를 뛰어들었을 첫 파도
그것이 미동의 시초였을 것이다
나는 욕조에 앉아 태초의 지구를 떠올린다
이 웅덩이는 원시의 잔재를 이끌고 도착했다
지구라는 소행성에서 숨 막힌 나에게
탯줄 같은 물줄기가 감겨 온다
세월을 멈추지 않고 출렁이던 물결이 이곳에선 잠잠해지고
나는 양수 안에서 때를 벗기며
정지한 물이 밑바닥부터 꿈틀거렸던 소리를 듣는다
창백해진 지구 표면
과거는 여전히 참방거리고
나는 또 다른 행성이 된 것만 같다

5——시 창작의 즐거움과 과제

현재의 고등학교 여건상 문학을 흥미와 관심 차원에서 깊게 접근하기는 쉽지 않다. 시 창작 수업을 진행하는 동안에도 학생들은 다른 일정에 쫓겨 온전히 이 수업에만 집중하지는 못하였다. 특히 시험 기간과 수업 시간이 겹칠 때에는 집중력이 떨어지는 경향이 있었다. 대학 진학과 관련된 문제도 빼놓을 수 없다. 경험이나 재미의 차원에서 시에 접근하는 학생들은 비교적 수업에 원활하게 참여하였지만 문예창작과로 진학을 원하는 학생들은 실기에 대한 부담을 가져 종종 과욕을 부리거나 잘못된 방향으로 빠져들곤 하였다. 예컨대 백일장 수상작에 연연하여, 수상작의 틀에서 시를 생각하거나 읽는 사람들에게 공통적인 호응을 얻는 글을 쓰려고 노력하는 학생들도 있었다. 이러한 점들 때문에 시 창작 수업을 진행하는 내내 학생들의 사고와 글쓰기의 독창성을 어떻게 발전시킬 수 있을지에 대해 고민하였다.

그러나 정규 수업 시간과 달리 시에 대해 다른 방식으로 접근해 보고 깊게 생각할 수 있는 시간을 가졌다는 것은 의미 있는 일이었다. 학생들은 자신에게서 발견하지 못했던 문장의 감각을 경험해 가는 것에 흥미를 느꼈다. 또 작품을 쓴 후 감상하며 토론할 때는 '창작'의 중요성과 가치에 대해서도 스스로 생각하는 것 같았다. 무엇보다 곧바로 창작에 임하는 것보다 시라는 장르에 조금씩 접근하는 과정을 통해 시의 특징과 다른 예술 장르 간의 친밀성에 관심을 갖게 하는 것은 시에 대한 학생들의 부담을 조금 경감시키는 역할을 하였다고 생각한다. 짧은 시간 안에 많은 것을 변화시키기는 힘들겠지만 시 창작 수업의 의미와 조건, 입시 교육에 지배되는 학교의 상황을 재고한다면 시 창작 수업에 많은 학생들이 호응할 수 있을 것이다.

_정영효

시집 읽기 프로젝트와 삶의 발견

장면 1. 서점 시집 코너. 할머니 한 분이 시집을 찾고 있다.

"여고 시절에 읽었던 시가 갑자기 생각이 났는데, 그 시가 어느 시집에 있는지 알아요?"

장면 2. 어느 유명 헤어 디자이너의 텔레비전 인터뷰. 리포터가 지금에 이르기까지 어려운 순간을 어떻게 극복하였는지 물었다. 그녀는 힘들어서 눈물이 날 때마다 건물 옥상에서 시를 읽으며 마음의 위로를 얻었다고 대답한다.

장면 3. 고등학교 2학년 문학 첫 시간. 학생들에게 '문학' 하면 떠오르는 것을 발표하게 한다. '시'와 관련해서 '재미없다', '어렵다', '모르겠다'는 학생들의 발표가 이어진다.

이 장면들은 시 교육에 대해 다음의 질문을 던져 준다. 첫 번째 질문은 '시 교육의 궁극적인 목표를 어디에 둘 것인가'이다. 학교에서 이루어지는 교육은 의도를 가진 행위이다. 교육의 목적과 목표가 교육의 방향을 결정한다. 흔히 입시를 중시하는 분위기 때문에 교육이 왜곡되어 있다고 말한다. 이는 입시 위주의 교육은 교육의 궁극적 목표가 아님을 전제하는 것이다. 그렇다면 무엇이 교육의 목표가 되어야 하는가? 국가 수준 교육과정에 의한 학습 목표만이 수업의 목표는 아니다. 시를 읽는 수업을 통해 '시'가 학생들의 삶에 어떤 의미가 되어야 하는지 생각해 보아야 한다.

두 번째 질문은 설정한 목표에 도달하기 위한 '방법'을 모색하는 것이다. 이는 목표를 어떻게 설정하느냐에 따라 달라진다. 만약 대학 수학 능력 시험에서 우수한 성적을 받는 것이 목표라면 높은 점수를 받을 수 있는 수업 방법을 찾고, 그것에 주력하면 된다. 그러나 그것이 교육의 목표가 아니라면 교육의 방법은 달라져야 한다. 특히 학생들이 왜 시를 재미없고 어렵고 알 수 없는 것이라고 생각하는지 돌아보는 과정이 필요하다. 그리고 그것을 변화시킬 수 있는 시 교육의 방법을 찾아야 한다.

여기에 덧붙여 생각할 것은 우리가 지금 논의하려는 것이 '시' 교육이라는 것이다. '시'란 무엇인가. 시는 '가르치다'라는 행위의 대상이 될 수 있는가'. 이것이 세 번째 질문이다. 물론 '가르치다'의 개념을 받아들이는 폭은 매우 다를 수 있다. 지식을 전달하는 것도 가르치는 것이고, 모르는 것을 알려 주는 것도 가르치는 것이다. 무언가를 깨닫게 하는 것도 가르치는 것이다. 시를 가르친다고 할 때, 수업의 장면은 어떠해야 하는지에 대해 생각해 보고자 한다. 특히 이 질문에 대해서는 2000년대 시를 읽는 활동을 통해 고민해 보고자 한다.

1——시를 왜 가르쳐야 하는가

시 수업의 목표를 설정하기 위해 고려한 것은 두 가지이다. 교사가 생각하는 시 수업의 목표와 학생들의 요구이다. 수업의 목표에 대해 학생들에게 직접적으로 질문해서는 답을 얻기가 어렵다. 따라서 그동안 수업에서 어려웠던 점을 바탕으로 학생들에게 무엇이 필요한지를 추론한다. 학생 요구 조사는 학년의 첫 시간에 다음과 같은 방법으로 실시하였다.

- 모든 학생이 돌아가면서 그동안 시(또는 문학, 국어) 수업에 가지고 있는 생각을 한 단어 또는 짧은 문장으로 발표한다.
- 학생의 발표 내용은 모두 교사 또는 학생 대표가 칠판에 마인드맵으로 구조화하여 필기한다.
- 발표 내용에 대해 적절히 다른 학생들의 생각도 물어보고 교사의 경험이나 생각도 덧붙인다.

마인드맵을 그리기 어려울 경우에는 포스트잇을 활용할 수 있다. 학생들이 자신의 생각을 포스트잇에 적어 내면, 대표 학생은 포스트잇을 유사한 내용끼리 분류하여 칠판에 붙인다. 분류된 내용을 읽고 학생들의 부연 설명 등을 들으며 이야기를 나눈다.

시와 관련해서 많이 나오는 학생들의 반응은 다음과 같다.

> 짧은 글, 어렵다, 좋아하지 않는다, 숨은 뜻을 이해하기 어렵다, 흥미가 없다, 복잡하다, 시대적 상황을 이해하는 것이 어렵다, 국어 시간에만 읽는다, 읽을 때마다 의미가 달라진다 등.

물론 이렇게 매 학년 시작 때마다 요구 조사를 한다고 해서 그 내용이 언제나 새로운 것은 아니다. 늘 비슷한 반응이 나옴에도 매 학년 시작 때 학생의 요구를 조사하는 것은, 그 과정이 학생들을 수업에 적극적으로 참여시키는 데 중요한 요소로 작용하기 때문이다. 학생들에게 자신들이 발표를 통해 밝힌 어려움을 해결하기 위해서는 이후에 진행되는 시 수업이 필요하다고 설득한다. 이러한 과정을 통해 자연스럽게 시 수업에 대한 동기를 유발하고 참여를 유도할 수 있다.

교사의 경우, 시 교육 목표를 설정하는 일은 '왜 시를 가르쳐야 하는가'에서 시작해야 한다. 그리고 시 교육을 통해 학생들이 최종적으로 이루기를 바라는 모습을 떠올려 본다. 이러한 과정을 바탕으로 설정한 시 수업의 목표는 다음과 같다.

- 학생이 스스로 시를 감상할 수 있는 힘을 키우는 수업
- 시 읽기의 즐거움을 느낄 수 있는 수업
- 평생에 어느 한 순간쯤은 시가 읽고 싶어지는 사람으로 키우는 수업

2——시집 읽기 프로젝트 1: 스스로 찾아 읽는 즐거움

시 수업을 할 때 학생들의 교사 의존도는 높다. 학생들은 스스로 생각하기보다는 교사의 설명에 의존한다. 그 이유에 대해 '어려워서 혼자서 생각하기 어렵다', '시 읽는 방법을 모른다' 등으로 설명한다. 또 어떤 학생은 '어차피 선생님 설명이 정답이다'라고 대답하였다.

학생 스스로 시를 읽을 수 있는 힘을 키우는 것이 첫 번째 단계가 되어야 한다. 시를 '혼자' 읽는 것이 어렵다면 동료 학생과 '함께' 생각할 수 있는 수업 방법을 선택한다. 또 학생들이 '정답'에 대한 불안함을 떨칠 수 있어야 한다. 학생들은 끊임없이 "제가 한 것이 정답인가요?", "정답이 아닐 것 같아서 발표하기가 좀……."이라는 반응을 보인다. 학생들이 정답에 대한 강박에서 벗어나 시를 읽고, 감상한 것을 즐겁게 공유할 수 있는 다양한 활동을 수업에 반영해야 한다.

다음은 1년을 기준으로 설정된 시 수업의 단계를 간단하게 정리한 것이다. 여기서 제안하는 3단계는 기계적으로 적용해야 하는 절차나 순서를 의미하지는 않는다. 다만 시 읽기에 좀 더 쉽게 접근하여 익숙해진 후에 점차 시 읽기의 폭과 깊이를 확장시켜 나간다는 의미에서 편의상 3단계로 설정하였음을 밝힌다.

1단계	2단계	3단계
개념으로 시 읽기	대화로 감상하기	시집 읽기 프로젝트
–교과서에 나오는 현대시 개념 익히기 –개념으로 시 읽기	–교사 질문으로 생각하기 –스스로 질문 만들기 –대화로 시 감상하기	–너를 위해 준비한 시 –학급 시 낭송 대회 –삶이 묻어나는 시 쓰기 –시화 엽서전 –나만의 시집 만들기

1) 1단계: 개념으로 시 읽기

시 수업을 하다 보면 학생들의 해석과 감상이 단순한 느낌의 나열이 되는 경우가 많다. 그러한 점에서 학생들이 해석과 감상의 기준과 근거를 갖는 것은 오히려 그것을 풍부하게 하고 타인과의 소통을 가능하게 한다. 또 시험과 같은 '평가'의 측면을 고려할 때에도 기준과 근거를 갖는 해석과 감상은 의미가 있다. 이를 위해 시를 해석하고 감상하는 데 필요한 문학적 개념을 교과서 등을 바탕으로 선정한다. 선정된 개념은 설명으로만 그치는 것이 아니라 다양한 시를 통해 확인하는 활동으로 이어져야 한다. 개념만 설명해서는 실제 시를 읽는 것과 연결되기 어렵기 때문이다.

또 이 단계에서 함께 하면 도움이 되는 것은 학생이 파악한 시의 내용을 구체적인 이미지로 표현해 보는 것이다. 그림으로 그려 보거나 직접 행동하고 사진으로 찍어 보는 방법 등이 있다. 이 활동은 학생들이 시의 맥락을 파악하는 데에도 도움이 되지만, 시에 쓰인 다양한 표현들이 가지고 있는 미적 가치에 대해서도 생각하는 기회가 될 수 있다. 이 단계에서 이루어지는 주요 활동 내용은 다음과 같다.

- 시란 무엇인지 생각해 보기
  –(화자의 상황이 비교적 잘 드러나는 시를 통해) 숨겨진 이야기 상상하기
- 개념 학습 1: 시의 화자, 상황, 정서, 시적 대상, 어조, 태도 등
  –다양한 시를 읽고 시의 화자, 상황, 정서 파악하기

- 개념 학습 2: 시의 표현(이미지, 비유, 상징 등)
  –다양한 시를 읽고 시의 표현 생각하기
- 시의 맥락을 파악하기 위해 필요한 질문 만들어 보기
- 시 속의 맥락을 파악하고 감상하기
- 화자, 상황, 정서를 그림으로 표현하거나 사진으로 찍어 보기

개념에 대한 간단한 설명 후, 시에 직접 적용해 보는 활동은 짝 활동으로 진행하였다. 시의 맥락을 파악하는 활동은 다음과 같은 질문을 활용하였다.

- 시의 제목을 꼭 읽고 시를 읽어 주세요.
- 시 속에서 말하고 있는 사람은 누구인가요?
- 시의 제목을 다시 읽어 주세요.
- 무엇에 대해 말하고 있는 시인가요?(시적 대상을 찾아봅시다.)
- 시에 드러난 화자의 상황은 어떠한가요?(시적 상황을 정리해 봅시다.)
- 가능하다면, 시를 읽고 떠올린 상황을 그림(사진)으로 표현해 봅시다.
- 전체적으로 어떤 분위기(느낌)가 느껴지나요? 그렇게 생각한 근거는 무엇인가요?
- 말하고 있는 사람은 어떤 기분(정서)일까요?
- 인상적인 표현이 있나요? 어떤 점에서 인상적인가요?
- 시 속에서 말하고 있는 사람의 상황, 정서, 태도 등에 대한 나의 생각을 이야기해 봅시다.
- 시를 읽고 난 뒤의 전체적인 감상(소감)을 이야기해 봅시다.

2) 2단계: 대화로 감상하기

기본 개념을 익혔다고 해서 갑자기 능숙한 독자가 되는 것은 아니다. 여전히 학생들은 시를 읽는 것이 어렵다. 2단계에서는 '함께' 읽는 과정과 해석의 근거를 제시하는 활동을 강조한다. 동료 학생들과의 대화를 통해 질문을 만들고

적절한 해석을 하며 스스로 감상할 수 있는 힘을 다진다. 이때의 대화는 경험의 나눔이기도 하고 토론의 과정이기도 하다. 학생들은 자신의 경험에 빗대어 감상을 전달한다. 또 자신의 해석에 대해 동료들의 공감을 얻기 위해 근거를 찾는다.

학생들이 처음부터 질문을 만드는 것은 어려우므로 수업은 교사의 시범으로부터 시작한다. 이때 교사는 시를 이해하기 위한 질문들을 매우 꼼꼼하게 만들어 제시해야 한다. 아주 쉽고 단순한 질문에서부터 깊은 사고를 요구하는 질문까지 모두를 포함한다. 이는 학생들이 이후 질문 만들기를 할 때 참고할 자료가 되기 때문이다. 답을 생각하는 과정은 짝 활동, 모둠 활동으로 진행한다. 그 과정에서 생기는 새로운 질문들이 있다면 기록하여 이후에 공유하고 함께 생각할 기회를 갖는다. 특히 적절한 해석이 되기 위해서는 타당한 근거가 필요함을 강조한다. 근거를 설명하기 어려워하는 학생들은 학생 개인의 언어를 사용하기보다는 시어를 활용하여 표현하도록 하면 더 쉽게 접근할 수 있다.

그다음 과정은 학생 스스로 질문을 만들고 그것을 바탕으로 대화하는 것이다. 개인별로 질문을 만든 후 모둠별로 수합할 수도 있고 처음부터 모둠별로 질문을 만들 수도 있다. 각 모둠의 대표 질문을 2~3개 선정하여 학급 전체에 공개하고, 이 질문에 대해 모둠별로 이야기한다.

활동이 끝난 후에는 모든 모둠이 발표할 수도 있지만 같은 질문에 대해 여러 번 발표하는 것은 지루할 수 있다. 따라서 한두 모둠이 대표로 발표하고 나머지 모둠은 청중 질의단이 되어 서로의 해석과 감상에 대해 질의응답하며 그 타당성을 검증하는 과정을 거치도록 한다. 모든 모둠이 발표할 수 있도록 하려면 서로 다른 질문에 대해 발표시키는 방법이 있다. 물론 이때에도 발표를 듣는 모둠은 청중 질의단이 되어 수업에 참여하게 한다.

다음은 학생들이 손택수의 「부산에 눈이 내리면」을 읽고 만든 질문으로 구성한 학습지이다.

부산에 눈이 내리면

손택수

부산에 눈이 내리면 북극곰이 운다
북극곰이 제일 먼저 동물원 쇠창살을 흔들며
으엉으엉 눈이 내린다고 운다
향수병 같은 거야 잊은 지 오래지만
제 똥을 짓뭉개고 앉아
우울한 덩치로 늙어 가는 짐승의 슬픔을 과연
누가 알겠는가 눈이 내리면
그도 내심 몸속의 피가 뜨거워지는 것이다
콧김이 송골송골 맺힌 코를 벌름벌름
알 수 없는 서러움에 사무쳐서
북쪽을 향해 머리를 짓찧고 싶어지는 것이다
눈이 귀한 남쪽 항구 몇 년에 한 번 올까 말까 한
부산에 눈이 내리면
하나밖에 없는 동물원에 눈이 내리면
북극곰이 정말 서럽게 운다
긴 목에 목도리 하나 없이 겨울을 나야 하는
기린은 이 겨울이 딱 질색이겠고
낙타도 코끼리도 시큰둥 썰렁한 우리 안에 들어가
전기스토브를 쬐며 덜덜 떨고 있겠지만
눈이 내리면 북극곰 눈에는 모두가
제 혈족으로 보이는 것이다
흰 털가죽 뒤집어쓴 북극으로 보이는 것이다
그래, 부산에 눈이 내리면 나도 따라 울고 싶어진다
흰 털가죽 덮어쓰고 울타리 밖에 갇혀서
으엉으엉 울타리 흔들고 싶어진다

※ 다음은 지난 시간에 여러분이 만든 질문입니다. 다음 질문을 활용하여 시에 대한 대화를 나누어 봅시다.

[기본 질문] 화자, 화자의 상황, 정서

–부산에 눈이 내리면 북극곰은 왜 울까요?

–북극곰은 어떻게 부산의 동물원에 오게 되었을까요?

–북극곰이 슬픈 이유는 무엇일까요?

–북극곰은 눈이 내리면 왜 피가 뜨거워지는 것일까요?

–눈이 내릴 때 북극곰의 심정은 어떤가요?

–눈이 내릴 때 기린, 낙타, 코끼리와 북극곰의 반응은 왜 다를까요?

–눈이 내릴 때 기린, 낙타, 코끼리의 심정은 어떨까요?

–북극곰은 왜 눈이 내리면 모두가 제 혈족으로 보이는 것일까요?

–'나'는 왜 "따라 울고 싶어진다"는 것일까요?

–"울타리 밖에 갇혀서"는 어떤 의미일까요?

–왜 다른 곳도 아니고 '부산'일까요?

3) 3단계: 시집 읽기 프로젝트

학생들이 일상에서도 시를 자연스럽게 받아들이려면 교과서에 실린 시만으로는 불가능하다. 학생들 입장에서 교과서에 실린 시는 수업 시간에 읽는 학습 자료라는 느낌을 버리기 어렵고, 학생들이 교과서를 통해서는 매우 한정된 시만을 접하게 되기 때문이다. 따라서 반드시 시집을 통해 시를 감상하는 경험이 필요하다. 학생들 중에는 '시집'이 어떻게 생겼는지 한 번도 본 적이 없다고 하는 경우도 있다. 실제로 시집을 보고 신기하다고 이야기하는 학생도 있다.

그래서 3단계에서는 학생들이 직접 시집을 고르고 시를 읽는 활동을 중심으로 한다. 특히 이 단계에서는 시를 읽으며 일부분이라도 자신의 삶과 연결지을 수 있도록 한다. 2단계까지는 타당성 있는 근거를 가지고 시를 해석하는 것에 좀 더 비중을 두었다면 3단계에서는 삶을 바탕으로 한 감상으로 이어져야 한다. 시를 자신의 삶과 연결 지을 때 학생들은 더 풍부한 감성으로 시를 받아들이게 되며, 이러한 경험은 학생들이 일상에서도 시를 계속 읽을 수 있는 바탕이 될 것이다.

이 단계의 수업을 위해서는 다음을 먼저 준비해야 한다.

첫째, 시집을 준비하는 일이다. 시집은 교사 개인이 준비하는 데 한계가 있으므로 학교 도서관 장서 구입을 통해 준비한다. 이렇게 마련된 시집은 도서관에서 장기 대출을 하여 교실에서 수업할 수도 있다. 하지만 도서관을 방문하여 학생들이 서가에서 직접 시집을 고르도록 하면 더욱 좋다. 이와 같은 경험을 반복적으로 거치면 수업 시간이 아니더라도 도서관에서 시집을 꺼내 보거나 대출하는 학생들이 생긴다.

둘째, 시집의 종류는 다양하게 준비한다. 학생들의 상황이 매우 다양하기 때문이다. 교과서에 실린 익숙한 시인의 시집, 시 모음집, 간단한 감상이나 해설이 함께 있는 시집, 삽화가 있는 시집, 청소년을 위한 시 모음집 등도 적절히 포함한다. 시집을 읽는 것에 두려움을 느끼거나 불편함을 호소하는 학생들은 이런 시집부터 시작하면 좋다. 시집은 학생 수의 2배 이상은 준비해야 하고, 같은 시집이 2~3권 중복되어도 좋다.

셋째, 시를 읽고 어떤 활동을 할 것인지 준비한다. 시를 읽는 것만으로도 의미가 있지만, 학생들이 시 읽는 재미를 붙이기 전까지는 시를 계속 읽을 수 있는 동기가 부여되어야 한다. 처음에는 활동을 위해서 '어쩔 수 없이' 시를 읽는다. 그러나 1년이 끝나 갈 무렵에는 자신의 활동이 완결되어도 계속 다른 시를 찾아 읽고, '멋있는' 표현을 찾아서 핸드폰으로 사진을 찍거나 친구들에게 좋은 구절을 읽어 주기도 한다.

다음은 실제 수업에서 사용되었던 활동의 목록이다.

시 읽기 활동 목록

● 너를 위해 준비한 시

 –시를 읽어 주고 싶은 대상을 자신의 주변에서 구체적으로 선정하기
 (예: 매일 지각하는 친구, 화해하고 싶은 친구, 나를 힘들게 한 친구, 하루 종일 힘들게 일한 부모님, 나를 귀찮게 하는 동생, 무서운 선생님 등)
 –다양한 시집을 읽고 시 선정하기
 –시를 쓰고 시화 그리기, 추천의 글 또는 편지 쓰기, 전달하기

● 학급 시 낭송 대회

 –학급 친구들에게 들려주고 싶은 시 고르기
 –시의 화자, 상황, 정서 등을 파악하기: 짧은 감상문 쓰기

–시 낭송을 위한 콘티(시에 어울리는 동작, 어조, 음악, 배경 그림 등) 작성하기(시 낭송을 할 때 반드시 비언어·반언어적 표현을 포함할 것)
–발표 준비하기(발표 자료 제작 및 연습)
–시 낭송하기

● 삶이 묻어나는 시 쓰기
–자신의 경험 속에서 소재 찾기
–자신이 찾은 소재를 바탕으로 상황, 기분, 분위기 등이 잘 드러나는 짧은 글 쓰기
–시의 화자, 상황, 정서 등을 고려하여 시로 바꿔 쓰기
–시적 맥락을 잘 표현하기 위해 비유 등 그동안 배운 표현법을 두 번 이상 사용하기
–돌려 읽고 소감 나누기

● 시화 엽서전
–다양한 시를 읽고 마음에 남는 시 한 편 고르기
–시의 화자, 상황, 정서 등을 파악하기: 짧은 감상문 쓰기
–자신의 감상과 시의 상황, 정서 등이 드러나는 그림을 그리고 시 옮겨 쓰기
–시화를 그린 소감을 발표하고 작품 게시하기

● 나만의 시집 만들기
–그동안의 활동을 총 정리하며 읽었던 시, 창작 시, 친구들이 쓴 시 등에서 마음에 드는 시를 선별하거나 또는 새로운 시를 찾아 시 모음집 만들기
–시를 쓰고 시화를 그린 후, 간단하게 시를 고른 이유나 시에 대한 자신의 감상 적기
–미니 북으로 제작하기

이 수업에서 유의할 점은 다음과 같다.

첫째, 시집과 시는 학생이 스스로 고른다. 교사가 추천하는 경우에는 여럿을 복수 추천해서 그중에서 학생이 직접 고르게 한다. 이렇게 직접 고르게 하였을 때, 학생들은 더 애착을 갖고 시를 읽는다. 만약 처음에 고른 시집이 마음에 들지 않는다고 하면 언제든지 다른 시집으로 바꿀 수 있도록 한다.

둘째, 시집을 고르더라도 그 안의 시를 모두 읽도록 강요하지 않는다. 시집을 훑어 넘기면서 자신에게 '꽂히는' 시를 천천히 여러 번 읽어 보도록 한다. 그리고 자기가 고른 시를 반드시 한 번 이상 직접 옮겨 써 볼 수 있도록 학습지를 준비한다.

셋째, 시를 고를 때에는 반드시 자기가 스스로 이해할 수 있는 것으로 선택하도록 한다. 이 점을 학생들에게 여러 번 강조하면 '이해가 안 돼서 못 하겠다'는 반응이 줄어든다. 그런데 실제로는 쉬운 시보다는 어려운 시를 선택하는 학생이 더 많다. '마음에 드는 표현이 있어서', '그냥 무엇인지 모르겠지만 끌려서'라고 이유를 설명하는데, 무슨 말인지 모르겠다고 하면서도 스스로 고른 시이기 때문에 중간에 포기하지 않는다. 이때 학생들은 교사에게 설명을 기대하기도 한다. 하지만 스스로 읽어야 함을 강조하고 학생들에게 이전 단계에서 했던 질문을 다시 활용하여 스스로 생각해 볼 수 있게 한다.

넷째, 수업 분위기가 허용적이어야 한다. 그래야 시를 읽는 것 자체가 자연스러워지고 즐거워질 수 있다. 2단계까지 친구들과 이야기하며 시를 읽어 왔기 때문에 3단계에서도 학생들은 자연스럽게 주변 학생들과 이야기를 나눈다. 서로 다른 시를 읽고 있어도 자연스럽게 의견을 물을 수 있는 분위기가 조성되어야 한다.

다섯째, 3단계에서도 학생들은 여전히 스스로 시를 읽기 어려워할 수 있다. 따라서 1단계에서 제시되었던 시적 맥락을 파악할 때 활용한 질문들을 학습지로 항상 나누어 주고 참고하도록 한다.

시집 읽기 프로젝트를 진행하다 보면 도서관에서 시집을 대출하거나 교사의 책장에 꽂힌 시집을 뒤적거리는 학생들이 생긴다. 특히 여학생들은 제법 시집을 가까이하게 된다. 그러나 교사로서 가장 흥미로웠던 경험은 시 '따위'는 생전 쳐다본 적이 없을 것이라는 평을 듣는 남학생이 시집(본인에게 확인한바 실제로도 읽지 않았다고 하는)을 옆에 끼고 다니는 장면이 목격된 것이다. 학생들은 '허세'로 일축하였지만 교사로서는 그래도 고무적인 일이었다. 평생 동안 어쩌다 한두 번은 위로가 필요할 때, 아주 우연히라도 그 학생이 시를 읽게 되지는 않을까 하는 기대를 품어 보게 된다.

3——시집 읽기 프로젝트 2: 2000년대 시를 읽는 즐거움

이 활동은 사전의 치밀한 계획과 준비 과정에 의해 시작된 것은 아니다. 몇 가지 호기심이 발단이 된 일회적인 활동이었다. 그러나 학생들의 적극적인 참여로 3회에 걸쳐 지속되었고, 활동의 범위도 확장되었다. 이 활동의 처음 의도는 다음과 같다.

- 2000년대 발표된 새로운 경향의 시를 학생들은 어떻게 받아들일까?
- 기존에 '학습'된 시 읽기의 방법은 모든 시에 유효한가?
- '느낌'은 공유될 수 있는 것인가?

2000년대에 발표된 새로운 경향의 시는 때로는 '미래파'의 시로, 때로는 '불통'의 시로 논의되어 왔다. 그러나 여기서 시의 난해함이나 탈서정 경향에 대한 논의를 하고자 하는 것은 아니다. 사실 학생들에게는 교과서의 시를 포함해 대부분의 시가 '난해'하다. 또 '탈서정'은 물론 '서정'까지도 의미 없는 말일지 모른다. 따라서 이 활동은 학생들에게 2000년대 시의 새로운 경향을 알려주기 위한 것이 아니었다. 학생들이 매우 낯선 시를 접할 때 어떻게 그것을 감상하는지를 살펴보고 이를 통해 현재의 시 수업을 돌아보고자 하는 것이었다.

또 학생들은 교사보다 훨씬 뒤의 미래까지 삶을 계속할 존재이다. '평생에 어느 한 순간쯤은 시가 읽고 싶어지는 사람으로 키우는 수업'이 목표라면 다양한 시를 읽을 수 있는 힘을 키워 주는 것이 필요하다고 생각하였다. 현재 열일곱 살의 학생이 40년 뒤, 50년 뒤에 읽게 될 시는 어떤 시일지 지금은 짐작하지 못한다. 이러한 점에서 다양한 시를 읽을 수 있는 힘을 키워 주는 시 수업 방법을 모색하는 것은 의미가 있다고 생각한다. 이 활동은 다음의 단계로 진행되었다.

참가 학생	고등학교 2학년 여학생 (특별한 조건 없이 무작위로 표집되어 참여)	
차시	소요 시간	활동 내용
1차시	30분	• 시를 읽고 자유롭게 이야기한다. –함께 읽을 시: 김행숙 「포옹」, 「다정함의 세계」 • 이야기가 끝나면 전체 소감을 나누고 활동을 종료한다.
2차시	20분	• 1차시와 달리 취지와 의도를 간략하게 밝히고 시작한다. –이 대화를 통해 얻고자 하는 것이 무엇인지를 미리 밝힌다. –분석적인 해석을 경계할 필요도 없지만, 반드시 분석적으로 읽어야 하는 것도 아님을 강조한다. • 지난번 읽은 시를 다시 회상해 본다. • 각자 새로운 시를 읽는다. –함께 읽을 시: 김행숙 「숲 속의 키스」, 「섹스 센스」 • 시에 대해 서로 이야기해 본다. • 이야기가 끝나면 전체 소감을 나누고 활동을 종료한다.
3차시	60분	• 시집 읽기 활동의 주제를 설정한다. –지난 차시까지 읽은 시들을 바탕으로 어떤 시를 더 읽고 싶은지 의논한다. • 네 권의 시집을 주어진 시간 동안 어떻게 읽어 볼지 의논한다. –함께 읽을 시집: 김행숙 『사춘기』, 『이별의 능력』, 『타인의 의미』, 『에코의 초상』 • 시집을 읽으며 시를 고르고, 시의 제목을 적어 둔다. • 시를 모두 고른 후 자신이 고른 시를 낭송하여 들려준다. • 그 시를 고른 사람의 설명을 듣고, 서로의 생각을 나눈다.

1) 2000년대 시 읽기의 경험: 정답이냐 느낌이냐

김행숙의 「포옹」과 「다정함의 세계」를 읽은 후 학생들은 잠시 당혹해하였다. 어떻게 읽어야 할지 모르겠다는 의미였다. 그러나 몇 초 간의 탄식과 침묵 후 곧 학생들은 이 시에 대해 이야기를 시작하였고, 처음의 당혹감에 대해 다음과 같이 이유를 밝혔다.

- 수업 시간에 배운 시와는 무언가 달라 보인다.
- 수업 시간에 배운 시에서 자주 나오던 주제로는 해석이 잘 되지 않는 느낌이다.
- 일반적으로 볼 수 있는 표현이 아니다. 돌려서 어렵게 이야기한다.
- 추상적이어서 사람에 따라서 해석이 굉장히 달라질 것 같다. 답이 없다.

학생들은 교과서에 실린 시들의 주제를 어느 정도 유목화해서 가지고 있는 듯하였다. 그래서 시를 읽고 의미를 생각하는 것이 아니라 자신들이 알고 있는 시의 주제에 시를 대입하려고 하였다. 교과서에 실린 시의 주제에 대해 묻자 학생들은 '독립 의지, 자아 성찰, 자연 예찬, 이별의 한, 그리움' 등이 주된 주제라고 말했다. 학생들은 시를 읽을 때 시대적 배경을 따져 보는 것이 중요하다고 하였다. 잘 모를 때는 그냥 '자아 성찰'이라고 하면 대략 맞는다는 학생도 있었다.

교과서 시에 비해 표현이 어렵다는 한 학생의 반응에 다른 학생은 오히려 "교과서 시는 선생님께서 다 설명해 주셨기 때문에 쉬운 것"이라고 대답하였다. 교과서에 실린 시도 선생님의 설명이 없었다면 어렵기는 이 시와 별반 다르지 않았을 것이라는 설명이다. 대부분의 학생들이 이 말에 수긍하였다.

특히 학생들은 이 시에 대해 '답 없는 시'라는 반응을 보였다. 어떻게 보느냐에 따라 의미가 달라질 수 있다는 것이다. 그러면서도 학생들은 답을 원했다. 자신들이 하는 이야기가 '정답'인지를 끊임없이 확인하고자 하였다. 또 이 시는 '정답'을 알 수 없기 때문에 교과서에 실릴 수 없다는 반응도 보였다. 그렇다면 교과서에 실린 시는 '정답'이 있는 시인가? 학생들은 시험에서 답을 맞혀야 하기 때문에 교사의 설명이 '정답'이라고 인식하고 있었다.

학생들은 1차시를 마무리하며 다음과 같은 대화를 나누었다.

–왜 이런 시를 썼을까?

–모든 것이 시의 소재가 될 수 있다는 것을 알려 주기 위해서 아닐까?

–교과서 시처럼 뭔가 고상하고 바른 느낌은 아닌 것 같아.

–평범한 것을 깨고 싶어서?

–난 색다르게 느껴 보라고 이렇게 썼다는 생각이 들었어.

–난 정해진 답이 없다는 것은 좋아.

–그래도 난 수업 시간에 배우는 시가 더 좋아. 함축적 의미 따져 보고, 의미 분석해 보고 그런 것이 좋아.

–그렇지만 학교에서는 너무 의미를 따지고 시대적 배경 따지고 그런 시 밖에 없잖아. 결국 학교에서 배우는 시들은 의미가 다 똑같지 않아?

–근데 느낌만 있으니까 시험 문제 나오면 못 풀 것 같아.

–내 느낌을 말할 수 있는 건 좋잖아.

2) 낯선 시를 감상하는 힘

볼 수 없는 것이 될 때까지 가까이. 나는 검정입니까? 너는 검정에 매우 가깝습니다.

너를 볼 수 없을 때까지 가까이. 파도를 덮는 파도처럼 부서지는 곳에서. 가까운 곳에서 우리는 무슨 사이입니까?

영영 볼 수 없는 연인이 될 때까지

교차하였습니다. 그곳에서 침묵을 이루는 두 개의 입술처럼. 곧 벌어질 시간의 아가리처럼.

—김행숙, 「포옹」 전문

처음 「포옹」을 읽고 학생들은 "볼 수 없는", "부서지는", "벌어질 시간" 등의 시구를 통해 이별에 대한 시라고 추측하였다. '이별'은 학생들이 꼽은 교과서에 자주 실리는 시의 주제이기도 하다. 그러나 곧 '가까이'라는 말이 반복되고 있음을 주목하였다. 따라서 학생들은 '이별'의 상황을 확인하기 위해 화자, 상황 등을 찾아보자는 제안을 하였다. 다음은 위 시를 읽은 학생들의 실제 대화 중 일부이다. 이러한 접근은 기존에 사용하던 시 읽기 방법을 스스로 적용한 것으로 볼 수 있다.

—가까이 와 봐. 너무 가까이 오면 눈동자밖에 안 보인다니까. 그래서 검정이야.

—검정이 아니라 검정에 거의 가까운 거잖아.

—봐 봐, 가까이 오니까 오히려 잘 안 보인다니까. 잘 안 보이잖아.

—가까이 오면 왜 잘 안 보여?

—초점이 안 맞잖아.

—가까이 오면 너무 커져서 다 안 보여.

*

—"영영 볼 수 없는 연인이 될 때까지"라면 이별을 앞두고 있는 거 아니야?

—아아, 나 알았다. 포옹했으니까 안 보이는 거지.

—포옹했는데 왜 안 보여?

—해 봐, 해 봐. 너 나 안아 봐.

—안 보이네. 야, 우리가 안고 있는 거 사진 찍어 봐.

*

—"곧 벌어질 시간의 아가리처럼"에서 '아가리'가 입인가?

—지금 이게 이별한다는 이야기인가?

—벌어진다고 말하니까?

—근데 아가리가 입이라며. 그런 거 아니야? 입술은 원래 윗입술과 아랫입술이 벌어졌다가 다시 만나잖아. 그러니까 떨어졌다 다시 만나는 거지. 그러면 이별은 안 하는 거 아닌가?

—포옹처럼 입술도 합쳐졌다 떨어졌다 그냥 그런 거 아니야? 그럼 이별은 아니지.

—근데 어쩐지 포옹의 느낌이 슬프지 않아?

—맞아, 전체적으로 느낌이 어쩐지 슬퍼.

—입술 벌어지는 것처럼 포옹도 결국 떨어지니까?

학생들은 시의 내용을 구체적인 장면으로 형상화해 보는 방법도 활용하였다. 시의 구절에 따라 직접 안아 보고 사진으로 찍으며 "교차하였습니다"의 의미를 찾았다. 이처럼 화자, 정서, 시적 대상, 분위기 등을 파악하거나 제목을 통해 유추하는 활동 등은 시를 감상하는 데 여전히 의미가 있었다. 또 대화를 통한 시 감상도 유의미한 방법이었다.

그러나 때로는 그냥 느낀 대로 읽는 것이 더 적절한 것은 아닐까 하는 경우도 있었다. 그리고 이것이 '답 없음'이라고 말한 학생들의 반응과도 통하는 것이라고 생각한다. 모든 시를 똑같이 해석하려는 것의 경계이다.

3) 느낌의 공유에서 깊이 있는 감상으로

학생들은 '답 없는 시'라는 표현을 하였다. 그러나 학생들이 서로 '답 없는 이야기'를 나눌 때, 공유되고 소통되는 것이 있었다. 「포옹」을 읽을 때 학생들은 "무언지 모르게 슬픈 느낌이 난다."라고 이야기하였다. 그래서 학생들은 '이별'이라는 상황에 집착하였다. 안고 있는 팔을 풀고 '벌어지는' 것이 '이별'을 의미하는 것인지에 대한 대화가 계속되었다. 그러나 이별이 아니라는 의견도 팽팽하였다. 결국 이별인지 아닌지에 대한 찬반 투표로까지 이어졌던

이 대화는 한 학생의 "한 단어(이별)로 모든 것을 설명하려고 하지 말자."라는 말에 다시 서로 느끼고 있는 '슬픔'의 연원을 찾는 대화로 이어졌다.

시의 내용에 따라 직접 안아 보는 학생들

학생들은 아무리 좋아하는 사람도 계속 포옹하고 있을 수 없다는 점에서 자신들이 느낀 슬픔의 기원을 찾았다. 포옹하는 순간은 그 사람이 아닌 저 너머, 벽을 바라볼 수밖에 없다. 제대로 바라보기 위해서는 결국 포옹한 두 팔을 풀고 적당한 거리를 두어야 한다. 이것이 학생들이 막연하게 느꼈던 슬픔과 통하는 것은 아닐까 추측한다.

3차시 활동에서 김행숙의 「1인용 식탁」을 읽고 학생들은 다음과 같은 이야기를 나누었다.

—다시 이별할까 봐 두려워하는 거 아니야?

—어, 그래서 마지막에 공포에 빠지는, 다시 이별할까 봐 공포에 빠지는.

—난 사랑에 대한 두려움 같은데.

—그러니까 이별을 해서 사랑에 대한 두려움도 생긴 것 아닐까?

—사랑을 하고 있는 중에도 두려움이 있지 않을까?

—있겠지.

*

—사랑의 환상이 깨진 거지.

—사랑의 환상이 뭔데, 너희는?

—난 영원한 거.

—난 영원까지는 아니고.

—그럼 결혼은 어떻게 해? 영원할 거라는 확신이 없으면?

–환상이라며. 환상은 어차피 현실에는 없는 거잖아.

–그리고 정으로 사는 거지, 정으로. 정 때문에 산다잖아.

시를 읽으며 학생들은 무언가 명확하게 말할 수는 없지만 느껴지는 그 무엇에 대해 대화를 나누었다. 그리고 그 '느낌'을 설명하기 위해 개인의 삶을 시로 끌어들이고 있었다. 평소 생각이나 경험이 대화 속으로 들어왔다. 또 대화가 발전할수록 학생들은 구체적인 사건이나 상황을 넘어선, 좀 더 본질적인 것에 접근하기 시작하였다. 구체적이거나 명료하게 밝힐 수 없는 '느낌'을 공유하기 위한 또 하나의 시도였다. 사랑에 대한 구체적인 사건과 상황이 사라지자 학생들은 사랑의 본질에 대해 대화하기 시작하였다. 2차시 활동에서 김행숙의 「섹스 센스」를 읽을 때도 처음에는 행위 자체에 대한 대화로 시작되었으나, 진행될수록 사람 사이의 관계의 본질에 대한 것으로 이어졌다.

이처럼 '느낌'을 나누는 것은 여러 면에서 의미 있는 소통을 이끌어 낼 수도 있다는 것을 보여 준다. 또 그 속에서 대상의 구체적이고 물리적인 속성을 넘어서 좀 더 본질에 다가가는 대화로 이어질 수 있는 가능성을 엿보았다. 즉, '느낌'은 정확한 설명과 정답을 강요하지 않는다면 충분히 공유될 수 있다.

4) 느낌과 감상으로 비평의 서사 만들기

1차시 활동에서 「포옹」을 먼저 읽고 「다정함의 세계」를 읽은 학생들은 「다정함의 세계」의 마지막 행을 통해 「포옹」과 연결 짓고 서사를 만들었다. 다음은 「다정함의 세계」를 읽고 학생들이 나눈 대화이다.

다정함의 세계

김행숙

이곳에서 발이 녹는다
무릎이 없어지고, 나는 이곳에서 영원히 일어나고 싶지 않다

괜찮아요, 작은 목소리는 더 작은 목소리가 되어
우리는 함께 희미해진다

고마워요, 그 둥근 입술과 함께
작별 인사를 위해 무늬를 만들었던 몇 가지의 손짓과
안녕, 하고 말하는 순간부터 투명해지는 한쪽 귀와

수평선처럼 누워 있는 세계에서
검은 돌고래가 솟구쳐 오를 때

무릎이 반짝일 때
우리는 양팔을 벌리고 한없이 다가간다

—발이 왜 녹아?

—떠나고 싶지 않다는 거지.

—일어나고 싶지 않아서? 이곳이 너무 다정해서?

—무릎이 없어지면 못 일어나니까, 차라리 같이 계속 있을 수 있잖아.

*

—이번에는 무릎이 반짝인데.

—무릎 다시 생겼어? 어, 이거 1연이랑 연결되는 거 같아.

—아까는 가기 싫어서 없어졌는데 지금은 다시 생기는 거지?

—다정함이 좋아서 돌아오는 거야? 보고 싶으니까 돌아와서 "양팔을 벌리고 한없이 다가간다".

—그러면 마지막 장면은 포옹인가?

—와! 아까 먼저 읽은 「포옹」이랑 연결되는 거였어?

—그럼 포옹했으니까 이제 키스하나?

—아니지. 포옹하면 다시 멀어져야지. 아까 「포옹」에서 그랬잖아.

학생들은 「포옹」과 「다정함의 세계」를 연결 지어 서사로 만들었다. 마지막 반응에 초점을 두어 2차시에서 김행숙의 「숲 속의 키스」, 「섹스 센스」를 제시하였고, 3차시에서는 본격적으로 서사를 만드는 활동을 해 보았다. 학생들은 그동안 만든 '다정함–포옹–키스'로 연결되는 서사를 확장하기로 하였다. 그래서 '만남–다정함–포옹–키스–이별 또는 행복'으로 전체 서사 구조를 설정하고 이에 맞는 시를 김행숙 시집에서 찾아보기로 하였다. '만남', '이별', '행복'에 해당하는 시를 각자 찾고, 찾은 시는 제목을 적어 두었다가 나중에 함께 낭송하고 시를 고른 이유를 이야기하는 방법으로 진행되었다. 학생들이 선정한 시는 다음과 같다.

주제	1차 선정 시	최종 선정 시
만남	「홀림」, 「인간의 시간」, 「신비한 일」	「신비한 일」
이별	「세월」, 「밤에」, 「찢어지는 마음」, 「이별의 능력」, 「1인용 식탁」, 「커튼이 없는 집」	「이별의 능력」, 「1인용 식탁」
행복	–	–

3차시에서 학생들은 대화를 통한 시 읽기보다 개인적 시 읽기에 더 몰두하였고 자신의 감상을 공유하는 방식으로 진전시켰다. 학생들은 짧은 시간에 꽤 많은 시를 읽었고 나름대로 근거를 가지고 해석하고 감상하였다. 그러나 네 권의 시집을 읽으며 '행복'에 관한 시는 찾지 못하였다. 학생들은 '행복한 결말'로 끝나는 서사 구조를 만들지 못함을 아쉬워하였다.

–왜 다 이런 느낌의 시만 썼을까?

–위로받으라고. 사랑을 이룬 사람보다는 이별한 사람들이 더 많아서 아닐까.

–밝은 것들은 금방 잊히지. 비극이 더 오래가는 법이니까. 비극이 더 오래 기억에 남잖아.

–마음의 정화.

–이별같이 안 좋은 일은 위로받을 데가 별로 없는데, 행복한 사람들은 이미 행복하니까 이런 게 필요 없잖아. 슬픈 사람들은 위로가 필요하니까.

–아픈 사람들 위로해 주려고. 근데 위로해 주는 거 맞아? 읽고 나니까 우울해지는데.

–응, 나도. 답답해.

–그럼 다른 사람들을 생각해 보라고?

–근데 진짜 별별 이야기가 다 있어. 모르는 세상을 알려 주는 거 같아.

3차시 활동 중 각자 시를 읽었던 30분 동안 학생들이 짧게라도 자신의 소감을 밝힌 시는 각자 4~5편 정도 되었다. 네 권의 시집에서 찾아낸 시이다. 3차시 활동이 끝났을 때 학생들은 매우 힘들어하였다. 그러나 학생들은 이런 기회가 또 있었으면 좋겠다는 반응을 보였다. 시를 읽는 것이 재미있다는 말도 하였다. 그렇다고 평소 시에 많은 관심을 가지고 있거나 시 읽기를 좋아하는 학생들도 아니었다. 그럼에도 학생들은 능동적인 해석자였고, 주체적인 감상이 가능하였다. 열린 사고를 바탕으로 다양한 접근의 해석을 이끌어 낸 것도 학생들 스스로였다.

4——시에서 발견하는 나의 삶

거의 10년 전, 중학교 3학년 학생들과 '시집 읽기 프로젝트'를 할 때이다. 학생들에게 자신이 고른 시를 발표하게 하였는데, 한 남학생이 함민복의 「부부」라는 시를 골랐다고 하였다. 중학교 3학년 남학생이 '부부'에 대해서 무슨 할 말이 있을까, 장난으로 고른 것은 아닐까, 그런 생각이 들었다. 그런데 그 뒤로 한참이 지났는데도 가끔 그 학생이 생각난다. 그 학생은 「부부」라는 시를 읽고 다음과 같은 감상문을 썼다.

부부

함민복

긴 상이 있다
한 아름에 잡히지 않아 같이 들어야 한다
좁은 문이 나타나면
한 사람은 등을 앞으로 하고 걸어야 한다
뒤로 걷는 사람은 앞으로 걷는 사람을 읽으며
걸음을 옮겨야 한다
잠시 허리를 펴거나 굽힐 때
서로 높이를 조절해야 한다
다 온 것 같다고
먼저 탕 하고 상을 내려놓아서도 안 된다
걸음의 속도도 맞추어야 한다
한 발
또 한 발

함민복 「부부」를 읽고

중학교 3학년 손○ ○

(전략) 우리 집에선 상을 식탁보다 자주 쓴다. 그때 나와 아버지가 상을 자주 들게 된다. 서로 걷는 속도가 다르면 자주 물이 엎질러지곤 했다.

하지만 아버지와 어머니가 들고 오실 땐 그런 일이 없다. 부부란, 말 안 하고도 서로 통할 수 있는 그런 사이인가 보다.

마지막으로 장면 하나를 추가하고 싶다.

장면 4. 학생들에게 시집을 고르도록 한다. 무척이나 소란스럽다. 학생들은 시가 다 어렵다며 불평한다. 서가 앞에서 우왕좌왕한다. 그러다 갑자기 정적이 찾아온다. 소란의 시간은 10분에서 15분이면 충분하다. 갑자기 찾아온 정적에 고개를 돌려 보면 어느새 학생들이 모두 시집을 펴고 진지하게 읽고 있다. 누군가는 종이에 시를 적는다. 별일 아니라는 듯이 시를 읽는 아이들의 그 알 수 없는 진지함이 교실의 정적을 채운다.

'시집 읽기 프로젝트'를 통해 학생들은 자신의 경험을 시 속에서 읽기도 하고, 평소에는 숨겨져 있던 감수성을 표현하기도 한다. 또 시를 읽으며 가족과 친구 등 주변 사람들을 돌아본다. 때로는 알 수 없는 감정에 휩싸이고, 때로는 알 수 없는 위로를 받는다.

'시집 읽기 프로젝트'를 통해 교사가 경험하는 가장 큰 선물은 '학생의 발견'이다. 학생들이 시집을 읽고, 마음에 와 닿는 시를 고르고, 그 시를 자신의 삶과 경험 그리고 감수성으로 읽어 내는 모습은 새로운 감동이다. 특히 '수업'이라는 것에 도무지 관심을 보이지 않던 학생들조차 자신의 삶과 감수성으로 시를 만나는 모습은 큰 울림을 준다. 그것이 학생의 깊은 내면에서 스스로 끌어낸 것이라고 생각하면 더욱 그렇다.

아침마다 자전거를 타고 등교하던 학생은 김기택의 「자전거 타는 사람」을 고른다. 힘차게 페달을 밟던 자신을 떠올리며 "바퀴 무늬 같은 근육이 돋는다"라는 시의 한 구절에 공감한다. 평소 거친 말을 툭툭 내뱉던 학생은 정양의 「토막말」을 읽으며 "가을 바닷가에/누가 써 놓고 간 말/(중략)/**정순아보고자퍼서 죽겄다씨펄.**"을 가장 인상적인 한 구절로 고른다. "바닷가 모래사장에 글을 쓴 사람의 간절함이 와 닿았다. 나도 이 친구처럼 많이 보고 싶은 사람이 있다 씨펄."이라는 감상문을 쓴다. 유홍준의 「백년 정거장」을 읽은 학생은 다음과 같이 자신의 생각을 쓴다. "왜 기다리는지 모르고, 무엇을 기다리는지 잊어버렸으면서도, 그럼에도 기다리는 마음은 매우 이상하다. 아무 이유도 없이 기다리는 것이라면 그것은 그리워하는 마음이 얼마큼이라는 걸까. 그 사람을 매우 그리워하는데, 그 이유를 잊어버릴 만큼 좋아하는 마음. 나도 화자처럼 기다려 본다."

시집을 읽는 경험은 '시를 읽는 즐거움'을 느낄 수 있는 여러 갈림길 중 하나라고 생각한다. '시집 읽기 프로젝트'는 서로 다른 학생들이, 모두 다른 시를 읽으며, 모두 다른 생각을 했으면 좋겠다는 생각에서 출발하였다. 학생들이 시를 통해 진솔하게 자신의 삶을 돌아보고 생각과 감정을 나누던 경험이 이후의 삶에서 작은 불씨로 남아 또다시 시를 읽게 만드는 어떤 힘이 되었으면 좋겠다는 기대가 담겨 있다. 이를 위해서는 교사가 우선 학생을 믿고 기회를 주어야 한다. 교사의 역할은 학생들이 시를 감상할 수 있도록 그 바탕이 되는 힘을 키워 주는 것이며, 시를 즐겁게 읽을 수 있는 기회를 제공해 주는 것이다. 교사가 학생을 대신해서 시를 읽고 느껴 줄 수는 없으므로 학생 스스로가 시 감상의 주체가 되어야 한다. 학생들은 자신이 주체가 되었을 때 시 감상을 능동적으로 즐기며 자신의 역량을 발휘한다.

무엇보다 중요한 것은 직접 경험하는 것이다. 학생들 스스로 시를 고르는 경험, 스스로 생각하고 느껴 보는 경험, 스스로의 삶으로 관계 짓는 경험. '시집 읽기 프로젝트'는 이것을 위한 것이다. 시를 직접 '경험'해 본 학생들에게 시는 이제 어렵고, 재미없고, 의미 없고, 알 수 없는 것이 아니다. 어느새 학생들은 시를 자신의 삶과 가까운 것으로 받아들이게 될 것이다.

_이종은

함께 성장하는 시 교육과 평가 역량의 모색

1——시 교육의 목표와 평가 사이의 괴리

네루다 은유 말이야.

우체부 그게 뭔데요?

네루다 은유? 은유란 뭐라 설명할까…….

말하고자 하는 것을 다른 것에 비유하는 거야.

우체부 시 쓰실 때도…… 사용하나요?

네루다 물론이지.

우체부 예를 들면요.

네루다 예를 들어 하늘이 운다고 하면 그게 무슨 뜻이지?

우체부 비가 오는 거죠.

네루다 맞았어. 그런 게 은유(metaphor)야.

우체부 간단하네요.

영화「일 포스티노」의 한 장면[1]이다. 시인 네루다(P. Neruda)와 우체부 사이의 대화에서 우리는 '은유'라고 하는 문학적 표현을 '원관념'이나 '보조 관념'이라는 개념어를 들먹이지 않고서도 얼마든지 간단하게 설명할 수 있음을 본다. 어린아이들이 말을 배울 때는 음운 체계나 문법적 지식을 모두 배운 후 그것을 활용하여 말하기나 글쓰기를 배우는 것은 아니다. 그와 마찬가지로 우리는 이미 삶 속에서 시적 표현을 사용하고 있고, 시적 감수성을 지니고 살고 있다. 아이들의 "엄마, 저 구름은 사자 같아요.", "나는 독수리 오형제 대장이다.", "아빠, 딱 한 번만 장난감 사 주세요. 한 번만, 네? 네?"라는 말 속에는 이미 직유도 은유도 반복도 다 들어 있는 것이다. 우리는 먼저 시를 알았으며, 이제 조금씩 그 체계를 알아 가고 있는 것이다. 바꾸어 말하면 시는 이미 존재하고 있었으며 우리 또한 그것을 품고 살아왔다. 그리고 살아가면서 조금씩 그 실체를 확인하고 이해하며 즐기게 되는 것이다. 어쩌면 시 교육은 우리들 속에 존재하는 시의 실체를 확인하는 과정이라 할 수 있다. 그러한 까닭에 시 교육의 궁극적인 목표는 우리가 삶 속에서 시를 즐기고 생활화하는 것이 되어야 하고, 평가 또한 그와 맞물리는 것이라야 할 것이다.

교육은 '교육 목표－교육과정－교육 평가'가 조화를 이루며 이루어져야 한다. 이것은 '무엇을 어떻게 가르칠 것인가'와 '목표한 바대로의 교육이 이루어졌는가'를 확인하고 개선하는 일의 조화로움 같은 것이다. 교육과정은 교육 목표의 달성을 위해 선택된 교육 내용과 교육 활동에 대한 체계적인 계획이라 할 수 있다. 또한 교육 평가는 교육 목표에 비추어 학습자의 학습과 행동 발달의 정도를 측정하고 판단하는 일이다. 이렇듯 교육과정과 평가는 동전의 앞뒤처럼 뗄 수 없는 관계이다. 따라서 평가는 수업이 끝난 후 수업과 별개로 진행되는 활동이 아니라 수업의 전 과정을 통해 교육 목표와의 관련 속에서 실현되어야 함을 인식할 필요가 있다. 교사는 수업을 통해 학생이 무엇을 알아야 하고 수업 종료 후 무엇을 할 수 있는지를 분명히 하기 위한 수업 설계를 해야 한다. 시 교육에서의 평가 또한 교수·학습에 대한 설계와 수행이 잘 이루어졌는지를 확인하기 위한 과정으로 교수·학습 과정과 유기적인 관계를 맺고 있다.

1 박종호 외, 『문학 I』, 창비, 2012, 122면.

그런데 우리의 현실에서 '평가'는 입시를 위한 수단으로 자리한 지 오래다. 이른바 학교 교육과정 내에서의 내신 평가가 그렇고, 대학 입학을 위한 대학 수학 능력 시험의 평가가 그러하다. 이에 따라 교수·학습 과정보다는 평가 결과가 차지하는 비중이 기형적으로 많은 상황에 이르게 되었다. 그 결과 시 교육에서의 평가 또한 선발과 입시는 남고 시는 사라져 버리는, 주입과 정답 찾기는 남고 시적 감흥은 사라져 버리는 결과를 낳고 말았다.

그렇다고 해서 작금의 현실을 모두 부정하고 완전한 백지 상태에서 뜬구름 잡듯 시 교육에서의 평가 문제를 논할 수는 없다. 그렇다면 어떻게든 방법을 찾아야 하는데, 그것은 역시 교육 목표를 달성하기 위한 교육 내용과 학습 활동을 정리한 '교육과정'을 출발점으로 삼는 것이 순리라 생각된다. 교육과정과 교육 목표와 교육 평가는 교육의 큰 틀 속에서 맞물려 돌아가는 요소이기 때문이다. '교수 요목기'를 필두로 국어과 교육과정은 10여 차례에 걸쳐 변화를 겪어 왔으며 여전히 변화의 과정 속에 놓여 있다. 여기에서는 2009 개정 교육과정을 중심으로 국어과 교육과정 중 '문학' 영역의 교육 목표와 내용 성취 기준, 그리고 평가의 목표 등을 살펴보면서 시 교육 평가에 대한 단서를 찾고자 한다.

2009 개정 교육과정 국어과 선택 교육과정 중 문학 영역

구분	교육 목표
국어 I	교양인으로서의 문학적 능력을 갖추기 위해 문학의 기본 갈래를 이해하고 이를 바탕으로 하여 작가의 개성을 이해하고 작품을 감상하며, 나아가 문학 자체가 사회적 소통 활동의 하나라는 사실을 이해하도록 한다.
국어 II	한국 문학의 전승과 흐름을 이해하고, 문학에 내재된 다양한 가치를 고려하여 작품을 수용·생산하며, 이를 바탕으로 문학 활동을 생활화하여 공동체의 문화 발전에 능동적으로 이바지하도록 한다.
문학	통시적·공시적으로 다양한 사회·문화적 맥락 속에서 문학의 제반 양상을 이해하고 문학 활동에 능동적으로 참여하며 이를 자신의 삶과 연계하여 이해함으로써 예술 문화를 발전시켜 나가는 태도를 기르는 것을 목표로 한다.

구분	평가 목표
국어 I 국어 II	(마) '문학' 영역의 평가 목표는 문학 지식에 대한 이해, 문학 작품의 수용과 생산 능력에 중점을 두어 설정한다.
문학	(2) 평가 내용과 방법은 교육과정의 '내용 성취 기준'을 근거로 선정하되, 고전 수용 능력의 향상과 교양 형성의 정도를 정확하고 효과적으로 평가할 수 있도록 다음 사항을 고려하여 설정한다. (가) '문학과 수용'에 관한 평가는 문학에 대한 이해의 폭과 깊이를 중심으로 평가하며, 선택형과 서술형, 수행 평가 등을 다양하게 활용한다. (나) '문학과 삶'에 관한 평가는 문학 경험의 질·양과 문학에 대한 태도를 중심으로 평가하며, 관찰, 면담, 점검표(체크 리스트), 자료철(포트폴리오), 자기 평가 등의 다양한 방법을 활용한다. (다) 문학 작품의 수용은 창의성과 적절성을 중심으로 평가하며, 선택형·서술형 평가와 함께 발표, 관찰, 질문, 비평문 쓰기, 과제 수행(프로젝트) 등의 다양한 방법을 활용한다. (라) 문학 작품의 생산은 창의성과 완결성을 중심으로 평가하되, 작품의 구성 요소를 분석적으로 평가하는 데 치우치지 말고 총체적 평가가 이루어지도록 한다. (마) 문학 작품의 생산 활동에 대한 평가는 학습자의 수준과 경험의 폭을 고려하여 시행한다. (바) 학습자 개인의 활동에 대한 독립적인 평가와 함께 조별 활동, 학교나 지역 사회의 문학 행사 등과 관련된 활동들에 대해서도 평가하도록 한다.

2009 개정 교육과정의 국어과 선택 교육과정 중 문학 영역을 포함하는 과목은 '국어Ⅰ', '국어Ⅱ', '문학' 등이다. 세 과목의 교육 목표 서술에서 주목할 만한 대목은 각각 "교양인으로서의 문학적 능력을 갖추기 위해", "문학 활동을 생활화하여 공동체의 문화 발전에 능동적으로 이바지하도록", "자신의 삶과 연계하여 이해함으로써 예술 문화를 발전시켜 나가는 태도를 기르는 것" 등이다. 그리고 이러한 교육 목표를 달성하기 위한 구체적인 내용 성취 기준을 열거하고, 평가 목표 또한 서술되어 있다. 평가 목표는 '국어Ⅰ', '국어Ⅱ'에서 공통적으로 "문학 지식에 대한 이해, 문학 작품의 수용과 생산 능력에 중점을 두어 설정한다."라고 되어 있으며, '문학'에서는 "내용 성취 기준이 잘 반영될 수 있도록 설정한다."라고 되어 있다. 14가지 항목으로 서술된 '문학'의 내용 성취 기준 중 눈에 띄는 대목은 '감상하며 창작한다', '수용한다', '재구성하거나 창작한다', '자신의 삶과 관련하여 내면화한다', '창의적인 사고를 배양하고 이를 표현한다', '자아를 성찰하고 타자를 이해하며 삶의 다양성을 이해하고 수용한다', '다양한 공동체와 문제의식을 공유하고 소통한다' 등이다.

이를 종합적으로 살펴보면 문학 교육의 목표는 곧 문학 작품 및 작품에 내재된 가치에 대한 이해와 감상을 바탕으로 '문학적 능력'을 갖추고, 작품을 수용·생산하며 문학 활동을 생활화하여 공동체의 문화 발전에 이바지하고, 자신의 삶과 연계하여 이해함으로써 예술 문화를 발전시켜 나가는 태도를 기르는 등의 정의적(情意的) 영역을 향해 있음을 확인할 수 있다. 교육 평가 또한 교육 목표 서술과 맞물리면서 문학 지식에 대한 이해뿐만 아니라 문학 작품의 수용과 생산, 재구성과 창작 등 질적 평가의 영역으로까지 확대되고 있음을 알 수 있다. 7차 교육과정 이후 부각되고 있는 창작과 재구성 및 생산에 대한 강조는 문학 교육의 목적이 전문 작가를 기르기 위한 것이 아니라 문학적 표현을 쓸 수 있고, 문학을 삶의 일부로 즐길 줄 아는 사람을 기르는 데 있음을 역설하는 것으로 보인다.

이상 살펴본 바에 따르면 현행 교육과정에 기술된 문학 교육 목표와 평가 목표 속에 이미 지식 이해와 더불어 수용·생산에 이르기까지의 평가 방향이 설정되어 있음을 알 수 있다. 현장 수업에서 얼마만큼 현실적이고 실천적인 의지를 가지고 목표에 부합한 평가를 실천하느냐 하는 것이 우리에게 주어진 과제가 아닌가 생각한다.

2——시 교육 평가의 현실: 선택형과 서술형

비단 시 교육 평가에 국한된 문제만은 아니지만, 지금까지 우리의 평가는 지나치게 편의성에 방점을 두고 실시되지 않았나 하는 반성을 하게 된다. 교육과정의 성취 기준에 맞는 평가 요소를 추출하여 적용하려는 노력보다는 총괄 평가로서의 중간·기말고사의 틀에 매몰된 평가를 하지 않았나 하는 점이다. 아무리 교사가 창의성 계발이나 사고력 증진을 위한 수업을 하더라도 평가와 연계되지 않는다면 학습 효과는 자연 반감될 수밖에 없다. 따라서 수업과 평가가 맞물려 가야 하며, 시 교육에서도 '교육 목표—내용 성취 기준—목표 구현 방법—평가'를 입체적으로 구안할 필요가 있다. 또 지금까지 우리가 실시해 왔던 시 평가의 모습을 반성적 입장에서 살펴보고 이를 통해 시 교육 평가가 담아야 할 내용과 바람직한 방향을 모색해 보는 것도 유용하리라 본다.

1) 선택형 문항

고등학교 선택형 평가 문항의 예

※ 제시문: 신경림의 「농무」

1. 이 작품에 대한 설명으로 옳지 않은 것은?
   ① 직설적 표현을 통해 현실에 대한 화자의 인식을 드러내고 있다.
   ② 역설적인 상황 설정을 통해 심리를 반어적으로 표출하고 있다.
   ③ 소외되고 억압된 삶에 대한 농민들의 분노와 절망이 나타나 있다.
   ④ 전통적 정서와 신명이 사라져 가는 아쉬움을 진하게 드러내고 있다.
   ⑤ 농사를 짓는 일은 결국 제 살 깎아 먹기 식의 악순환에 불과하다는 점에 분노하고 있다.

2. 이 시에서 보이는 공간의 이동 경로를 가장 잘 나타낸 것은?
   ① 소줏집 - 운동장 - 장거리 - 도수장 앞
   ② 운동장 - 소줏집 - 장거리 - 도수장 앞
   ③ 운동장 - 가설무대 - 장거리 - 도수장 앞
   ④ 가설무대 - 장거리 - 소줏집 - 도수장 앞
   ⑤ 운동장 - 장거리 - 소줏집 - 도수장 앞

위 문항은 채점의 객관성과 신뢰성이 높다는 이유로 학교 현장에서 가장 일반적으로 활용되고 있는 이른바 '선택형 문항'의 예이다. 1번 문항은 작품에 대한 감상을 확인하는 문제인데, 교과서의 학습 활동이나 자습서 등을 통해 수동적으로 습득할 만한 내용으로 주체적이고 능동적인 감상의 기회를 사전에 차단하는 결과를 낳는다. 2번 문항은 공간의 이동 경로를 확인하는 경우로, 이 또한 단순 이해의 수준을 넘어선다고 보기 어렵다. 예로 든 문항 외에도 시구의 의미, 표현 방식 찾기, 함축적 의미 파악 등 현대시를 재료로 만들어진 대부분의 선택형 문항들은 대동소이한 모습을 보이고 있다. 그렇다고 해서 선택형 문항의 무용론을 말하고자 함은 아니다. 예컨대 문법적 지식의 이해와 활용을 묻는 문항을 설계할 때는 선택형 문항이 유효하게 활용될 수도 있을 것이다. 다만 시 교육 평가에서 선택형 문항이 성취 기준의 달성을 위한 가장 효율적인 방법인지는 고민해 볼 문제이다. 한편으로, 교과서의 학습 활동은 이러한 분석 중심, 지식 중심에서 벗어나려는 노력을 보이고 있는 것도 사실이다. 그러나 현장의 평가는 그와 무관하게 여전히 지식 중심의 묻고 답하기나 단순 이해의 차원에 머무르는 경우가 많다. 또한 학생들의 시 영역 학습 과정을 들여다보면 자기 주도적 학습 상황에서 대부분의 학생들이 자신이 가지고 있는 문학 자습서의 내용을 주어진 대로만 받아들이는 형태를 취하는 경우가 많다. 그러다 보니 시적 감동과 감흥은 사라지고 시험을 대비하기 위한 요령과 테크닉만 남게 되었다.

그렇다면 선발적 평가의 대표적 형태인 대학 수학 능력 시험 국어 영역의 경우는 어떠한지 살펴보기로 하자. 현행 대학 수학 능력 시험은 국어과 교육과정 내 과목의 학습 목표와 내용을 중심으로, 대학에서의 원만하고 능률적인 수학(修學)에 필요한 학생들의 국어 능력을 측정하는 것을 목표로 하고 있다. 출제의 기본 방향은 2009 개정 교육과정에서 제시된 내용의 수준과 범위에 기초하여 어휘 능력, 지식과 개념의 이해력, 사실적 이해 능력, 추론적 이해 능력, 비판적 이해 능력, 적용·창의 능력을 측정할 수 있도록 출제한다고 되어 있다. 또한 문학 영역의 학습 방법으로는 교과서 내외의 다양한 문학 작품들을 폭넓게 읽으면서 교과서에 수록된 문학 작품을 중심으로 깊이 있는 감상을 하도록 요구하고 있다.

2015 대학 수학 능력 시험 국어 영역의 평가 내용 영역[2]

문학 능력은 인간의 삶과 세계에 대한 심미적·창의적 인식을 바탕으로 상상력과 밀접한 연관성이 있다는 점에서 중요하게 요구되는 국어 능력 중 하나이다. 문학 영역에서는 문학에 대한 지식과 아울러 어휘력, 사실적·추론적·비판적·창의적 수용과 생산 능력(사고력) 등을 측정할 수 있는 문항을 출제한다. 또한 작품에 드러나는 작가의 개성을 이해하고 작품을 감상하는 능력, 한국 문학에 대한 이해를 바탕으로 공동체의 문화를 비판적·창의적으로 수용하는 능력을 평가한다. 이를 위해 고전 시가·고전 소설·고전 산문·민속극·현대시·현대소설·현대 극·시나리오 등 다양한 문학 갈래의 작품을 활용하여 출제하되, 문학사적 평가가 이루어진 작품을 주로 활용하고 작품의 수준과 범위가 고교 교육과정을 크게 벗어나지 않도록 한다.

2014 대학 수학 능력 시험 국어 영역 A형 문항

※ 제시문: 이형기의 「낙화」

33. [보기]를 참고하여 윗글을 감상한 내용으로 적절하지 않은 것은?

[보기]
「낙화」는 인간사의 이별을 꽃의 떨어짐에 비유함으로써 청춘기 자아의 성장 과정을 상징적으로 보여 준다. 자아는 세계와의 관계 속에서 성장의 가능성을 발견한다. 이 과정에서 자아는 시련에 부딪혀 자신이 갖고 있던 정체성의 변화를 겪게 되고, 그러한 변화를 인정하고 수용하면서 새로운 자아상을 확립해 나가게 된다.

① 제1연과 제3연의 '가야 할 때'는 이전과는 달라진 상황을 인식할 때라는 점에서, 새로운 자아의 모습을 찾게 되는 계기라고 할 수 있군.

2 『2015학년도 대학 수학 능력 시험 대비 학습 방법 안내』, 한국교육과정평가원, 2014, 13면.

② 제2연의 '봄 한철'과 제5연의 '꽃답게 죽는다'는 청춘기의 열정을 비유하고 있다는 점에서, 시련에 부딪혀 열정을 잃어 가는 자아의 모습을 보여 준다고 할 수 있군.

③ 제3연의 '결별이 이룩하는 축복에 싸여'는 이별의 결과에 대한 긍정적인 의미를 담고 있다는 점에서, 변화의 수용이 자아 성장의 과정으로 이어질 수 있음을 알 수 있군.

④ 제6연의 '헤어지자/섬세한 손길을 흔들며'는 이별을 수용하는 모습을 표현하고 있다는 점에서, 세계와의 관계가 변화되었음을 인정하려는 자아의 태도를 보여 준다고 할 수 있군.

⑤ 제7연의 '내 영혼의 슬픈 눈'은 화자가 자신을 성찰하고 있음을 보여 준다는 점에서, 시련을 통해 새로워지는 자아상을 확립해 나가는 것임을 알 수 있군.

위 문항은 감상의 적절성을 묻고 있는 현대시 평가 문항의 대표 유형이다. [보기]를 통해 감상의 범위를 제한하여 두고, 이를 바탕으로 작품을 감상하였을 때의 타당성 여부를 판단하는 문제이다. 작품에 대한 지나친 분석주의적 관점에서 벗어나 독자를 염두에 두고 독자의 이해와 감상을 묻고 있다는 점에서는 일견 긍정적으로 볼 만한 평가 문항이다. 그러나 작품에 대한 감상 능력은 독자 개개인의 내면화의 과정을 거쳐야 하며, 궁극적으로는 낯선 시를 만나게 되더라도 동일한 과정을 거쳐야 한다고 볼 때, 학습자가 이 문항을 통해 과연 그러한 단계까지 나아갈 수 있을 것인지에 대해서는 의문이 남는다. 이 또한 이미 알려진 해석(감상)에 의존하여 학습자의 감상을 대입시키는 수준을 넘어서지 못하고 있다고 보이기 때문이다.

2) 서술형 문항

고등학교 서술형 평가 문항의 예

※ 제시문: 나희덕의 「못 위의 잠」

화자가 아버지를 회상하면서 깨닫게 된 점은 무엇인지 서술하고, 그것과 연관 지어 자신이 느낀 바를 서술하시오.

[조건]	– 깨닫게 된 점과 연관된 자신의 느낌을 서술할 것. – 세 문장 이내로 서술할 것.

* 학생 답안 예시: 화자는 못 위에서 잠든 제비를 보면서 실직한 아버지를 회상하고, 이를 통해 가장으로서의 고뇌를 인식하게 된다. 나도 이 시를 읽고, 가족들의 생계를 위해 고생하시는 아버지에 대한 고마움을 느끼게 되었다.

문제의 요구 사항 중 전반부는 작품 이해와, 후반부는 독자로서의 작품 감상(수용)과 관련이 있다. 선택형 문항과의 가장 큰 차이점이 있다면 '느낀 바를 서술하시오'라고 하여 독자의 주관적이고 능동적인 작품 감상 표현의 장을 열어 두었다는 점이다. 이는 교육과정에서 기술하고 있는 평가 목표 중 '문학 작품의 수용 능력' 평가를 구현하는 것으로 볼 수 있다. 그리고 "화자가 아버지를 회상하면서 깨닫게 된 점은 무엇인지"에 대한 느낌을 서술하도록 답안 서술의 범위를 제한함으로써 평가의 객관성을 담아내려는 노력을 보이고 있다. 그러나 여전히 한계가 있다. 채점 편의성과 객관성 등을 고려하여 세 문장 이내로 서술하라는 조건을 달았으나, 이것이 자칫 작품을 통해 내면화된 감상을 자신의 삶과 관련하여 서술하고자 할 때, 다양하게 확산될 수 있는 감상의 폭을 제한할 수도 있기 때문이다. 즉, 학생 예시 답안에서 언급되는 "가장으로서의 고뇌"라든가 "가족들의 생계를 위해 고생하시는 아버지에 대한 고마움"을 구체적으로 어떤 장면에서, 어떠한 마음으로 느끼게 되었는지를 서술하기에는 너무 좁은 공간이라는 생각이 든다.

3——시 교육에 적절한 평가 방법은 무엇인가

국어과의 각 영역별로 적절한 교과 학습의 방법이 있듯, 평가 또한 교육 목표 달성을 위해 영역별로 가장 효과적인 방법이 있을 것이다. 예컨대 '문법' 영역에서 음운, 단어, 문장 등에 대한 이해를 평가하고자 할 경우, 지식 습득 차원에서 선택형 문항을 효과적으로 사용할 수 있을 것이다. 그리고 '화법' 영역에서 대화, 토론, 토의에 대한 이해를 평가하기 위해서는 단순 지식 차원의 접근보다는 말하기의 준비나 듣는 태도에 대한 평가 등을 고려하여 관찰법이나 점검표(체크 리스트)를 활용하는 경우도 있을 것이다. 그렇다면 시 평가의 경우는 어떤가? 시 교육의 교수·학습은 문학적 지식의 이해와 그것을 활용한 감상이 기본이 될 것이다. 그리고 궁극적으로는 주관적인 내면화와 시를 즐기고 향유하는 태도의 함양이 되어야 하며 평가도 그러한 맥락에서 계획되어야 할 것이다. 시의 학습 요소에 대한 단순 지식 주입이나 제한된 감상의 수동적 습득을 유도하는 것이 아니라 학생의 주체적이고 능동적인 문학적 능력을 고양하는 틀을 제공해 주어야 한다는 뜻이다.

따라서 시 교육 평가는 수업이 끝난 후 일괄 평가를 실시하기보다는 수업 중 과정 평가가 이루어져야 한다고 본다. 교육과정상에 드러난 시 교육 평가의 목표[3]를 유추해 내고, 그것을 달성하기 위해 수업 전·중·후 평가 상황(진단-형성-총괄 평가)에 어떻게 적용할 수 있는지 계획해 볼 필요가 있다. 시 교육 학습 요소의 중요 사항을 평가하되, 단순 지식의 암기나 고정된 해석을 토대로 한 이해가 아니라, 그러한 학습 요소들을 도구로 삼아 창작(재구성) 활동을 해보고 궁극적으로는 학생들이 시의 매력을 알고 즐기는 데 도움을 줄 수 있는 평가가 되도록 고민해야 한다는 뜻이다.

앞서 언급한 2009 개정 교육과정 국어과 선택 교육과정(국어Ⅰ, 국어Ⅱ, 문학)

3 교육과정에는 문학 영역에 대한 평가 목표만 진술되어 있다. 하위 갈래별 내용 성취 기준이나 평가 목표를 좀 더 자세하게 기술해야 할 필요성을 느낀다.

중 '문학' 영역에서 언급하고 있는 평가 목표의 공통 사항은 ① 문학 지식에 대한 이해, ② 문학 작품의 수용(내면화, 공동체 문제의식 공유 소통), ③ 문학 작품의 생산(창작, 재구성)으로 압축할 수 있다. 따라서 이러한 평가 목표를 구현하기 위한 평가 유형을 개발하고 구안하는 것이 필요하다.

현재의 교육과정은 지식 중심 교육에서 '정서'나 '태도'를 중시하는 정의적 요소를 강조하는 방향으로 흘러가고 있다. 시 교육 상황에서 많은 학생들은 수많은 개념을 모두 알아야 한다는 압박감과 낱낱의 작품들에 대한 깨알 같은 설명을 모두 이해해야 한다는 부담감을 안고 있다. 그러다 보니 가장 즐겁고 감동적이어야 하는 시 교육의 장면이 가장 고통스럽고 힘겨운 상황이 되곤 하였다. 또 때로는 그러한 고통을 해소하기 위한 가장 간편한 방법으로 사교육 시장의 문을 열곤 하였다. 이쯤에서 드는 고민은 평가가 바뀌어야 수업이 바뀔 수 있다는 점이다. 그리고 수업 설계 단계에서부터 평가에 대한 설계도 함께 자리 잡아야 한다는 점이다.

이를 위해 시 교육의 평가는

첫째, 양적 평가에서 질적 평가로 나아가야 한다. 즉, 정답의 개방성을 보장하고 다양한 사고의 가능성을 유도하는 평가가 되어야 한다. 이를 위해서는 다양한 학생 활동을 보장하고, 학생의 정서와 태도를 유발할 수 있는 평가 방식이 구안되어야 할 것이다.

둘째, 결과 중심 평가에서 과정 중심 평가로 나아가야 한다. 앞서 논의한 바대로 시 교육은 단순 지식 이해를 지향하지 않으며, 학생들의 내면화를 거쳐 감동과 즐거움으로 이어지는 정의적 영역을 향하는 것이 바람직하다. 따라서 평가 또한 그러한 정의적 영역을 이끌어 내고 담아낼 수 있는 과정 중심의 평가가 되어야 할 것이다.

셋째, 학생의 개별적 성장과 발달을 돕고 내면화를 지향하는 방향으로 설계되어야 한다. 교과서 속의 학습 활동은 열어 두면서도 정작 평가 상황에서는 닫힌 평가를 실시하는 우를 범하지 않아야 한다는 말이다. 교육과정 목표에 드러난 바처럼 자신의 삶과 연계하여 시를 이해하고, 문학 활동을 생활화할 수 있는 기틀을 마련하는 평가가 되어야 할 것이다.

넷째, 정서와 태도를 공유할 수 있어야 한다. 시 작품 감상을 통해 얻은 감동과 깨달음을 함께 나누는 기회를 가지도록 설계되어야 하고, 또 함께 작품을 생산(창작)하는 과정을 통해 학습 요소를 심화 확장하는 기회를 마련할 수 있도록 설계되어야 한다.

4——해석과 감상의 장을 확대하는 수행 평가의 방법

그렇다면 지금의 총괄 평가식(중간·기말고사) 평가의 틀을 벗어나 시 교육의 본질에 좀 더 다가설 수 있는 평가의 방법은 무엇일까? 우리는 그 해답을 '수행 평가' 속에서 찾아 왔다. 사실 문학 교육 전반에 걸쳐 수행 평가의 다양한 실험과 모색이 진행되었으며 그 성과 또한 상당 부분 자리매김하였다고 본다. 여기서는 그러한 성과들에 기대어 시 교육의 평가에서 활용할 만한 몇 가지 수행 평가의 방법을 소개하고자 한다.

한편, 시 교육 평가에 수행 평가를 활용하는 것과 관련하여 평가의 객관성과 신뢰성에 의문을 제기하는 목소리들이 있다. 이것은 시 텍스트 해석의 다양성과도 맞물려 있는 문제인데, 이는 문제 제기의 지점이면서 동시에 해결의 지점이기도 하다는 생각을 해 본다. 즉, 시 텍스트 해석의 다양성을 어떻게 볼 것이냐는 문제를 해결할 수 있는 열쇠가 바로 수행 평가라는 점이다. 시 텍스트의 의미가 그것을 감상하는 사람의 해석에 따라 다를 수 있다고 하여 정해진 해석 하나만을 내놓고 모든 학생들에게 무조건 받아들이라고만 강요할 수는 없는 일이다. 그렇다면 이것은 일종의 시 교육 무용론이라 부를 만하다. 수행 평가를 통해 이 문제를 해결하려 할 때, 평가는 과연 무엇을 어떻게 할 수 있을까? 방법은 다양한 해석은 인정하되, 그러한 해석으로 나아가기까지의 절차와 방법이 타당해야 하며, 수행 평가를 통해 그것을 평가할 수 있으면 된다는 것이다. 수행 평가가 이러한 주관적이고 창의적인 감상의 장을 확대할 수 있다면 시 교육 평가 또한 더욱 풍성해질 것이다. 또한 주로 수업 후 평가가 이루어지는 지금의 선택형·서술형 평가의 한계를 보완하고 수업 중 수행 평가, 수행 평가 안에서의 서술형·논술형 평가 방안 등을 모색해 보는 것도 하나의 방법이 될 수 있을 것이다.

1) 문학 지식에 대한 이해

우리가 문학적 지식을 평가하는 이유는 문학 작품의 수용·생산 과정에서 그러한 문학적 지식을 활용할 수 있는 기본 자질을 갖추었는지를 확인하기 위함이다. 시 교육 평가에서 문학적 지식을 평가하는 이유 또한 이와 마찬가지이다. 시 교육과 관련한 대표적 문학적 지식으로는 함축, 운율, 상징 등이 있다. 교수·학습 및 평가에서 중요한 것은 이러한 지식의 암기에 있는 것이 아니라, 이를 활용하여 작품의 표현 효과 및 주제 의식 등을 역동적으로 감상하는 데 있다. 나아가 이러한 문학적 지식이 작품을 생산하는 데에도 밑거름이 될 수 있을 것이다.

(1) 운율: 시를 산문으로 바꾸어 쓰기/시 낭송하기/하고 싶은 말 랩으로 표현하기

시의 음악적 요소인 운율을 이해하기 위해서는 단순 지식으로 외우게 하는 것보다는 운문이 산문으로 바뀌는 과정에서 생기는 느낌의 차이 등을 통해 경험적으로 받아들이게 하는 방법이 효과적일 것이다. 예컨대 학기 초에 작품 목록을 주고 학기 말에 '시 낭송하기' 수행 평가를 하는 것도 좋은 방법이다. 시의 분위기에 맞춰 낭송하는 과정을 통해 운율의 묘미를 느낄 수 있을 것이고, 시의 형식과 내용의 긴밀한 관계에 대해서도 체득할 수 있는 기회가 될 것이다. 그리고 요즘 학생들의 음악적 감각을 고려하여 랩으로 표현하는 활동을 해 보는 방법도 있다. 반복적인 리듬에 맞춰 읊듯이 노래하는 랩 형식을 통해 운율을 몸으로 느끼게 될 것이다.

시를 산문으로 바꾸어 쓰기의 예

- 평가 의도: 운문과 산문의 형식적 차이를 통해 시의 운율을 이해하도록 한다.
- 평가 항목: 산문적인 서사 구조를 지니고 있는가. 화자의 태도와 정서를 잘 살려 내고 있는가.
- 평가 척도:

(상) 화자의 태도와 정서를 그대로 살려 내면서 서사 구조로 잘 표현하였다.

(중) 서사 구조로 표현하기는 하였으나, 화자의 태도와 정서가 시 원문과 차이가 있다.

(하) 서사 구조의 표현도 미흡하고, 화자의 태도 정서도 시 원문과 차이가 있다.

고향에 고향에 돌아와도
그리던 고향은 아니러뇨.

산꿩이 알을 품고
뻐꾸기 제철에 울건만,

마음은 제 고향 지니지 않고
머언 항구로 떠도는 구름.

오늘도 뫼 끝에 홀로 오르니
흰 점 꽃이 인정스레 웃고,

어린 시절에 불던 풀피리 소리 아니 나고
메마른 입술이 쓰디쓰다.

고향에 고향에 돌아와도
그리던 하늘만이 높푸르구나.

—정지용, 「고향」

→

고향을 떠나 타지로 떠돌다 참으로 오랜만에 다시 고향 땅을 밟는다. 낯선 거리를 헤맬 때마다 얼마나 간절하게 그려 보곤 했던 고향이던가. 마을 어귀로 들어서니 포근히 마을을 감싸고 있는 뒷산은 옛모습 그대로다. 산꿩이 알을 품고 있고, 가끔씩 울어 대는 뻐꾸기 소리도 이전과 하나도 다를 바 없구나. 하지만 마음속 깊은 곳에서 느껴지는 허망함은 무엇 때문인가. 산도, 꽃도, 산길 위의 풀들도 모두 예전 그 모습이지만 그때의 따뜻함과 포근함은 느낄 수 없고, 내가 오랜 시간 간직해 오던 감정이 되살아나지 않는다. 고향의 자연은 변함이 없는데 어린 시절 고향의 아늑함은 어디서 다시 찾을 수 있을까. 씁쓸한 마음 가눌 길이 없구나.

(2) 이미지와 함축: 광고 이미지와 시적 이미지 비교하기/광고에서 시적 이미지 찾기/시를 그림이나 만화로 표현하기

시의 이미지는 우리의 오감을 활용하여 머릿속에 떠올릴 수 있는 하나의 그림이라 할 수 있다. 시적 이미지와 유사한 효과가 광고에서 어떻게 활용되고 있는지를 생각해 보도록 하면 '이미지'에 대한 이해에 도움이 되리라 생각된다. 그리고 '시간제한'이라는 광고의 특성상 메시지 전달 효과를 극대화하기 위해 사용하는 압축 또는 함축의 의도를 확인해 볼 수도 있다. 학생들에게 TV 광고는 매우 익숙한 매체 자료 중 하나이고, 요즘에는 음악이나 영상 등과 어우러져 더욱 관심을 끌고 있으므로 적극적인 활동을 유도하는 데 효과적이다. 또한 시를 그림이나 만화로 표현하는 활동을 통해서도 이와 유사한 효과를 얻어 낼 수 있다.

광고 속의 시적 이미지를 찾고 의도를 설명해 보기의 예

- 평가 의도: 광고에서 활용되고 있는 감각적 이미지의 효과를 통해 시의 이미지를 이해하도록 유도한다.
- 평가 항목: 광고 속에서 시적 이미지 찾기. 이미지를 강조하여 전달하고자 하는 의도 파악하기.
- 평가 척도:

(상) 광고 속에 활용되고 있는 시적 이미지를 잘 찾아내고, 그 의도를 타당성 있게 설명하였다.

(중) 광고 속에 활용되고 있는 시적 이미지는 찾았으나, 그 의도에 대한 설명이 미흡하다.

(하) 광고 속에 활용되고 있는 시적 이미지는 찾았으나, 그 의도에 대한 설명이 잘못되었다.

→

책을 마치 나무처럼 흙 속에 심어 두었고, 나무의 나이테처럼 책을 말아서 시각적 이미지를 돋보이게 표현하고 있다. 나무의 나이테는 나무의 나이를 말해 주는 표지이다. 나무는 나이테가 늘어 가는 만큼 더욱 단단하고 튼튼한 나무로 자라난다. 이처럼 우리들도 책을 읽음으로써 지식을 쌓아 갈 수 있으며, 이를 통해 더욱 성장할 수 있음을 말하고자 하는 광고이다. 즉, 독서를 권장하는 의도를 담고 있는 광고로 보인다.

*인터넷 게시판 활용 가능

2) 문학 작품의 수용

문학 작품의 수용은 창의성과 적절성을 중심으로 평가해야 한다. 시 작품에 대한 단순 이해의 수준을 넘어서서 내면화의 과정을 거치도록 유도하는 것이 바람직하고, 감동과 즐거움으로까지 나아갈 수 있는 평가여야 한다. 이때 개별적 감상의 '창의성'을 인정하면서도 '적절성'을 함께 담아내기 위해서는 타당한 감상 방법에 대한 안내가 교수·학습 장면에서 선행되어야 할 것이다. 그리고 개별적 감상을 공유하는 과정을 통해 적절성 여부에 대한 공감대가 형성될 수 있도록 하는 것도 효과적이라고 본다. 이 경우 교사의 참여를 최소화하고 가급적 모둠원끼리의 상호 평가나 모둠별 상호 평가가 되도록 유도하여 학생들이 자유로운 분위기 속에서 자신들의 눈높이에 맞는 대화를 통해 감상을 공유하도록 하는 것이 바람직하다.

나만의 시 감상 공책 만들기/인터넷 게시판에서 느낌 나누기

학기 초에 시 감상 공책 작성의 의미와 방법을 안내한다. 작품을 지정하기보다는 학생 스스로 본인의 흥미와 취향에 맞는 작품을 선정하도록 한다. 시 속 화자에게 손바닥 편지 쓰기, 시화로 꾸미기 등 다양한 표현 활동을 통해 자신의 느낌과 감상을 드러내게 하고 학기 말에 모둠별 우수작을 선정한다.

또 다른 방법으로는 인터넷 게시판을 활용하는 방안을 생각해 볼 수 있다. 반별로 게시판을 마련해 두고 모둠별로 작품을 선정하고 댓글 형태로 느낌을 나누는 활동을 하도록 안내한다. 게시판을 활용하면 실시간으로 자신의 모둠뿐만 아니라 타 모둠의 활동을 두루 감상할 수 있는 효율성이 있으며, 매체에 익숙한 학생들의 능동적인 참여를 기대할 수 있다.

시 속의 화자에게 손바닥 편지 쓰기의 예

- 평가 의도: 시의 화자에게 보내는 편지를 써 봄으로써 화자의 정서와 태도를 이해하고 자신의 삶과 관련하여 내면화하는 기회를 부여한다.

● 평가 항목: 화자의 정서와 태도를 잘 이해하고 있는가. 자신의 생각을 잘 드러내고 있는가.

● 평가 척도:

(상) 화자의 태도와 정서를 잘 이해하고 있으며, 자신의 생각을 편지 형식에 맞게 효과적으로 서술하고 있다.

(중) 화자의 태도와 정서를 잘 이해하고 있으나, 자신의 생각을 표현하는 것이 미흡하다.

(하) 화자의 태도와 정서에 대한 이해가 부족하고, 자신의 생각을 표현하는 것도 미흡하다.

함민복 「눈물은 왜 짠가」의 아드님께

안녕하세요. 저는 아저씨 이야기를 읽고 감동을 받은 ○○○입니다. 아저씨가 눈물을 찔끔 흘리는 대목에서 저도 하마터면 눈물이 날 뻔했답니다. 저는 아직 학생 신분이어서 아저씨처럼 어머니와 헤어져 있어야 했던 경험은 없지만, 어머니를 떠나보내야 하는 아저씨가 자식으로서 느껴야 하는 안타까운 심정이나, 어머니께서 아저씨를 위해 국물이라도 더 먹이고 싶어 하시는 모정을 조금은 알 것도 같습니다. 아마도 눈물이 짠 이유는 설렁탕 국물 속에 어머니의 진한 사랑도 녹아 들어가 있기 때문이겠지요. 그리고 흔쾌히 국물을 더 부어 주시고, 두 분이 민망해하실까 봐 시선을 외면하시는 주인아저씨의 모습을 보며 세상은 아직 따뜻한 곳이라는 생각도 해 보았어요.

늘 바라기만 하고 철없이 굴었던 저의 모습을 반성하게 됩니다. 오늘은 제가 먼저 부모님을 위해 따끈한 된장국이라도 끓여 드려야겠어요. 그 국물도 짤까요? 아니면 구수할까요? 두 분 모두 행복하시기를 빕니다.

* 인터넷 게시판 활용 가능

3) 문학 작품의 생산

교육과정 속에 작품 생산이 들어 있기는 하나 이것은 전문인으로서의 시 쓰기 교육을 의미하는 것은 아니다. 따라서 고등학교 과정에서는 다양한 재구성하기를 통해 시를 창작해 보는 기회를 갖도록 하고 있다.

모방 시 쓰기/공동 시 창작

모방 시는 기존 시의 형식을 그대로 활용하되 새로운 주제로 재창조한 시라고 할 수 있다. 모방 시 쓰기를 통해 시의 형식에 맞게 의미를 담아내는 연습을 함으로써 시 형식과 내용의 긴밀한 관계를 느껴 보도록 안내한다. 이 단계가 지나면 하나의 주제를 주고 모둠별 공동 시 창작을 시도해 볼 만하다. 이 활동을 통해 내용, 형식을 모두 고민하며 한 편의 시를 완성하기까지 시 교육 평가의 목표가 종합적으로 구현될 수 있다. 또한 개인별 활동뿐 아니라 모둠별 공동 활동을 통해 타인의 생각을 이해하고 느낌을 나누는 과정도 함께 할 수 있다.

모방 시 쓰기의 예

- 평가 의도: 모방 시 쓰기를 통해 본격적인 시 쓰기를 위한 연습이 되도록 한다.
- 평가 항목: 원작 시의 형식을 벗어나지 않았는가. 원작 시와는 다른 새로운 주제로 재창조하였는가. 시의 흐름이 매끄럽고 표현이 적절한가.
- 평가 척도:

  (상) 원작 시의 형식을 유지하면서 새로운 주제로 재창조하였으며, 시의 흐름이 매끄럽다.

  (중) 새로운 주제로 재창조하였고 시의 흐름이 매끄러우나, 원작 시의 형식을 다소 벗어난 부분이 있다.

  (하) 새로운 주제로 재창조하였으나 시의 흐름이 매끄럽지 않고, 원작 시의 형식을 많이 벗어나 있다.

원작		모방 시
자세히 보아야 예쁘다 오래 보아야 사랑스럽다 너도 그렇다 —나태주, 「풀꽃」	→	묵혀 두어야 깊어진다 잘 가꾸어야 아름답다 우정도 그렇다

5——시 교육 평가의 지향

시 교육은 어떤 갈래보다도 학생들의 정서적 감흥에 민감해야 하고, 학생 각자의 다양한 반응과 창의적 수용 및 생산 능력을 역동적으로 담아내야 하는 분야이다. 그리고 시 교육 평가는 이와 동일선상에서 구현되어야 한다. 그런데 지금 우리의 시 교육 평가 상황은 그것과는 거리가 멀어 보인다. 고학년으로 갈수록 입시의 틀에 얽매여, 초·중학교 때까지 이어져 오던 다양한 시 교육 활동과 평가의 가능성이 오히려 퇴보하면서 작품을 기계적으로 분석하고 문제 풀이로 접근하는 방식이 고착화되고 있다는 생각을 지울 수 없다. 어찌 보면 평가와 교육과정의 전도 현상이 일어나고 있다고 보아도 무방할 것이다.

현재 교육과정의 내용 성취 기준과 평가 목표는 단순 지식 전달 중심이 아니라 학생 활동과 내면화를 위한 활동과 평가를 지향하고 있다. 그러나 앞서 살펴본바, 선택형 및 서술형 평가만으로는 시 교육 평가의 궁극적 목표에 도달하는 것은 쉽지 않아 보인다. 그렇다면 우리가 할 수 있는 방법은 그러한 평가 목표가 구현될 수 있는 현실적 대안을 모색하고 실천하는 일이며, 시 교육 평가에서 그동안 다양하게 구안되고 실천되어 온 '수행 평가'가 바로 그 역할을 훌륭히 해내리라 믿는다. 과정 중심으로 이루어지고 질적 평가를 지향하는 다양하고 내실 있는 수행 평가의 확대를 통해 시 교육 평가가 제 방향을 잡을 수 있었으면 한다. 아울러 우리가 고민하는 시 교육 평가로서의 수행 평가가 명실상부하게 구현되기 위해서는 평가를 바라보는 기본적인 인식의 변화와 현장 교사들의 실천적 노력이 뒷받침되어야 함은 두말할 나위 없다.

시 교육은 무엇을 가르치고 평가해야 하는가? 시를 수용하고 생산하는 능력을 평가하는 일에 대한 고민, 즐겁고 행복하게 시를 누릴 줄 아는 학생을 좀 더 많이 만나게 하는 일에 대한 고민이 우리가 던진 질문의 궁극적인 지향점이 아닌지 생각해 본다. 끝으로, 수업의 전 과정에서 치밀한 계획으로 설계된 평가야말로 수업과 평가가 따로 노는 엇박자의 현실을 개선할 수 있는 지름길임을 다시 한 번 강조하지 않을 수 없다. 소단원 흐름 속에서 수업 전체의 계획 속에 포함되어 수업의 흐름과 함께 하는 수행 평가의 예시를 보이는 것으로 이 글을 마치고자 한다.

소단원 흐름 속에서의 수행 평가 예

평가 작품	기형도, 「홀린 사람」
해당 단원	고등학교 『문학 Ⅰ』– Ⅱ. 문학 활동–2. 서정의 수용과 생산–[3] 상징과 현실

1. 수업 전 — 평가 계획 수립

대단원 및 중단원의 흐름 속에서 언제, 어느 지점에서 수행 평가를 실시할 것인지 계획을 세워야 한다. 개인별 평가를 할지, 모둠 평가를 할지, 태도 평가를 반영할지, 인터넷 게시판을 활용한 평가를 할지 등을 미리 계획해야 한다. 이때 하나의 중단원 속에 있는 모든 소단원의 시 작품들에 대해 수행 평가를 실시하기보다는 가장 효과적으로 수행 평가 방식을 적용할 수 있는 작품을 선정하는 것이 현실적이다. 나머지 소단원은 기존의 총괄 평가의 영역에서 다루되, 가급적 서술형 및 논술형 평가 형태를 지향하여 학생들의 개별적인 내면화의 과정을 이끌어 낼 수 있도록 유도하는 것이 바람직하다.

2. 수업 중

본격적인 교수·학습 활동을 위한 진단 평가나 작품 감상 후 학습 활동을 통해 간단히 점검할 수 있는 정도의 평가는 수업 장면의 일부로 녹여 내고, 미리 안내한 모둠별 활동이나 개인 활동을 수행 평가의 대상으로 삼는다.

1) 진단 평가

- 상징과 비유의 개념을 이해하고 있는지 확인하는 평가: 괄호 넣기
- 상징의 종류 이해하기: 줄 긋기

2) 작품 속 상징 이해하기

학습 활동 2번: '그분'에 대한 누군가의 질문을 토대로 '그분'이 상징하는 인

물 유형을 파악해 보자.

3) 수행 평가 1

모둠별로 현실의 모습을 상징적으로 보여 주는 웹툰이나 만화를 찾아 그 안에 담긴 상징적 현실을 이해하고 발표하기(개인별 평가 및 모둠별 평가)

3. 수업 후 — 수행 평가 2

시에서 우의적 방식으로 풍자하고 있는 현실의 모습과 유사한 예를 찾아보고 비판적으로 서술해 보기(게시판 활용+개인별 평가 및 모둠별 평가)

- 대중과 직접 소통하지 않으면서도 모든 사람이 자신을 따르게 만드는 독재자적인 면모의 인물
- 독재자의 하수인 또는 대변인
- 맹목적으로 순종하며 자신들의 모습을 객관화하지 못하는 어리석은 군중

_이삼남

작품 출처

1부 현대시 교육의 쟁점과 지향

'적유여람(赤遊如藍)'의 교수·학습과 비평적 지식 생산

정현종 「섬」: 『나는 별 아저씨』, 문학과지성사, 1978.

변모하는 시학 개념과 교육적 가능성

이육사 「청포도」: 『이육사 전집』, 깊은샘, 2004.

고은 「사치(奢侈)」: 『해변의 운문집』, 신구문화사, 1966.

2부 현대시 교육의 시학적 구성

시의 내력과 현대시의 출발

이상화 「빼앗긴 들에도 봄은 오는가」: 『빼앗긴 들에도 봄은 오는가』, 미래사, 1991.

이상 「오감도-시 제5호」: 『정본 이상 문학 전집 1 — 시』, 소명출판, 2009.

나희덕 「뿌리에게」: 『뿌리에게』, 창작과비평사, 1991.

신경림 「목계 장터」: 『새재』, 창작과비평사, 1979.

어조와 화자 — 시의 목소리

김기림 「바다와 나비」: 『김기림 전집 1 — 시』, 심설당, 1988.

임화　「현해탄」: 『임화 문학 예술 전집 1 — 시』, 소명출판, 2009.

김소월 「초혼」: 『김소월 전집』, 서울대학교 출판부, 1996.

김소월 「가는 길」: 『김소월 전집』, 서울대학교 출판부, 1996.

한용운 「나룻배와 행인」: 『한용운 시 전집』, 서정시학, 2009.

김수영 「거미잡이」: 『김수영 전집 1 — 시』, 민음사, 1981.

김영태 「호수 근처」: 『초개 수첩』, 현대문학사, 1975.

황지우 「살찐 소파에 대한 일기」: 『어느 날 나는 흐린 주점에 앉아 있을 거다』, 문학과지성사, 1998.

이미지와 리듬 — 시어의 형태

정지용 「바다 2」: 『정지용 전집 1 — 시』, 서정시학, 2015.

고은　「화살」: 『새벽길』, 창작과비평사, 1978.

이용악 「풀벌레 소리 가득 차 있었다」: 『이용악 전집』, 소명출판, 2015.

오규원 「하늘과 돌멩이」: 『토마토는 붉다 아니 달콤하다』, 문학과지성사, 1999.

기형도 「안개」: 『입속의 검은 잎』, 문학과지성사, 1989.

박용래 「저녁 눈」: 『먼 바다』, 창작과비평사, 1984.

김수영 「사랑의 변주곡」: 『김수영 전집 1—시』, 민음사, 1981.

허수경 「혼자 가는 먼 집」: 『혼자 가는 먼 집』, 문학과지성사, 1992.

비유와 상징, 알레고리 — 유사성으로 말하기

정현종 「사람이 풍경으로 피어나」: 『나는 별 아저씨』, 문학과지성사, 1978.

김춘수 「나의 하나님」: 『김춘수 시 전집』, 현대문학, 2004.

백석　「모닥불」: 『백석 시 전집』, 창작과비평사, 1987.

손택수 「달과 토성의 파종법」: 『목련 전차』, 창비, 2006.

최승자 「일찍이 나는」: 『이 시대의 사랑』, 문학과지성사, 1981.

반어와 역설, 풍자와 패러디 — 차이로 말하기

김기택 「다리 저는 사람」: 『사무원』, 창작과비평사, 1999.

장정일 「샴푸의 요정」: 『햄버거에 대한 명상』, 민음사, 1987.

서정주 「추천사(鞦韆詞)」: 『미당 서정주 전집 1 — 시』, 은행나무, 2015.

김수영 「풀」: 『김수영 전집 1 — 시』, 민음사, 1981.

오규원 「프란츠 카프카」: 『가끔은 주목받는 생이고 싶다』, 문학과지성사, 1987.

김춘수 「꽃」: 『김춘수 시 전집』, 현대문학, 2004.

오규원 「「꽃」의 패러디」: 『이 땅에 씌어지는 서정시』, 문학과지성사, 1981.

황지우 「다음 진술들 가운데 버트란트 러셀 경(卿)의 '확정적 기술'을 포함하고 있는 것은」: 『새들도 세상을 뜨는구나』, 문학과지성사, 1983.

장정일 「라디오같이 사랑을 끄고 켤 수 있다면—김춘수의 「꽃」을 변주하여」: 『길안에서의 택시 잡기』, 민음사, 1988.

함민복 「광고의 나라」: 『자본주의의 약속』, 세계사, 1993.

3부 사회 변화와 현대시 교육의 맥락

다매체 시대와 현대시의 변주

함민복 「엑셀런트 시네마 티브이·2」: 『자본주의의 약속』, 세계사, 1993.

파운드 「지하철 정거장에서」: 『지하철 정거장에서』, 민음사, 1977.

김정환 「얼굴」: 『텅 빈 극장』, 세계사, 1995.

임성용 「발」: 『하늘 공장』, 삶이 보이는 창, 2007.

최하림 「의자」: 『풍경 뒤의 풍경』, 문학과지성사, 2001.

탈서정의 경향과 현대시의 확장

이상 「꽃나무」: 『정본 이상 문학 전집 1 — 시』, 소명출판, 2009.

이원 「몸이 열리고 닫힌다」: 『야후!의 강물에 천 개의 달이 뜬다』, 문학과지성사, 2001.

이성복 「1 무엇을 말하고 싶었는지 모른다」: 『달의 이마에는 물결무늬 자국』, 열림원, 2003.

김혜순 「내가 모든 등장인물인 그런 소설 1」: 『불쌍한 사랑 기계』, 문학과지성사, 1997.

황지우 「한국생명보험회사 송일환 씨의 어느 날」: 『새들도 세상을 뜨는구나』, 문학과지성사, 1983.

유하 「콜라 속의 연꽃, 심혜진론(論)－난 느껴요－고구고래(苦口苦來)」: 『바람 부는 날이면 압구정동에 가야 한다』, 문학과지성사, 1991.

삶의 구체성과 시적 재현의 자유

이중기 「나의 경전」: 『다시 격문을 쓴다』, 작가마을, 2005.

류외향 「빈 들」: 『푸른 손들의 꽃밭』, 실천문학사, 2007.

함성호 「죽음의 기하학」: 『너무 아름다운 병』, 문학과지성사, 2001.

청소년의 발견과 사건으로서의 시 경험

황인숙 「말의 힘」: 『나의 침울한, 소중한 이여』, 문학과지성사, 1998.

유병록 「식구」: 『국어 시간에 시 읽기 2』, 나라말, 2003.

박성우 「사춘기인가?」: 『난 빨강』, 창비, 2010.

박성우 「보름달」: 『난 빨강』, 창비, 2010.

윤희범 「똥개와 나」: 『내일도 담임은 울 삘이다—공고 학생들이 쓴 시』, 나라말, 2011.

오가영 「무한대! 기가바이트」: 『살아 있다면 리플—8년간 주고받은 청소년들의 시와 문학 교사의 감성 편지』, 휴머니스트, 2008.

최명철 「나와 내 마음의 소리」: 『내일도 담임은 울 삘이다—공고 학생들이 쓴 시』, 나라말, 2011.

김부찬 「가출」: 『내일도 담임은 울 삘이다—공고 학생들이 쓴 시』, 나라말, 2011.

박지훈 「이 여자」: 『살아 있다면 리플—8년간 주고받은 청소년들의 시와 문학 교사의 감성 편지』, 휴머니스트, 2008.

4부 현대시 교육의 방법과 실천

'질문 만들기'와 대화 중심의 시 수업—중학교 교실에서 시 읽기

기형도 「엄마 걱정」: 『입속의 검은 잎』, 문학과지성사, 1989.

박목월 「산도화」: 『박목월 시 전집』, 민음사, 2003.

시 창작 수업의 5단계 과정—중학교 교실에서 시 쓰기

정현종 「느낌표」: 『떨어져도 튀는 공처럼』, 문학과지성사, 1984.

최승호 「인식의 힘」: 『고슴도치의 마을』, 문학과지성사, 1985.

안도현 「이 세상에 아이들이 없다면」: 『외롭고 높고 쓸쓸한』, 문학동네, 1994.

정지용 「호수 1」: 『정지용 전집 1 — 시』, 서정시학, 2015.

김기림 「바다와 나비」: 『김기림 전집 1 — 시』, 심설당, 1988.

시집 읽기 프로젝트와 삶의 발견

손택수 「부산에 눈이 내리면」: 『목련 전차』, 창비, 2006.

김행숙 「포옹」: 『타인의 의미』, 민음사, 2010.

김행숙 「다정함의 세계」: 『이별의 능력』, 문학과지성사, 2007.

함민복 「부부」: 『말랑말랑한 힘』, 문학세계사, 2005.

함께 성장하는 시 교육과 평가 역량의 모색

정지용 「고향」: 『정지용 전집 1 — 시』, 서정시학, 2015.

나태주 「풀꽃」: 『쪼끔은 보랏빛으로 물들 때』, 시학, 2005.

찾아보기(인명, 작품, 주요 사항)

| 인명 |

| 작품 |

| 주요 사항 |

ㅇ

ㅈ

지은이 소개

김규중(金圭重) 제주 무릉초·중학교 교장, 시인

1958년 제주시에서 태어나 제주대학교 국어교육과를 졸업하였다. 제주 아라중학교와 제주동여자중학교를 거쳐 통합 학교 무릉초·중학교에 재직 중이다. 1994년『시인과 사회』를 통해 등단하였으며, 시집『딸아이의 추억』,『의자를 신고 달리는』(공저) 등을 펴냈다. 저서로『청소년, 시와 대화하다』가 있으며,『국어 교과서 작품 읽기 — 중1 시』에 엮은이로 참여하였다.

민재원(閔載元) 한국교육과정평가원 부연구위원

1978년 서울에서 태어나 서울대학교 국어국문학과 및 동 대학원 국어교육과를 졸업하였다. 서울 중산고등학교에서 국어 교사로 재직하였으며, 2013년부터 한국교육과정평가원에 재직 중이다. 논문으로「문학 교육과정에서 '즐거움'의 구체화를 위한 예비적 고찰」,「문학 독서에서 자기 질문 생성 양상 연구」,「시 읽기 교육에서 독자와 작품의 관계 설정 고찰」 등이 있다.

박수연(朴秀淵) 충남대학교 국어교육과 교수, 문학 평론가

1962년 충남 논산에서 태어나 충남대학교 국어국문학과 및 동 대학원을 졸업하였다. 1998년 백무산과 박노해의 시에 대한 평론으로『서울 신문』 신춘문예를 통해 등단하였다. 계간『실천문학』의 편집 위원을 역임하였고, 충남대학교 국어교육과에 재직 중이다. 주요 연구 분야는

일제 시대의 교육 정책과 한국 문학, 일제 말기의 친일 문학 담론이다. 저서로 『문학들』, 『말할 수 없는 것과 말해야만 하는 것』, 『국민, 미, 전체주의』, 『한국 문학과 민주주의』(공저) 등이 있고, 창비 고등학교 『국어』 교과서를 집필하였다.

오연경(吳姸鏡) 문학 평론가

1974년 서울에서 태어나 고려대학교 국어교육과, 서울대학교 미학과 석사 졸업 후 고려대학교 국어국문학과 박사 과정을 수료하였다. 서울 자양고등학교, 경일고등학교에서 국어 교사로 재직하였으며, 2009년 『동아 일보』 신춘문예를 통해 등단하여 평론가로 활동 중이다. 저서로 『한국 문학과 민주주의』(공저), 『국어 교육, 어떻게 할 것인가』(공저) 등이 있고, 『칠판에 적힌 시 한편』, 『국어 교과서 작품 읽기 — 고등 시』, 『문학 교과서 작품 읽기 — 시』 등에 엮은이로 참여하였으며, 창비 고등학교 『문학』 교과서를 집필하였다.

이삼남(李三男) 광주 고려고등학교 국어 교사

1971년 전남 해남에서 태어나 세종대학교 국어국문학과 및 동 대학원을 졸업하였다. 1999년 『창조 문학』을 통해 등단하였으며, 시집 『빗물 머금은 잎사귀를 위하여』, 『침묵의 말』, 『처음엔 삐딱하게』(공저) 등을 펴냈다. 저서로 『국어 교육, 어떻게 할 것인가』(공저)가 있고, 『국어 교과서 작품 읽기 — 고등 시』, 『문학 교과서 작품 읽기 — 시』 등에 엮은이로 참여하였으며, 창비 고등학교 『문학』 교과서를 집필하였다.

이종은(李宗恩) 서울 대영고등학교 국어 교사

1973년 서울에서 태어나 성신여자대학교 교육학과와 국어국문학(부전공) 및 고려대학교 교육대학원 국어교육과와 한국어교육과를 졸업하였다. 서울 개원중학교, 사당중학교 등을 거쳐 지금은 대영고등학교에서 학생들을 만나고 있다. 문학 작품을 통해 나와 우리의 삶을 들여다보고 소통하며 학생과 교사가 함께 성장하는 문학 수업을 꿈꾼다.

정영효(鄭永孝) 시인

1979년 경남 남해에서 태어나 동국대학교 국어국문학과를 졸업하고 동 대학원 박사 과정을 수료하였다. 2009년 『서울 신문』 신춘문예를 통해 등단하였으며, 시집 『계속 열리는 믿음』이 있고, 연구서로 『근대 한국의 문학 지리학』(공저)이 있다. 안양예술고등학교와 가평고등학교에서 문예 창작 수업을 진행하였다.

주상태(朱相泰) 서울 중앙대학교 사범대학 부속중학교 국어 교사

1961년 부산에서 태어나 중앙대학교 문예창작학과를 졸업하였다. 중앙대학교 사범대학 부속중학교에서 국어 교사로 26년째 재직 중이며, 전국 학교 도서관 담당 교사 모임에서 활동하고 있다. 저서로 『학교 도서관에서 책읽기』(공저), 『유럽 도서관에서 길을 묻다』(공저), 『북미 도서관에 끌리다』(공저), 『북미 학교 도서관을 가다』(공저), 『아름다운 삶, 아름다운 도서관』(공저), 『사진아 시가 되라』 등이 있다.

최현식(崔賢植) 인하대학교 국어교육과 교수, 문학 평론가

1967년 충남 당진에서 태어나 연세대학교 국어국문학과 및 동 대학원을 졸업하였다. 1997년 오규원의 시에 대한 평론으로 『조선 일보』를 통해 등단하였다. 계간 『시인 수첩』의 편집 위원을 맡고 있으며, 경상대학교 국어국문학과를 거쳐 현재 인하대학교 국어교육과에 재직 중이다. 주요 연구 분야는 서정주 문학 전반과 일제 시대 사진엽서의 이미지와 시가이다. 저서로 『말 속의 침묵』, 『시를 넘어가는 시의 즐거움』, 『시는 매일매일』, 『감응의 시학』 등과 연구서로 『서정주 시의 근대와 반근대』, 『한국 근대시의 풍경과 내면』, 『신화의 저편 – 한국 현대시와 내셔널리즘』 등이 있다.

표영조(表永祚) 경기 광명 진성고등학교 국어 교사

1972년 서울에서 태어나 고려대학교 국어교육과 및 동 대학원 국어국문학과 석사 과정을 졸업하였다. 서울 세화여자고등학교, 중국 웨이하이(威海)대학교를 거쳐 현재 진성고등학교에 재직 중이다. 『국어 교과서 작품 읽기 — 고등 시』와 『문학 교과서 작품 읽기 — 시』 등에 엮은 이로 참여하였다.